JN074933

開基五〇〇年記念

早雲寺

—戦国大名北条氏の遺産と系譜—

500th Anniversary of the Founding
of Sōun-ji Temple:
Heritage and Genealogy of the Warring Daimyō Hōjō Clan

早雲寺　本堂

参考　早雲寺　本堂襖絵　龍図

ごあいさつ

このたび、神奈川県立歴史博物館において、特別展「開基五〇〇年記念 早雲寺―戦国大名北条氏の遺産と系譜―」を開催いたします。早雲寺開基五〇〇年を記念しての特別展となります。早雲寺は小田原北条氏歴代の菩提所として関東屈指の禅刹（臨済宗大徳寺派）に発展し繁栄しましたが、豊臣秀吉の小田原攻めの際に本陣とされ、その後、当時偉容を誇った伽藍は悉く灰燼に帰してしまいました。

しかし、早雲・氏綱・氏康画像や開山以天宗清和尚はじめ歴代住職の頂相など北条時代の貴重な什物は、疎開によって難を免れ、今日、北条時代の華やかな文化の一端を伝えています。

これは、江戸時代早雲寺再建を先導した中興開山菊径宗存和尚の並々ならぬ努力によるものであり、狭山藩北条氏・玉縄北条氏など北条家の子孫や小田原藩主、地域の名望家の支援のもと歴代の住職が菊径和尚の遺志を継いで現代にまで守り伝えたものです。

五〇〇年の歴史を見渡すと、早雲寺は連歌師宗祇法師の終焉地として俳諧の聖地の一つともなり、稀代の水墨画家雪村周継と以天和尚との交流や千利休の高弟山上宗二の遭難、江戸時代朝鮮通信使との関わりなど多彩な事件と人物との逸話に事欠きません。このたびの展覧会が、そうした早雲寺の多彩な歴史と文化の一端に触れる機会となることを願っております。

なお、今回の特別展にあたって、快くご協力していただいた寺院、諸機関のみなさま、そしてコロナ禍のもと準備から展示までご尽力いただいた神奈川県立歴史博物館のみなさまに心よりお礼申し上げます。

令和三年十月

早雲寺住職　千代田紹禎　合掌

ごあいさつ

箱根湯本にその法灯をいまに伝える金湯山早雲寺は、伊勢宗瑞（北条早雲）を祀り、大永元年（一五二一）、大徳寺以天宗清を招いて戦国大名北条氏の二代当主氏綱が建立したとされる古刹です。本年は、早雲寺の開基五〇〇周年にあたります。そこでこれを記念して、本展では早雲寺をはじめゆかりの寺社、また北条氏一族が今日まで大切に伝えてきた数々の文化財を一堂に展示、紹介いたします。

早雲寺は戦国大名北条氏の菩提寺として有名ですが、同寺の歴史とその寺宝に着目すると、実は戦国時代にとどまらない豊かな世界がひろがってきます。まず、早雲寺が開かれた箱根という東国霊場の存在と、それに深く帰依した歴代北条氏との交流。また室町期以来の伝統権威であった関東公方足利氏の美術の影響もうかがうことができます。これらは、東国における既存の宗教と政治秩序を利用しつつ、戦国大名として覇を唱えてきた北条氏のあゆみと密接に関わっているといえます。やがて早雲寺は、大徳寺関東龍泉派の寺院として、京都の文化も取り入れ栄華を極めました。

そして北条氏の滅亡とともに、早雲寺も焼失します。しかし近世には、早雲寺住持や末寺たち、また北条氏の系譜をひく狭山藩北条氏や玉縄北条氏によって再興されました。今日、私たちが北条氏と早雲寺の足跡を様々な資料から追うことができるのは、まさに彼らの尽力によるところが大きいといえるでしょう。

本展では、早雲寺が歩んだ歴史を、様々な視点からとらえなおしてみました。寺宝の背後にひろがる豊饒な世界を、ぜひご観覧ください。

最後になりましたが、本展開催にあたり貴重な文化財をご出品いただきました早雲寺をはじめご所蔵者の皆さま、ならびにご協力を賜りました関係各位に厚くお礼を申し上げます。

令和三年十月

神奈川県立歴史博物館

館長　望月一樹

目次

特別展　開基五〇〇年記念　早雲寺――戦国大名北条氏の遺産と系譜――

【会　期】二〇二一年十月十六日から十二月五日
【会　場】神奈川県立歴史博物館　特別展示室・コレクション展示室
【主　催】神奈川県立歴史博物館・早雲寺・文化庁
【特別協力】箱根町立郷土資料館・大阪府立狭山池博物館・大阪狭山市教育委員会・小田原城天守閣・神奈川県観光協会
【後　援】神奈川新聞社・朝日新聞横浜総局・毎日新聞社横浜支局・読売新聞横浜支局・産経新聞社横浜総局・東京新聞横浜支局・日本経済新聞社横浜支局・共同通信社横浜支局・時事通信社横浜総局・ＮＨＫ横浜放送局・ｔｖｋ（テレビ神奈川）・ラジオ日本・ＦＭヨコハマ、Ｊ：ＣＯＭ
【助　成】文化庁［令和三年度地域ゆかりの文化資産を活用した展覧会支援事業］

特別寄稿

早雲庵伊勢宗瑞と箱根湯本早雲寺

家永遵嗣

「北条早雲」こと早雲庵天岳宗瑞《そううんあんてんがくそうずい》（伊勢盛時）の宗教生活を織りなした縁を考えると、曹洞宗の縁、箱根湯本早雲寺の創建に至る大徳寺との縁、臨済宗五山派との縁を見いだせる。

一、曹洞宗との縁

宗瑞は父盛定《もりさだ》の頃から、曹洞宗との縁が深かった。

宗瑞の父伊勢盛定は永享二年（一四三〇）、曹洞宗の僧古澗仁泉《こかんじんせん》を招いて備中荏原荘《えばらのしょう》（岡山県井原市西江原町長谷）に法泉寺を建立した。[1] 法泉寺に程近い備中草壁荘（小田郡矢掛町横谷）には応永一八年（一四一一）に喜山性讃《きざんせいさん》の開いた洞松寺があった。[2] 古澗と喜山は加賀仏陀寺太源宗真《たいげんそうしん》の流れを汲んでいるから、交流があったと思われる。

備中の有徳人と思われる竹井玄保《たけいげんぽ》という人物が、文安六年（一四四九）四月に洞松寺、[3] 享徳元年（一四五二）一二月に法泉寺に、[4] 土地を寄進している。法泉寺への寄進は、竹井玄保が伊勢盛定に土地代銭を融通した売寄進である。法泉寺・洞松寺は備中国の地域社会との関係でも交流があったと推定できる。

喜山性讃と洞松寺は、東海地方の曹洞宗との間に類い希な深い交流関係があった。

喜山は遠江に大洞院（静岡県森町橘）を開いた如仲《じょちゅう》（恕仲とも）天誾《てんぎん》の弟子[5]で、後に遠江に石雲院（静岡県榛原町坂口）を開く崇芝性岱《すうしせいたい》[6]の師にあたる。崇芝は応永末年に大洞院の如仲のもとで得度し、大洞院を訪ねた喜山が、崇芝の法器を見込んで備中洞松寺に伴い帰った。崇芝は喜山のもとで修行し、嘉吉二年（一四四二）に喜山が没したあとは後継者の茂林芝繁《もりんしばん》に従った。[7] 文安六年（宝徳元・一四四九）に洞松寺住持となり、康正元年（一四五五）に遠江に帰って石雲院を開いた。「郡将葛殷氏（勝間田氏）」が田地を寄進して外護したという。[8] 茂林は文明一九年（長享元・一四八七）二月に崇芝を洞松寺に呼んで「後事」を託したという。宗瑞が駿河に下るのはこの年のことだった。崇芝は備中洞松寺との関わりを維持していた。

応仁の乱の直前の寛正六年（一四六五）、「勝田（勝間田）修理亮」「横地鶴寿」は、足利義政の「申次」すなわち取次役を務めていた伊勢盛定と連繫していた。[9] 勝田（勝間田）氏と崇芝性岱との関係が盛定と勝間田氏との絆の裏打ちになっていたのではあるまいか。

駿河国益津荘小河（焼津市）の有徳人「法栄長者」長谷川氏は、文明三年（一四七一）に曹洞宗の僧賢仲繁哲を招いて小河に林叟院を開いた。『日本洞上聯燈録』によると、賢仲繁哲は「出備中平氏、年甫十二、禮洞松茂林和尚披剃」したという。備中出身の人で、茂林芝繁について洞松寺で出家した。その年齢「年甫十二」の時期は、享年から逆算して文安六年（宝徳元・

一四四九）だとわかる。同年、茂林に替わって崇芝が洞松寺住持となった。賢仲は崇芝に従って洞松寺で修行し、おそらく康正元年（一四五五）に崇芝とともに遠江石雲院に至ったようだ。「芝（崇芝）創石雲、師（賢仲）従役土木」とある。崇芝が石雲院を開創したとき、賢仲が土木に従事したという。文明六年（一四七四）一一月に崇芝から譲られて石雲院の住持になったという。[10]

文明八年（一四七六）に今川義忠が戦死した。その後の後継者を巡る混乱に際して、小河の「法栄長者」長谷川氏は宗瑞の姉妹「北川殿」と今川氏親を匿ったという。[11] 小河に林叟院を開いた賢仲繁哲は「法栄長者」長谷川氏と宗瑞の姉妹「北川殿」とのなかだちとみられる。文明一二年（一四八〇）に氏親の求めで増善寺を開く辰応性寅も石雲院崇芝の弟子である。宗瑞も、明応八年（一四九九）頃に崇芝の弟子隆渓繁紹を招いて伊豆修善寺（修禅寺）を曹洞宗に改めた。[12] 宗瑞の遺骸は修禅寺で荼毘に付され、早雲寺に葬られる。

二、大徳寺の禅／南浦紹明への傾倒

宗瑞やその姉妹である「北川殿」、「北川殿」の子である今川氏親は曹洞宗との縁が深かった。宗瑞が臨済禅に傾倒するようになるきっかけが問題である。それは宗瑞自身の働きで義兄弟の今川義忠を討死にさせてしまったことにあったのではなかろうか。

連歌師柴屋軒宗長は義忠に仕えてこのあとで述べる遠江の合戦に従軍した。宗長も義忠の死によって人生を枉《ま》げられた者の一人である。宗長は真言密教を学んだ人だが、[13] 義忠の死後、大徳寺の一休宗純《いっきゅうそうじゅん》に参禅した。宗瑞の参禅する春浦宗熙《しゅんぽそうき》は一休の兄弟子養叟宗頤《ようそうそうい》の弟子で、一休とは険悪な仲だったともいう。しかし、後述する南浦紹明《なんぽじょうみょう／じょうみん》への傾倒という点で、宗瑞には一休と通じる点がある。

義忠は文明五年（一四七三）に幕府（東軍）の命令で三河国に出兵することになったが、遠江国守護代の狩野氏と紛争を起こして滅ぼしてしまった。[14] この出兵は幕府評定衆で駿河益津荘の地頭だった摂津之親が文明五年八月に駿河にやってきて協定したものだった。[15] 之親は益津荘藤枝にとどまって義忠の暴走を監察していた。幕府に義忠征討を進言したらしい。幕府は宗瑞を通じて勝間田氏・横地氏らを動かし、文明八年二月に義忠を滅ぼした。[16]『今川記』には、義忠と戦った勝間田氏・横地氏は当主が討ち死にしたとある。その後に宗瑞が駿河に現れて「北川殿」と義忠の子龍王（氏親）を助けた。宗瑞は義忠を滅ぼすときに、また、「北川殿」母子を助けるときに、崇芝の縁者たちに助けられた。義忠や勝間田氏などの縁者を死なせたことに対する自責の念が、宗瑞の転機になったのではないかと思われる。

宗瑞は義忠没後の内紛を治めて文明一一年（一四七九）頃に京都に戻り、文明一五年一〇月一一日から文明一九年（長享元・一四八七）四月頃にかけて、将軍足利義尚の取次役「申次」を務めた。

宗瑞が大徳寺の春浦宗熙に参禅したことは、東渓宗牧《とうけいそうぼく》の語録にみえる。永正五年（一五〇八）一一月、東渓が宗瑞に「天岳」の道号を授けた文章のなかに、大意次のようにある。[17]

東海道に「武士にして禅者」と呼ぶべき人がいる。諱は「宗瑞」といい、自ら「早雲庵主」と名乗っている。かつて「正続大宗禅師」（春浦宗熙）のもとで禅を学んだ。

東渓宗牧は九州の人で、文明一四年（一四八二）に春浦宗熙に参禅した。[18] 東渓が春浦に学んだ時期は宗瑞と重なる、兄弟弟子のような関係だった。

華叟宗曇┬養叟宗頤―春浦宗熙┬実伝宗真―東渓宗牧
　　　　└一休宗純　　　　　└陽峰宗韶―東海宗朝―以天宗清

のちに箱根湯本早雲寺の開山となる以天宗清《いてんそうせい》は春浦宗熙の弟子陽峰宗韶《ようほうそうしょう》の弟子東海宗朝《とうかいそうちょう》に学んだ。文明一九年（長享元・一四八七）に一五歳で南禅寺にて剃髪し、一七歳で建仁寺に移り、のちに大徳寺東海宗朝の門下に入ったという。宗瑞が駿河に移ったあとに大徳寺に入った人である。永正六年（一五〇九）頃に伊豆韮山の香山寺に招かれた。永正一六年に宗瑞が没すると、箱根湯本早雲寺の開山になった。陽峰宗韶が開いた龍泉庵《りゅうせんあん》に因んで、この学統を「龍泉派」という。(19)

いっぽう、宗瑞は五山派の建仁寺にも参禅していたという。永正一六年（一五一九）、早雲没後一ヶ月の法要に際して建長寺の芳琳乾幢《ほうりんけんとう》が読んだ法語に、大意次のようにある。(20)

かつて「相公の府『相府』（将軍の府、幕府のこと）」に出入りし、「東山」に「優游」し、宗派開祖の考えを理解し、南浦（南浦紹明）の禅を学んだ「相公」は将軍を指し、「出入相府」とは義尚に仕えたことを云う。「優游東山」の「東山」は、建仁寺の山号を指すという。義尚の「申次」を務めている間に建仁寺に参禅したということのようだ。南浦紹明は鎌倉後期の臨済宗の僧侶で、大徳寺を開いた宗峰妙超をはじめ、優れた弟子を輩出した。晩年は鎌倉建長寺で過ごしたという。その禅風は、大徳寺・妙心寺、五山の建長寺・南禅寺・建仁寺などに伝わるという。一休宗純も南浦に私淑した。早雲寺と建長寺とは学派が違うが、宗瑞の南浦への憧れでつながる。

宗瑞は五山派との交際を続けている。長享元年（一四八七）に今川氏親を駿河国主にしたあと、宗瑞は「富士下方」（現富士市域）を領した。延徳二年（一四九〇）に、相国寺の僧黙堂寿昭《もくどうじゅしょう》を「富士下方」の善得寺（はじめ福王寺のち善徳寺、現在廃寺、富士市今泉の善徳寺公園）に招いた。黙堂は五山派の指導者瑞渓周鳳《ずいけいしゅうほう》の側近だった。のちに、太原崇孚《たいげんすうふ》（九英承菊《きゅうえいしょうきく》）・今川義元（梅《ばい》岳承芳《がくしょうほう》）が善得寺住持を務める。善得寺は現存しないけれど、都の文化を地方にもたらす拠点という意味で、早雲寺に並ぶものだったようだ。

三、足利義尚の後継者問題と足利政知の後継者問題

文明一九年（一四八七）四月、宗瑞が仕えていた足利義尚が危篤となり、男子がなかったことから義尚の後継者問題が浮上した。明応二年（一四九三）から永正五年（一五〇八）まで続く全国的な動乱の発端である。後継候補は足利義視の子義稙《よしたね》（義材・義尹・義稙）と、堀越御所足利政知の子義澄《よしずみ》（香厳院清晃・義高・義澄）である。日野富子が義稙を支持し、細川勝元の子政元は義澄を支持した。宗瑞は今川義忠没後の混乱に際して、足利政知の庇護を求め、知遇を得ていた。(21)この縁で義澄擁立に奔走することになったのであろう。

宗瑞は駿河に下って、長享元年（文明一九・一四八七）一一月に甥の今川氏親を駿河国主にした。併行して、宗瑞は足利政知を訪ねて義澄擁立への同意と協力を求めたと考えられる。

宗瑞と結んだ政知は、庶長子茶々丸《ちゃちゃまる》を廃して義澄の同母弟潤童子《じゅんどうじ》を自分の後継者にしようとし、堀越御所を二分する抗争が生じた。延徳三年（一四九一）四月に政知が没する直前に、茶々丸を庇護していた堀越御所の重臣犬懸上杉政憲《いぬがけうえすぎまさのり》が自殺に追い込まれた。(22)政知の没後、同年七月一日に義澄の生母円満院殿《えんまんいんでん》（公家の武者小路資世の女子）と潤童子が殺害され、(23)茶々丸が堀越御所を継承した。伊豆守護兼関東管領の山内上杉顕定《やまのうちうえすぎあきさだ》が茶々丸を支持し、将軍足利義稙もこれを認めた。(24)

茶々丸を支持した政憲と顕定は、幕府と古河公方との内戦「享徳の乱」を終わらせた文明一五年（一四八三）の講和「都鄙和睦」を推進した人物だった。古河公方足利成氏を滅ぼすために戦ってきた政知は「都鄙和睦」に不満であったのだろう。政知は義澄を京都将軍にし同母弟の潤童子を堀越御所として、古河公方との戦いを再開しようとしたのではないかと思われる。

政憲・顕定は「都鄙和睦」の破棄、すなわち内戦の再開に反対だったのだろう。ここに足利政知の跡目争いの政治的な焦点があったと推定される。

政知の後継者争いは、義澄が将軍になったあとの東国の統治戦略を巡る対立だった。足利義稙と義澄との「二人の将軍の対立」自体よりも早く始まり、茶々丸が宗瑞に敗死する頃まで続いた。

四、明応二年の政変と「二人の将軍の対立」

明応二年（一四九三）四月、細川政元は将軍足利義稙に背いて義澄を足利家督に立てた。これを「明応二年の政変」と呼ぶ。甲斐都留郡の日蓮宗僧侶の記録『勝山記』には、同年「駿河国ヨリ伊豆ヘ打入也」とある。[25] 宗瑞は足利茶々丸とその与党を攻撃し始めた。明応二年の政変は以後一五年にわたる動乱の発端である。

前将軍義稙は京都から脱出して同年七月に越中に着いた。越後守護上杉房定《ふささだ》が義稙を支持した。房定の実子山内上杉顕定は前に述べたように足利茶々丸を支援していた。義稙・茶々丸の陣営は上杉房定・顕定父子を軸に結集し、中部地方や西国の大名も参加した。足利義澄は義稙・茶々丸とは不倶戴天の関係にある。細川政元・伊勢宗瑞・今川氏親が義澄を支持した。

明くる明応三年七月から九月にかけて、相模の三大勢力、扇谷上杉《おうぎがやつうえすぎ》・三浦・大森三氏が戦争に加わった。七月、相模守護扇谷上杉定正《さだまさ》が関東管領山内上杉顕定に敵対して挙兵し、宗瑞を招いて九月末に顕定の本拠地武蔵鉢形城（埼玉県寄居町）に攻め寄せた。一〇月三日に定正が急死したため鉢形城攻めは中止されたが、[26] 併行する九月二三日、扇谷上杉家の血をひく三浦道寸（義同）が小田原大森氏の支援を受けて祖父時高を討ち、三浦氏当主になった。[27] 扇谷上杉家は朝良《ともよし》が継ぎ、扇谷上杉・三浦・大森三氏は宗瑞と同盟した。

相模の有力三氏にはがんらい深い結びつきがあった。大森氏頼《うじより》が三浦時高の姉妹を娶り、扇谷上杉持朝が実子高救《たかひら》を時高の養子に入れ、三浦高救が大森氏頼の女子を娶って義同《よしあつ》（道寸《どうすん》）が生まれたのである。[28]

他方で、古河公方足利政氏は顕定に与し、足利義稙・茶々丸とも提携する立場になった。簗田《やなだ》河内守に「十四日未刻伊勢新九郎退散由」を報じる本年一一月一七日の政氏書状があり、顕定とともに鉢形城にいることがわかる。[29] 関東の諸勢力が「二人の将軍の対立」に本格的に参入したのである。

対立関係は明応七年（一四九八）八月に茶々丸が敗死した後に変化した。足利義稙は越前に移って帰京の動きを強めた。それまで細川政元は茶々丸が義澄の生母の仇であったために顕定と対立してきた。茶々丸の死没で事情が変わり、政元は明応八年八月頃に関東管領上杉顕定と結ぶ古河公方政氏・越後守護上杉房能《ふさよし》（房定息・顕定弟）と和睦した。[30] これらは義稙与党の切り崩し策だった。義稙の帰京作戦は同年一一月に失敗し、義稙は周防大内氏のもとに逃れた。

茶々丸が斃れ、義稙が西国に去ったため、東国の同盟・対立関係は激変した。

同じ頃、今川氏親は遠江を制圧していた。文亀元年（一五〇一）六月、細川政元の内衆赤沢朝経《あかざわともつね》（澤蔵軒宗益《たくぞうけんそうえき》）が斯波義寛《しばよしとお》を助けて今川氏親の遠江支配を攻撃しはじめた。[31] 朝経は信濃松本浅間郷の出身で、松本府中小笠原長朝を介して諏訪氏・甲斐武田氏に影響を及ぼし、甲駿国境の「御厨《みくりや》」地域（静岡県小山町域）を領する大森氏を揺さぶった。[32] 文亀三年頃に大森氏が離反し、永正二年（一五〇五）には扇谷上杉朝良・三浦道寸が山内上杉顕定に屈服した。孤立した宗瑞は周防の足利義稙に通じた。

このようななか、永正四年（一五〇七）に細川政元が暗殺され、足利義澄与党は総崩れになった。足利義稙が永正五年に義澄を逐って京都にもどり将軍に返り咲く。一五年にわたる動乱の帰結である。

五、明応七年南海トラフ地震・明応九年相模トラフ地震

この間に、東海地方と相模湾域で、マグニチュード8クラスの海溝性大地震が立て続けに起きた。ひとつは、明応七年（一四九八）八月二五日に静岡県南方海中を震源として発生したマグニチュード推定8・2～8・4の南海トラフ地震。いまひとつは、明応九年（一五〇〇）六月四日に相模湾域を襲った関東大震災クラスの相模トラフ地震[33]である。

明応七年八月、宗瑞に与する西伊豆の豪族達は南伊豆の深根城（下田市堀之内）に拠る足利茶々丸と戦っていた。同月二五日の大津波で西伊豆の海村が壊滅した。味方の窮状を察した宗瑞が自ら乗り込んで叱咤激励し、混乱のさなかで茶々丸を滅ぼした。『普賢寺王代記』に明応「七年戊午八月、伊豆ノ御所腹切玉ヘリ、伊勢早雲御敵ニテ」とある。[34]

相模トラフの海溝性巨大地震は約二〇〇年強の周期で起こっているらしい。[35]一九二三年九月の大正関東地震（関東大震災）、一七〇三年一二月の元禄関東地震、一二九三年五月の永仁関東地震である。しかし、明応年間の相模トラフ地震は文献史料が乏しく、その存在は長らく認められていなかった。

二〇一二年、金子浩之が伊東市宇佐美遺跡の発掘調査に基づいて、一四九〇年代に相模湾域（相模トラフ）で関東大震災クラスの巨大地震が起こっていたことを指摘した。[36]明応四年（一四九五）八月一五日とする『鎌倉大日記』[37]と、明応九年（一五〇〇）六月四日とする『勝山記』[38]とがあり、『勝山記』の信憑性が高い。

関東大震災のとき、小田原では全家屋の約九割が倒壊・焼失し、死傷者は町人口の九％近くに及んだ。[39]元禄地震の直後に小田原を通った京都下賀茂神社の神職梨木祐之《なしのきすけゆき》（鴨祐之とも、『日本逸史』の編者）は、小田原市街の光景について「一つとして柱の立たる家はなし」、「宿中男女千六百人程命を失ふ」と記した。[40]小田原城も倒壊・炎上して壊滅した。相模トラフ地震は、小田原市街と箱根道・熱海道に壊滅的な被害を及ぼすのである。

明応九年の相模トラフ地震から二年後の文亀二年（一五〇二）七月末、連歌師宗祇と柴屋軒宗長が小田原を通行した。[41]一行は七月二九日に国府津に宿泊し、三〇日の朝に出発して、小田原に立ち寄らずに「箱根山の麓湯本といふ所」に直行した。宗祇はこの日の夜に湯本で没した。宗長は経由したはずの「小田原」「板橋」「風祭」などの町場について何も記していない。市街地が復興していないことを示唆する。宗長らは大森氏・宗瑞いずれの部将にも接触していない。大森氏は地震のせいで本拠地を小田原から他に移していたらしい。宗瑞の勢力はまだ小田原に入っていないようだ。

大森氏と宗瑞とはこの文亀二年（一五〇二）には協力関係にあった。同年九月一八日、宗瑞は富士吉田に侵攻して武田氏の軍勢に大敗を喫した。[42]宗瑞は篭坂峠を経て侵攻した。篭坂峠の南は大森氏の菩提寺乗光寺《じょうこうじ》がある「御厨」地域（小山町）である。宗瑞は大森氏から助力を得ていたのだ。

宗瑞と大森氏とは永正元年（一五〇四）には対立関係となる。[43]「乗光寺過去帳」には文亀三年（一五〇三）一一月に大森氏の当主藤頼が没したとある。[44]宗瑞が文亀二年九月に大敗を喫したことが影響して、藤頼死没の前後に大森氏が離反し、甲斐武田氏や山内上杉氏の側に転身した、と考えられる。

六、京都との結びつきの回復

永正五年（一五〇八）五月、前将軍足利義稙が帰京して、明応二年（一四九三）から続いてきた二人の将軍の対立が終熄した。同年一一月、大徳寺の東渓宗牧が宗瑞に「天岳」の道号を授けた。動乱で阻害されていた宗瑞と京都との絆がよみがえり始めた。甲斐国都留郡内の日蓮宗僧侶の記録『勝山記』

の永正五年条には、都留郡内の武士の同年一二月の動向として、「工藤殿、小山田平三殿、ニラ山へ御出仕候」とある。[45] 宗瑞の政庁として「ニラ山」すなわち伊豆韮山が整備されていた。のちに箱根湯本早雲寺を開く以天宗清が韮山の香山寺に招かれたのは永正六年頃だという。[46] 香山寺は韮山城の城下「山木郷」にある。以天を招いたことは、韮山城の整備に関わる施策であったのだろう。

宗瑞たちと京都との取り次ぎ役として、永正八年（一五一一）頃から将軍の同朋衆相阿弥真相がみえるようになる。相阿弥真相は祖父能阿弥真能・父芸阿弥真芸の技を受け継ぎ、画派「阿弥派」の大成者となった。かつて宗瑞が足利義尚に仕えていた時期、足利義政は東山殿（慈照寺）の建設に取り組んでいた。義政の美術監督とも云うべき相阿弥のもとで、狩野派の開祖狩野正信が東山殿の殿舎に飾る絵を制作していた。[47] 宗瑞が若い頃に培った人脈が復活したようだ。相阿弥は永正八年に中国絵画と座敷飾りについての著作『君台観左右帳記』を著し、永正一〇年に狩野元信と手分けして大徳寺大仙院に襖絵を描き、真相の作品も元信の作品もともに、いま重要文化財に指定されている。大永二年（一五二二）、宗瑞の子氏綱の依頼で狩野元信に酒呑童子絵を描かせた。近衛尚通の揮毫を得たため、氏綱が尚通に謝礼を送った。「相阿弥執次《とりつぎ》」と記録された。[48]

早雲寺を開いたあと、以天宗清は常陸の画僧雪村周継と親交を結んだ。この時期の優れた絵画作品には大徳寺に関係するものが多い。宗瑞と相阿弥との関係が前提となって、以天が雪村と京都の絵師たちとを結びつけたのかも知れない。

七、相模国の征服

「二人の将軍の対立」の名残は、永正八年（一五一一）に足利義澄が没する頃まで続いていた。

山内上杉顕定は、実弟房能を滅ぼした上杉定実《さだざね》・長尾為景（上杉謙信の父）を討つために、永正六年七月に大軍を率いて越後に入り、翌年、越後で戦死してしまった。足利義稙の率いる幕府は顕定に敵対して定実・為景を助けていた。宗瑞も義稙に同調して永正六年八月に相模に出兵した。顕定の子憲房は、宗瑞が「長尾六郎（為景）ト相談」して出兵したという。[49]

このため、かつて宗瑞と同盟していた扇谷上杉朝良と三浦道寸が宗瑞に立ち向かってきた。永正七（一五一〇）年一〇月一九日の道寸書状に「伊勢入道（宗瑞）当国乱入故、上杉建芳（扇谷上杉朝良）被出馬、小田原城涯迄悉打散」したとある。[50] 宗瑞の城郭「小田原」城の初出史料である。大森氏の小田原城は明応九年の地震で完全に破壊されたとみられる。宗瑞が廃墟から再建した小田原城である。

永正八年（一五一一）一一月に今川氏親の重臣福島《くしま》範為《のりため》が将軍義稙の同朋衆相阿弥真相に対して氏親・宗瑞の近況を報じた書状が伝わる。[51] 永正八年八月に足利義澄が近江で没してから間もない。福島は「河越の朝良と早雲庵宗瑞とが『和談』し、関東は『隙明《ひまあ》けた』」と書いた。

「二人の将軍の対立」の名残が消えた永正九年（一五一二）、宗瑞は一挙に相模国全域を征服した。

古河公方家では永正三年（一五〇六）頃から足利政氏・高基父子の間に内訌があった。永正七年六月に顕定が没すると、古河公方家の内紛に顕定の跡目争い、山内上杉家の内紛が連動するようになった。顕定には二人の養子がいた。古河公方足利政氏の弟顕実と、山内上杉憲実の孫憲房だった。政氏は実弟の顕実を支持し、憲房は政氏の子高基に接近した。永正九年六月、憲房が鉢形城にいた顕実を破ると政氏は古河から小山に逃れ、高基が古河城に入って公方の地位を占めた。

これをみた宗瑞は、永正九年八月、嗣子氏綱とともに三浦道寸と戦って岡崎城（平塚市岡崎・伊勢原市岡崎）を奪った。岡崎城は扇谷上杉氏の拠点糟屋荘（伊勢原市上糟屋）の防衛拠点だったが、足利政氏に与して憲房と対立していた扇谷上杉朝良は道寸を救えなかった。宗瑞は鎌倉に討ち入り、玉縄城を築いた。翌年、道寸は住吉城（逗子市小坪）を逐われて、三浦半島南部の新井城（三浦市三崎町小網代）に追い込まれた。

　このあとの永正一三年（一五一六）六月、下野国縄釣《なわつり》（栃木県小川町）の合戦で、足利政氏の味方であった佐竹氏・岩城《いわき》氏が足利高基に与する宇都宮氏に敗れた。窮地に陥った政氏は扇谷上杉朝良の属城武蔵岩槻城に逃れた。このあと、宗瑞は三浦道寸に対する最終攻撃を開始し、道寸・義意《よしおき》父子は同年七月に新井城内で自害した。宗瑞は相模一国を手中に収めた。

　宗瑞は死没直前まで「韮山殿」と呼ばれている。[52] 韮山城を本拠にしていたからだろう。永正九年（一五一二）以降、宗瑞の嗣子氏綱が小田原城主となって指揮を執ったようだ。

　早雲寺が箱根湯本に創建された背景には、小田原が箱根神社領だったという結びつきがあった。宗瑞は永正一六年（一五一九）八月に没する少し前、同年四月二八日に子息菊寿丸（のちの北条宗哲《そうてつ》）に「はこねりゃう所々」のうちの「おたハら（小田原）」の年貢や小田原「宿のぢしせん（地子銭）」などを譲与した。[53] 菊寿丸が箱根別当になるのは大永三年（一五二三）よりもあとだ。[54] 宗瑞が菊寿丸に譲った「はこねりゃう所々」は、文亀三年（一五〇三）頃に大森氏が離反した際に、相模守護扇谷上杉氏が大森藤頼の弟である箱根別当長実[55]から収公した所領だったのかもしれない。氏綱は箱根と小田原の支配を象徴する存在として、箱根道の要衝である箱根湯本に父宗瑞の墓所早雲寺を置いたのであろう。

おわりに

『快元僧都記』天文三年（一五三四）一一月一五日条には、永正九年（一五一二）に鎌倉に打ち入った際に宗瑞が鶴岡八幡宮の再建を祈念したとある。小田原城の再建が判明するのと同じ時期である。同記天文四年八月二日条には、「氏綱は伊豆山（熱海）・三島社・箱根社の再建に努めた」ともある。これらには明応九年（一五〇〇）の震災からの復興という意味があるのではないか。早雲寺には、宗瑞の霊を小田原を見守る守護者として祀る意味もあったのかもしれない。

【註】

（1）『続日域洞上諸祖傳』鈴木学術財団『大日本仏教全書』（以下『全書』と略称）第七〇巻二四六頁。平凡社『日本歴史地名体系　岡山県の地名』八四四頁。

（2）『続日域洞上諸祖傳』『全書』第七〇巻二七五頁。

（3）「洞松寺文書」『岡山県古文書集』第一輯一四三頁。

（4）「法泉寺文書」『岡山県古文書集』第一輯二四七・二四八頁。

（5）『日域洞上諸祖傳』『全書』第七〇巻二二七・二七五頁。

（6）『日本洞上聯燈録』『全書』第七一巻一四頁喜山性讃法嗣。

（7）『日本洞上聯燈録』『全書』第七一巻三頁如仲天誾法嗣。

（8）『日本洞上聯燈録』『全書』第七一巻二四頁茂林芝繁禅師法嗣。

（9）『蜷川親元日記』同年一〇月二四日条。

（10）『全書』第七一巻三五頁石雲宗芝性岱禅師法嗣。

（11）『今川記』『静岡県史　資料編六　中世二』一二六五～一二六七頁。

（12）『日本洞上聯燈録』『全書』第七一巻三六頁。

（13）大塚勲「連歌師宗長の若き頃」（今川氏研究会編『駿河の今川氏　第十集』静岡谷島屋、一九八七年）。

（14）『宗長日記』岩波文庫、一二～一四頁。

（15）『正広日記』『静岡県史　資料編六　中世二』一二四七～一二五三頁。

（16）『和漢合符』・『今川記』『静岡県史　資料編六　中世二』一二六二～一二六七頁。

(17)「東渓宗牧語録」『小田原市史　史料編　原始・古代・中世一』五二七頁。
(18)以下、岩崎宗純「後北条氏と宗教―大徳寺関東龍泉派の成立とその展開―」(『小田原地方史研究』五、一九七三年、『戦国大名論集八　後北条氏の研究』吉川弘文館、一九八三年に再録)による。『本朝高僧伝』『全書』第六三巻二六六頁。
(19)前注(18)岩崎稿。『本朝高僧伝』『全書』第六三巻二六九頁。
(20)「玉隠和尚語録」『小田原市史　史料編　原始・古代・中世一』五四四頁。
(21)「大道寺盛昌書状」『小田原市史　史料編　原始・古代・中世一』二八九号。
(22)『今川記』『静岡県史　資料編七　中世三』一八八号。
(23)『京華外集』玉村竹二編『五山文学新集』一巻八二五頁。
(24)「醍醐地蔵院文書」『室町遺文　奉行人奉書篇』一八三三・一八三四号。
(25)『勝山記』『山梨県史　資料編6』二二一頁。
(26)「石川忠房留書」『小田原市史　史料編　原始・古代・中世一』三〇一号。『松蔭私語』史料纂集、九一頁。
(27)『北条五代記』『改定史籍集覧』第五冊一八七頁。『三浦系図』『続群書類従』第六輯上一八・一九頁。
(28)『上杉系図』『続群書類従』第六輯下六〇頁。『大森系図』『小山町史　第一巻』八五九・八七四頁。
(29)『簗田家文書』『戦国遺文　古河公方篇』三四九号。
(30)「富士歴覧記」『静岡県史　資料編七　中世三』九八～一〇一頁。「喜連川文書」『新潟県史　資料編五』三八七一号。『鹿苑日録』明応八年一一月一八日条。
(31)「勝山小笠原文書」など『静岡県史　資料編七　中世三』一〇八～一一六頁。
(32)拙稿「甲斐・信濃における『戦国』状況の起点」(『武田氏研究』四八号、二〇一三年)。
(33)何れも前注(25)『勝山記』二二一～二二二頁。
(34)『静岡県史　資料編七　中世三』九三頁。・拙稿「北条早雲の伊豆征服」(初出一九九九年、『中世関東武士の研究一〇　伊勢宗瑞』戎光祥出版、二〇一三年に再録)。
(35)地震本部「相模トラフ沿いの地震活動の長期評価(第二版)」二〇一四、https://www.jishin.go.jp/evaluation/long_term_evaluation/subduction_fault/
(36)金子浩之「宇佐美遺跡検出の津波堆積物と明応四年地震・津波の再評価」(『伊東の今・昔』一〇号、二〇一二年)。同『戦国争乱と巨大津波』雄山閣、二〇一六年。
(37)『小田原市史　史料編　原始・古代・中世一』三〇三号。金子前注(36)著書九九～一〇五頁。
(38)盛本昌広「『温古集録』収録の龍華寺棟札写」(『金沢文庫研究』三三五、二〇一五年)。
(39)『小田原市史　通史編　近現代』四〇三～四〇七頁。
(40)梨木祐之『祐之地震道記』『鎌倉市史　近世近代紀行地誌編』一三八～一五〇頁。
(41)宗長『宗祇終焉記』『群書類従』二九輯。
(42)前注(25)『勝山記』文亀元年壬戌条／壬戌の干支は文亀二年(一五〇二)。
(43)『松蔭私語』史料纂集、九二頁。「宝持寺文書」「宗長手記」『静岡県史　資料編七　中世三』三六二号、三六四号。
(44)『小山町史　第一巻　原始古代中世資料編』八六五～八六七頁。
(45)『静岡県史　資料編七　中世三』一七三・一七四頁。
(46)前注(18)岩崎稿。
(47)『蔭凉軒日録』文明一六年一一月一四日条。
(48)『後法成寺関白記』大永三年九月一三日条。
(49)『古簡雑纂七』『小田原市史　史料編　原始・古代・中世一』三三五号。
(50)『歴代古案三』『小田原市史　史料編　原始古代中世I』三三六。
(51)「飯尾文書」『小田原市史　史料編　原始・古代・中世一』五三四～五三六頁など。
(52)「妙海寺文書」『静岡県史　資料編七　中世三』二六〇頁。
(53)「箱根神社文書」『戦国遺文　後北条氏編』三七号。
(54)「箱根神社文書」『戦国遺文　後北条氏編』五六号など。
(55)『小山町史　第一巻　原始古代中世資料編』八六五～八六七頁。

総論

早雲寺をめぐる文化と権力——小田原北条氏・玉縄北条氏・狭山藩北条氏とのつながり——

渡邊浩貴

はじめに

箱根湯本の山麓に立地する臨済宗大徳寺派の金湯山早雲寺は、小田原を本拠に、かつて関東に覇を唱えた戦国大名北条氏の菩提寺として栄華を極めた古刹である。同寺は、北条氏初代当主の伊勢宗瑞（北条早雲　一四五六～一五一九）を祀り、大永元年（一五二一）、二代当主氏綱が京都大徳寺の以天宗清を招聘して建立したと伝えられている。以後、早雲寺は北条氏歴代当主たちからの篤い庇護を受け、東国における大徳寺関東龍泉派の一大拠点として成長する。さらに歴代住持を通じて京都社会と交流を持ち、京都文化の受け入れ窓口としての機能も果たしていった。早雲寺には、今もなお戦国大名北条氏ゆかりの多くの寺宝が遺り、かつての偉容を偲ばせる。

令和三年（二〇二一）は、早雲寺の開基五〇〇周年にあたる。そこで、神奈川県立歴史博物館では、これを記念し、早雲寺の寺宝を中心に、同寺ゆかりの寺社や北条氏一族が今日まで大切に伝えてきた数々の宝物を一挙に公開する特別展「開基五〇〇年記念　早雲寺——戦国大名北条氏の遺産と系譜——」を開催する。

本展では、寺宝それぞれの履歴——制作背景や伝来過程——を繙くことによって、早雲寺が小田原北条氏の権力と、同氏が築いた東国文化を代表する小田原文化に与えた、政治的・文化的影響や、北条氏末裔たちの存続に果たした功績など、同寺の存在の歴史的意義を明らかにすることを目的としている。初代当主伊勢宗瑞の法名を冠し、小田原北条氏の菩提寺としてその歴史を歩みはじめた早雲寺が、いかなる発展と流転を経て今に至るのか。その道程を、同寺の寺宝が形作られる歴史的営為に注目しながら検討していく。

さて、早雲寺における寺宝形成の歴史的過程で注目されるのが、これらに大きな役割を果たした政治権力——小田原北条氏とその末裔である玉縄北条氏・狭山藩北条氏など——の影響である。小田原北条氏による早雲寺の創建から繁栄、そして小田原合戦での焼失を経て玉縄北条氏や狭山藩北条氏たちによる復興、という中世から近世にわたる激動の時代のなかで、北条氏一族による早雲寺への関わりは、様々な政治的な思惑を孕みつつ進められていく。早雲寺という場は、寺宝群に象徴される「文化」と、かかる戦国大名や近世藩主などの「権力」の意向が密接に絡み合いながら展開した場でもあった、と捉えることも可能であろう。こうした早雲寺をめぐる様々な政治権力との関わりの実相についてはすでに別稿で論じた(1)。

かつて当館（当時は神奈川県立博物館）では、平成元年（一九八九）に特別展「後北条氏と東国文化」と題して、戦国大名北条氏の政治と文化を総覧する展覧会を開催した。ここでは、早雲寺を筆頭に北条氏と本拠地小田原における京都文化の影響やその摂取を示す数々の資料を集め、京都の影響を多分に受けた小田原文化と、東国社会におけるその卓越性を語り、政治史と文化史を関連させた小田原北条氏研究の当時の到達点を提示した[2]。当該展覧会の開催からすでに三〇年以上の月日が流れ、その間に中世東国史研究の進展はめざましく、伊勢宗瑞の出自や事蹟をはじめ、歴代北条氏の政治史が精緻に詳らかとなるなど、諸方面で様々なひろがりをみせている[3]。

そこで本稿では、文化と権力の関係性を意識しつつ、先述の研究成果を踏まえ、早雲寺の歴史を概観し本展の総論としたい。そのなかで、戦国大名小田原北条氏やその末裔である玉縄北条氏・狭山藩北条氏たちと早雲寺の関わりについて詳述し、文化と権力という視座から早雲寺の寺宝とその歴史をあらためて見つめ直していく。

一、箱根湯本の地と早雲寺の創建

（1）箱根湯本の歴史的環境と小田原北条氏

そもそもなぜ、小田原北条氏の菩提寺である早雲寺は箱根湯本に開かれたのか。

箱根は、中世以降、箱根三所権現を中心に鎌倉幕府や鎌倉府などの歴代東国武家権力によって信仰されてきた霊場であった。鎌倉幕府将軍や執権北条氏による二所詣も盛んに行われ、鎌倉期の主要な箱根権現の参詣ルートに足柄路と湯坂路（箱根路）が存在し、沿線には宿が設けられていた。とくに後者は伊豆国府へ至る交通の要路でもあり、その起点となった湯本宿は湯治場や地蔵信仰の霊場として知られるようになる（コラム1「正眼寺の地蔵信仰とひろがり」を参照）。鎌倉期以降、湯本宿を経由する湯坂路（箱根路）が人々によく利用されており、室町期でも鎌倉府によって湯坂路沿いの宿に関所が設置されている[4]。

伊勢宗瑞以来、後発勢力として相模国に侵攻した小田原北条氏も、これまでの東国武家権力の信仰に倣い、箱根神社に深く帰依していく。宗瑞の末子菊寿丸（のちの久野北条氏の祖北条幻庵）が天文三年（一五三四）から同七年にかけて箱根権現別当に在職していたことは小田原北条氏による東国支配の上でも重要な意義を持つ。宗瑞や二代当主氏綱が相模へ進出した当時、東国には伝統的権威として君臨する関東公方足利氏（室町幕府将軍足利氏の一族）や関東管領上杉氏などの勢力が蟠踞しており、小田原北条氏はこれら勢力と対立関係にあった。後発勢力である同氏が、既存の宗教的・政治的秩序に入り込みながら権力基盤を確立することは政治施策上の重要課題だったのである。ゆえに、氏綱期に「伊勢」から「北条」へ改姓を果たし、代々相模守に就いた鎌倉幕府執権北条氏の名跡を継承し、権威付けを図ったことは、極めて象徴的な出来事といえよう。大永三年（一五二三）の**15伊勢氏綱社殿造営棟札**（箱根神社所蔵※番号・資料名称はすべて出品資料に準拠）には、その冒頭に「最明寺殿（北条時頼）再建以来凡三百歳壊久哉」と記され、執権北条時頼以来の社殿再建であることが喧伝されている。かかる氏綱によって再建・造営された箱根神社の景観は、天正一〇年（一五八二）の年紀を持つ**11箱根権現縁起絵巻**（個人蔵）に描かれている（トピック1　古川元也「『箱根権現縁起絵巻』の世界」を参照）。

そして、永正一六年（一五一九）の**14伊勢菊寿丸所領注文**（箱根神社所蔵）には、宗瑞が末子菊寿丸に譲与した所領の箱根神社領内に小田原が含まれている（特別寄稿　家永遵嗣「早雲庵伊勢宗瑞と箱根湯本早雲寺」を参照）。湯坂路（箱根路）の沿線に立地し、その存在を南北朝期に確認できる小田原宿は、湯本宿と同様に交通の要衝として機能し、南北朝内乱といった戦乱の際には要害が築かれていた。小田原城を拠点とした二代当主氏綱は、家督を継承した永正一五年以降、同城の整備に着手し本拠地化が進む。箱根神社領である小田原を本拠地とした北条氏にとって、既存の東国霊場である箱根神社と密接に関わり、かつ主要参詣交通路の要衝に立地する湯本の地に、菩提寺早雲寺を建立したことは、かかる経緯を踏まえるに必然であり、さらに「箱根と小田原の支配を象徴する存在」（家永前掲論文）としての意味を持たせたのであろう。

（2）早雲寺の建立時期をめぐって

早雲寺の建立時期について、これまで種々議論がなされている。

従来、早雲寺建立の経緯は『異本小田原記』の記述にて、宗瑞の遺言に基づき大徳寺の以天宗清が招請され、大永元年に湯本の地に創建されたことが知られていた。その後、早雲寺所蔵の近世由緒書や記録類の記述を踏まえ、開山以天宗清の下向時期を手がかりとしながら建立時期の推定が行われてきた。早雲寺の歴史を記した元禄一四年（一七〇一）成立の116早雲寺記録 柏州記には、「早雲寺之儀、元来ハ春閣寺ノ舊跡ニテ観音堂一宇残リ候テ在之由、北條早雲公観音堂御再興（観音堂ノ旧跡ハ、今ノ方丈ノ後箏山之上）」（※（）は割書）とあって、前身寺院の存在を匂わせる。

こうした近世記録類の所伝を勘案しながら、大永元年以前の箱根湯本の地に、伊勢宗瑞自身が以天宗清を招いて建立した前身寺院「早雲庵」の存在を想定する見解がある。[5] 実際に、7伊勢宗瑞書状（早雲寺文書）には宗瑞自身が「早雲庵」と自称しており、この庵号が前身寺院を指すという前提のもと、宗瑞没後、大永元年に氏綱が前身寺院を整備して早雲寺として開創したと解するのである。さらに、この見解では、同寺に湯本の土地を寄進した50北条氏綱寺領寄進状（早雲寺文書）を、大永元年・二年頃の早雲寺建立を示す史料と評価している。

右の見解に対し、まず50氏綱寺領寄進状の年代比定が氏綱花押の形姿や官途名からなされ、それぞれ大永五年以降かつ天文二年（一五三三）前後の幅に収まる可能性が指摘されている。また以天宗清の在京期間が享禄元年（一五二八）まで推定されること、そして確実な早雲寺の初見史料が天文四年の49北条氏綱寺領寄進状（早雲寺文書）であり、かつ寄進された寺領の所領規模が以後の史料で記載される寺領と規模の面で大きな変化がないことを受け、この寄進状が発給された時期を早雲寺の建立時期と捉える考えも提出されている。[6]

これらの研究を振り返るに、まず以天宗清の下向時期については確実な史料的裏付けがないため、以天の動向から早雲寺の建立を決めることは現時点で難しいと思われる（各論 鳥居和郎「戦国大名北条氏と職人」を参照）。また、仮に49氏綱寺領寄進状が建立時期のものであった場合、当該年は伊勢宗瑞（北条早雲）の一七回忌に当たっており、なぜ没後から長い期間にわたり父早雲を祀る宗教施設を氏綱が創らなかったのか疑問が残る。そもそも、先に見た大永三年（一五二三）の15伊勢氏綱社殿造営棟札（箱根神社所蔵）（図1）には、箱根神社の社殿造営に際して、すでに早雲のことを「相州故太守早雲寺殿」と氏綱が記載しているため、大永年間には早雲寺が存在していたとみるのが自然ではないだろうか。

そして、史料上はじめて早雲寺と湯本を結ぶ50氏綱寺領寄進状に関して、仮に先学が指摘する通りの年代比定であったとしても、早雲寺の創建と寺領寄進が一致すると考えるには必然性が乏しい。当該史料には「湯本之事、御門前ニ候上、早雲寺へ寄進申候」とあって、すでに「御門前」と述べられていることから、湯本の寄進以前にすでに早雲寺が建立されていることは間違いなく、この史料をもって早雲寺の建立年まで言及することは現時点で躊躇せざるをえない。

決定的な史料を欠くなかでの考察ではあるが、「早雲寺」と記す15伊勢氏綱社殿造営棟札（箱根神社所蔵）の存在を踏まえ、寺伝で述べられる大永元年頃とする早雲寺の創建時期を退ける決定的な理由もないと考える（前身寺院の存在を想定するかは留保したい）。ゆえに本展では、寺伝記載の創建年を尊重し、早雲寺が開かれた時期を大永元年としている。ただし、早雲寺の創建にまつわる経緯についてはさらなる史料の博捜が求められることは言うまでもなく、今後の研究の進展を期待したい。

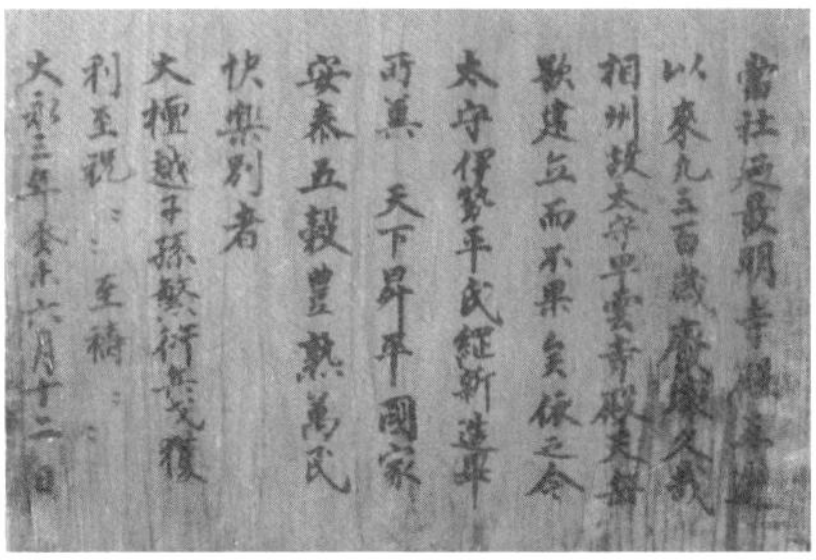
図1　伊勢氏綱社殿造営棟札（箱根神社所蔵、部分）

二、戦国大名北条氏の小田原文化――その形成と展開――

（1）早雲寺住持の活動

天文一一年（一五四二）、早雲寺は後奈良天皇の勅願寺となる（48後奈良天皇綸旨（早雲寺文書））。その繁栄の有様は、「赫々精藍之聲華」「天上衆星拱北、益見列位焉、世間諸水趣東、又貴朝宗矣、禁闕達聴、金湯躍名」（47後奈良天皇徽号勅書（早雲寺文書））と評され、その隆盛ぶりが記される。

この内容を裏付けるように、戦国期の早雲寺には開山以天宗清の法脈を受け継ぐ寺僧が続々と登場し、同寺の繁栄に貢献する。そして、早雲寺二世住持の大室宗碩以後、四世南岑宗菊・五世明叟宗普・八世梅隠宗香ら歴代住持たちは、外護者北条氏の支援を背景に大徳寺住持職へも出世を果たし、京都社会と交流を密接に持つ。また、小田原周辺や北条氏領国内には養珠院（開山以天宗清）・本光寺（開山大室宗碩）・宝泉寺（同）・栖徳寺（開山明叟宗普）・廣徳寺（同）・祐泉寺（開山梅隠宗香）などの末寺・塔頭が広がり、なかでも五世住持明叟宗普とその法嗣たちによる教線拡大はめざましかった（トピック3　渡邊浩貴「明叟宗普の生涯とその法嗣たち」を参照）。その後、寺僧集団の拡大を背景に早雲寺住持職は永禄一一年（一五六八）の51北条氏政判物（早雲寺文書）にて一年輪番制が採用され、北条氏による統制と組織整備が進む。

早雲寺は、大徳寺住持職へと出世する歴代早雲寺住持の活動を背景に京都文化の受け入れ窓口としての役割も担うようになっていく。京都社会と交流する住持の活動は、豊かな唐物の招来にも結実し、外護者北条氏の嗜好も満たしていった。かかる動向は、北条氏の唐物趣味の一端を示す絢爛かつ豪奢な仕上がりの1織物張文台及硯箱や、京都出身の関東画壇絵師の手によるものと考えられる25機婦図　狩野派筆や26枇杷小禽図、27羅漢図、28達磨図　式部輝忠筆、71北条氏康像などの同寺宝物群の存在が雄弁に物語っていよう。これら寺宝は、京都文化を摂取しながら発展した早雲寺の文化的な卓越性を象徴するものである。そして、早雲寺を外護した小田原北条氏は、同寺との関わりを通じて豊かな文物を得て、東国社会において文化的な影響力を有していったのである。

（2）関東公方足利氏の文化と美術

早雲寺の寺宝は、とくに関東画壇絵師ゆかりの絵画に恵まれる。その理由を探ると、外護者である小田原北条氏の政治的発展が、東国社会とどのように関わりながら進んでいったのかを知ることができる。

近年、小田原北条氏が東国に進出する過程で、既存の政治秩序であった関東公方足利氏の政治体制と関わりながら勢力の伸張がはかられたことが明らかにされた[7]。関東公方とは東国における室町幕府の統治機関である関東府の長を指し、室町幕府将軍足利氏の一族で尊氏の子基氏の子孫が代々世襲していた。東国において後発勢力であった北条氏は、関東公方足利氏とその補佐役である関東管領上杉氏を中心とする既存の政治体制や公方の権威を巧みに利用しつつ権力基盤を固めていったことが共通の理解となっている（トピック2　阿部能久「戦国大名北条氏と関東公方」を参照）。

また、美術史学では関東画壇絵師の研究が進み、関東公方足利氏周辺における文化圏の存在、またそこで活躍した絵師たちの動向が明らかになっている。当館でも、平成一〇年（一九九八）に栃木県立博物館と共同企画で特別展「関東水墨画の二〇〇年――中世にみる型とイメージの系譜――」を開催し、多彩な関東画壇絵師作品を展観して右記の動向を跡づけていった[8]。関東公方が動座した古河では、玉隠英璵らの鎌倉五山僧の文化人や画僧賢江祥啓など、鎌倉との交流を通じた文化サロンが形成され活発な文芸活動が行われていた。その様子は京都に出自をもつ関東画壇絵師たちの多くの絵画からも裏付けられる。例えば、延徳二年（一四九〇）の年紀を記す21富嶽図　伝祥啓筆（東京国立博物館所蔵）は古河公方足利政氏が建長寺僧子純得么に着賛を依頼して制作させた富士山図で、筆致などから賢江祥啓の作と推定されている。また、天文七年（一五三八）の19雪嶺斎図　僊可筆（五島美術館所蔵）は、古河公方足利晴氏の題辞「雪嶺斎」と花押が据えられ、建長寺僧鱗仲祖祥・貞芳昌忠・九成僧菊の題詩が並び、絵師の僊可は祥啓の系譜を引く人物である。その他に晴氏のサロンには文人として著名な古河公方家臣一色直朝がおり、20伝貞巖和尚像　一色直朝筆（甘棠院所蔵）や白鷹図（栃木県立博物館所蔵）などが知られる。これらは古河公方周辺の優れた文化活動を示す資料である。

京都文化を積極的に取り入れたとされる北条氏の小田原文化も、同氏の政治体制と同様に東国社会に存在した鎌倉や古河周辺の文化を継承している様子が窺える（各論　相澤正彦「北条氏と「唐絵」」を参照）。小田原には狩野派絵師が多く来訪し、先述した25機婦図や26枇杷小禽図、28達磨図は関東狩野派の絵画として著名である。ただし、北条氏と鎌倉や古河公方のサロンで活躍した祥啓一派との関わりも見出すことができ、山水図　興悦筆（東京国立博物館所蔵）は祥啓の弟子興悦の描く絵画に北条幻庵（伊勢宗瑞の子）の着賛がみられるという。また、祥啓派の啓孫が小田原狩野派の前島宗祐の山水図（個人蔵）を写している点などを踏まえるに、小田原という地に祥啓派も来訪し制作活動を行っていたと考えられよう。

北条氏の文化は決して東国社会と切り離されたものではなく、絵師の活動を通じ、関東公方足利氏周辺の鎌倉・古河の文化圏と関わりながら、これら文化を本拠地小田原へ収斂させて成立した側面も見出せる。

（3）小田原文化のなかの「京都」とその受容

次に重要となるのが、先述した東国社会のなかにあって、北条氏がどのような態度で京都文化を受容したのか、という点であろう。当然ながら、京都文化をそのまま模倣ないし受容した訳ではなく、東国社会の既存文化と関わりながら咀嚼し、取り入れた。

二代当主北条氏綱が絵師狩野元信に依頼した酒伝童子絵巻（サントリー美術館所蔵）は、これまで氏綱による積極的な京都文化受容の事例として理解されてきた。ただし、絵巻で選択されたモチーフに着目するならば、この絵巻はこれまで東国武士の間で流布し受容された大江山系統ではなく、伊吹山系統に属する。大江山系統の物語は平安期の都の武士の神話として、都の武士の系譜に連なる東国武士にひろく受容された。しかし彼らと出自を異にする氏綱にとっては、こうした神話は倣うべき先例ではなかったのかもしれない（コラム2「酒呑童子物語の神話と東国」を参照）。また、戦国期の小田原鉢として知られる75鉄黒漆塗四十八間筋兜鉢（当館所蔵）は、制作技法をみるに既存の関東筋兜に倣いつつ、その形姿を京都風の阿古陀形風に装飾している。

モチーフの取捨選択や装飾の有様など、北条氏による「京都」の受け入れ方・利用の仕方は様々であった。これらの事例から、単なる京都文化の移入ではない、受容する北条氏側の意図が読み取れよう。

北条氏による、「京都」を利用した独自の文化規範の創出という事象を、考古学的見地から明らかにした成果も見逃せない。[9] 武家儀礼のなかで使用される土師質の土器「かわらけ」は、儀礼や宴会の痕跡を示す考古資料であり、その成形方法には轆轤を用いて成形する「ロクロ成形」と手びねりで成形する「手づくね成形」とがある。前者は在地性の高い土器とされ、後者は京都を模した京都系の土器とされる。東国では北条氏だけがこの手づくね成形のかわらけを導入・使用しており、その使用範囲も本城小田原城（76-6手づくねかわらけ（小田原城跡出土品）や領国内の主要支城館（77-2手づくねかわらけ（八王子城跡出土品）と、同氏の政治領域に限られるという共通性を持つ。手づくね成形かわらけの導入開始時期は、二代当主氏綱期と考えられており、当該期の北条氏では積極的に京都文化の移入が図られた時期と重なってくる。

小田原から発信されたかかる手づくね成形かわらけは、先行研究にて、単なる京都文化の移入というものではなく、「京都らしさ」を創出することで、京都と同様の権威性や威信性を小田原に付加させることが企図されたと指摘されている。この「京都らしさ」という擬似的かつ独自のブランドを創ることで、小田原を中心とする東国文化の文化発信地としての地位を築いていったのだろう。北条氏領国内には、先のかわらけを模倣したロクロ成形かわらけの分布も見られるようになっていくのである。

北条氏の文化は、多分に京都の影響を受けていることは周知の事実である。しかし、京都文化をどのように受容し、それをいかに利用していたのか、という観点での検証は従来十分なされていなかったといえよう。地域権力が自身の物差しで、どのように京都という世界を捉えていたのか。受け入れる側の事情を把握する必要性を考古学の成果は投げかけている。[10]

そうなると、文化の一端を担う職人の動向も重要課題となってこよう。北条氏の本拠地小田原では、番匠・大工・鋳物師・甲冑師・刀鍛冶などの様々な職人の活動が諸資料で確認でき、**74刀　銘相州住綱廣**（赤羽刀No.四二九九）（当館所蔵）など刀工相州綱広の作刀が知られる。氏綱期の小田原で見られる職人が、城下での集住ではなく本来の居住地を基盤に活動していたことは、文化を受容する北条氏側の実態を示している（各論　鳥居和郎「戦国大名北条氏と職人」を参照）。小田原文化を表象するとされた様々な作品が、どのような社会的条件のもとで制作／製作されていたのか。今後も重要な論点となるに違いない。

三、近世早雲寺の復興と寺宝の流転

（1）早雲寺の焼亡と寺宝流出

小田原合戦のなか、豊臣秀吉方の本陣が置かれた早雲寺は、小田原北条氏嫡流の滅亡と命運をともにし焼亡する。結果、同寺の寺宝の多くは様々な経緯のもとで寺外へ流出していった。**116早雲寺記録**によると、一七世菊径宗存が焼亡に際して「開山ノ影像」（**40以天宗清像**か）、「勅願ノ綸旨」（**48後奈良天皇綸旨**）、「北條家位牌」を持ち出し、宝泉寺領武蔵国箕輪に隠れたことが記される。また、戦国期の古作の組椀である**8芹椀**も、明治二二年（一八八九）の**9早雲寺芹椀之記**によると、最後の五代当主北条氏直が高野山へ配流となった際にもともと一〇〇器あったものの半分を持参し、しばらく高野山高室院の所蔵となっていたと記される。

豊臣秀吉によって召し上げられた寺宝も多い。**116早雲寺記録**によると、大徳寺所蔵の五百羅漢図・運庵普岩像・虚堂智愚像・南浦紹明像、陸信忠の十王図はもともと早雲寺の所蔵であったが、戦乱のなかで秀吉によって京都へ移され大徳寺に寄進されたという。[11] これらの絵画は本来鎌倉寿福寺などの鎌倉寺院に伝来していたもので、北条氏による鎌倉寺院への支配が進んだ結果、早雲寺へ寄進されたと考えられている。その他にも、北条氏は旧金沢文庫所蔵の『吾妻鏡』や宋版『文選』を小田原に移し、後者は足利学校庠主九華瑞璵に贈っている。またもと極楽寺真言院所蔵であった宋版

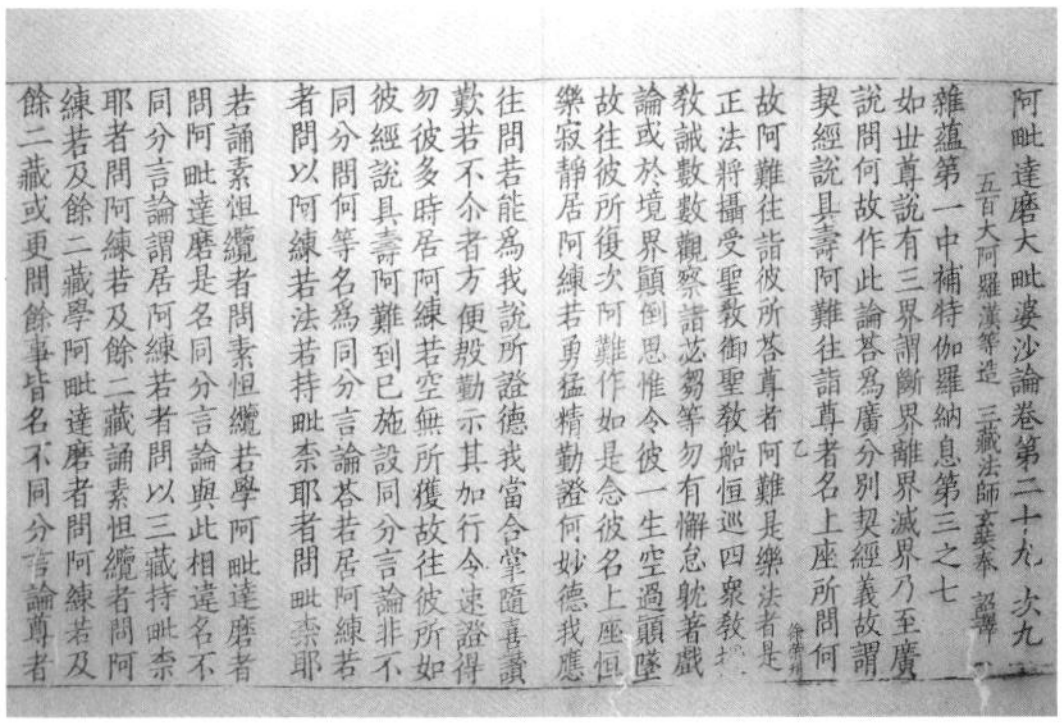
阿毗達磨大毗婆沙論巻第二十九　次九
五百大阿羅漢等造　三藏法師玄奘奉　詔譯
雜蘊第一中補特伽羅納息第三之七
如世尊說有三界謂斷界離界滅界乃至廣
說問何故作此論荅爲廣分別契經義故謂
契經說具壽阿難往詣尊者名上座所問何
故阿難往詣彼所荅尊者阿難是樂法者是
正法將攝受聖教御聖教船恒巡四衆教
教誡數數觀察諸苾芻等勿有懈怠耽著戲
論或於境界顚倒思惟令彼一生空過顚墜
故往彼所復次阿難作如是念彼名上座恒
樂寂靜居阿練若勇猛精勤證何妙德我應
往問若能爲我說所證德我當合掌隨喜讚
歎若不介者方便殷勤示其加行令速證得
勿彼多時居阿練若空無所獲故往彼所如
彼經說具壽阿難到已施設同分言論非不
同分問何等名爲同分言論荅若居阿練若
者問以阿練若法若持毗奈耶者問毗奈耶
若誦素怛纜者問素怛纜若學阿毗達磨者
問阿毗達磨是名同分言論與此相違名不
同分言論謂居阿練若者問以三藏持毗奈
耶者問阿練若及餘二藏誦素怛纜者問阿
練若及餘二藏學阿毗達磨者問阿練若及
餘二藏或更問餘事皆名不同分言論尊者

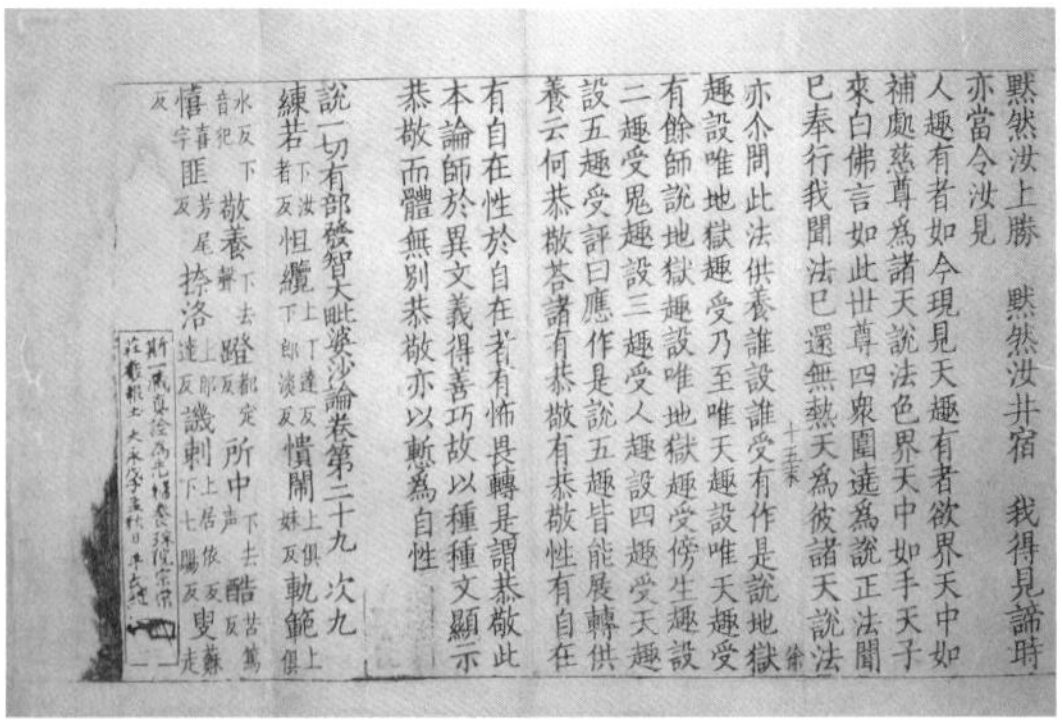
默然汝上勝　默然汝井宿　我得見諦時
亦當令汝見
人趣有者如今現見天趣有者欲界天中如
補處慈尊爲諸天說法色界天中如手天子
來白佛言如此世尊四衆圍遶爲說正法聞
已奉行我聞法已還無熱天爲彼諸天說法
亦介問此法供養誰設誰受有作是說地獄
趣設唯地獄趣受乃至唯天趣設唯天趣受
有餘師說地獄趣設唯地獄趣受傍生趣設
二趣受鬼趣設三趣受人趣設四趣受天趣
設五趣受評曰應作是說五趣皆能展轉供
養云何恭敬荅諸有恭敬有恭敬性有自在
有自在性於自在者有怖畏轉是謂恭敬此
本論師於異文義得善巧故以種種文顯示
恭敬而體無別恭敬亦以慚爲自性
說一切有部發智大毗婆沙論巻第二十九　次九

図2　称名寺聖教132函1号『阿毗達磨大毗婆沙論　巻第29』（称名寺（神奈川県立金沢文庫管理））画像提供：神奈川県立金沢文庫

『阿毗達磨大毗婆沙論』の経典を称名寺に寄進している（図2）。北条氏の勢力拡大とともに、鎌倉内の諸寺院が有する宝物が小田原や早雲寺に集められていったのである。116早雲寺記録にみられるかかる寺宝の流出状況は、裏を返すと、早雲寺が小田原北条氏の勢力伸長と軌を一にして鎌倉の所々などから集められた宝物が蓄積される場であったことの証左でもある。

（2）玉縄北条氏と早雲寺の復興

近世初頭、「断絶之躰」（文英清韓書状）とまで記された早雲寺は、後の中興開祖となる菊径宗存の主導のもとで復興事業が開始される。その復興は本山大徳寺や小田原藩の認可を受けつつ進められ、菊径の没後も、彼の事業を継承した琢玄宗璋・燈外宗伝ら歴代住持によって続けられていく。

なかでも寛文年間（一六六一～七三）頃の復興は一八世琢玄宗璋と北条氏末裔によって進められ、寺宝が再び早雲寺に集うようになっていった。玉縄城主北条綱成の系譜を引く玉縄北条氏末裔の北条氏長は、すでに万治四年（一六六一）に亡祖父北条氏繁五〇回忌に鋳造した鉄鉢を早雲寺に寄進（早雲寺鉄鉢（当館所蔵））（図3）しており、早雲寺と玉縄北条氏の関わりは早くから確認される。寛文年間の事業では、氏長の子氏平が新たに土佐光起に描かせて82北条早雲像、83北条氏綱像、84北条氏康像、80北条氏政像、81北条氏直像の北条五代画像を制作し早雲寺に寄進している。北条五代と図様が一致する北条氏長像（デトロイト美術館所蔵）は、寛文一〇年（一六七〇）の年紀を持ち、先の五幅も同時期頃と推定されてきた。だが、五幅の制作時期について、明治期の什物帳117早雲寺宝物古器物古文書目録には天和二年（一六八二）と記されており、これは北条氏長の一三回忌にあたる。

図3　早雲寺鉄鉢（当館所蔵）

また、寛文年間の事業には、北条氏末裔で北条氏康の庶子氏規を祖とする狭山藩北条氏も参加しており、四代藩主氏治によって北条五代墓石が早雲寺境内に建立される。この年紀は寛文一二年（一六七二）で、玉縄北条氏長の三回忌に該当する。こうした点を踏まえるに、寛文年間に着手された早雲寺の復興事業は、玉縄北条氏による追善供養という意味合いが強いものだったと推測されよう。

（3）狭山藩北条氏と早雲寺の復興

近世早雲寺の復興において、とりわけ大きな役割を果たしたのは狭山藩北条氏だった（トピック4　吉井克信「狭山藩北条氏の成立と治世」を参照）。その支援は四代藩主氏治から認められるようになり、五代藩主氏朝へと継承される。

とくに氏朝は早雲寺二三世柏州宗貞との交流を通じ様々な支援を行った（コラム6「北条氏朝と柏州宗貞」を参照）。経済面では、同寺に対し小田原北条氏霊供米の寄進を永代にわたって行うことを約したり（柏州覚書（131金湯山早雲寺古文章所収））、柏州の大徳寺出世にかかる費用負担で、氏朝は一〇〇両を援助し、助縁者筆頭に名を載せる（柏州大徳寺出世助縁金名簿）。また文化面では宝物の寄進が顕著で、117早雲寺宝物古器物古文書目録には現存する戦国期の武将像39北条早雲像、70北条氏綱像、71北条氏康像が氏朝の寄進によると記される。現在早雲寺に伝わる寺宝の早雲像・氏綱像・氏康像が、狭山藩北条氏の手にわたり保管されていた点は興味深い（各論　渡邊「流転する北条五代画像と狭山藩北条氏の由緒」および橋本遼太「北条早雲像をはじめとする北条五代画像の転写と伝来について」を参照）。

ではなぜ、氏朝はここまでの援助を早雲寺に対して行ったのだろうか。その背景には、狭山藩主職を養子として継職した、氏治・氏朝が抱える事情があったと考えられる。とくに氏朝の時期には、**111氏朝公日記**（個人蔵）や**112北条氏朝家譜**（個人蔵）など盛んに家譜編纂が行われるようになり、狭山藩北条氏の血統を、鎌倉北条氏から小田原北条五代を経て、その直系として位置づけるなどの作為も施される。北条直系であるという系譜認識は氏朝期に形成され、以後の歴代藩主たちに共有され、確固たるアイデンティティーとして受け継がれていく。如上の系譜認識を有する狭山藩にとって、かかる認識を体現する行為として、先祖の事蹟を象徴する菩提寺早雲寺へ関わり、その復興を支援することは極めて重要な意味を持つものだった。とりわけ氏朝は、養子として継職した自己の正当性を喧伝するために積極的に利用したと考えられる。

「由緒の時代」とも評される近世社会のなかで、狭山藩とりわけ藩主氏朝期に、戦国大名北条氏の直系であるという系譜認識が生み出され、そうした認識を担保する存在として早雲寺の復興・援助が政治的な思惑を孕みつつ、氏朝期以降継続して行われたのである。

菊径宗存や琢玄宗璋たち歴代住持の努力と、小田原北条氏末裔の玉縄北条氏・狭山藩北条氏の復興支援によって近世早雲寺には再び宝物が集うようになっていく。一方で、支援を行う北条氏末裔たちも、それぞれ政治的な思惑を抱えていた。早雲寺は、「由緒の時代」のなかで、北条氏末裔たちが紡ぐ様々な歴史的言説を支え、それを象徴し体現する歴史の証言者となっていったのである。

おわりに

近代以降になると、早雲寺からゆかりの寺院や人々に宝物が寄贈される事例がみえる。**124北条氏所領役帳**（北条家文書・当館所蔵）は、明治二二年（一八八九）に早雲寺二一世乾谷宗一から狭山藩最後の当主氏恭宛で当該史料が献呈されている。明治期となっても早雲寺と狭山藩北条氏末裔との交流を象徴する遺品である。

また早雲寺の末寺廣徳寺（東京都練馬区）にも、早雲寺ゆかりの宝物が多数寄贈されている。開山を明叟宗普とする廣徳寺は、もともと小田原城内にあったが、小田原合戦後は神田昌平橋内の松平伊豆守上屋敷に建立されている。その後は下谷に移転し加賀前田藩をはじめとする諸大名の菩提所として繁栄し、近世では早雲寺にかわり大徳寺関東龍泉派の中心となる。両寺の交流を示すように、廣徳寺には早雲寺より寄贈されたと伝わる**129虎図**（廣徳寺所蔵）、**130這畜生図**（廣徳寺所蔵）がある。

廣徳寺は大正一二年（一九二三）に発生した関東大震災で罹災し、震災後は大正一四年より現在地の練馬に移転する。昭和五年（一九三〇）には庫裡・山門・鐘堂が完成し落慶大法要が催され、その際に早雲寺から**126明叟宗普像**（廣徳寺所蔵）が贈られている。早雲寺寺宝の譲渡などを通じ、寺宝群のひろがりと近代早雲寺と末寺間の交流を示すものであろう。

早雲寺の寺宝群は、中世・近世・近現代にわたり、様々な契機によって集積され、また流転を経ながら現在に至っている。その歴史的過程を振り返るに、本稿で縷々述べてきたように、小田原北条氏やその末裔である玉縄北条氏・狭山藩北条氏たちの政治的な思惑が絡み合いながら、寺宝の形成が果たされてきたことが分かるのである。

そして、右の政治権力と関わりながら早雲寺の歴史に重要な役割を果たしてきたのが歴代住持たちである。開山以天宗清以後、京都大徳寺と関わりを持った大室宗碩・南岑宗菊・明叟宗普・梅隠宗香ら戦国期の歴代早雲寺住持の活動は、小田原北条氏の支援のもとで京都文化を早雲寺および小田原にもたらす。江戸期の早雲寺復興では、玉縄北条氏や狭山藩北条氏の援助を受けつつ菊径宗存を筆頭に琢玄宗璋・燈外宗伝ら住持の尽力により同寺のかつての偉容を取り戻した。さらに柏州宗貞による寺誌編纂事業や狭山藩主北条氏朝の支援で大徳寺出世を成し遂げ、復興の一つの到達点をみる。

その他、早雲寺は連歌師宗祇の終焉地として知られ、江戸期には多くの俳人たちが訪れた。また、茶人で著名な千利休の高弟山上宗二が小田原北条氏のもとにやってきたのも、利休が大徳寺と関わりが深いため、同寺と早雲寺の法縁を頼ったためであろう。彼は小田原そして早雲寺の豊かな茶の湯文化の成熟に大きな貢献を果たし、同寺には後世に追善碑が建てられた。

以上より、伊勢宗瑞（北条早雲）の法名を冠する早雲寺が、小田原北条氏の菩提寺という性格にとどまらない豊かな歴史を有していることが了解されよう。その存在の重要性は、外護者小田原北条氏が滅亡した後になっても失われず、むしろ一層の高まりをみせる。近世期の北条氏末裔たちにとって同寺は、その伝承や寺宝をもって自己の先祖たちの事蹟を確かなものと喧伝し象徴する、歴史の証言者だったからであろう。由緒世界の物語があって、改めて早雲寺は復興を果たし得たのである。

早雲寺の歴史は時代を超えた北条氏一族たちとの交流を通じ、文化と権力が深く関わり合いながら紡がれてきたことを示している。箱根湯本の地にある早雲寺は、如上の深遠な歴史を背負って今もなお存続しており、そして、大切に守られ、伝えられてきた寺宝の数々は、かかる歴史をわれわれに教えてくれる存在なのである。

【註】

（1）拙稿「交叉する文化と権力―特別展「開基五〇〇年記念　早雲寺―戦国大名北条氏の遺産と系譜―」によせて―」（『神奈川県立歴史博物館だより』一一八、二〇二一年）を参照。

（2）その成果は特別展示図録の神奈川県立博物館『後北条氏と東国文化』一九八九年、にまとめられている。

（3）例えば小田原北条氏については、伊勢宗瑞の出自・事蹟に関して、家永遵嗣「北条早雲の小田原奪取の背景事情」（『おだわら』九、一九九五年）、同「伊勢宗瑞（北条早雲）の出自について」（『成城大学短期大学部紀要』二九、一九九八年）、同「伊勢宗瑞の伊豆征服（明応の地震津波との関係から）」（『伊豆の郷土研究』二四、一九九九年）、同「北条早雲研究の最前線　戦国大名北条早雲の生涯」（北条早雲史跡活用研究会編『奔る雲の如く　今よみがえる北条早雲』二〇〇〇年）がある。歴代北条家当主の領国経営などの事蹟については、黒田基樹編『シリーズ・中世関東武士の研究　第一〇巻　伊勢宗瑞』（戎光祥出版、二〇一三年）、同編『シリーズ・中世関東武士の研究　第二一巻　北条氏綱』（同、二〇一六年）、同編『シリーズ・中世関東武士の研究　第二三巻　北条氏康』（同、二〇一八年）、同編『シリーズ・中世関東武士の研究　第二四巻　北条氏政』（同、二〇一九年）、同編『シリーズ・中世関東武士の研究　第二九巻　北条氏直』（同、二〇二〇年）にて主要研究が収録されている。戎光祥出版より、その他多数の小田原北条氏関連の書籍が刊行されている。

（4）中世の足柄路・湯坂路（箱根路）は、岩崎宗純『中世の箱根山』（神奈川新聞社、一九九八年）、落合義明「境界の宿としての箱根」（同『中世東国の「都市的な場」と武士』山川出版社、二〇〇五年）などを参照。

（5）竹内尚次「北条五代と早雲寺」（『箱根町誌　第二巻』角川書店、一九七一年）、岩崎宗純「後北条氏と宗教―大徳寺関東竜泉派の成立とその展開―」（『小田原地方史研究』五、一九七三年）、早雲寺史研究会『早雲寺―小田原北条氏菩提所の歴史と文化―』（神奈川新聞社、一九九〇年）など。

（6）佐脇栄智「一通の早雲寺文書への疑問」（『戦国史研究』一五、一九八八年）、黒田基樹「北条氏綱論」（同編『シリーズ・中世関東武士の研究　第二一巻　北条氏綱』戎光祥出版、二〇一六年）。

（7）佐藤博信『古河公方足利氏の研究』（校倉書房、一九八九年）、同『中世東国の権力と構造』（校倉書房、二〇一三年）、阿部能久『戦国期関東公方の研究』（思文閣出版、二〇〇六年）などがある。

（8）相澤正彦・橋本慎司『関東水墨画　型とイメージの系譜』（国書刊行会、二〇〇七年）を参照。

（9）服部実喜「土器・陶磁器の流通と消費」（『小田原市史　通史編原始古代中世』小田原市、一九九八年）、佐々木健策「小田原城」（小田原城天守閣特別展『小田原北条氏の絆―小田原城とその支城―』二〇一七年）、同「小田原北条氏の領国支配―発掘調査からみる本城と支城―」（『平成二八年度シンポジウム　関東の戦国末期を再考する　資料集』埼玉県立嵐山史跡の博物館、二〇一七年）、同「かわらけの背景」（小田原城天守閣特別展『伊勢宗瑞の時代』二〇一九年）などを参照。

（10）京都の文化を地域権力がどのように捉え、受容したのかについては中世学研究会編『幻想の京都モデル』（高志書院、二〇一八年）にて学際的に検討されている。

（11）岩崎宗純「秀吉の小田原攻めと早雲寺の什物」（『おだわら』四、一九九〇年）。

早雲寺世代法系図

①…住持の代数　※適宜、廣徳寺（早雲寺末寺）住持の代数も記している。

- 宗峰妙超（大燈国師）〔大徳開山〕
  - 徹翁義亨
    - 言外宗忠
      - 華叟宗曇
        - 養叟宗頤
          - 春浦宗熙
            - 陽峰宗韶
              - 東海宗朝（関東派）
                - 以天宗清〔早雲①〕
                  - 大室宗碩〔早雲②〕
                    - 明叟宗普（廣徳①）〔早雲⑤〕
                      - 準叟宗範〔早雲⑨〕
                        - 錐庵宗利〔早雲⑮〕
                        - 護峰宗鎮〔早雲⑯〕
                      - 希叟宗罕（廣徳②）〔早雲⑪〕
                        - 州甫宗鎮（廣徳③）
                      - 泰翁宗安〔早雲⑫〕
                      - 聖伝宗知〔早雲⑬〕
                      - 興叔宗佐〔早雲⑭〕
                    - 太岫宗初〔早雲⑥〕
                      - 光徹紹玖〔早雲・権住〕
                    - 梅隠宗香〔早雲⑧〕
                      - 菊径宗存〔早雲⑰〕
                        - 琢玄宗璋（廣徳⑤）〔早雲⑱〕
                          - 鐵舟宗鈍（廣徳⑥）〔早雲・権住〕
                          - 説叟宗演（廣徳⑦）〔早雲・権住〕
                            - 別源宗甄（廣徳⑧）
                            - 海印宗珠
                            - 雲巌義端（廣徳⑨）
                              - 桂堂宗玉（廣徳⑩）
                            - 萬了義般（廣徳⑪）
                            - 柏州宗貞〔早雲㉓〕
                              - 大英宗方〔早雲㉔〕
                          - 蒲巌宗睦〔早雲㉑〕
                          - 瑞巌宗應〔早雲㉒〕
                        - 燈外紹傳（宗伝）〔早雲⑲〕
                        - 嵩外宗丘〔早雲⑳〕
                  - 松裔宗佺〔早雲③〕
                  - 南岑宗菊〔早雲④〕
                    - 万仭宗松〔早雲⑦〕
                      - 錬叔宗鐵〔早雲⑩〕
        - 一休宗純
  - 関山慧玄〔妙心開山〕

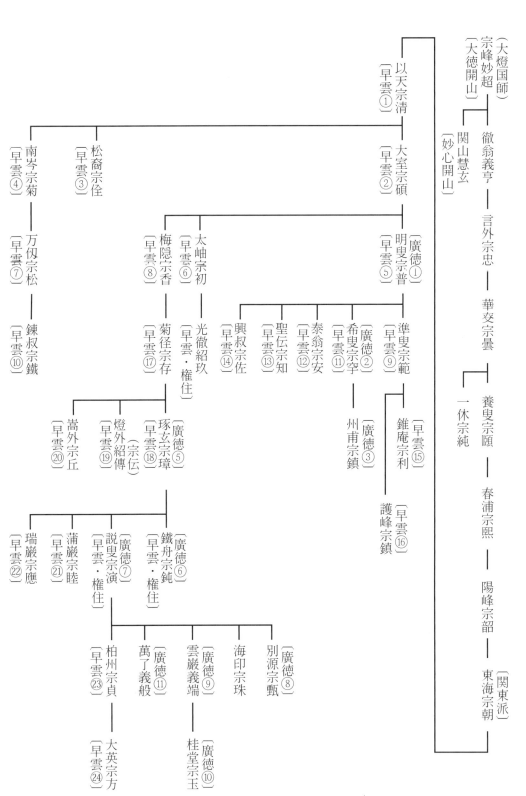

小田原北条氏・玉縄北条氏・狭山藩北条氏　略系図

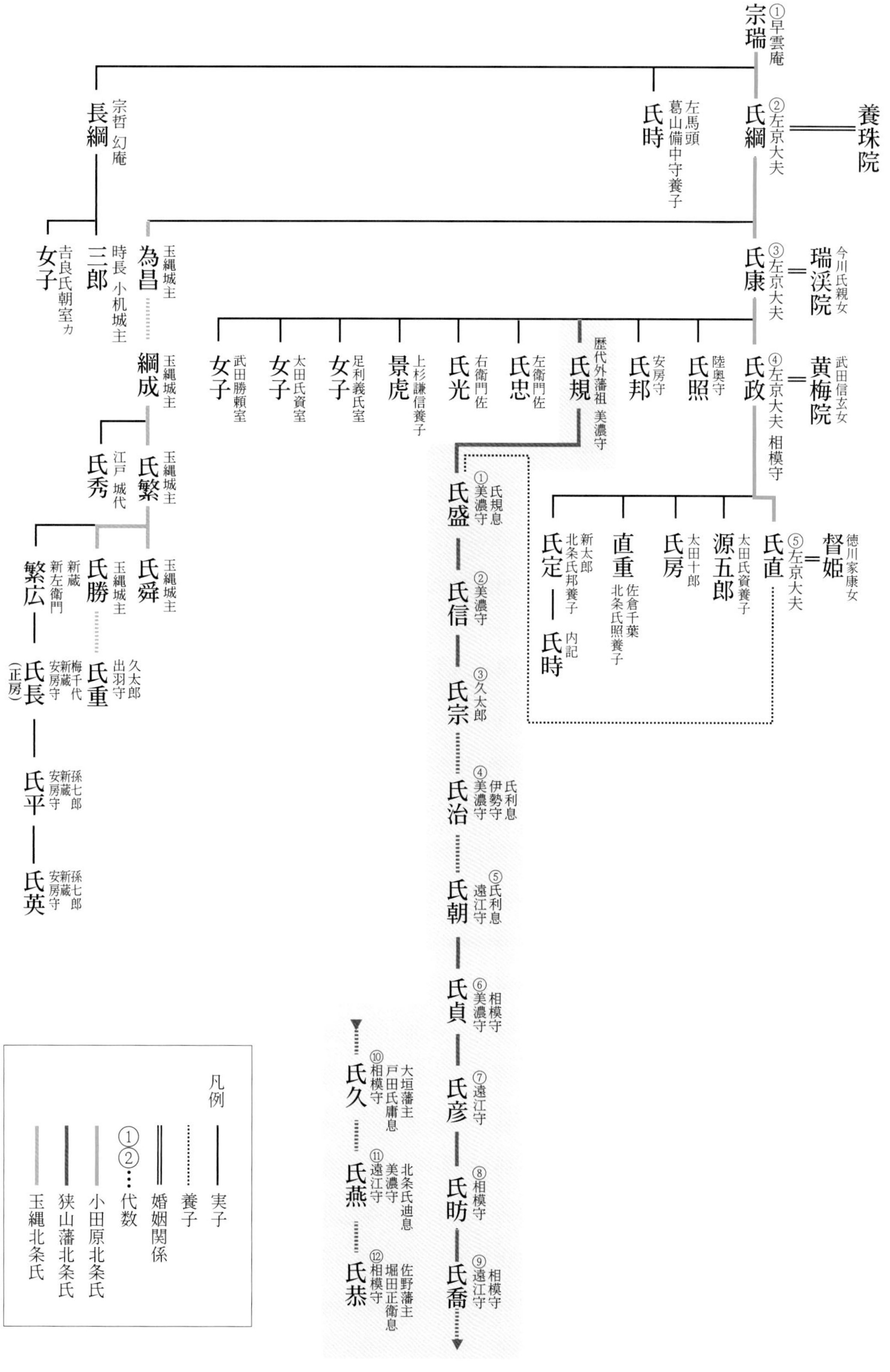

凡例

一、本書は、二〇二一年十月十六日から十二月五日まで神奈川県立歴史博物館で開催する特別展「開基五〇〇年記念早雲寺―戦国大名北条氏の遺産と系譜―」の図録である。

一、本書の図版番号は展覧会場での資料番号と一致するが、展示の順序とは必ずしも一致しない。また、編集の都合上、必ずしも図版番号順に掲載していない。

一、一部の資料については、参考図版を掲載した。

一、図版に付した情報は、図版番号、文化財指定略記号、資料名称、時代または制作年、所蔵者の順とした。

一、文化財指定略記号は、◎重要文化財、●重要美術品、○県指定文化財、□市区町村指定文化財とし、資料解説では名称で表示した。

一、資料名称は原則として所蔵者の表記や一般に認知される表記に従ったが、語句の統一を図るため、一部改めたものもある。

一、本展覧会の企画は、渡邊浩貴（神奈川県立歴史博物館　学芸員）が担当し、橋本遼太（同）、梯弘人（同）が補佐した。

一、本書の論考には、家永遵嗣氏（学習院大学教授）、古川元也氏（日本女子大学教授）、阿部能久氏（聖学院大学准教授）、吉井克信氏（大阪府立狭山池博物館・大阪狭山市立郷土資料館副館長）、鳥居和郎氏（元神奈川県立歴史博物館）、相澤正彦氏（成城大学教授）より玉稿を賜った（本書掲載順）。また資料解説には、池谷初恵氏（伊豆の国市教育委員会文化財課）、佐々木健策氏（小田原市文化財埋蔵文化財課）より玉稿を賜り分担は文末等に記した。その他は、渡邊浩貴、橋本遼太が執筆した。分担は文末等に記した。

一、本書掲載の地図データおよび年表の制作は、渡邊浩貴、梯弘人、野島愛子（神奈川県立歴史博物館　デザイナー）が行った。

一、本書表紙および内扉、各章扉のデザインは野島愛子が行い、各章扉文章は渡邊浩貴が執筆した。

一、本書および本展覧会の英文翻訳は渡邊靖史氏（国際教養大学講師）の協力を得た。

一、本書掲載の写真は、渡邊浩貴、井上久美子（神奈川県立歴史博物館　カメラマン）、荒井孝則（同）、神野祐太（同　学芸員）が撮影したほか、左記の各機関から提供を受けた（五十音順）。なお、数字は図版番号を示す。

大阪狭山市教育委員会（98、99、111～114、121～123）、小田原市教育委員会（76-8）、小田原城天守閣（3、15、76-1、101）、五島美術館（19、撮影：名鏡勝朗）、埼玉県立歴史と民俗の博物館（20）、さくら市ミュージアム―荒井寛方記念館―（29～36）、世田谷区立郷土資料館（72）、栃木県立博物館（22、37）、箱根神社（14）、八王子市教育委員会（77-2）、法雲寺（85～89）、Image:TNM Imege Archives（1、21、109、110）

一、本書の編集は、渡邊浩貴が担当し、校正は角田拓朗（神奈川県立歴史博物館　主任学芸員）、神野祐太（同　学芸員）が行った。また、近世史料の校訂は寺西明子（同　学芸員）、根本佐智子（同　非常勤学芸員）が行った。

プロローグ
早雲寺の創建と至宝

伊勢宗瑞（北条早雲）を祀り建立された大徳寺関東龍泉派の早雲寺は、今もなお戦国大名北条氏ゆかりの宝物を多く遺し、かつての偉容を偲ばせる。だが、こうした寺宝群の形成は一朝一夕でなるものではなく、様々な歴史的過程を経て、私たちの眼前にその姿をあらわす。まずは、早雲寺に祀られ、小田原北条氏初代である伊勢宗瑞の事蹟をたどりながら、寺宝たちの履歴に耳を傾け、その歴史を繙いていくこととしよう。

1
◎織物張文台及硯箱
室町時代
早雲寺

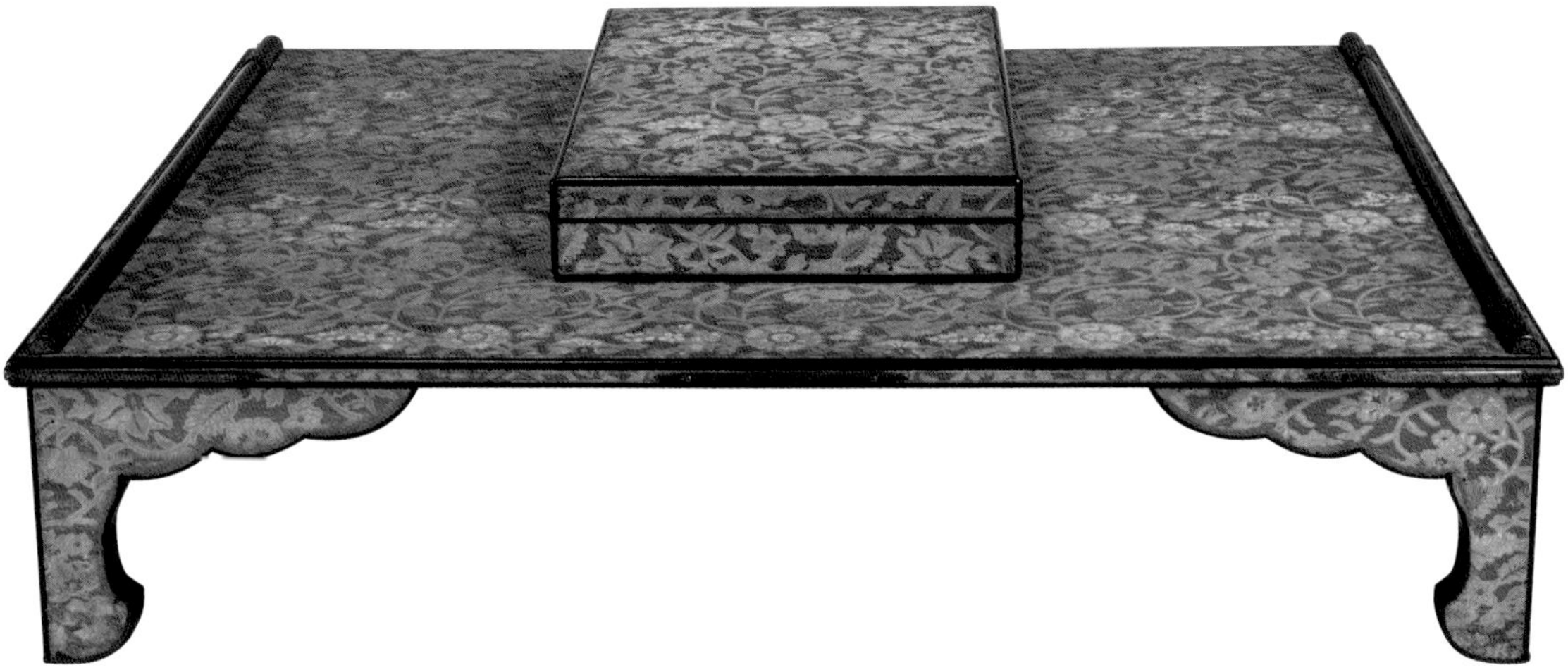

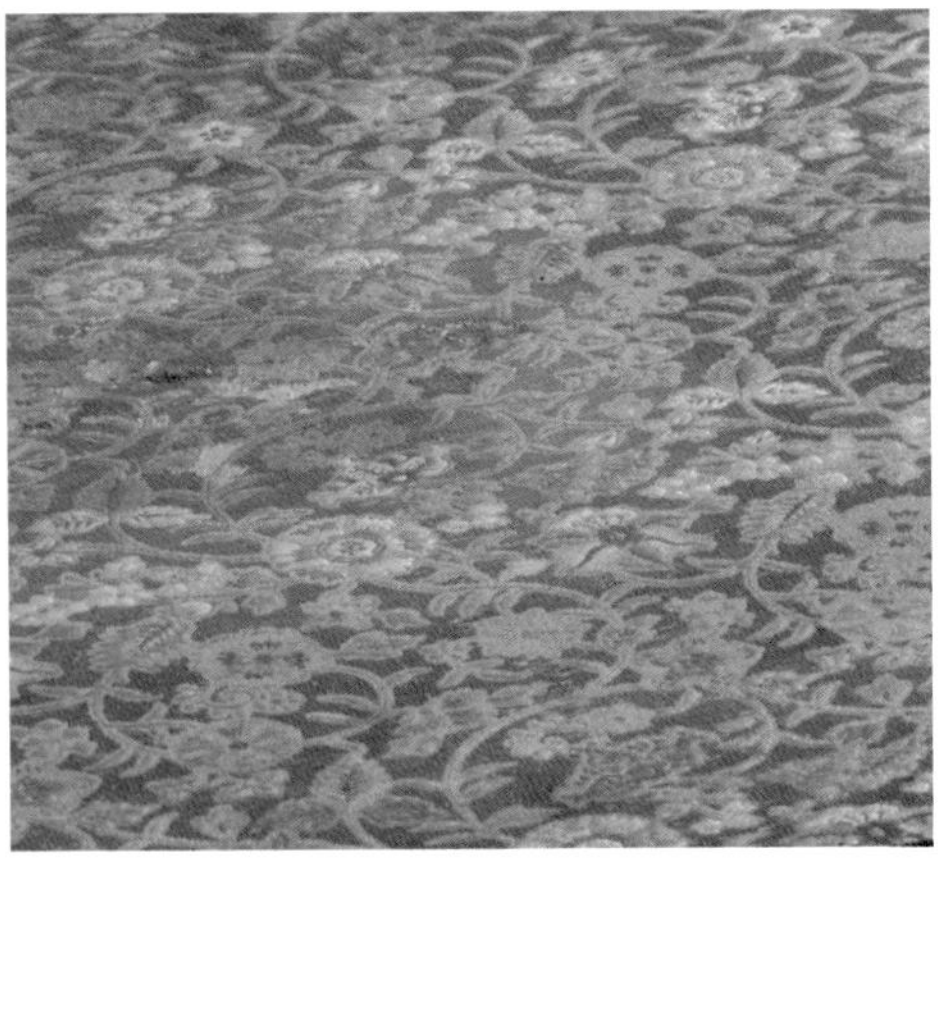

早雲寺裂（部分）

織物張文台

2
韮山城跡出土品
（貿易陶磁器・瀬戸美濃産陶磁器・かわらけ）
戦国時代
伊豆の国市教育委員会

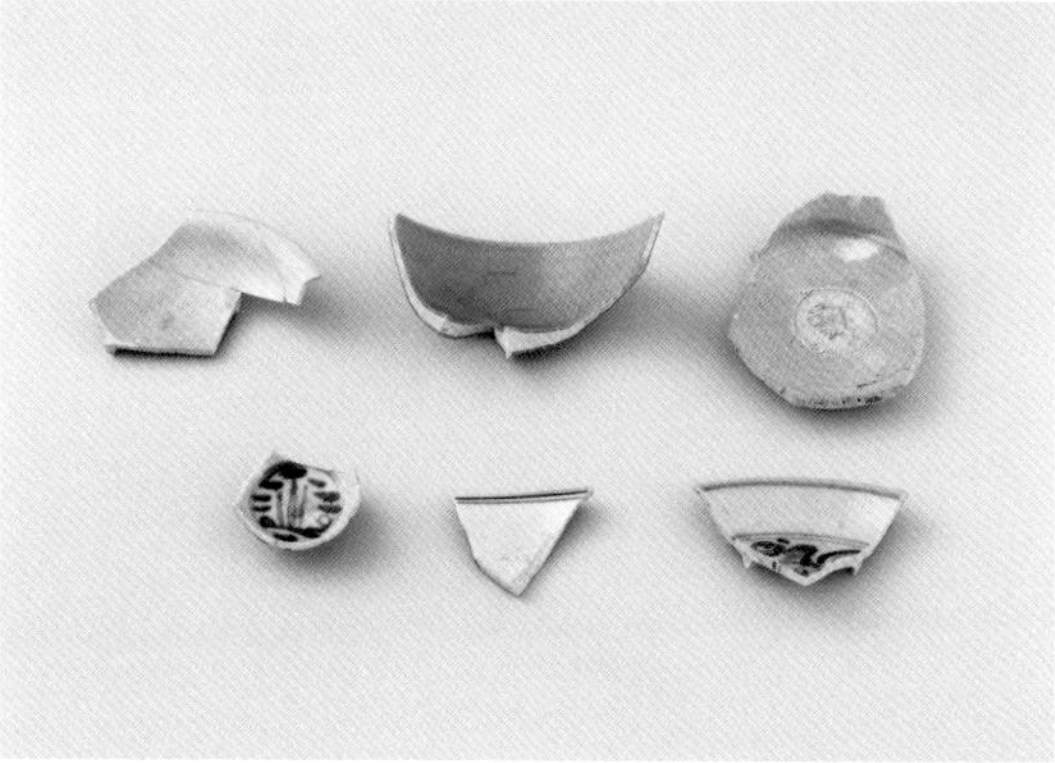

貿易陶磁器

瀬戸美濃産陶磁器

3 山内上杉顕定書状
明応五年（一四九六）カ
小田原城天守閣

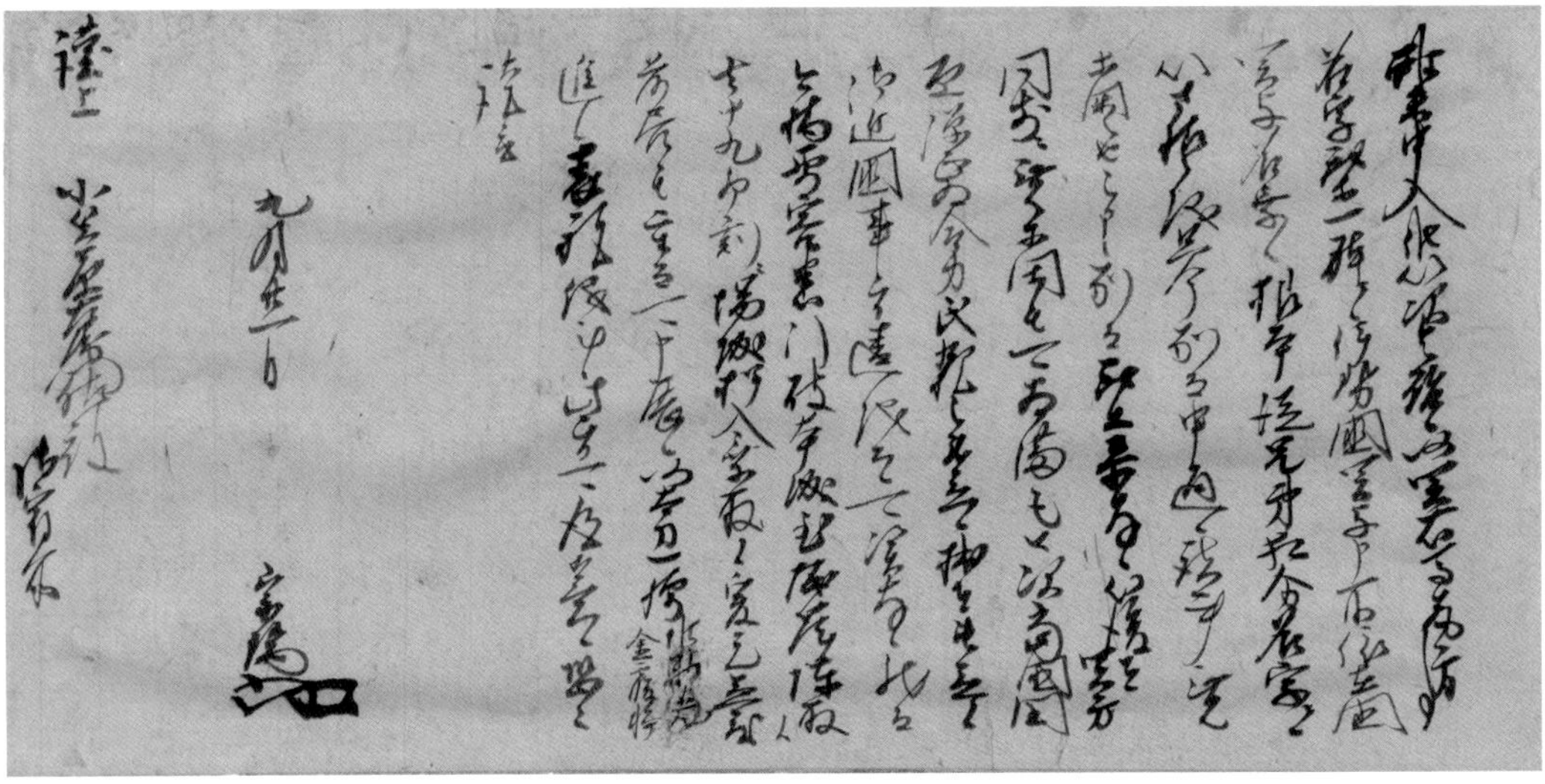

4 □伊勢宗瑞書状（早雲寺文書）
永正三年（一五〇六）
早雲寺

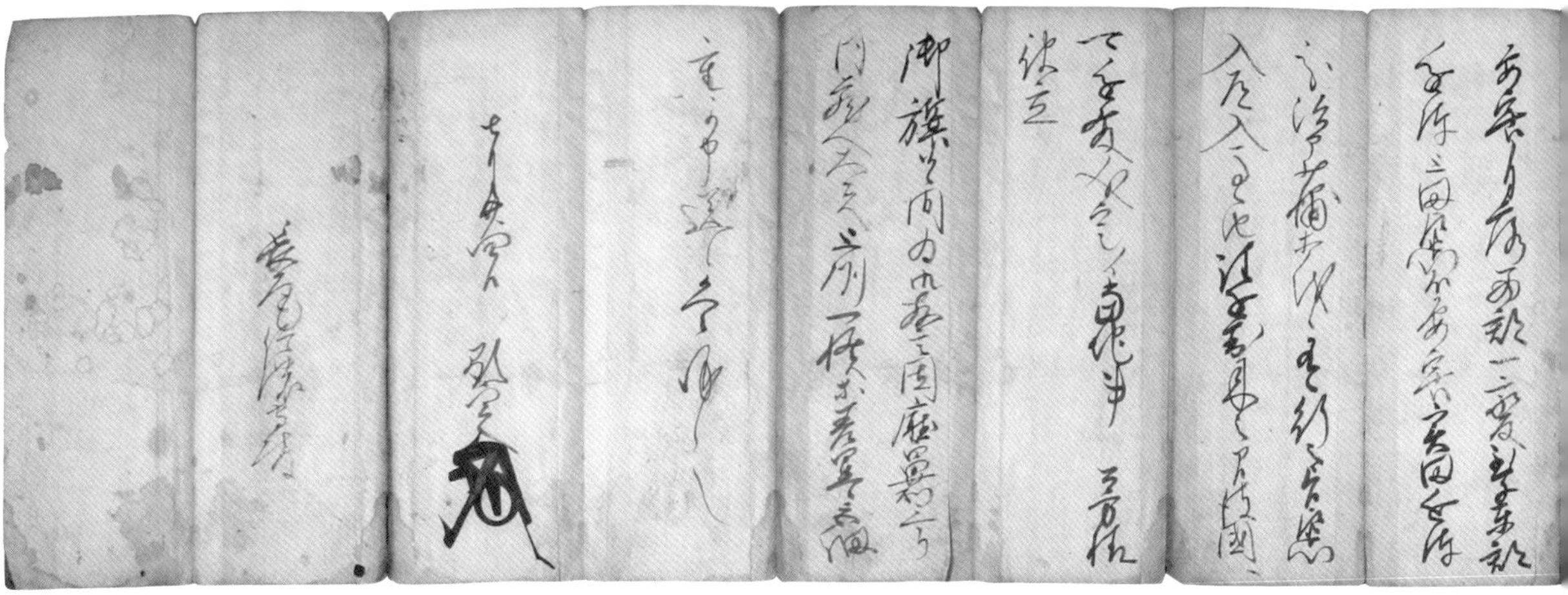

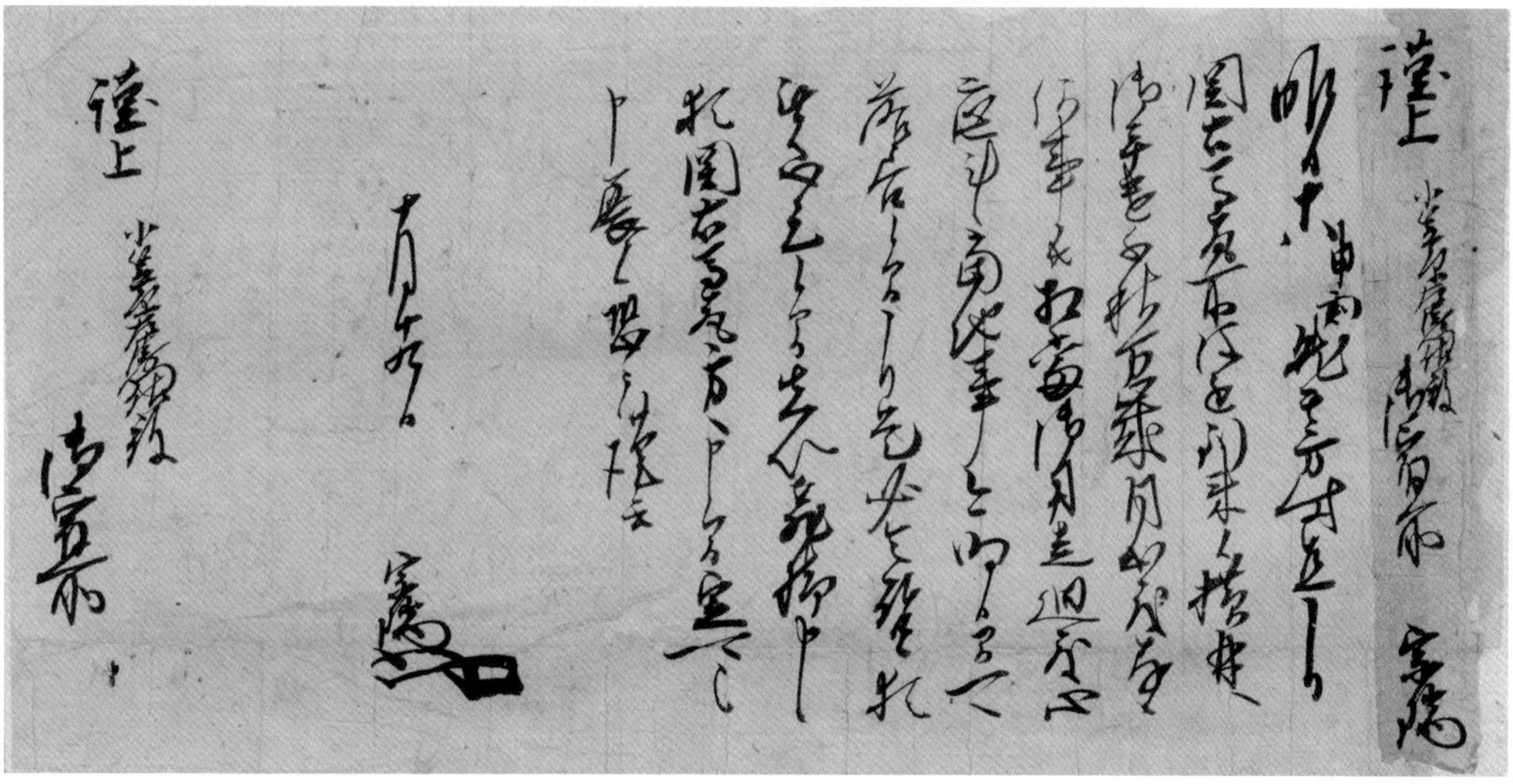

5
□伊勢宗瑞書状（早雲寺文書）
永正三年（一五〇六）
早雲寺

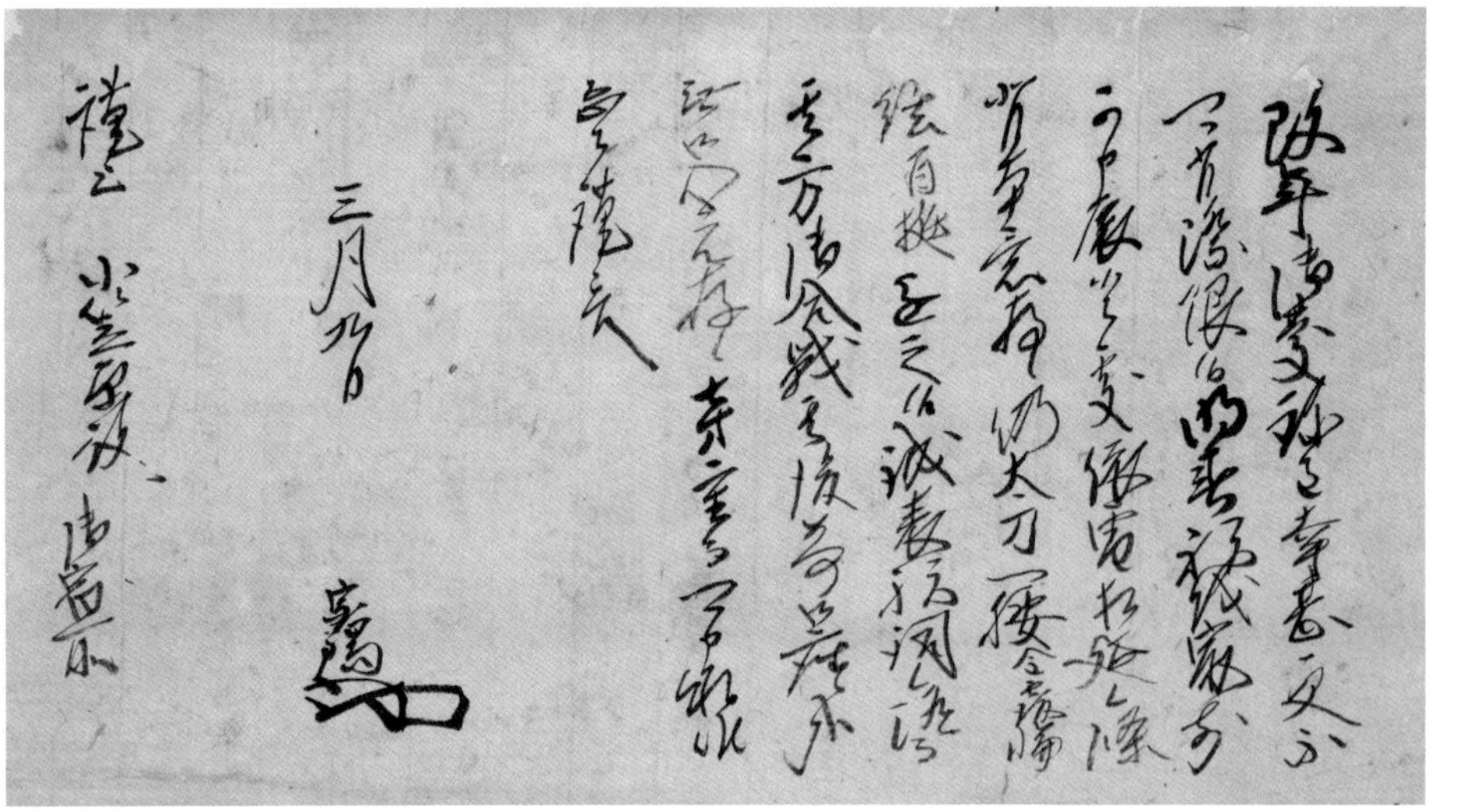

6 □ 伊勢宗瑞書状（早雲寺文書）
永正四年～永正八年（一五〇七～一五一一）カ
早雲寺

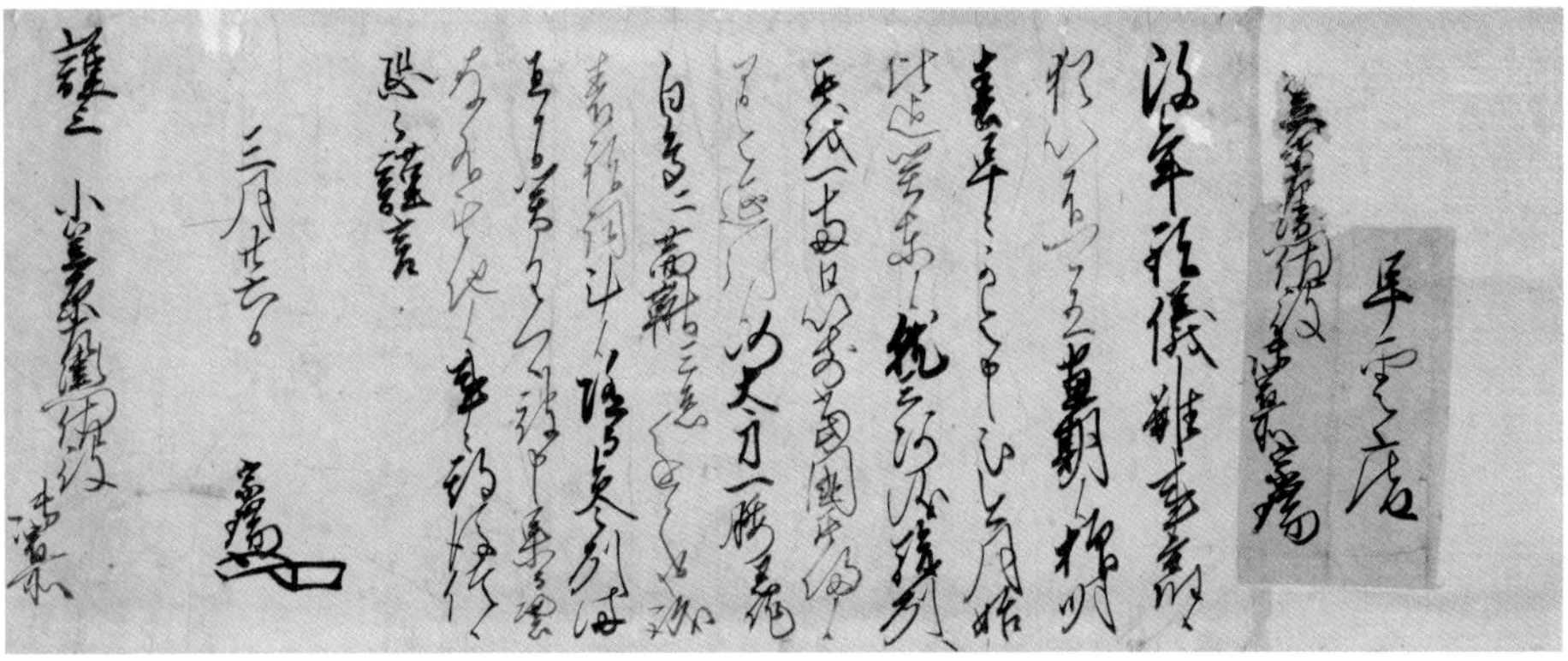

7 □ 伊勢宗瑞書状（早雲寺文書）
永正七年（一五一〇）
早雲寺

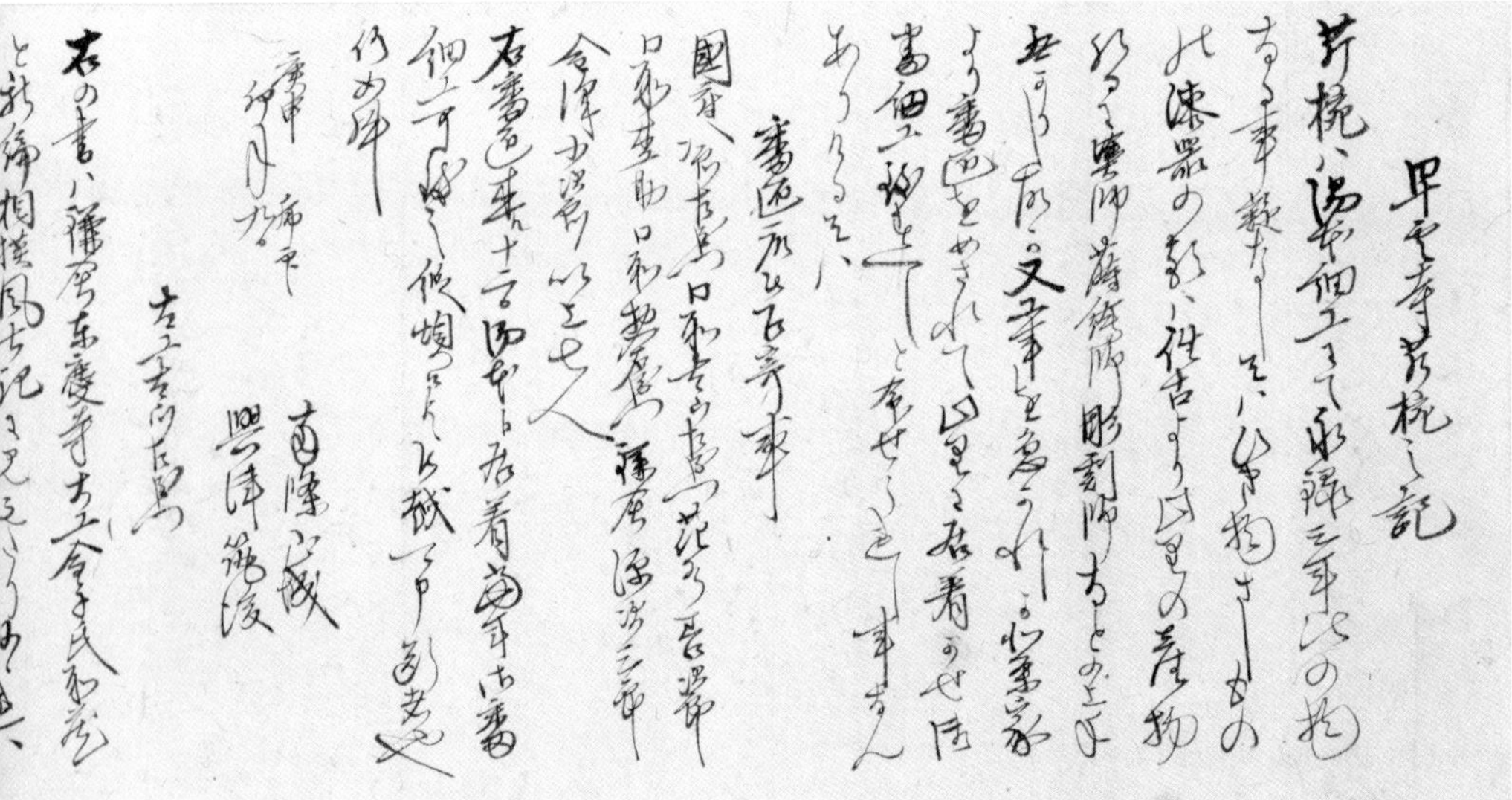

9 早雲寺芹椀之記
明治二二年（一八八九）
早雲寺

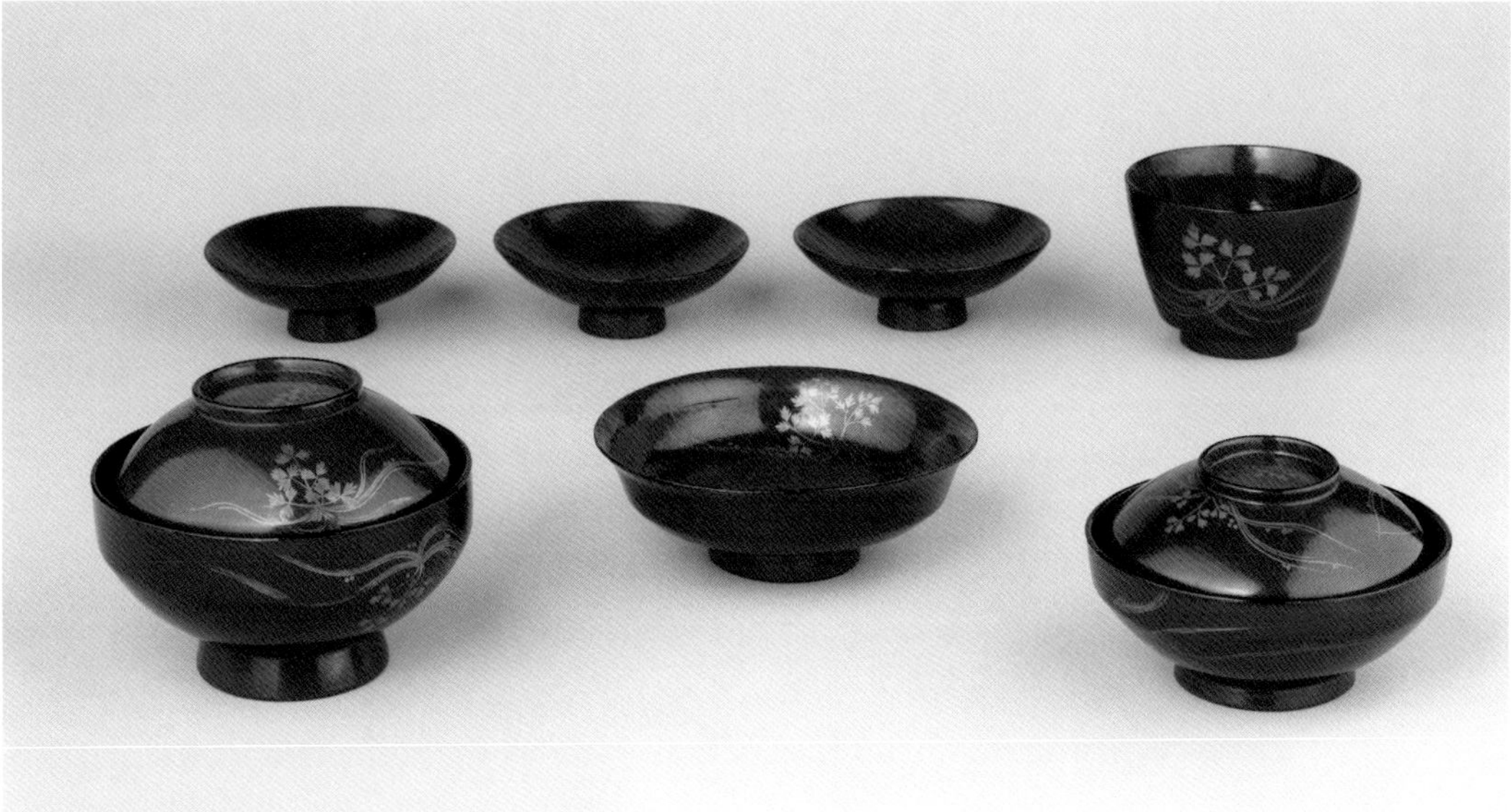

（部分）

8

□芹椀

戦国～江戸時代

早雲寺

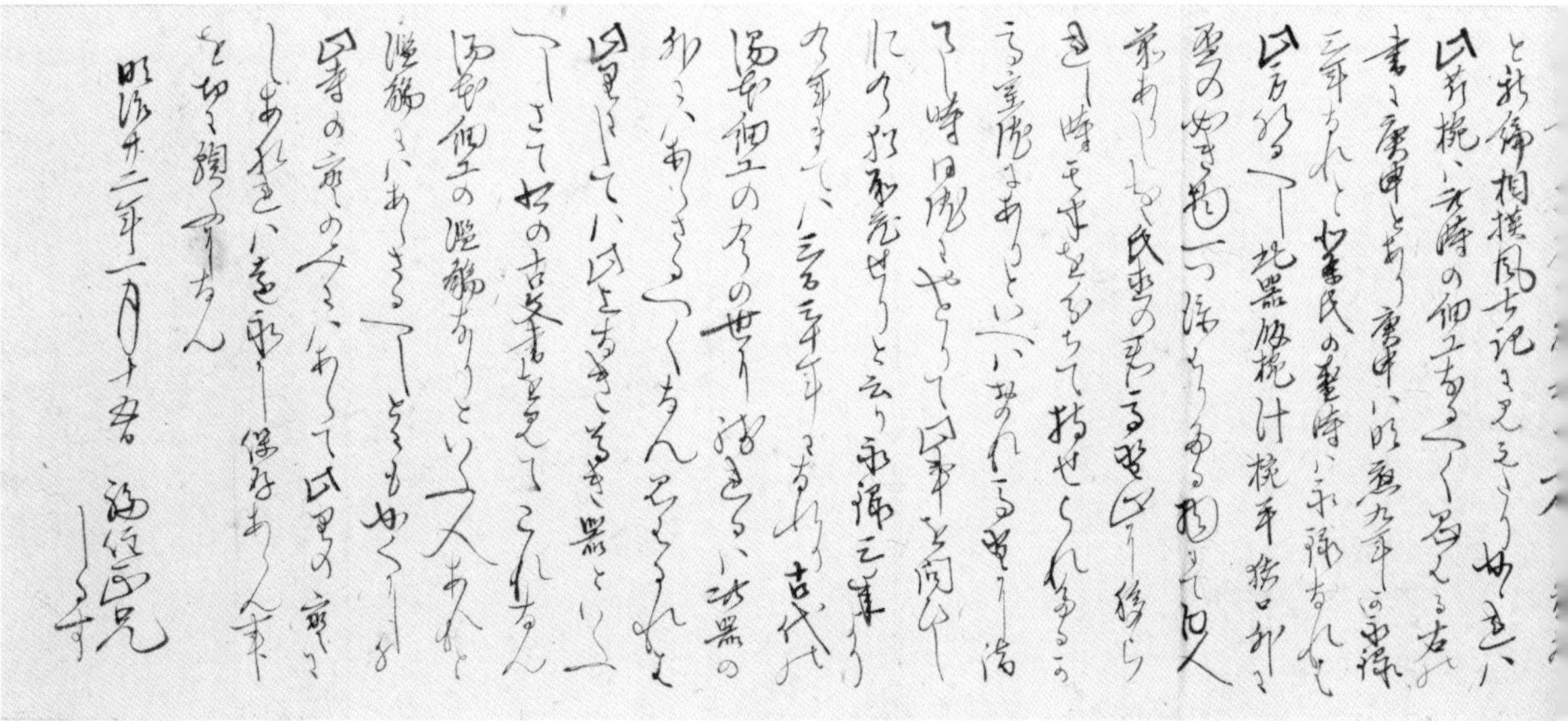

韮山城

伊勢宗瑞（北条早雲）が伊豆国に構え、かつ相模国へ進出する足掛かりとした居城

参考　伊豆の国市空撮（画像提供：伊豆の国市教育委員会）

参考　北西側から見た韮山城（画像提供：伊豆の国市教育委員会）

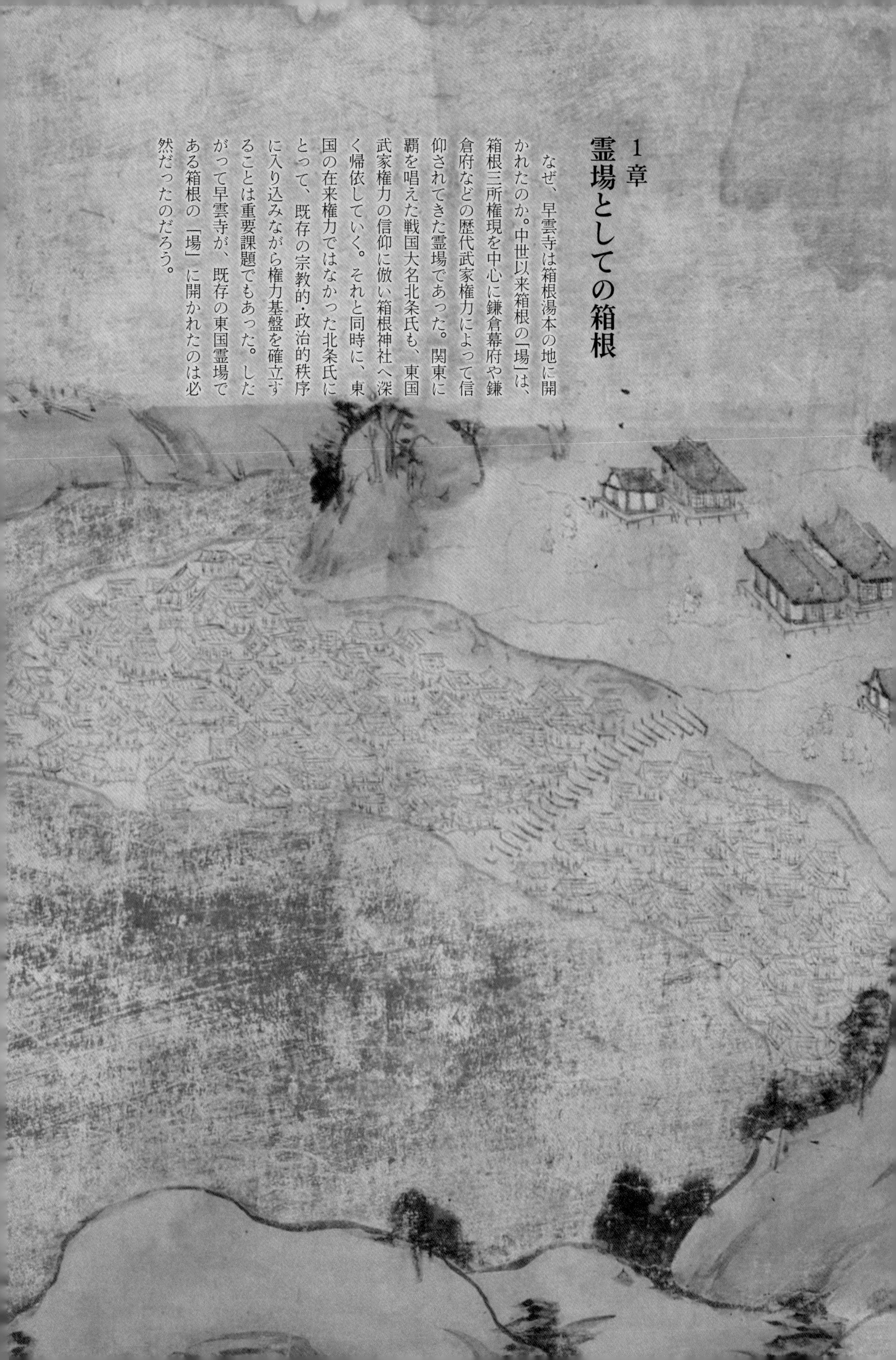

1章

霊場としての箱根

なぜ、早雲寺は箱根湯本の地に開かれたのか。中世以来箱根の「場」は、箱根三所権現を中心に鎌倉幕府や鎌倉府などの歴代武家権力によって信仰されてきた霊場であった。関東に覇を唱えた戦国大名北条氏も、東国武家権力の信仰に倣い箱根神社へ深く帰依していく。それと同時に、東国の在来権力ではなかった北条氏にとって、既存の宗教的・政治的秩序に入り込みながら権力基盤を確立することは重要課題でもあった。したがって早雲寺が、既存の東国霊場である箱根の「場」に開かれたのは必然だったのだろう。

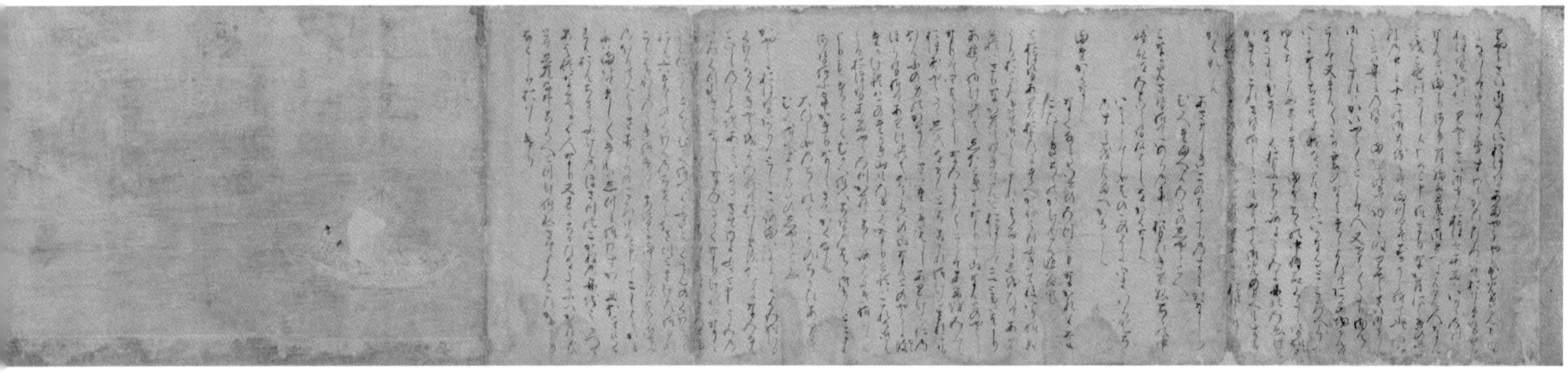

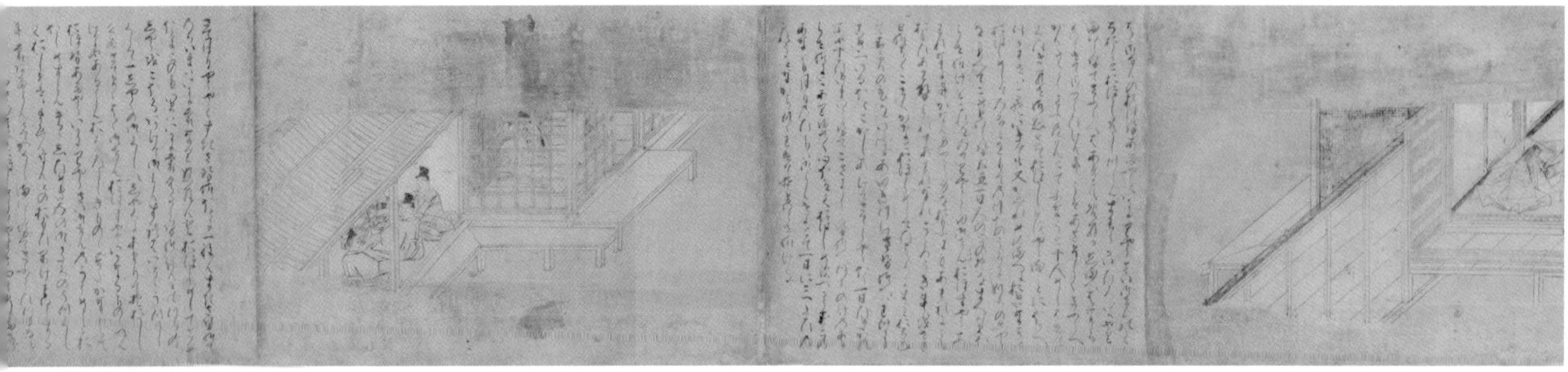

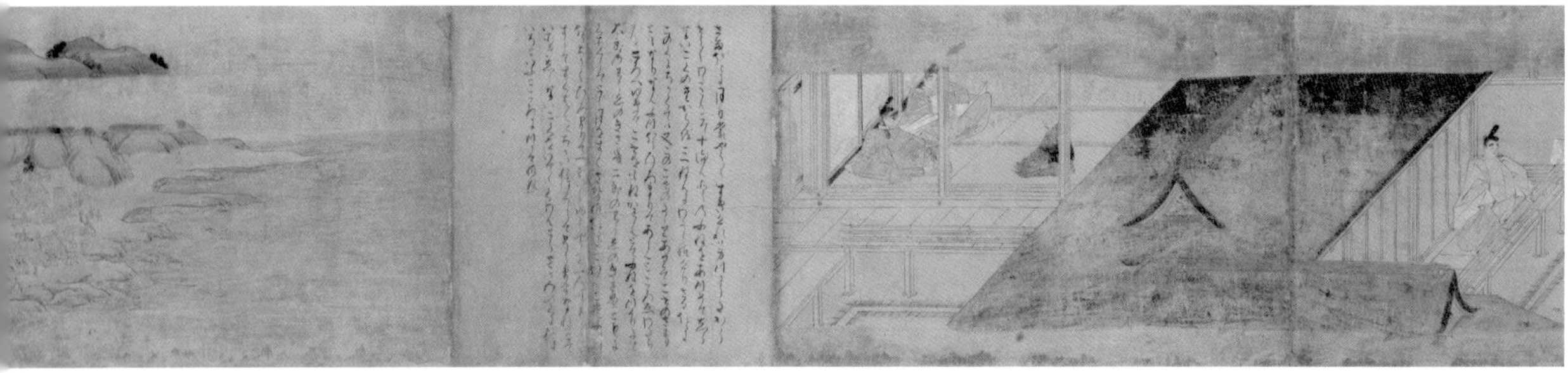

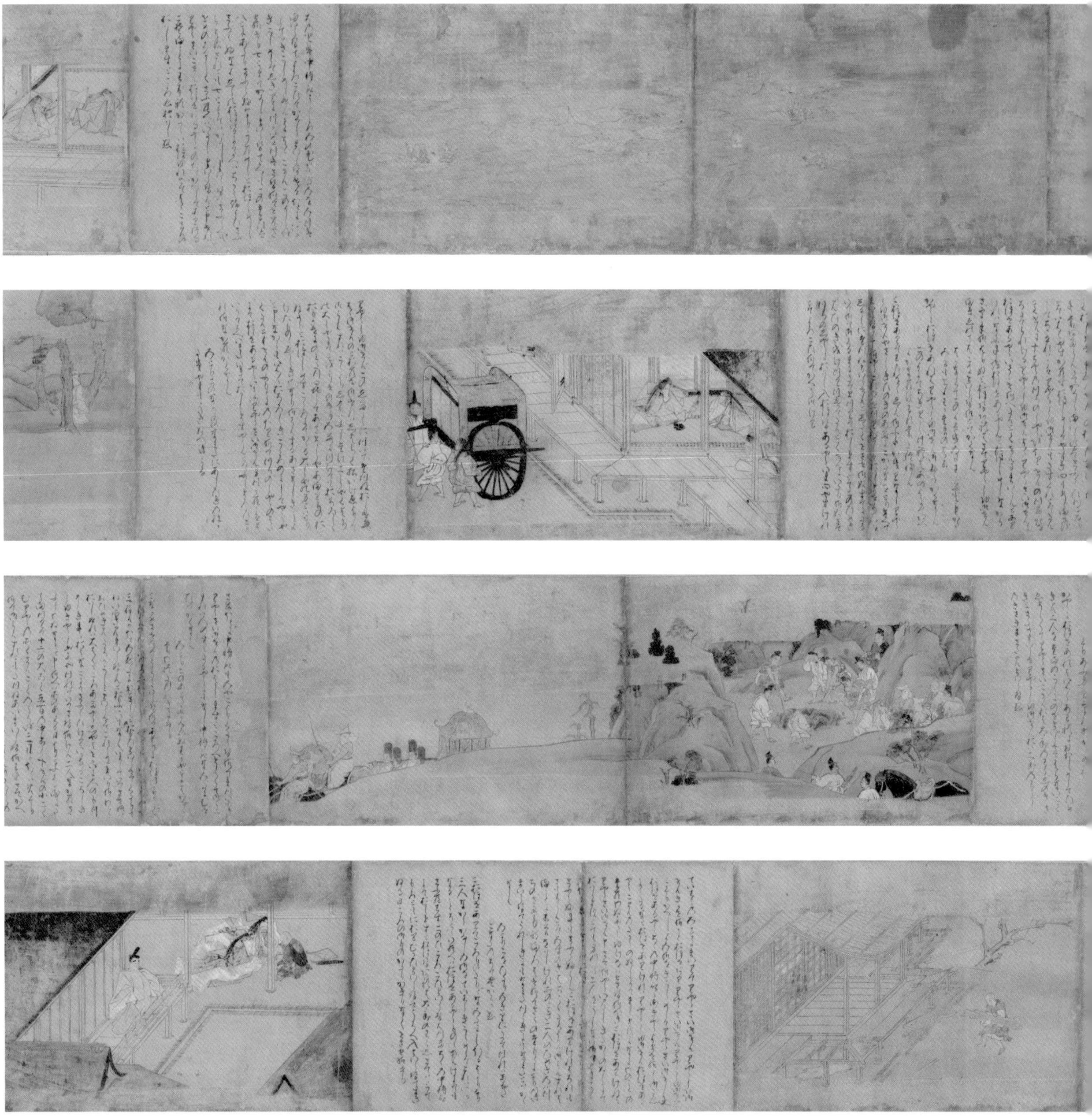

10 ◎ 箱根権現縁起　鎌倉末～南北朝時代　箱根神社

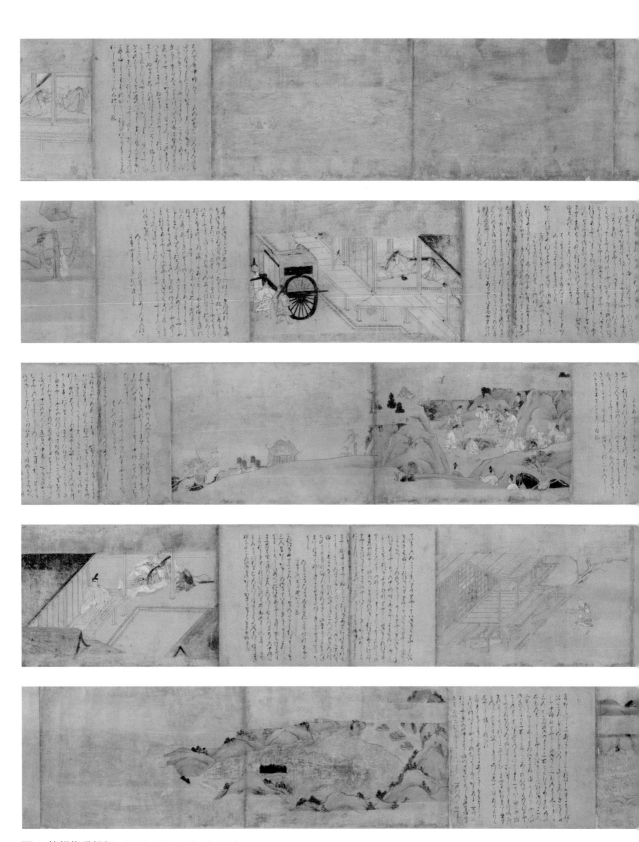

第一段　常在御前の島流し場面

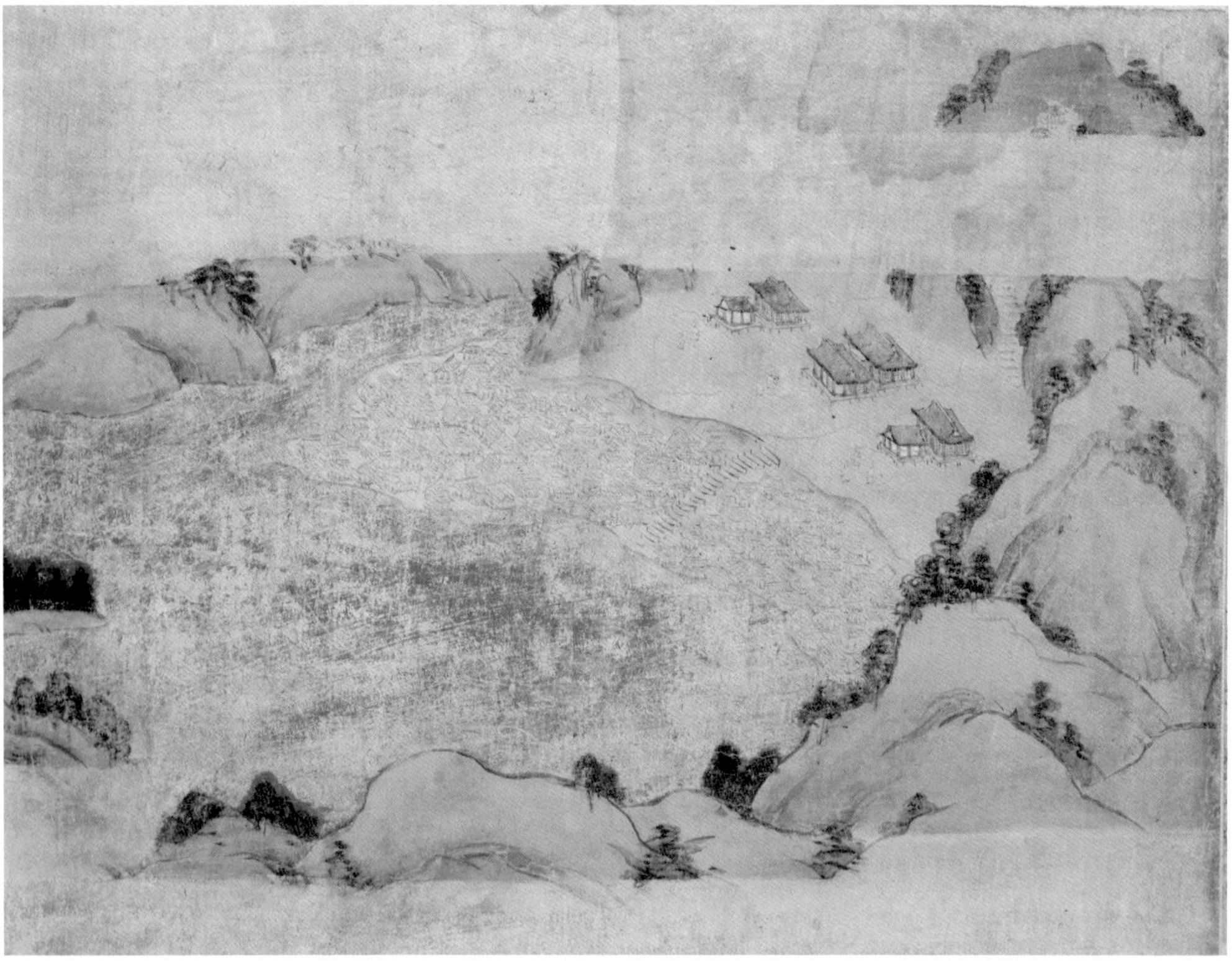

第十一段　箱根三所権現の景観

上巻第八段

11

□ 箱根権現縁起絵巻

天正一〇年（一五八二）

個人

箱根大権現（境内の様子）

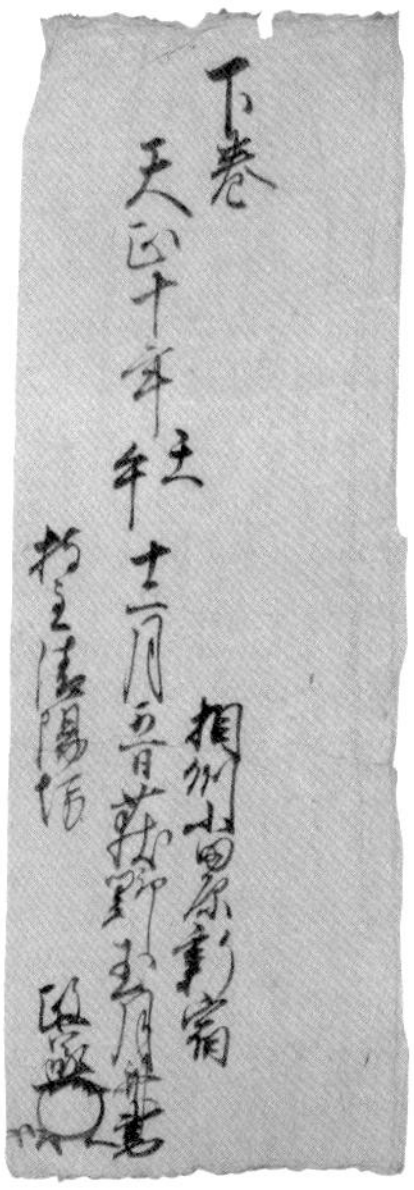
下巻
天正十年壬午十一月吉日

下巻奥書

大磯高麗山

下巻　第八段

箱根大権現

箱根大権現

伊豆山走湯大権現

三島大明神

11 箱根権現縁起絵巻（部分）

12
○菩薩像頭部
平安時代
興福院

13 ○普賢菩薩坐像
永仁五年（一二九七）
興福院

像底朱書

14 伊勢菊寿丸所領注文

永正一六年（一五一九）

箱根神社

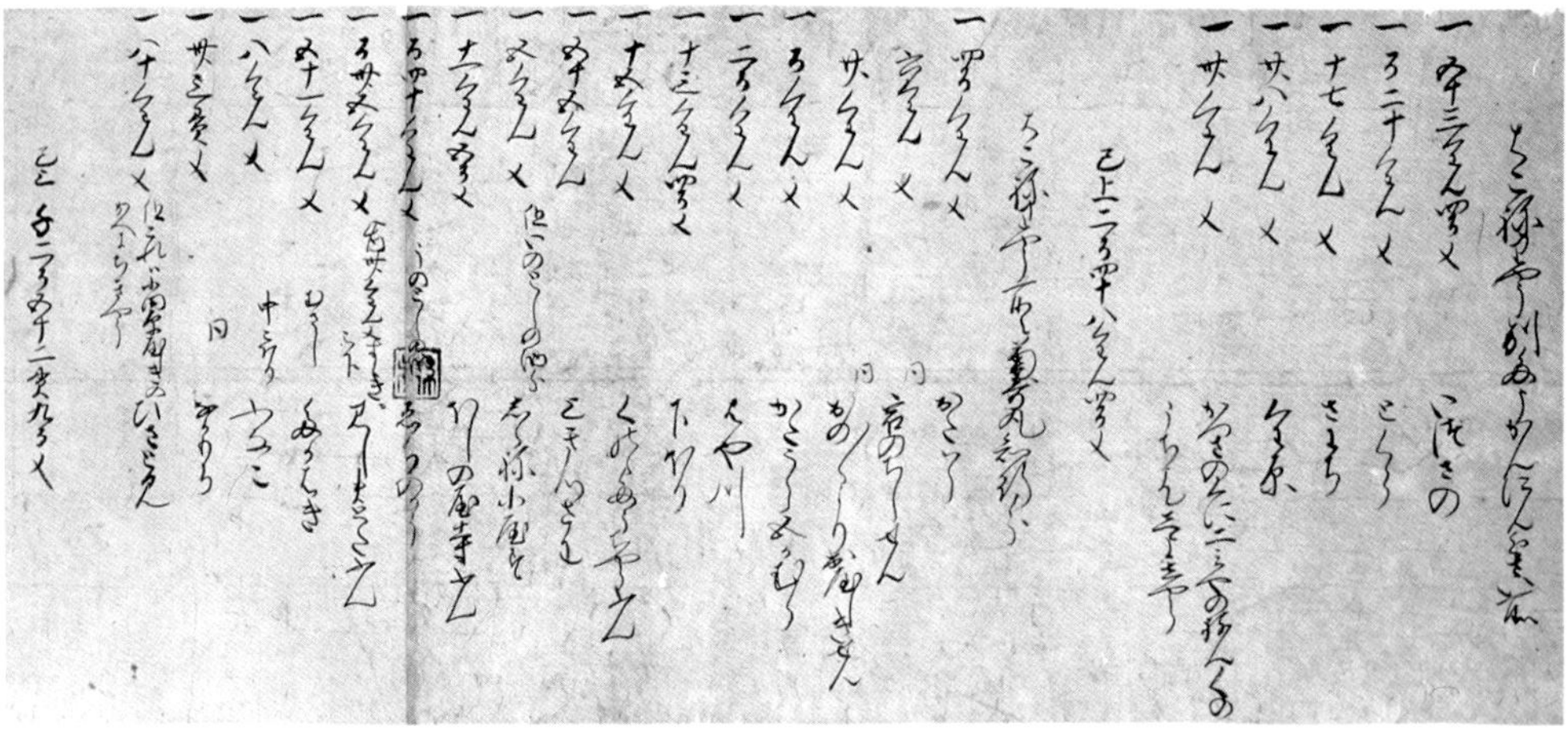

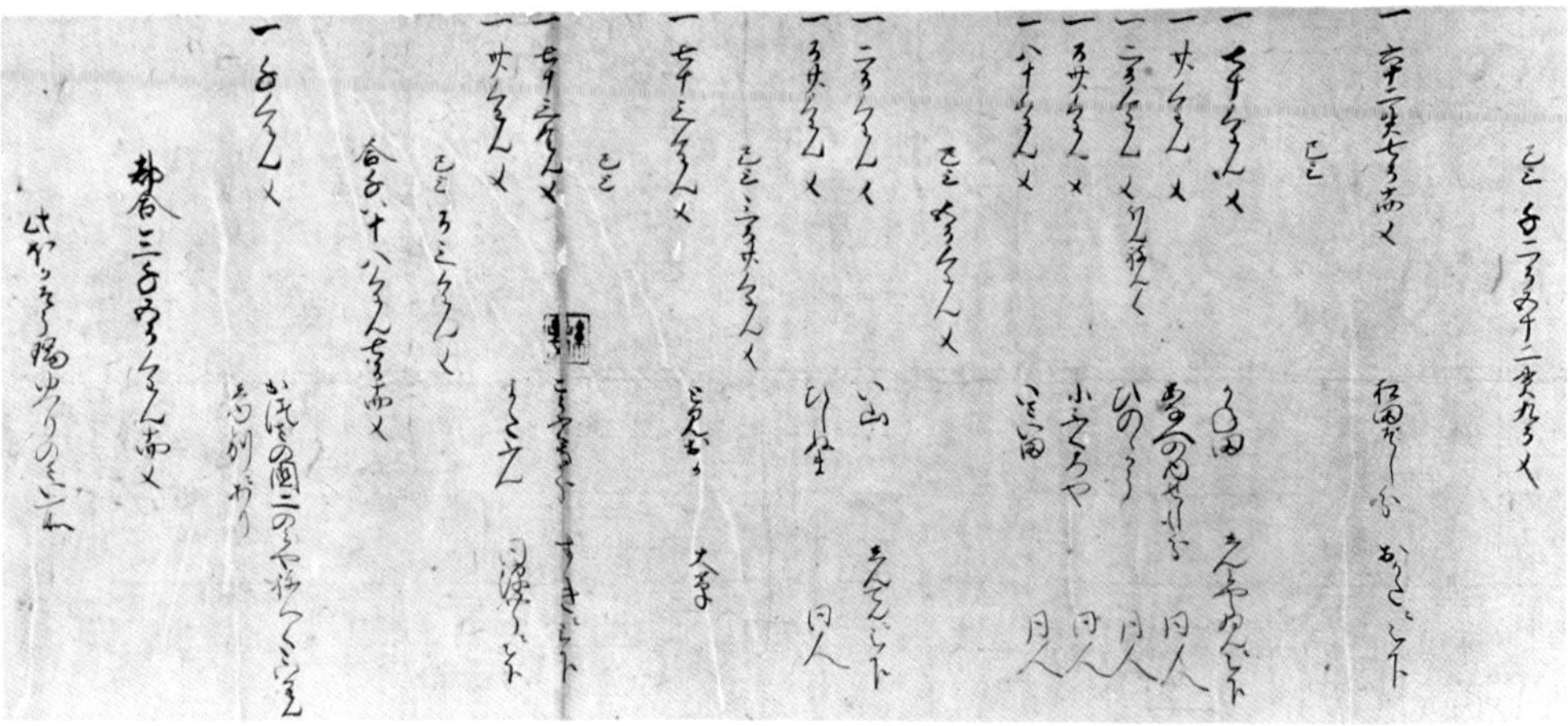

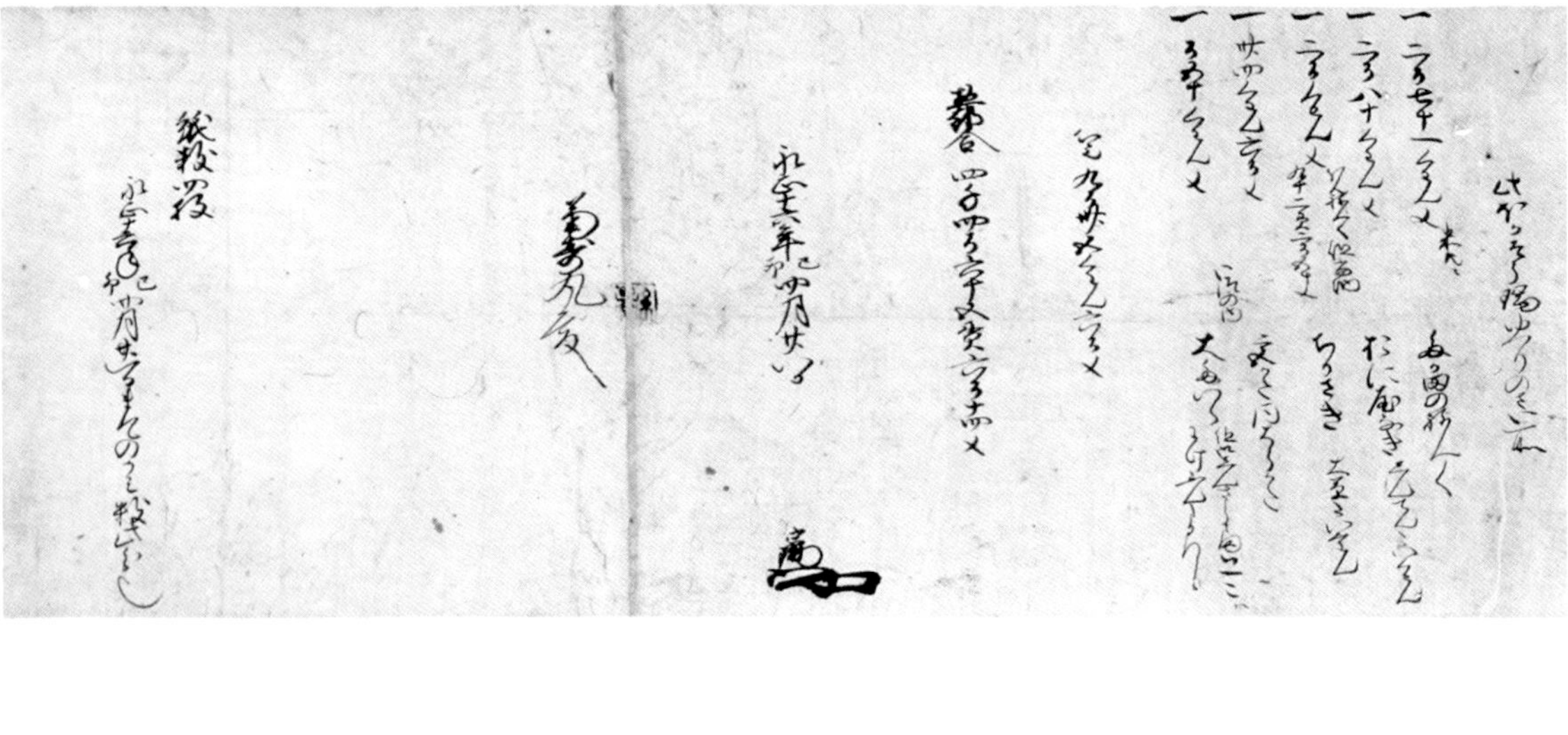

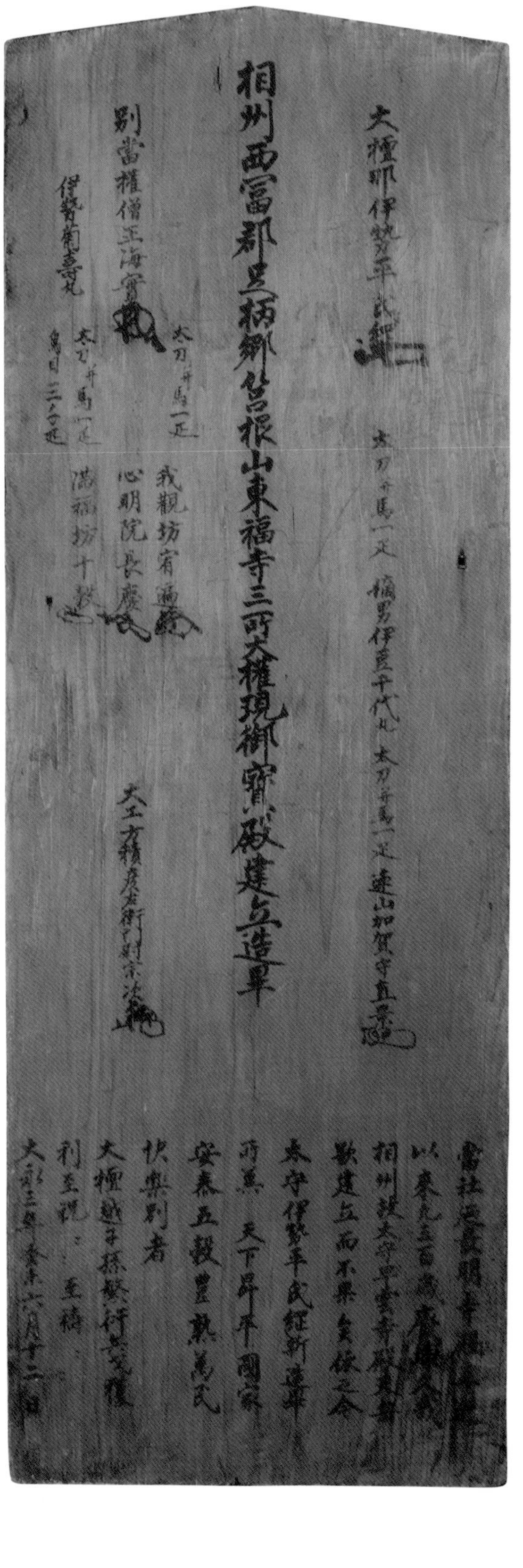

15
伊勢氏綱社殿造営棟札
大永三年（一五二三）
箱根神社

16
○ 地蔵菩薩立像
鎌倉時代
正眼寺

17
□ 地蔵菩薩立像
室町時代
正眼寺

16 地蔵菩薩立像（部分）
50頁

18 □ 地蔵菩薩立像　像内納入品

正眼寺

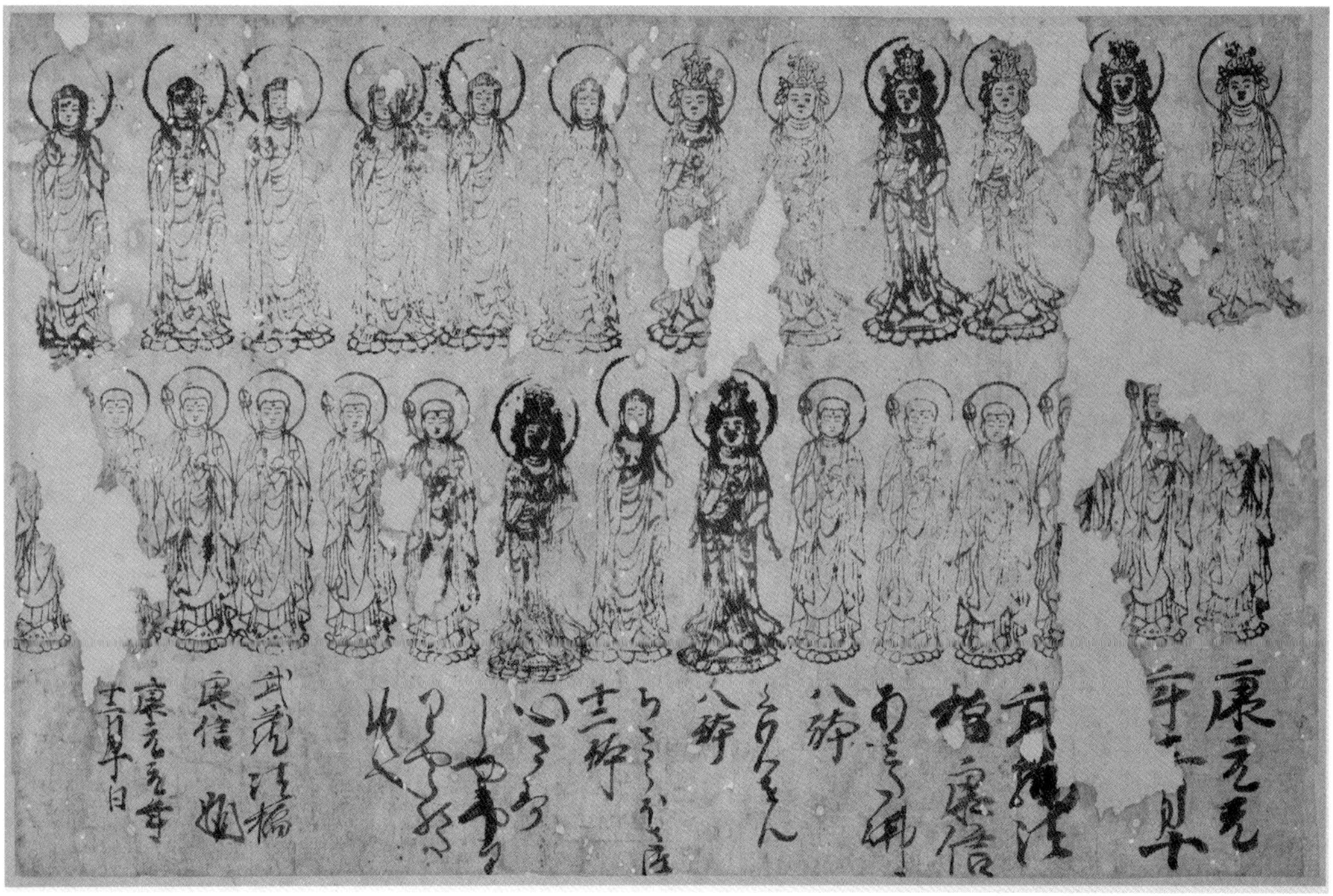

18-1 武蔵法橋康信願文
康元元年（一二五六）

18 像内納入品　千手観音立像・地蔵菩薩立像・遺骨・遺髪・爪・経巻

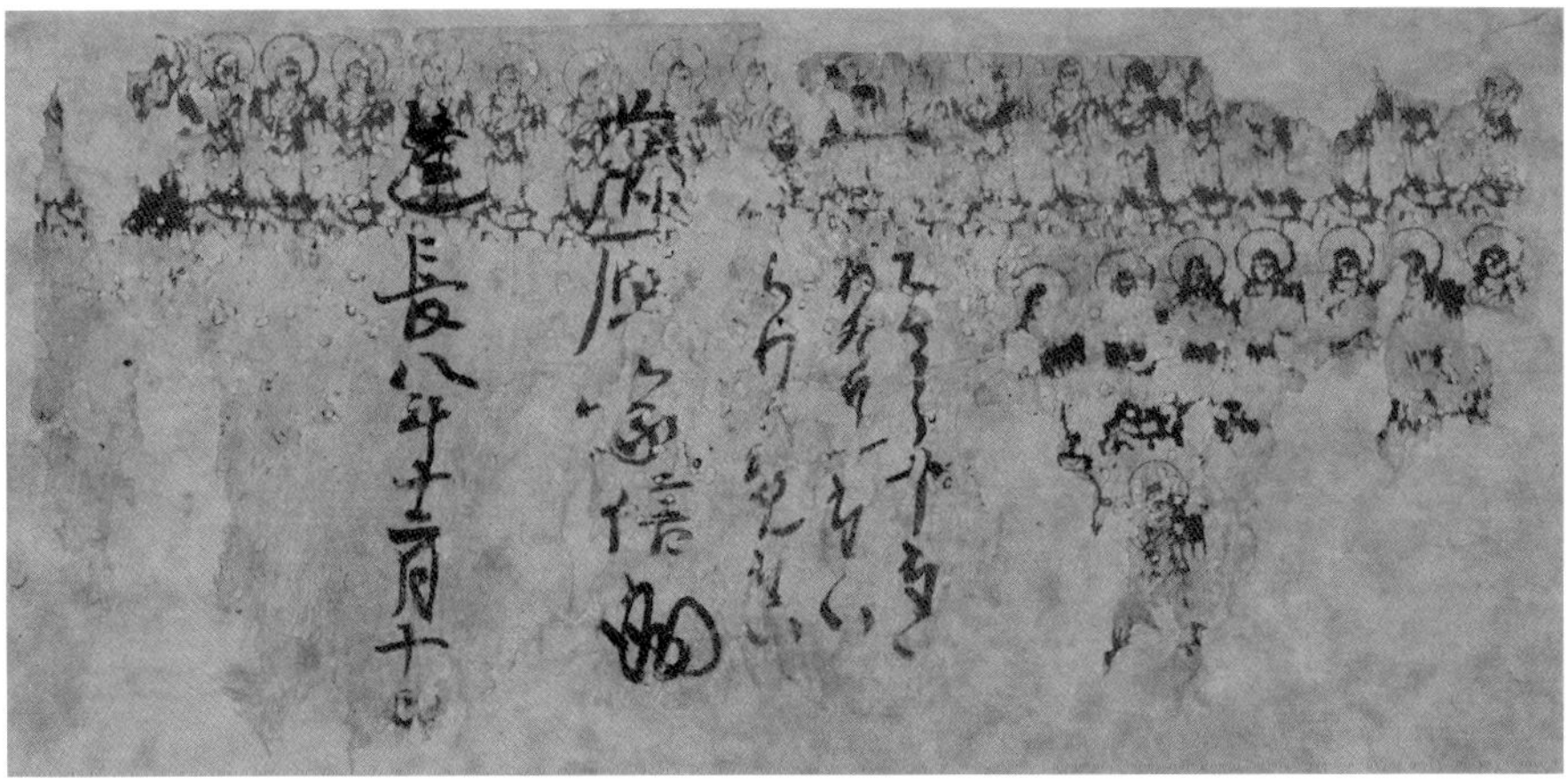

18-2 藤原家信願文
建長八年（一二五六）

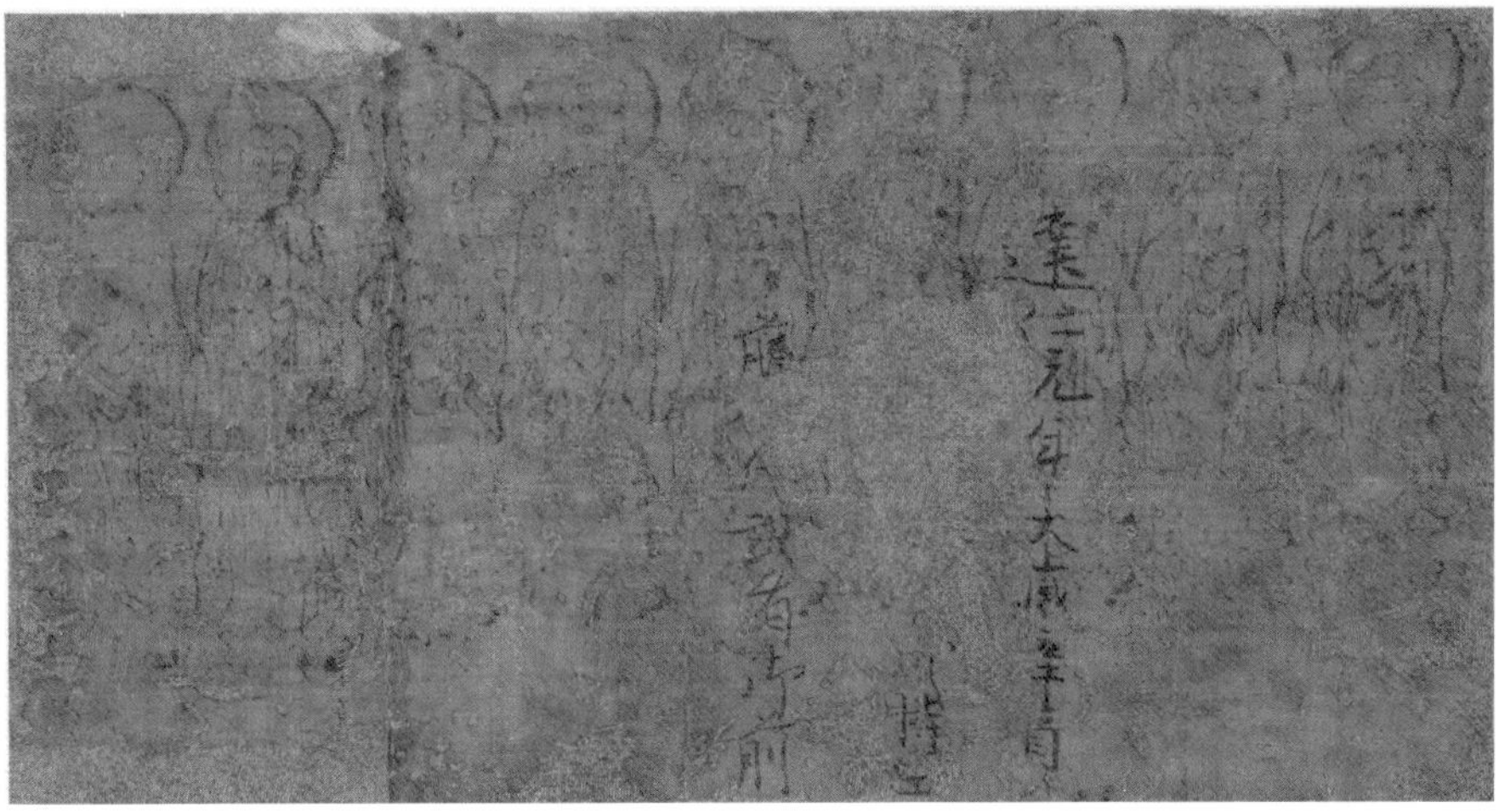

18-3 藤原氏武者御前願文
建仁元年（一二〇一）

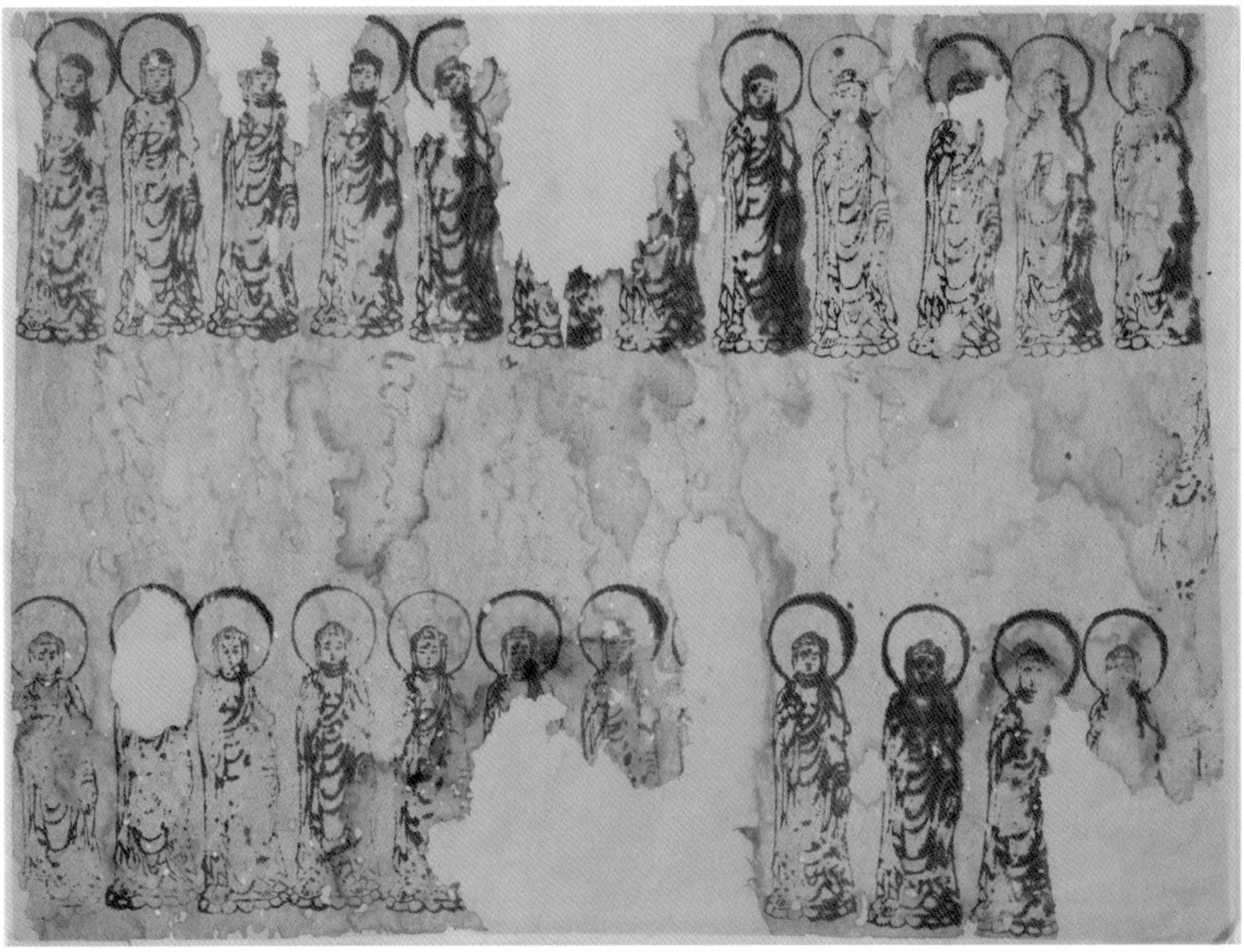

18-4 某仮名願文
鎌倉時代

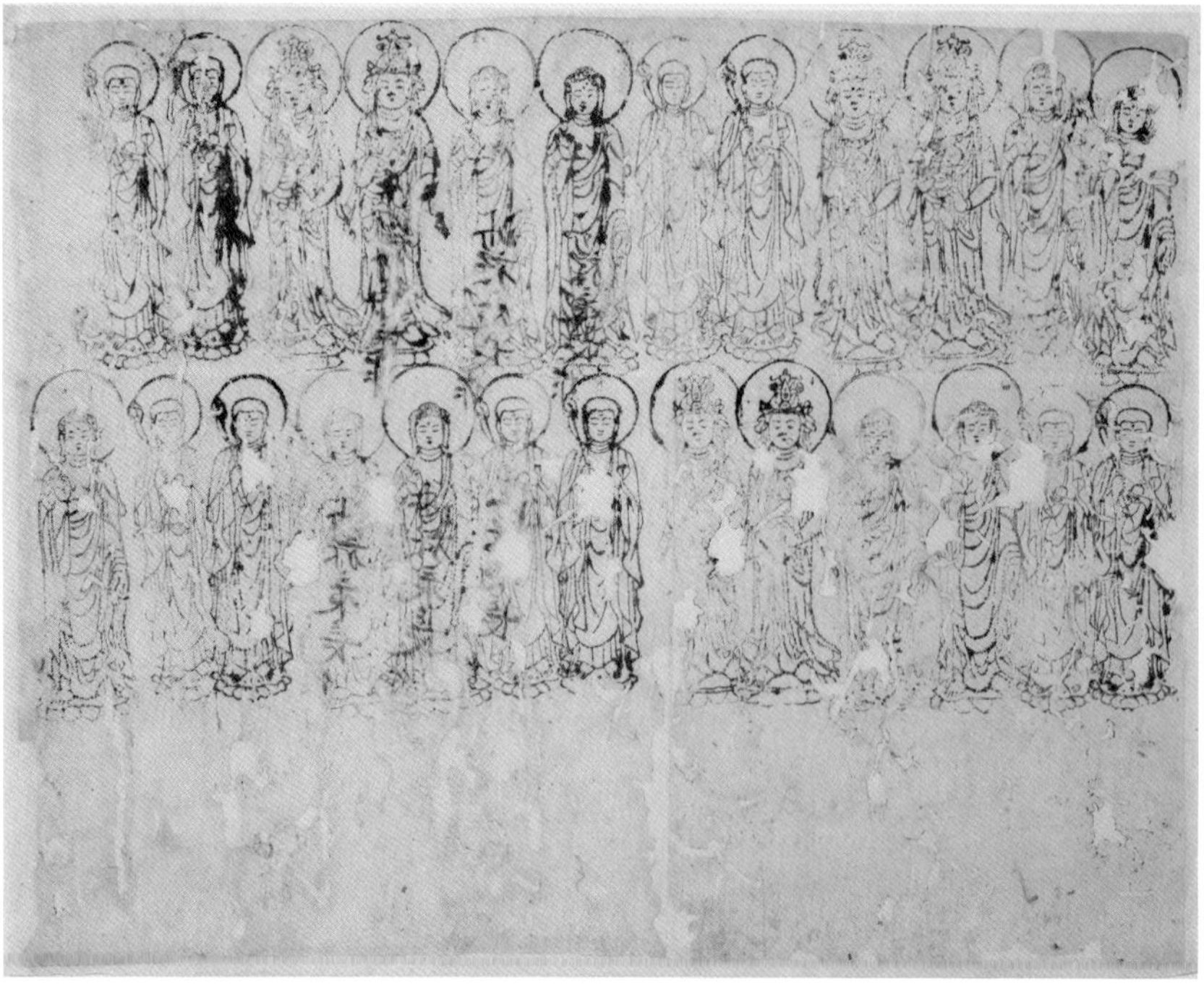

18-5 沙弥永長署名
鎌倉時代

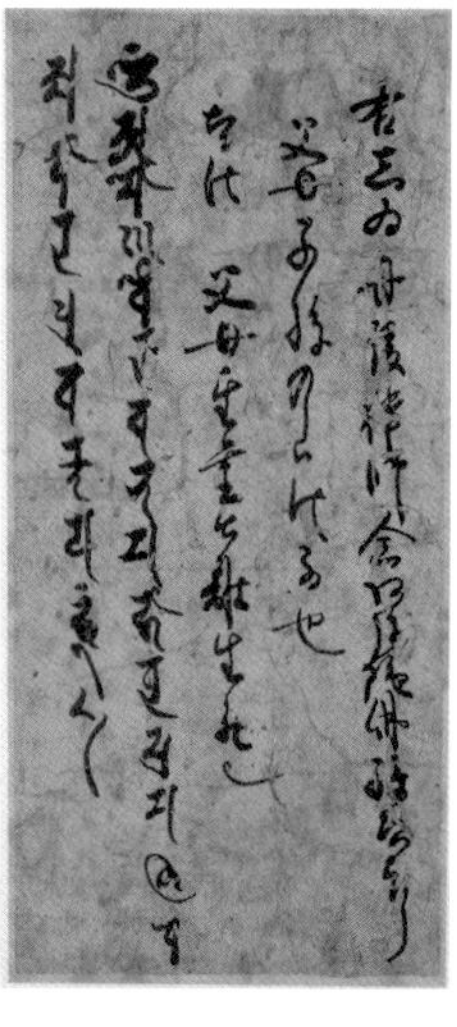

18-6 某願文断簡
鎌倉時代

18-7 修造記録断簡
鎌倉時代

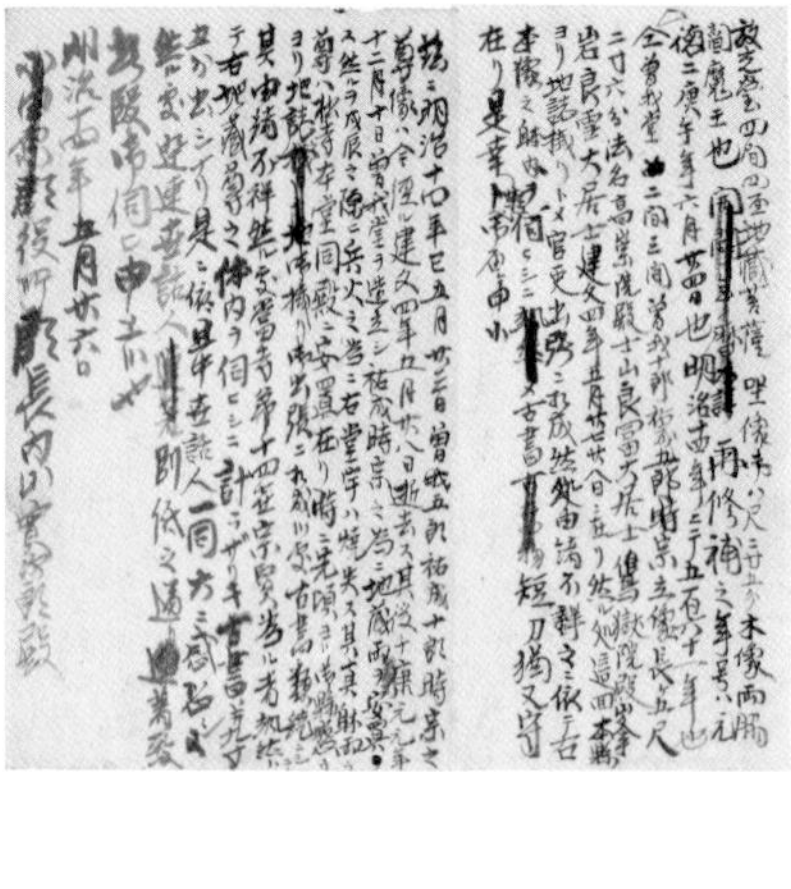

参考 正眼寺住持宗賢届書案
明治一四年（一八八一）
正眼寺

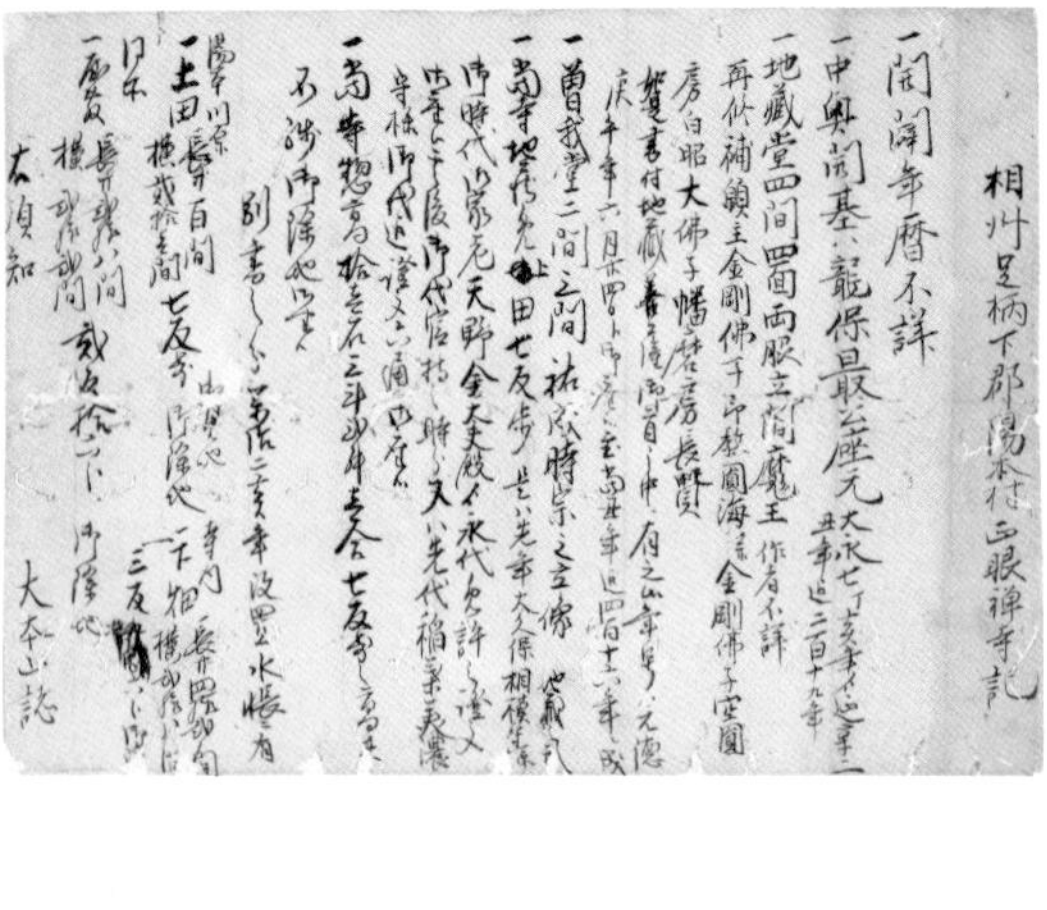

参考 相州足柄下郡湯本村正眼禅寺記
延享二年（一七四五）
正眼寺

トピック1

『箱根権現縁起絵巻』の世界

古川 元也

一、『箱根権現縁起絵巻』の発見

『箱根権現縁起絵巻』は、現在箱根神社がご所蔵の重要文化財一巻本が広く知られているが、ここで取り上げる絵巻は、神奈川県足柄上郡山北町の個人が伝えた二巻一組の絵巻である（以下「本絵巻」とする）。この絵巻の存在については、山北町文化財保護委員会委員長清水正一氏をはじめとする方々の文化財調査により所在は確認されていたものの、その内容が確認されたのは、平成一三年（二〇〇一）に山北町史編集委員会委員久保田昌希氏（駒沢大学教授）らによる調査に際してであり、ご所蔵者から町史編纂室を介して神奈川県立歴史博物館に調査の依頼があったものと仄聞している。同一四年八月には箱根神社権禰宜柘植英満氏、および寺社縁起研究を精力的におこなわれていた阿部美香氏により箱根権現にかかわる絵巻であることが確認され、併行して歴史博物館でも調査を継続した（肩書はいずれも当時）。その結果、本絵巻の文化財としての重要性が明らかとなり、ご所蔵者のご理解と山北町教育委員会のご尽力により、同一五年（二〇〇三）一一月二八日に山北町指定重要文化財（絵画）に「箱根権現縁起絵巻（上下二巻）」として指定されたのである。

図1

　ご当主によれば、この絵巻は木製厨子に納められて伝来した。厨子背面には墨書があり、「平山村　山主正学院、天明七歳丁未十二月吉祥日」と記されている（図1　左は赤外線写真）。厨子には二巻の絵巻が多少きつめに納められて伝存したことも相まって、余分な外気の流入が遮断され、良好な保管状態が持続したのであろう。虫損、汚損はほとんどなく、料紙の綴合剥離以外には損傷は見あたらなかった。天正期の在地に伝わる絵巻としては他に例を見ない状態の良さであった。

二、絵巻と箱根権現

　ところで、この絵巻の描く箱根権現の縁起とはいかなるものであろうか。物語の原型は、延文三年（一三五八）頃書写・編纂されたと考えられている『神道集』に所載された「二所権現事」に見られるもので、冒頭に挙げた一四世紀前半成立の国指定重要文化財『箱根権現縁起絵巻』（箱根神社所蔵、全一巻、三六紙）も同様の内容となっている。しかし、「二所権現事」、『箱根権現縁起』（箱根神社本）では、いわゆる二所（箱根権現・伊豆権現）の垂迹譚を主題としているのに対して、本絵巻は箱根・伊豆・三島の三所に加え大磯を主題とすることが異なっている。当然、場面描写や絵画表現は大いに異なる。箱根神社本が前後半を一部欠いている一巻本であるのに対して、本絵巻は時代が下るとはいえ、縁起を完全に絵巻としており、制作年が天正一〇年（一五八二）と確定できる点も併せて重要な作例といえる。

　その構成を本地と垂迹の関係で具体的に述べると、「二所権現事」では箱根三所権現（父中将殿・姉常在御前・太郎王子）、伊豆二所権現（妹霊鷲御前・次郎王子）であり、箱根神社本『箱根権現縁起絵巻』では箱根（父中将殿・妹霊鷲御前・次郎王子）、伊豆（姉常在御前・太郎王子）となる。一方、本絵巻では箱根（妹霊鷲御前）、伊豆（姉常在御前）、三島（父中将殿）となる。箱根が妹姫の垂迹となり、「三嶋大明神」が大きく描かれるなど、箱根権現が主題であると言わしめる要素が少ない点は注意すべきで、『神道集』の「二所権現事」という原題からも明らかなように、この縁起は実のところ箱根権現の由緒に特化したものではなく、「伊豆山・箱

図2

根・三嶋　三所権現縁起絵巻」とでもよべる内容のものである。

にもかかわらず、箱根との関係がいわれる理由はどこにあるのか。箱根神社本の絵巻には、宝暦七年（一七五七）五月二日付の箱根権現別当寺金剛王院東福寺隆寛によって記された付属文書があり、文書奥に「此巻者、昔在家ニ有之候所、其家殊外すいび致し候段、又々当寺納、此間漸其子孫も残有、恐々へし」と記す。つまり、絵巻はもとから箱根社に伝来したものではなく、「在家」にあったものだが、その家が衰微したために「又々当寺納」したのである。「又々」というからには、初例ではないのであろう。この「在家」はどのような存在であろうか。

本絵巻を伝えたご所蔵家は、山北で修験を担われた家のご子孫で正覚院と号してきた。神奈川県立公文書館所蔵のご所蔵者名を付す資料に「箱根山正覚院境内絵図」（四号文書）がある。正覚院は『新編相模国風土記稿』（巻二一、足柄上郡巻之一〇）にも記載があるが、山号は「箱根山」であり、現在でも同家屋敷内に小祠を伝えている（図2）。同書（巻二九、足柄下郡之八）によれば、当時「修験十五人（三人は門前町に住し、其余は足柄上下郡に散住し、箱根山某院と唱ふ）」が箱根権現によって把握されてる。東福寺隆寛のいう「在家」が、この修験の家とは確定できないが、「箱根山」を号し、絵巻を用いて唱導・教化をする家と箱根権現との関係は、近世を通じて維持し続けたのである。

三、小田原を中心とする制作文化圏

修験の家、正覚院は修験を通じてどのような宗教世界を作り上げていたのであろうか。先述の山号「箱根山」には、続けて「当山修験、勢州山田世儀寺袈裟下、本尊不動を置、中興長山　宝暦五年（一七五五）七月十五日寂す」と記す。当山修験は真言宗醍醐寺三宝院系の当山派を指し、正覚院は修験の拠点であった。世儀寺は伊勢国（三重県）山田の古刹で、修験者を通じた往来があったものと考えられる。

ご所蔵家文書中の「地誌御改取調帳」（一号文書）には、正覚院の由緒として「往古より箱根三社大権現江今ニ至迄、六月十三日晴雨ニ不限ニ、先達職相勤メ申候」と記す。具体的には、箱根権現の龍神祭を指すものと思われる。これに関して、清水正一氏は論文「平山箱根山正覚院について」に調査記録を載せている。伝承では、「箱根神社の祭礼には赤飯を蒸して、かさね重箱に詰め、担って明神ヶ嶽を越え、毎年お届けしていたとの事である。神社では赤飯を持って湖水に乗り出し祭事を始めた」とある。同様の話は『甲子夜話』、『一話一言』にも所収されていて、山伏が強飯を持ち舟に乗り、湖中に投げ入れ、龍神に供えるのである。間宮永好氏『箱根七湯志』（巻三、塔ノ沢福住旅館主人よりの聞書を載せる）にも「金剛修験者延命院と云ふ山伏修行して、赤飯三升三合三勺三才を櫃に入れ」、赤飯を投じたという。これらは正覚院以外にも箱根神社の祭事と関わりを持つ修験者が複数いたことを裏付けている。

ところで、本絵巻は下巻に次のような奥書を有し、その資料的価値を極めて高いものにしている。

天正十年壬午十二月五日　相州小田原新宿
荻野玉月斎書
持主清陽坊　政家（花押）

荻野玉月斎政家は、詞書を記した人物で小田原新宿に住していた。詞書の作者と絵師は別人であろうが、画中詞の存在などを考えると、緊密な意見交換がうかがわれ、絵師も小田原近辺に居住したと考えられる。画中詞とは、登場人物の発言を吹き出しのかたちで画面上に記したものであるが、この筆致は政家のものである。政家は絵部分の発注と詞書の自筆書写、経師に表具を命じて成巻するまで請け負ったものと思われる。

　本絵巻の絵画表現は、狩野派の影響を色濃く受けたものである。当時、小田原城下には狩野玉楽を中心とした狩野派の一派が存在した。工房の組織や存在形態は全く不明であるが、相澤正彦氏（成城大学教授）の御教示によれば、描写は狩野派の正統的な画法というよりもむしろ地方的変容を遂げた結果の鄙びた描写を持つという。

四、『箱根権現縁起絵巻』の信仰世界

　本絵巻が依拠していると思われる『神道集』の「二所権現事」には三島大明神が登場しない点は先に述べた。これ自体、伊豆・箱根の二所詣でを考える上で看過できないが、本絵巻に三島が含まれていることは、当時の宗教的世界観を考える上で重要である（図3）。大永六年（一五二六）には北条氏綱が三島大明神の社殿を造営するが、このころまでには、市井の人々により行われた廻国の寺社参詣が一般化し、信仰の広がりが存在した。本絵巻には「三嶋大明神」が巻末二紙にわたって描かれており、常在御前の父中将殿は三島大明神として顕れている。大明神社殿は描写の尺度が大きく、二紙にわたって壮大な伽藍を描く。絵師が伽藍を実見していなかったと仮定しても、このような伽藍の実在なしには具象化することはできず、絵は少なくとも北条氏綱による社殿造営以降の姿を反映していると考えられる。

　本絵巻下巻の詞書最後尾には、①この縁起を聴聞する人は三所権現に参詣するよりも功徳がある、②この縁起を不浄の場で読まないこと、③この縁起は邪念を払い専心して読むこと、が記されている。定型文言ではあるものの、本絵巻が聴聞に際して用いられたものであることを示している。市井の人々に対する唱導は修験者によっておこなわれた。巻子は掛幅とは異なり、全体を一度に観ることはできない。したがって、秘匿性は強く、女性を対象とした講など、限定された場で開陳されたものであると考えられる。

　このような唱導のあり方は、信仰が大衆化するにつれて聴聞のあり方が分化し、掛幅を用いた絵解きの形態が流行するのとは異なる唱導のスタイルがあったことを示している。中世末期の庶民信仰の普及は、寺社参詣曼荼羅を用いた教化によって広がりをみせるとされているが、絵巻を用いたこのような教化も依然おこなわれていた。それを支えていたのは在地の修験者であり、箱根権現に組織された修験はその実行者であったと考えられるのである。

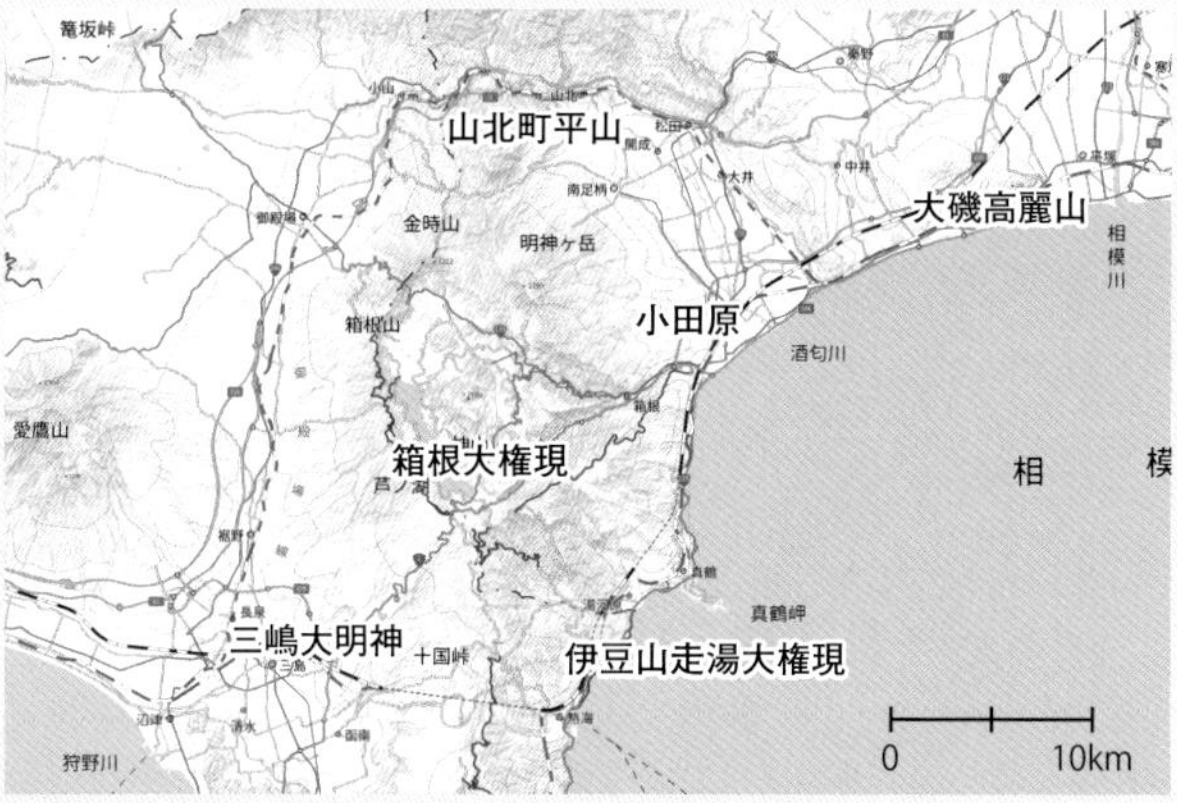

図3　国土地理院地理院タイルをもとに作成。山北町平山と大磯、伊豆山、箱根、三島の関係を示した。

【参考文献】
・『神道集』（第二巻之七、岡見正雄・高橋喜一校注『神道大系』文学編一、一九八八年）
・『新編相模国風土記稿』（第一巻、大日本地誌大系一九、雄山閣、二〇〇二年版）
・『箱根権現縁起　誉田宗縁起』（続々日本絵巻大成伝記・縁起篇7、一九九五年、中央公論社）
・『山北町指定重要文化財 箱根権現縁起絵巻』（山北町教育委員会編、全編古川執筆、二〇〇四年）
・『山北町所在史料目録』（第四集、山北町文化財保護委員会・山北町地方史研究会編、一九九三年）
・阿部美香「本地物語の変貌―箱根権現縁起絵巻をめぐって」（『中世文学』第四九号、二〇〇四年）
・清水正一「平山箱根山正覚院について」（山北町教育委員会内山北町地方史研究会編『足柄の文化』第二二号、一九九五年）
・永田衡吉『神奈川県民俗芸能誌　増補改訂版』錦正社、初版一九六八年、改訂版一九八七年、第四章「足柄下郡箱根町、箱根神社の龍神祭」項
・間宮永好『箱根七湯志』（巻三、一八八八年。序文には安政五年五月成稿とある）

コラム1

正眼寺の地蔵信仰とひろがり

箱根湯本にある大徳寺派早雲寺の末寺に属する正眼寺。この禅刹は地蔵信仰の地として著名であり、元禄四年（一六九一）に同地を訪ねたドイツ人医師ケンペルは「地蔵の立像が沢山並べられていた」（『日本誌』）と記録するほどであった。本コラムでは、正眼寺の歴史を概観しつつ、箱根周辺や西相模地域での地蔵信仰のひろがりについても紹介していきたい。

正眼寺の創建は近世由緒書などで未詳とされる。しかし、確実な初見史料では、建武二年（一三三五）の「足利尊氏関東下向宿次・合戦注文」に「湯本地蔵堂」がみえ、同寺の前身と考えられる。ただし、正眼寺所蔵の鎌倉期資料16地蔵菩薩立像や18像内納入品の印仏を踏まえるならば、地蔵堂が鎌倉期から存在していたことは確実であろう。その後、室町期には別当寺の勝源寺が建立され（同寺境内の「勝源寺灯籠」）、室町期の17地蔵菩薩立像が製作されるなど、寺院の荘厳化が進んでいったと考えられる。中世の造像について、現在確認されている彫刻類は二軀の地蔵菩薩立像に加え、鎌倉期の薬師如来坐像のみが知られるが、延享二年（一七四五）の「相州足柄下郡湯本村正眼禅寺記」（正眼寺文書）では地蔵菩薩坐像や脇侍に閻魔王像などの存在も知られ、活発な地蔵信仰の様子が窺える。

相模国での地蔵信仰は、鎌倉期になると、正眼寺のみならず執権北条時頼の地蔵信仰や西相模地域における多量の石造地蔵菩薩像群の建立など、ひろく地域社会にその痕跡を明瞭にのこすようになる。とくに箱根では永仁三年（一二九五）銘の五輪塔「伝虎御前墓銘」には「地蔵講結縁衆」と刻まれ、同じく永仁三年の磨崖仏「伝二十五菩薩」銘には地蔵縁日の「九月二十四日」（二四日が地蔵縁日）もみえる。地蔵信仰のひろがりもあってか、中世前期の箱根の宿々は、足柄路だけでなく、箱根権現と湯本地蔵堂（湯本宿）を結ぶ湯坂路（箱根路）沿線の山間部にも存立するようになる。湯本地蔵堂や箱根権現の山間部が、相模地域における地蔵信仰の一大拠点へと発展していくのである。

以後の室町・戦国期正眼寺の動向は、資料を欠くため詳らかでない。だが、戦国大名北条氏の本拠・小田原城周辺域にも地蔵信仰のひろがりが窺える。小田原城下に北西に隣接する香林寺（小田原市板橋）は、寛正五年（一四六四）の創建（『新編相模国風土記稿』）であり、寺伝に北条氏綱室の開基とし、北条氏綱・氏康・氏政にわたり保護された寺院である。とくに地蔵堂で毎年正月と八月の二三日・二四日の両日に催される板橋地蔵尊の縁日は有名であり、地蔵堂は現地で「板橋の地蔵さん」として親しまれ、堂内には大地蔵尊が祀られる。縁日には露店が数多く建ち並び、多くの参詣者で溢れる。同寺の縁起では、この地蔵尊を永禄一二年（一五六九）に香林寺第九世理琴文察和尚が、箱根湯本宿の古堂に祀られていたものを移したと伝える（『同』）。勿論、伝承の域を

正眼寺本堂の外観

出ない由緒であるが、小田原城下周辺にひろがる地蔵信仰が、箱根湯本宿の地に由来する点は、戦国大名北条氏による同地への早雲寺建立と小田原城の拠点化と重なり、地域的特質の観点からも関連が想像されて興味深い。なお早雲寺境内には室町・戦国期とされる石造地蔵菩薩坐像がのこる。

さて、豊臣秀吉による小田原攻めで北条氏が滅亡した後、正眼寺は近世小田原藩大久保氏の下で再興され、寺領安堵等がされる。その復興には、寛永年間（一六二四～四四）に江戸深川の材木問屋・冬木屋上田氏と本光院の援助が特に大きかった。さらに早雲寺第一七世の菊径宗存《きくけいそうぞん》を中興開山として請じている（『龍寶山大徳禅寺世譜』）。菊径は、早雲寺中興として寺院の再建や寺宝の継承に多大な功績を残す人物であり、早雲寺末寺の宝泉寺復興にも尽力した。この寛永期再興により、正眼寺は臨済宗大徳寺派早雲寺末寺に属することとなり、寺名も従来の「勝源寺」から現在の名に改めたものと考えられている。結果、近世正眼寺は早雲寺末寺としての歴史を歩むこととなったのである。

前掲の延享二年の「相州足柄下郡湯本村正眼禅寺記」には、正眼寺に地蔵堂・曽我堂・薬師堂が存在したことを記しており、地蔵信仰の中核寺院としての威容を再び整えていった様相が看取される。また近世東海道の箱根路に置かれた同寺には、多くの人々が訪れていた。同寺には中央に地蔵菩薩坐像、両脇に閻魔王を配した近世の古版木がのこされ、地蔵堂を訪れた参詣者に配布した摺仏版木として伝わる。これはかつて地蔵堂に安置された三軀の像を指しており、本尊に相当するものだったのだろう。しかし地蔵堂は幕末の箱根戊辰戦争で焼失し、これらの像は亡失してしまった。

正眼寺は、戦乱のなかで失われた資料が多々あるも、地蔵信仰の中心地としての影響力を失うことなく、寺宝と信仰が現代に守り伝えられてきた。かつてケンペルが目撃した光景は、まさに寛永期の復興を経て地蔵信仰の盛期を迎えた、近世正眼寺の偉容とその彫像群だったのである。

（渡邊浩貴）

【参考文献】
・岩崎宗純「中世箱根地方における地蔵信仰の展開」（『箱根町文化財研究紀要』八、一九七七年）
・『箱根の文化財一四　正眼寺』箱根町教育委員会、一九七九年
・清水眞澄『鎌倉の仏像文化』岩波書店、一九八五年
・秦野市教育委員会『地蔵信仰のあゆみ』二〇〇一年
・落合義明「境界の宿としての箱根」（同『中世東国の「都市的な場」と武士』山川出版社、二〇〇五年）

勝源寺灯籠

板橋地蔵尊の様子

香林寺本堂の外観

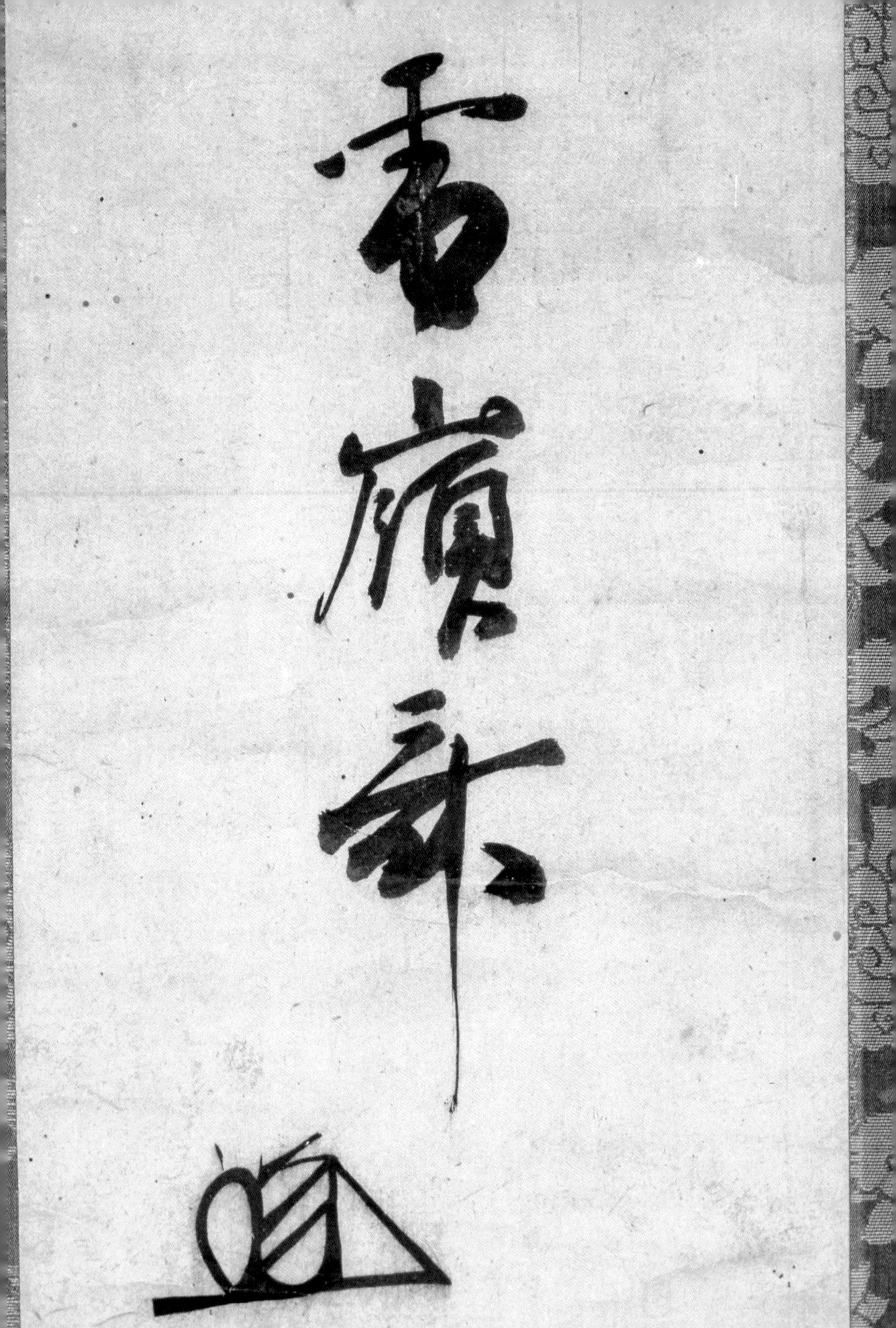

19 雪嶺斎図(関東公方足利晴氏自筆部分)

2章
関東足利氏の美術と絵師

戦国時代、東国社会の伝統的権威として存在していた関東公方足利氏の周辺には、豊かな文化圏が作り上げられていた。それは、鎌倉から古河へ動座した後も活発であり、京都から招かれた関東画壇絵師たちの多くの資料からも裏付けられよう。関東へ進出を果たした北条氏も、軍事的基盤の伸長だけではなく、かかる足利氏の文化圏を吸収しかつ継承しながら寺宝の形成を果たしていく。政治史に加え、文化史の視座から戦国期東国史をとらえてみることで、美術品の作成・所持を通じた権力のあり様も垣間見えよう。

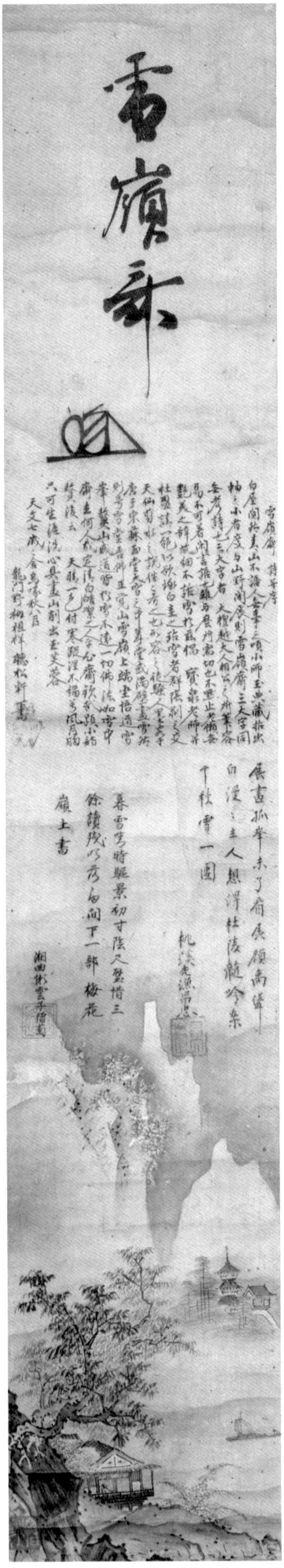

19

● 雪嶺斎図　僊可筆

天文七年（一五三八）

五島美術館

20 ◎伝貞巖和尚像 一色直朝筆
戦国時代
甘棠院

参考　足利政氏像
戦国時代
甘棠院
画像提供：埼玉県立歴史と民俗の博物館

参考　伝足利政氏夫人像
戦国時代
甘棠院
画像提供：埼玉県立歴史と民俗の博物館

参考　白鷹図
戦国時代
栃木県立博物館
画像提供：栃木県立博物館

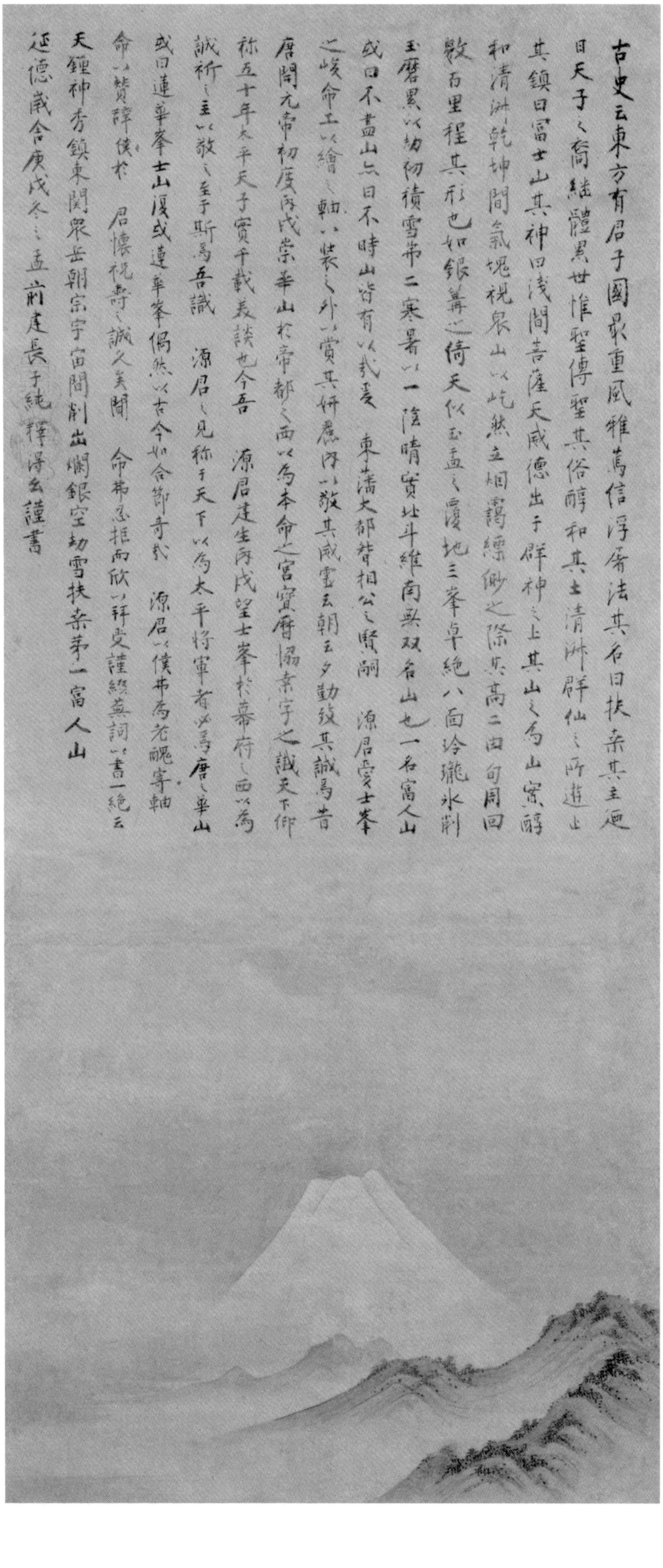

21 富嶽図 伝祥啓筆
室町時代
東京国立博物館

22
山水図　祥啓筆
室町時代
栃木県立博物館

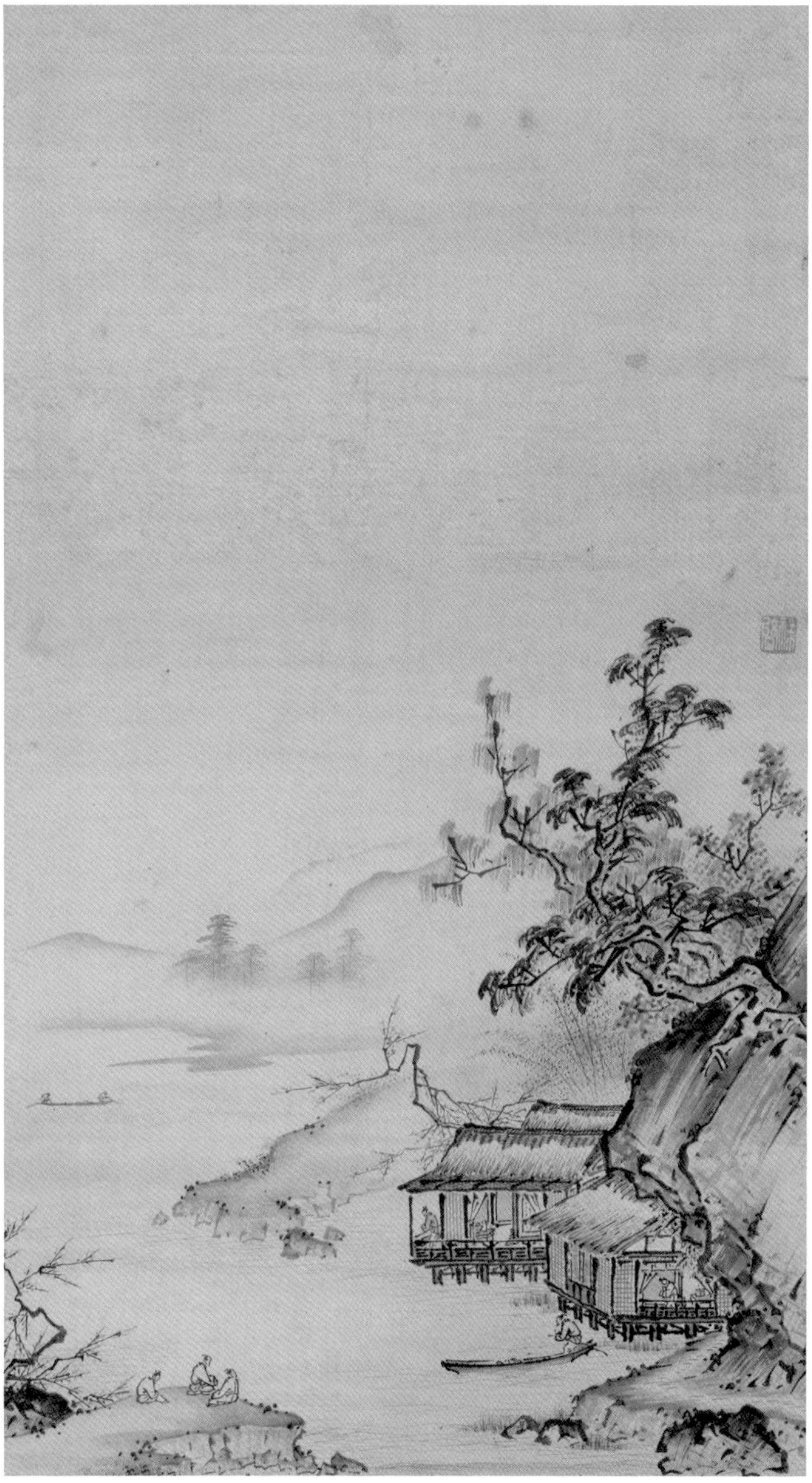

23
春景山水図　祥啓筆
室町時代
神奈川県立歴史博物館

24
山水図　興悦筆
室町時代
神奈川県立歴史博物館

25 ○機婦図 狩野派筆
室町時代
早雲寺

26 ○ 枇杷小禽図
室町時代
早雲寺

第二尊者 迦諾迦伐蹉

第五尊者 諾矩羅

第七尊者 迦哩迦

27 ○羅漢図
室町時代
早雲寺

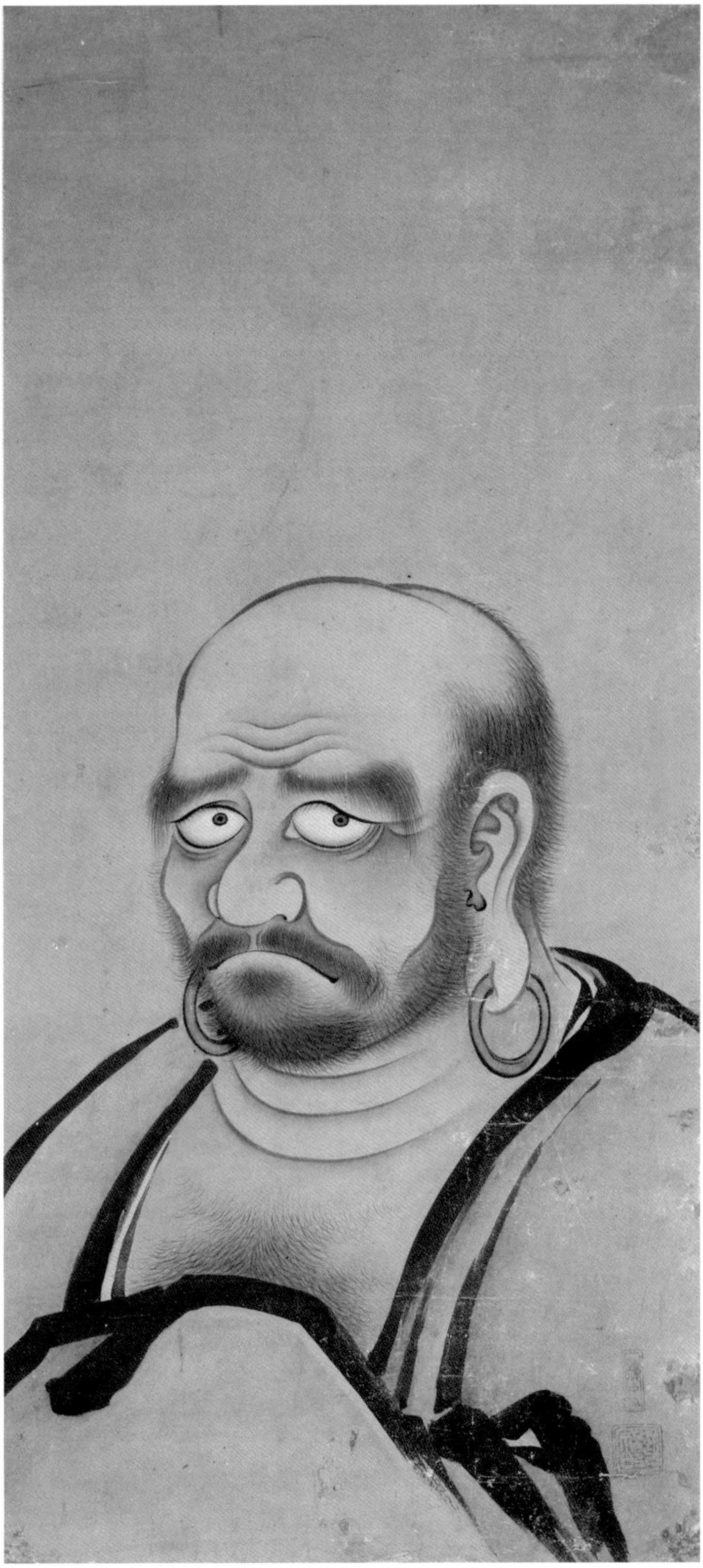

28
達磨図　式部輝忠筆
室町時代
早雲寺

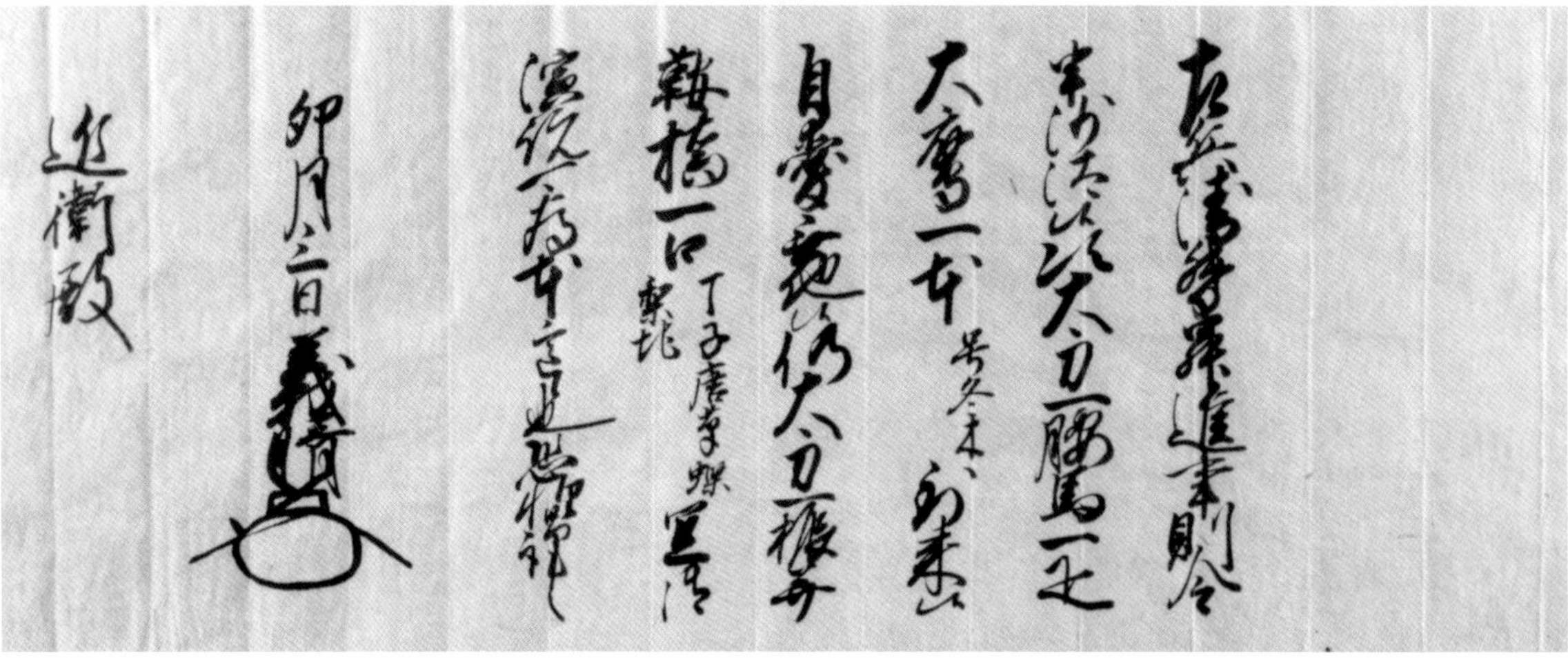

29
□足利義晴書状（喜連川文書）
天文一八年（一五四九）
さくら市ミュージアム—荒井寛方記念館—

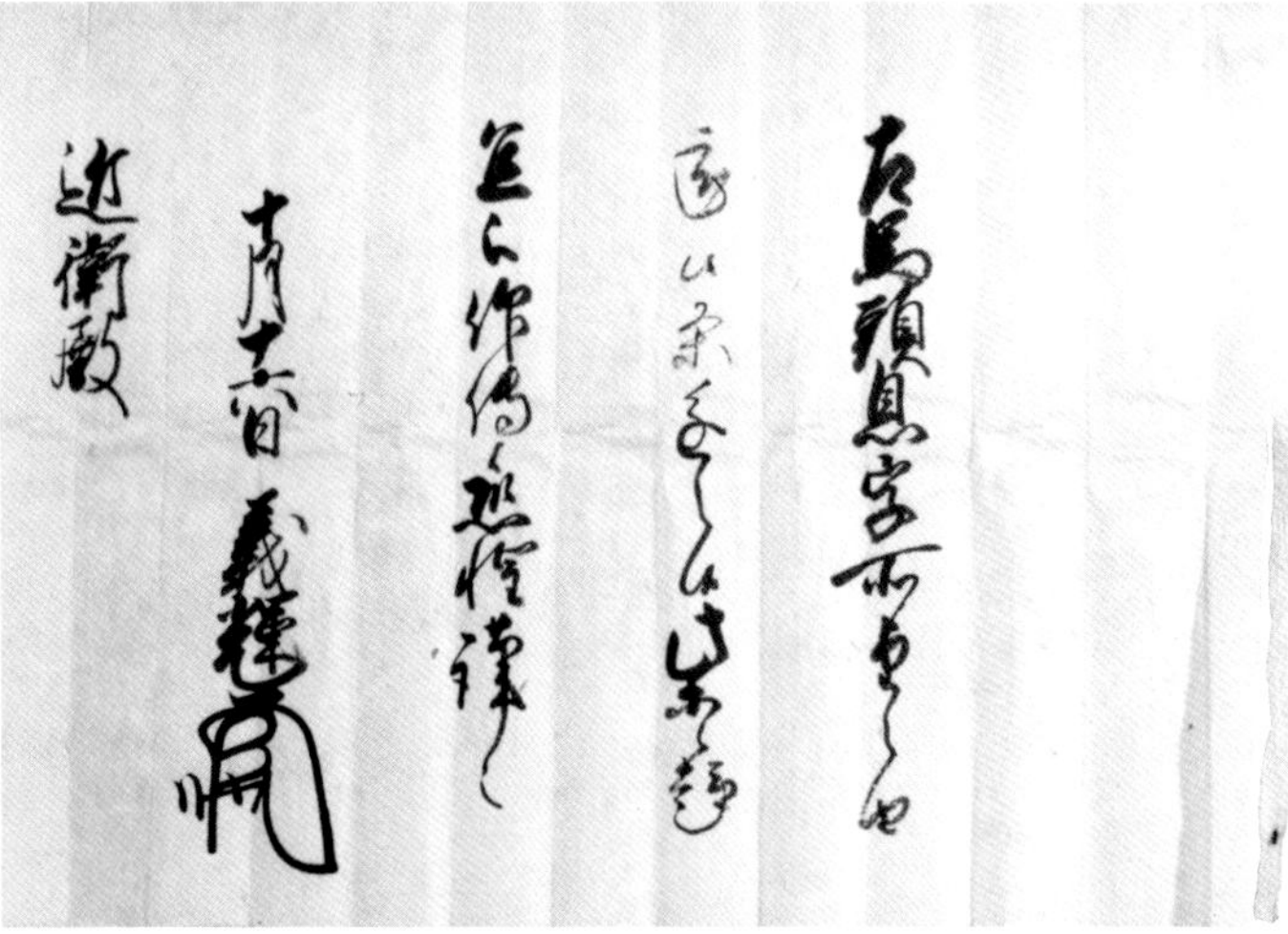

30
□足利義輝書状（喜連川文書）
天文二四年（一五五五）
さくら市ミュージアム—荒井寛方記念館—

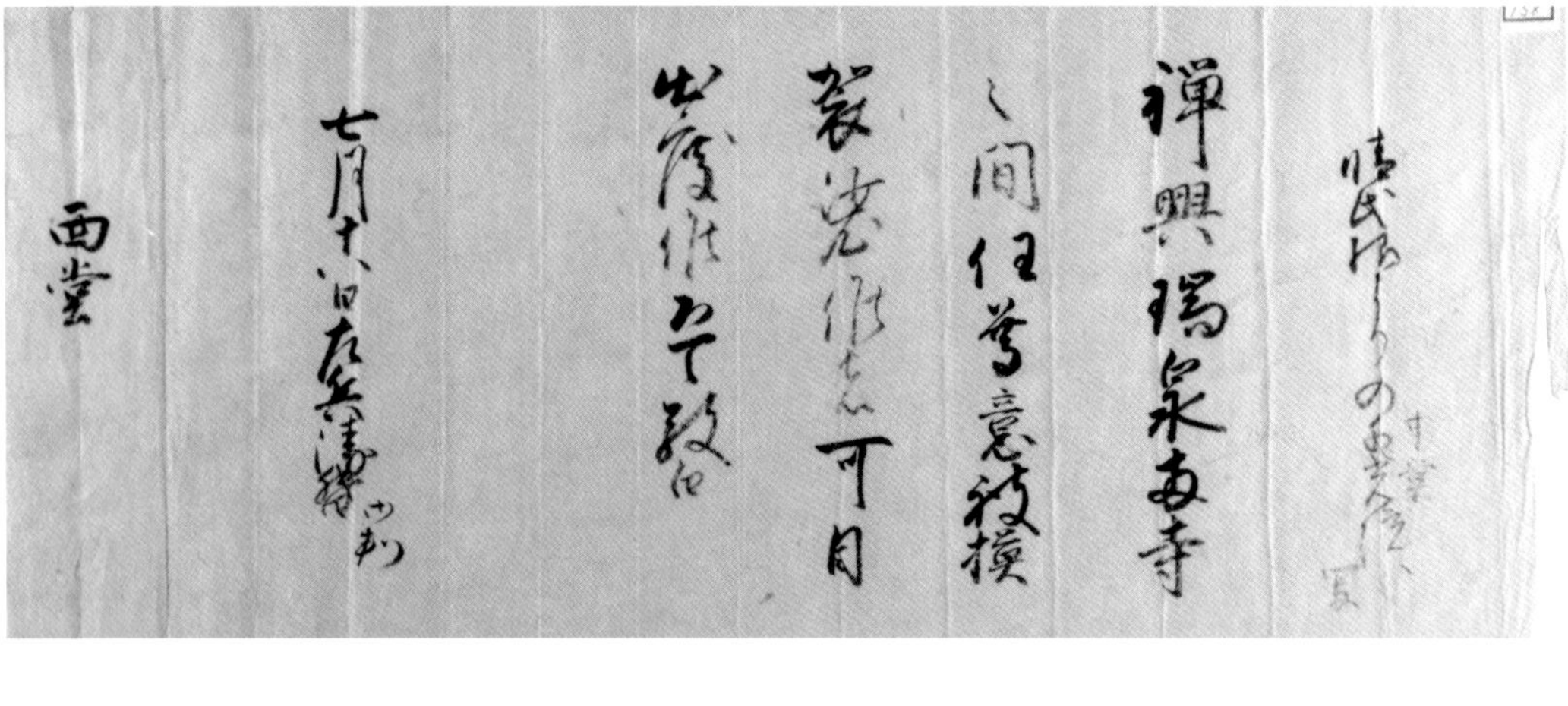

31
□足利晴氏書状写（喜連川文書）
戦国時代
さくら市ミュージアム—荒井寛方記念館—

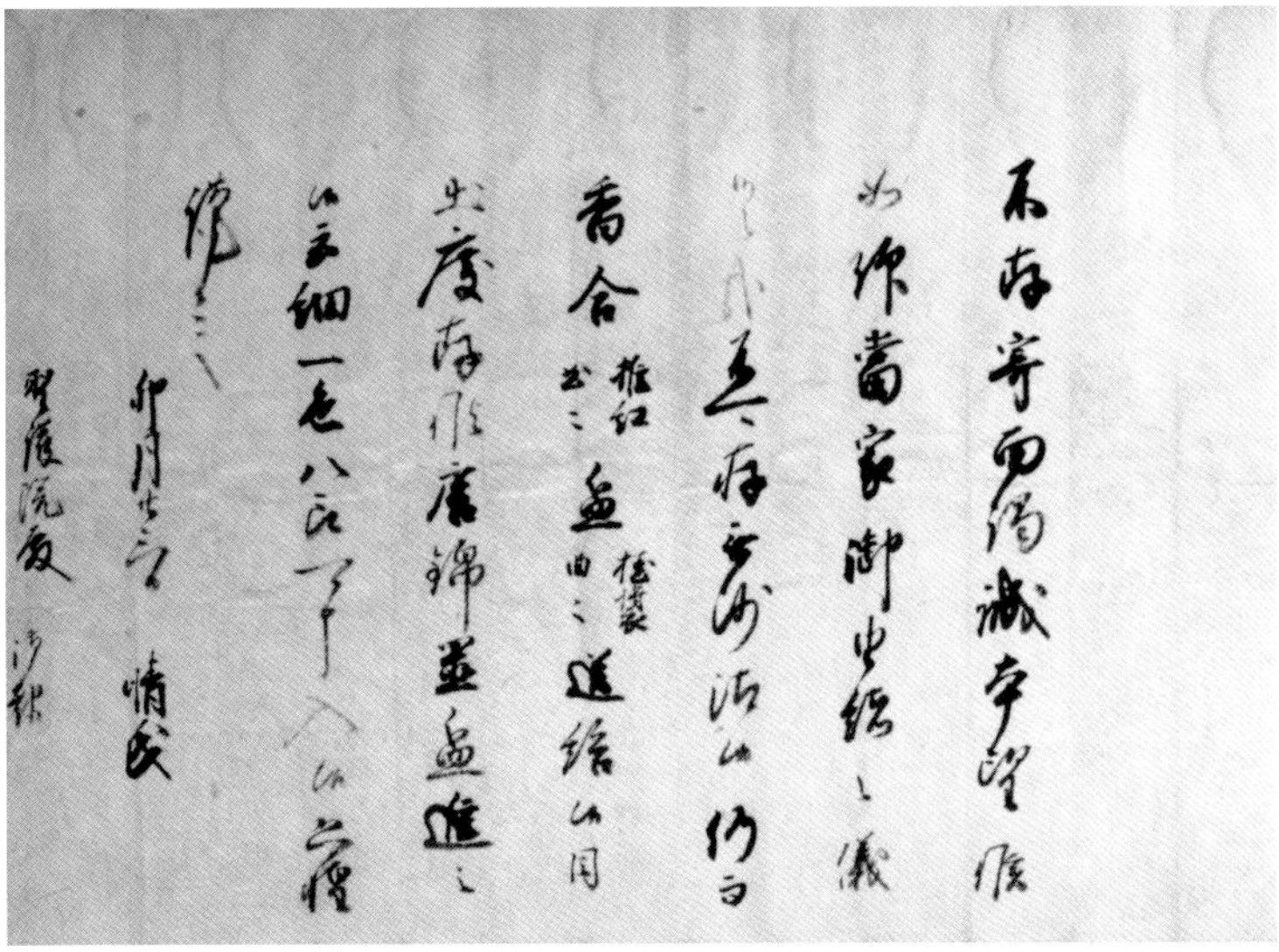

32 □足利晴氏書状案（喜連川文書）
天文二一年（一五五二）カ
さくら市ミュージアム―荒井寛方記念館―

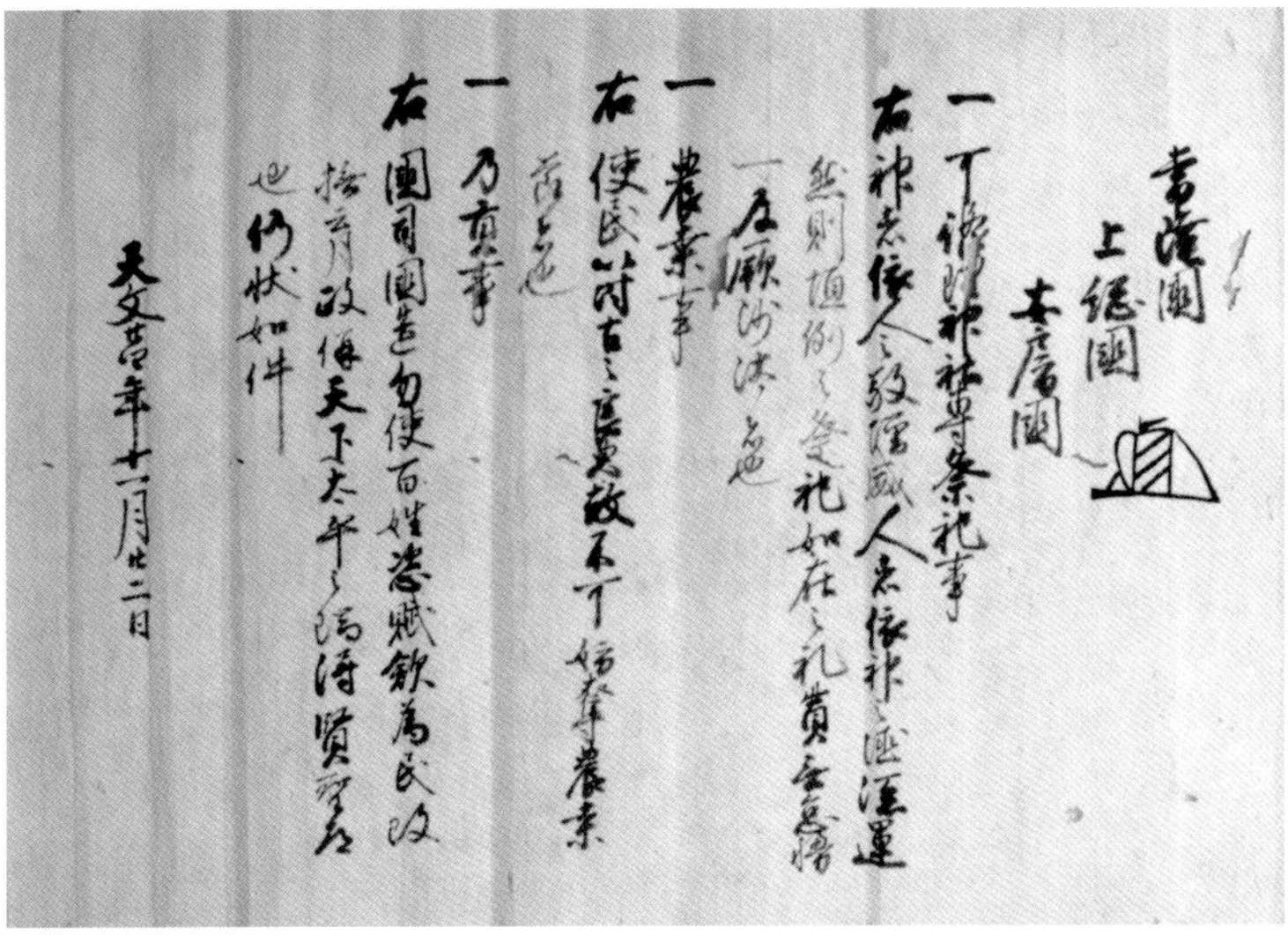

33 □足利義氏吉書（喜連川文書）
天文二四年（一五五五）
さくら市ミュージアム―荒井寛方記念館―

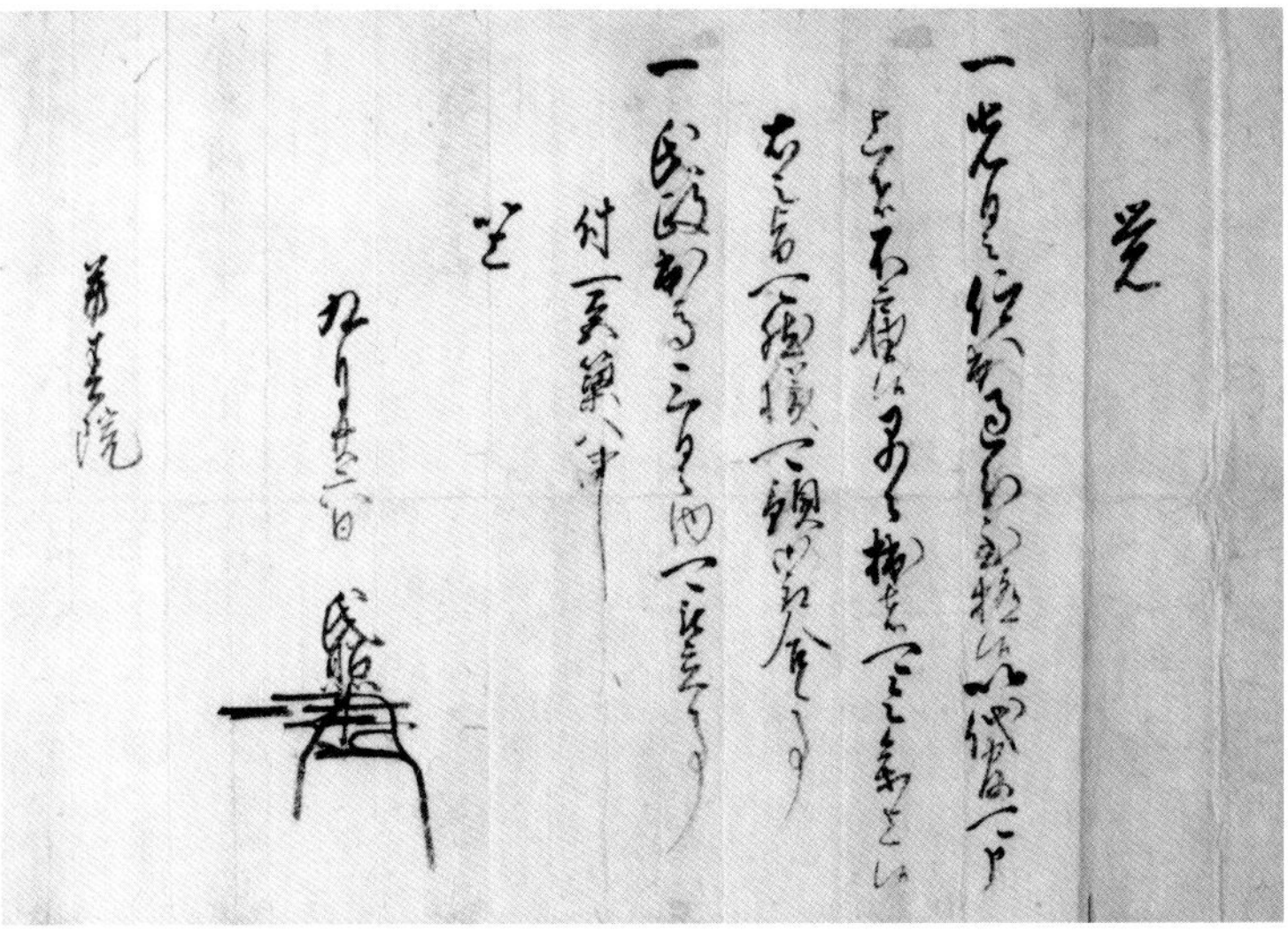

34 □北条氏照条書（喜連川文書）
戦国時代
さくら市ミュージアム―荒井寛方記念館―

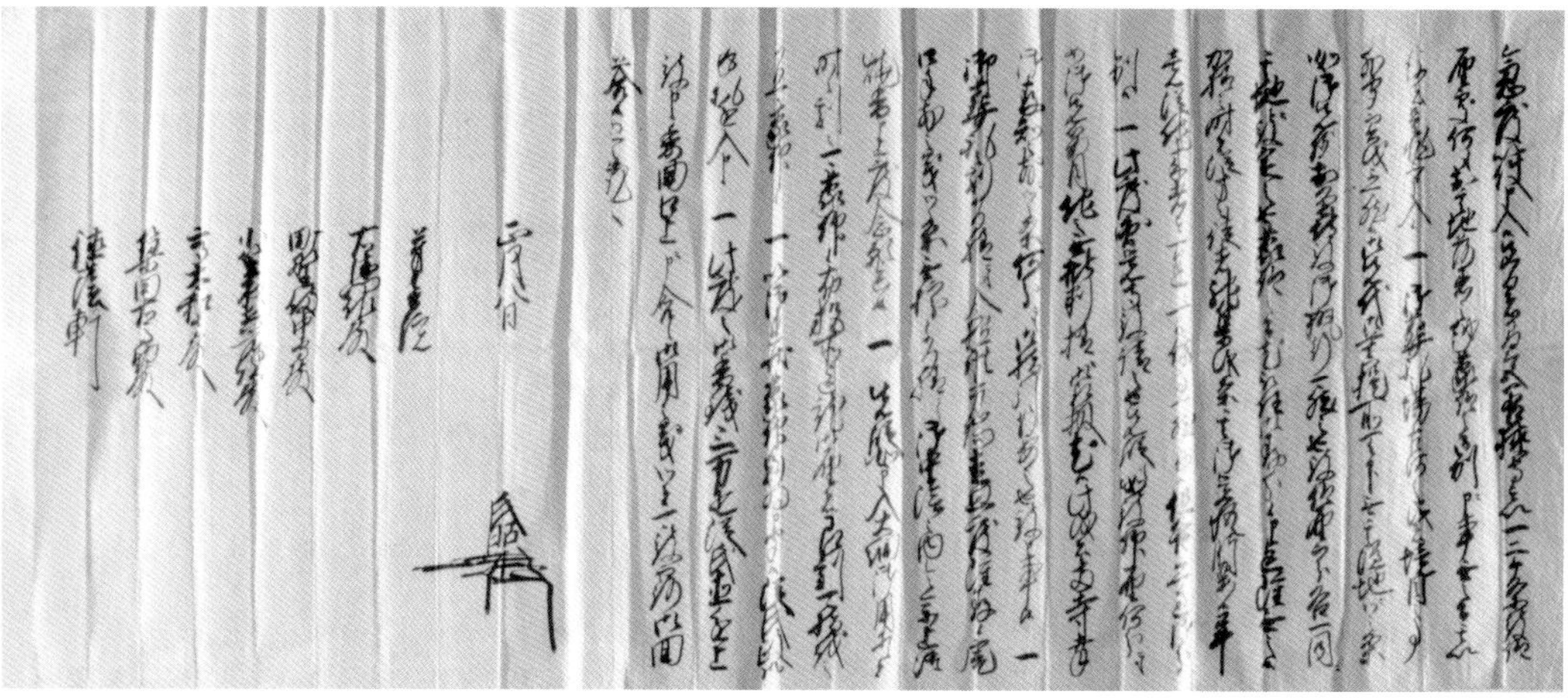

36 □北条氏照書状（喜連川文書）
天正一一年（一五八三）
さくら市ミュージアム―荒井寛方記念館―

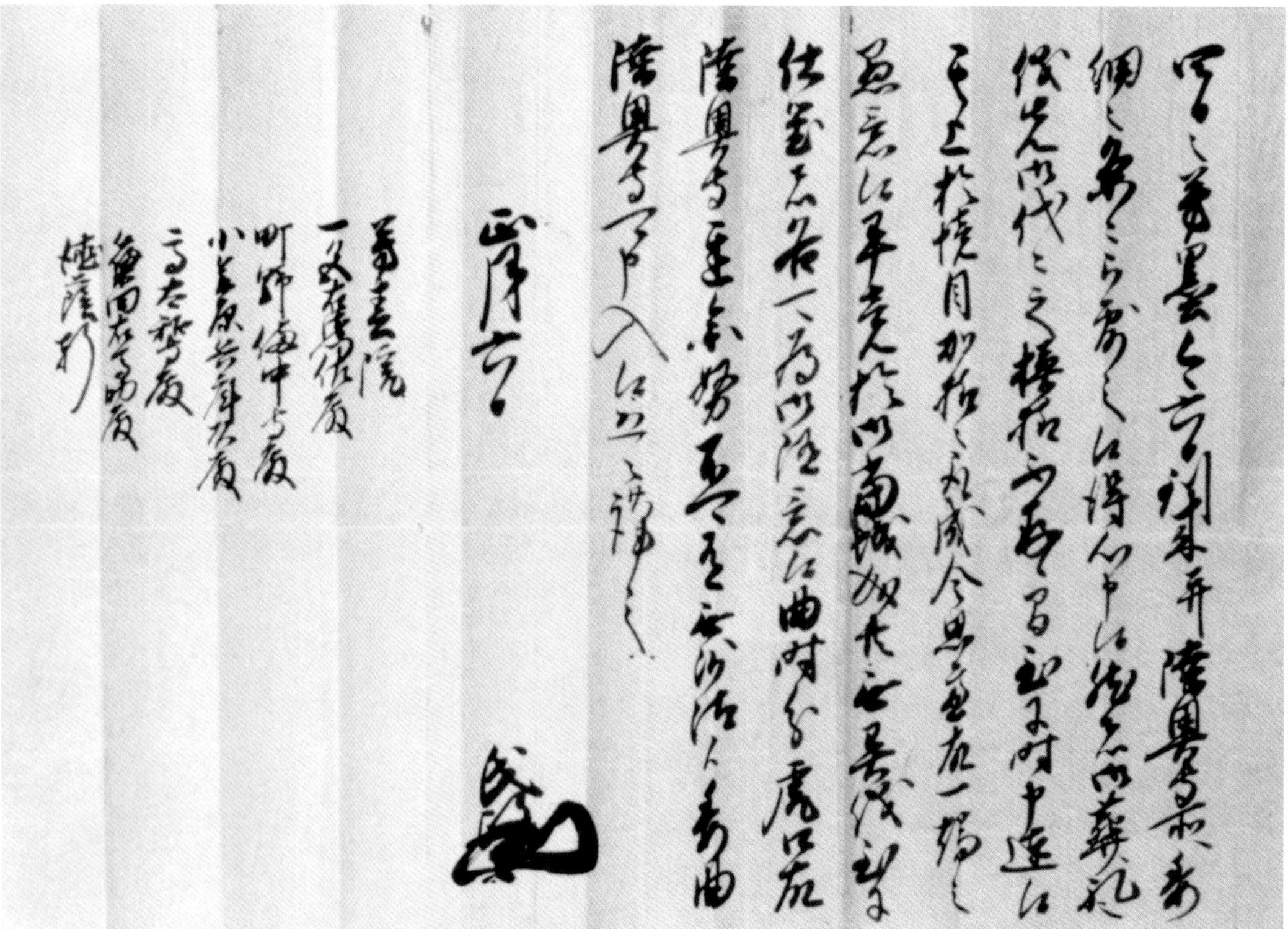

35 □北条氏政書状（喜連川文書）
天正一一年（一五八三）
さくら市ミュージアム―荒井寛方記念館―

37 足利義氏和歌短冊
戦国時代
栃木県立博物館

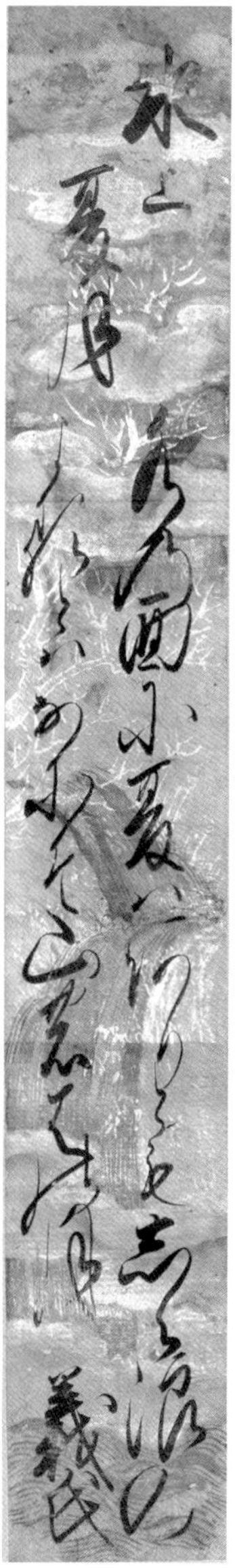

38 伝北条氏和歌短冊（北条家文書）
戦国時代
神奈川県立歴史博物館

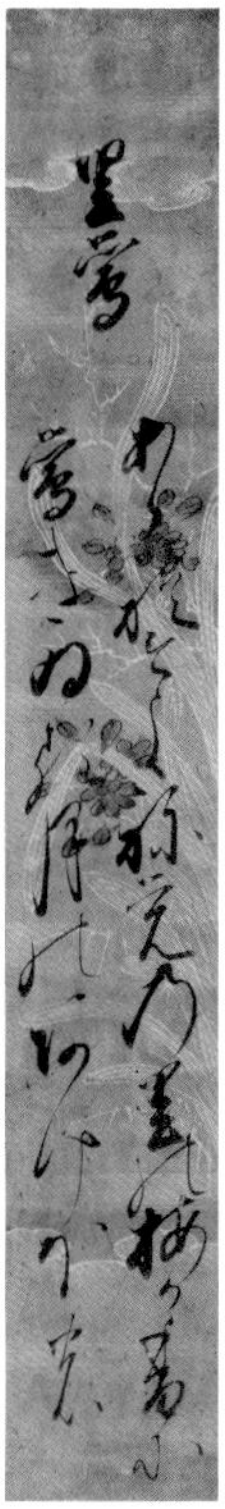

38-1 伝北条氏政和歌短冊

38-2 伝北条氏直和歌短冊

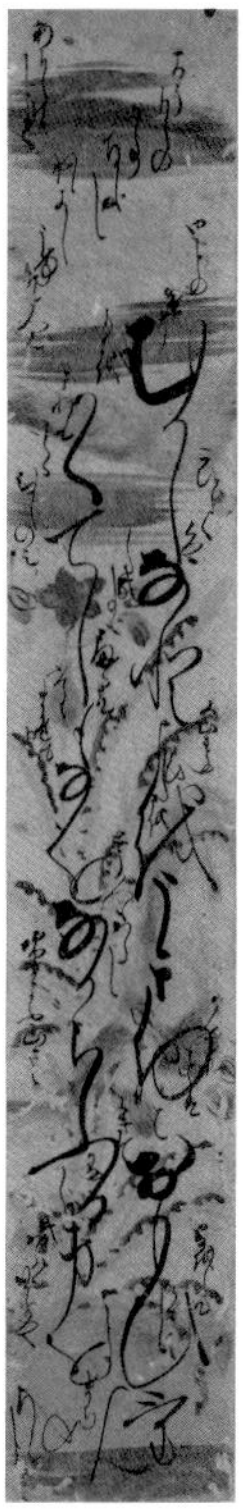

38-3 伝北条氏康和歌短冊

38-4 伝北条氏政和歌短冊

38-5 伝北条氏直和歌短冊

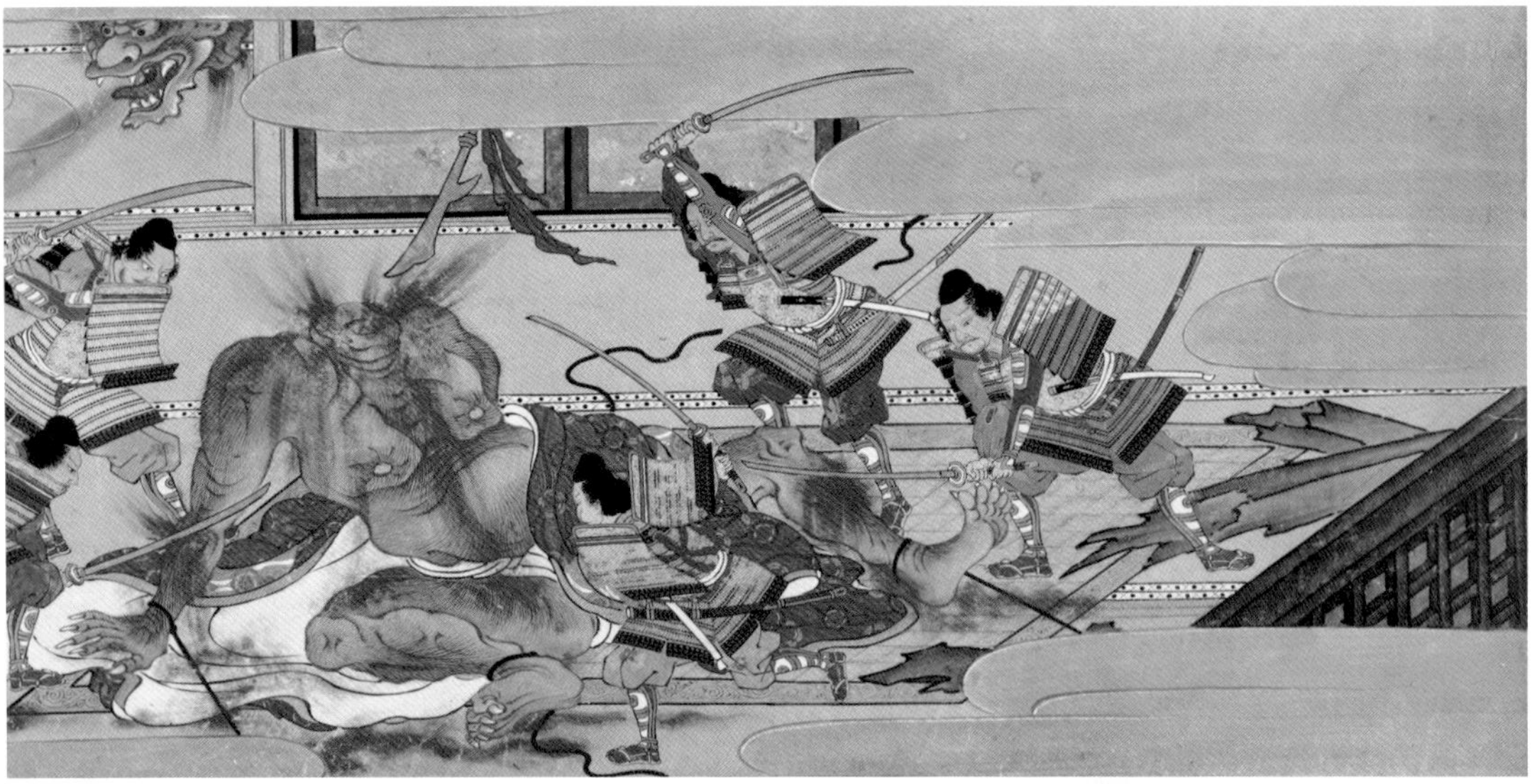

酒呑童子物語の神話と東国

王化にまつろわぬ化外の鬼王が、源頼光ら都の武士たちに討滅される酒呑童子物語。この物語は、天皇による徳化の拡大を示すといった王権神話の要素に加え、王権のもとで辟邪《へきじゃ》の役割を担った武門源氏の神話の要素も含む。摂津源氏の祖頼光の鬼王退治は、中世社会に広く流布し、京都に室町幕府を開いた足利将軍家は、頼光の父満仲やゆかりの地多田院を篤く尊崇した。京の守護者に位置づけられる源満仲や頼光は、都に関わり活動する武家にとって重要な神話であったのである。

一四世紀の成立とされる「大江山絵詞」（逸翁美術館所蔵）は、その制作地について諸説あるものの、東国武士の下総千葉氏（のちに家臣大須賀氏へ伝世）の制作であることが近年主張される。源頼光を主人公とするこの絵詞は、鬼王の居住地を大江山とする大江山系統に属する最古本であり、頼光にかかわる言説は、京都で活動する武士たちに重視された源氏神話でもあった（一方の東国では源頼義や頼朝が重視された）。例えば足利尊氏は、篠村八幡宮（京都府亀岡市）にて鎌倉幕府からの造反を決意した後、大江山（大枝山）を越えて京都の六波羅探題を攻める（『太平記』）。そのルートはさながら頼光が酒呑童子を討ちその首級と共に都へ凱旋した時のようである（この点、渡邊浩史氏のご教示を得た）。頼光神話に溢れた大江山系の酒呑童子説話は、京都社会で生きる武家にとって不可欠の物語だったのであろう。

一方、鬼王の棲を伊吹山とする諸本も残る。それが伊吹山系の「酒伝童子絵巻」（サントリー美術館所蔵）である。この絵巻は、戦国大名北条氏綱が絵を狩野元信に、詞書を近衛尚通・定法寺公助・青蓮院尊鎮に依頼したもので、氏綱と彼ら京都の文化人との間を室町幕府同朋衆の相阿弥が仲介したことも知られる（『後法成寺関白記』）。従来、本絵巻は北条氏綱による京都文化の積極的な摂取の好例としてよく取り上げられてきた。確かに、狩野派絵師との交流など、後の小田原文化の隆盛を振り返るに、本絵巻の制作は象徴的な意味を持つ。しかし、絵巻の

奥書部分

（上）「酒伝童子絵巻（下巻）」、（左）「酒伝童子絵巻（下巻・奥書）」（画像提供：サントリー美術館）

モチーフに着目した場合、その意義は京都文化の移入にとどまるのであろうか。

　早雲寺住持の活動も含め、北条氏は室町幕府との交流や京都文化の吸収を背景に東国社会での文化的優位性を持った。ならばなぜ、都の武士の神話として重視された大江山系を、物語として選択しなかったのか。勿論、サントリー本の詞書が醍醐寺関係者の手によるため、制作者の側で、天台系の影響を色濃くうける大江山系の内容が忌避された可能性もあろう。しかし、文化を受容する側の視点に立つならば、違った理由も見えるのではないか。

　北条氏が勢力を拡大する過程で、相模三浦氏など北条氏よりも京都との繋がりを古くから（あるいは由緒として）持つ勢力を併呑していった。彼らは都の武士の神話を有する存在でもあった。それは逸翁本を持ち、後に北条氏に仕えた大須賀氏（旧千葉氏家臣）も同様である。東国武士が憧憬として抱いた都の武士の神話は、東国社会のなかで既存の物語であり、氏綱にとっては倣うべきものではなかったのかもしれない。北条氏は京都文化を受け入れつつも、一方で東国の既存の宗教・政治秩序に自己を定位し続けながら勢力を伸張してきた。本絵巻は、東国武士が持つ既存の神話と異なるモチーフにすることで、東国社会のなかで差別化し卓越化しようとしたのではないか。京都・東国での顔を使い分けながら展開した、氏綱の文化受容が想像され興味深い。

（渡邊浩貴）

【参考文献】
・相澤正彦「逸翁美術館本「大江山絵詞」の画風をめぐって」『MUSEUM』四七七、一九九〇年
・元木泰雄『源満仲・頼光』ミネルヴァ書房、二〇〇四年
・髙橋昌明『酒呑童子の誕生』中央公論新社、二〇〇五年
・鈴木哲雄『酒天童子絵巻の謎』岩波書店、二〇一九年

トピック2

戦国大名北条氏と関東公方

阿部 能久

はじめに

かつて戦国大名北条氏については、東国への侵略者・征服者として旧体制の秩序を破壊し、その上に新しい権力体を構築したことにより、戦国大名の代表とする見方が一般的であった。しかし近年の研究の進展により、従来の政治秩序や権威を巧みに取り込むことによって勢力を拡大していったことが明らかにされている。そのような北条氏にとってとりわけ重要であったのが、南北朝時代より関東の身分秩序の頂点に位置してきた関東公方《かんとうくぼう》（鎌倉公方とも）との関係であった。

関東公方とは、室町幕府の東国支配機関であった関東府《かんとうふ》（鎌倉府とも）の長のことで、室町幕府将軍家と同様、足利尊氏の子孫によって世襲されていた。そして関東府のナンバー2にあたる公方の補佐役は関東管領《かんとうかんれい》と呼ばれ、これもまた尊氏の母の実家にあたる上杉氏によって世襲されていた。この「公方（将軍）」を「管領」が補佐するという体制は、幕府のそれとまったく同じであり（幕府の管領は、斯波・細川・畠山の三氏によって担われていたが）、他の室町幕府の地方支配組織にはみられないものであった。このことからも、関東府が単なる室町幕府の一地方支配組織というよりは、むしろ幕府そのものに近い存在であったことがうかがわれる。

このような経緯から、室町期以降の関東の政治動向の中心には、常に関東公方の存在があったといってよい。それは永享《えいきょう》の乱（一四三八～三九）や、享徳《きょうとく》の乱（一四五四～八二）といった関東のみならず京都政界をも巻き込んだ大乱の当事者であったことにも、端的にあらわれている。もちろんこういった争乱を通して、関東公方権力も大きく変質することにはなるものの、その影響力は戦国期の関東においても引き続き絶大なものであった。

このため、戦国時代に入ってから新たに関東で台頭してきた北条氏にとって、関東公方足利氏や関東管領上杉氏との関係というものが、冒頭でも指摘したように、重要な政治課題とならざるを得なかったのである。以下本稿では、氏綱・氏康期を中心に、北条氏権力がいかに関東公方権力と向き合っていたかについてみていくこととする。

一、北条氏綱と関東公方

北条氏初代である早雲（伊勢宗瑞）が、明応二年（一四九三）に伊豆へ侵攻して以降、早雲およびその後継者である氏綱は関東地方に勢力を拡大していくが、当然ながらこのことは関東の在来勢力との間に大きな摩擦を引き起こすこととなる。特に氏綱の代には、相模・武蔵の両国を基盤とする扇谷《おうぎがやつ》上杉氏との抗争が激化し、彼らから「他国の逆徒」と非難されたことから、大永三年（一五二三）に苗字をそれまでの「伊勢」から「北条」へと改めた。これは伊豆・相模の支配と、武蔵への進出の正当性を主張すべく、かつてこれらの国々を支配していた鎌倉幕府執権北条氏の末裔に自らを擬そうとするものであった。

さてそのころ、関東公方家では内紛が深刻なものとなっていた。公方家は下総古河《こが》城（茨城県古河市）を拠点とする古河公方足利高基《たかもと》と、その弟で下総小弓《おゆみ》城（千葉市中央区）に拠る小弓公方足利義明《よしあき》とに分裂し、そこに周辺の豪族たちの対立が結びつくこととなる。さらに享禄二～四年（一五二九～三一）ごろには、高基とその子晴氏《はるうじ》との間でも抗争が勃発し、晴氏が新たな公方の地位につくが、晴氏と義明の間で対立は続いた。

この対立が頂点に達したのが、天文七年（一五三八）一〇月の第一次国府台《こうのだい》合戦である。扇谷上杉氏を義明が支援していたこともあり、氏綱はこの戦いに晴氏方の主力として参戦、義明を敗死させ、小弓公方は事実上滅亡することとなる。これにより長らく続いた関東公方家の内紛は終息し、晴氏は公方家の再統一に成功した。そして軍事面からこの成功を導いた氏綱は、関東公方家の軍事的保護者としての立場を確立し、晴氏から関東管領職に補任されることになる。さらに翌天文八年八月には晴氏と氏綱の娘との間の婚姻が成立し、氏綱は足利氏の「御一家」としての政治的地位を獲得するに至った。

二、北条氏康と関東公方

氏綱が天文一〇年（一五四一）七月に没し息子の氏康が跡を継ぐと、再び扇谷上杉氏ならびに山内《やまのうち》上杉氏との対立が激化していく。同年一一月に山内上杉憲政《のりまさ》・扇谷上杉朝定《ともさだ》は、北条氏の当主交代の間隙をついて武蔵河越城（埼玉県川越市）を攻める。氏康はこれを撃退し、一時は山内上杉氏の本拠地である上野との国境に近い武蔵本庄（埼玉県本庄市）まで進撃したが、天文一四年の秋になると、憲政らが駿河の今川義元やその盟約者である甲斐の武田晴信（信玄）と連携して北条領に侵攻し、再び河越城を包囲したため、氏康は苦しい立場に追い込まれることになった。

このような状況の中、憲政は晴氏に対して、北条氏と絶縁し河越城攻撃に加わるように要求したのである。晴氏は、中立を保つようにとの氏康の要請を一旦は了承していたが、結局これを翻し、憲政の要請を受け河越へ出陣した。しかし翌天文一五年四月、氏康の援軍の前に、足利・上杉連合軍は大敗を喫し、晴氏は古河城、憲政は上野平井城（群馬県藤岡市）へとそれぞれ撤退することになる。朝定は戦死し、ここに扇谷上杉氏は滅亡した。この敗北を契機に足利氏と上杉氏による公方――管領体制が最終的な解体を遂げ、北条氏の圧力が晴氏に一段と及ぶようになる。氏康は合戦後、晴氏の行動を厳しく糾弾している。

天文二一年（一五五二）四月には憲政が北条氏に追われ、上野から越後の長尾景虎（後の上杉謙信）のもとへ逃亡する。関東管領家として長らく関東政界の中心にあった山内上杉氏は、ここに関東における基盤を失うこととなる。これを受けて氏康はさらに晴氏に圧力をかけ、同年一二月に関東公方家の家督を、晴氏の子で氏康の甥にあたる梅千代王丸《うめちよおうまる》に譲らせることに成功する。かつて「他国の逆徒」と罵られた北条氏（伊勢氏）が、ついに関東公方の外戚という、関東支配の正当性を得たのである。

弘治元年（一五五五）一一月に梅千代王丸は元服し義氏《よしうじ》と名乗り、その後直ちに判始《はんはじめ》の儀を行った。これら一連の儀式は、義氏の伯父にあたる北条氏康の後見の下で執り行われた。氏康は関東公方の継承に関わる儀式を取り仕切ることにより、関東公方の権威を手中にしていることを内外にアピールしたのである。そして新公方の下、氏康は父氏綱同様に、自らを関東管領に擬するという方策を採り、書札礼の面でも義氏から関東管領としての待遇を受けることとなる。さらに義氏の公方就任後、氏康はこれまでほとんど直接の関わりをもたなかった下総の結城、下野の宇都宮・小山・那須、常陸の佐竹・大掾・真壁、そして陸奥の白河結城といった北関東や南奥の領主たちと交渉をもつようになる。このころ南関東をほぼ手中にした氏康の次なる政治課題となったのが北関東諸氏との関係であり、彼らの間での紛争に対し、公方義氏の権威を前提とする調停行為に乗り出すのである。

おわりに

このような北関東諸氏への調停行為は、歴代の関東公方にもみられるものであり、天文年間(一五三二~五五)に至っても関東や南奥の領主層が、公方に対して領主間抗争の調停や裁定を期待していたことがわかっている。そのような環境のもと、氏康は公方義氏を補佐する管領という公的な立場で彼らの紛争に介入し、従属化を進めることが可能となったのである。このように公方の外戚や関東管領の地位というものは、けっして前代の遺物などではなく、いまだ関東の支配にとって有用なものであった。北条氏が戦国大名として順調な成長を遂げた理由として、ここまで見てきたように旧秩序の破壊というよりはむしろその巧みな包摂、特に東国の支配体制の頂点にあった関東公方との一体化という事態を無視し得ないのである。

【主要参考文献】

・佐藤博信『古河公方足利氏の研究』校倉書房、一九八九年
・小田原市編『小田原市史 通史編 原始 古代 中世』小田原市、一九九八年
・荒川善夫『戦国期東国の権力構造』岩田書院、二〇〇二年
・阿部能久『戦国期関東公方の研究』思文閣出版、二〇〇六年
・市村高男『東国の戦国合戦』吉川弘文館、二〇〇九年
・黒田基樹『戦国北条氏五代』戎光祥出版、二〇一二年
・佐藤博信『中世東国の権力と構造』校倉書房、二〇一三年
・丸島和洋『東日本の動乱と戦国大名の発展』吉川弘文館、二〇二一年

3章

戦国大名北条氏と早雲寺住持

開山以天宗清が招請されて以来、早雲寺には大室宗碩・明叟宗普・梅隠宗香など彼の法脈を継ぐ寺僧が大勢集い、寺院運営がされていく。教団も膨れ上がり、早雲寺の末寺や塔頭も箱根や小田原に幾つも建立され、早雲寺を拠点とする関東龍泉派は大きな成長を遂げる。北条氏も早雲寺の経営を支援するとともに、大徳寺住持への出世を果たす早雲寺住持たちを厚遇し、かつ彼らを通じて京都文化を摂取していくことも期待していたと考えられる。京都大徳寺と早雲寺を往来する彼ら歴代住持の存在が、北条氏の政治支配や小田原文化に果たした役割は大きい。

39 ◎北条早雲像
戦国時代
早雲寺

40
□以天宗清像
享禄元年（一五二八）
早雲寺

41 □大室宗碩像
永禄一一年（一五六八）
早雲寺

42
□梅隠宗香像
天正一七年（一五八九）
早雲寺

43
東海宗朝像
永正一三年（一五一六）
早雲寺

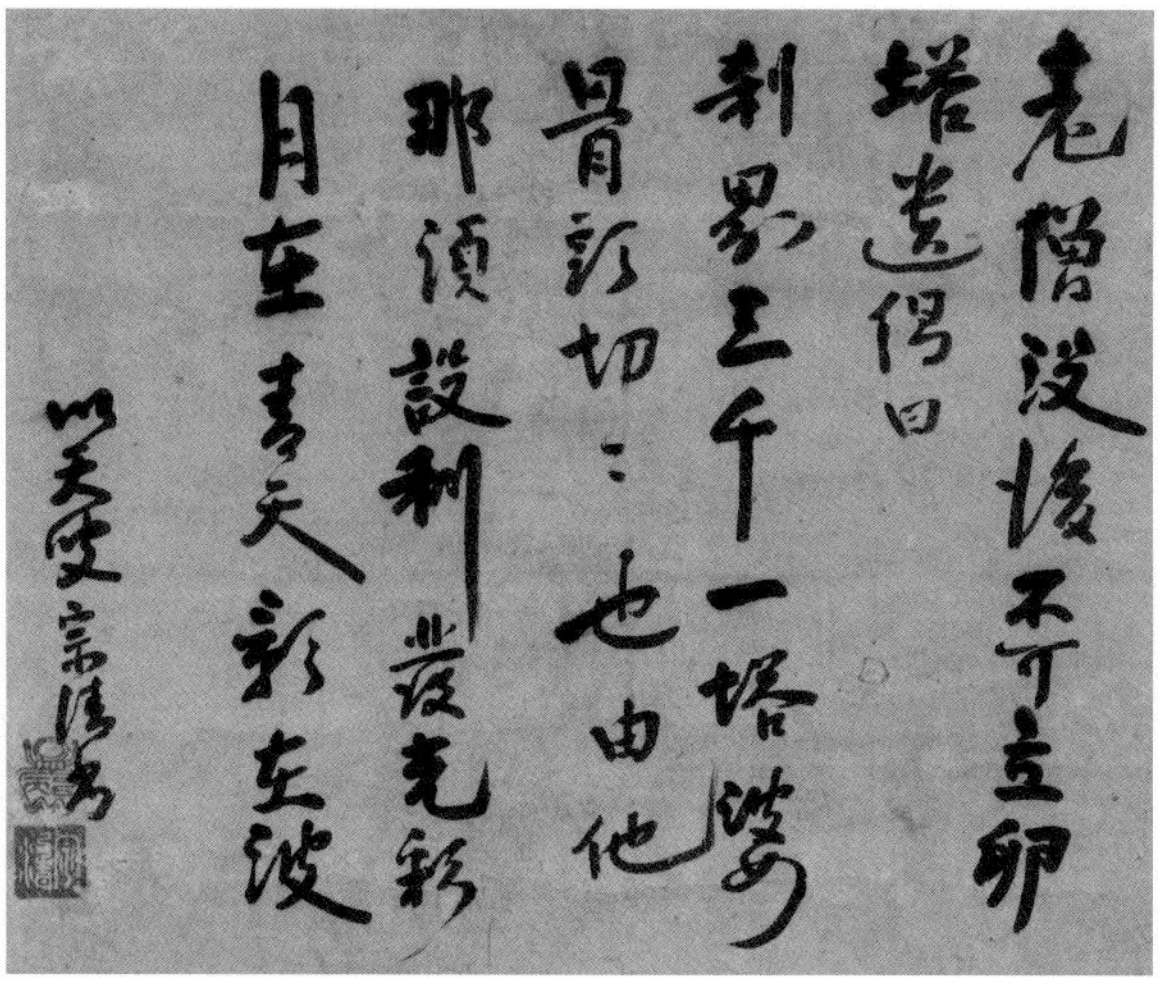

44 □以天宗清遺偈
戦国時代
早雲寺

45 鴉図 以天宗清筆
室町時代
個人

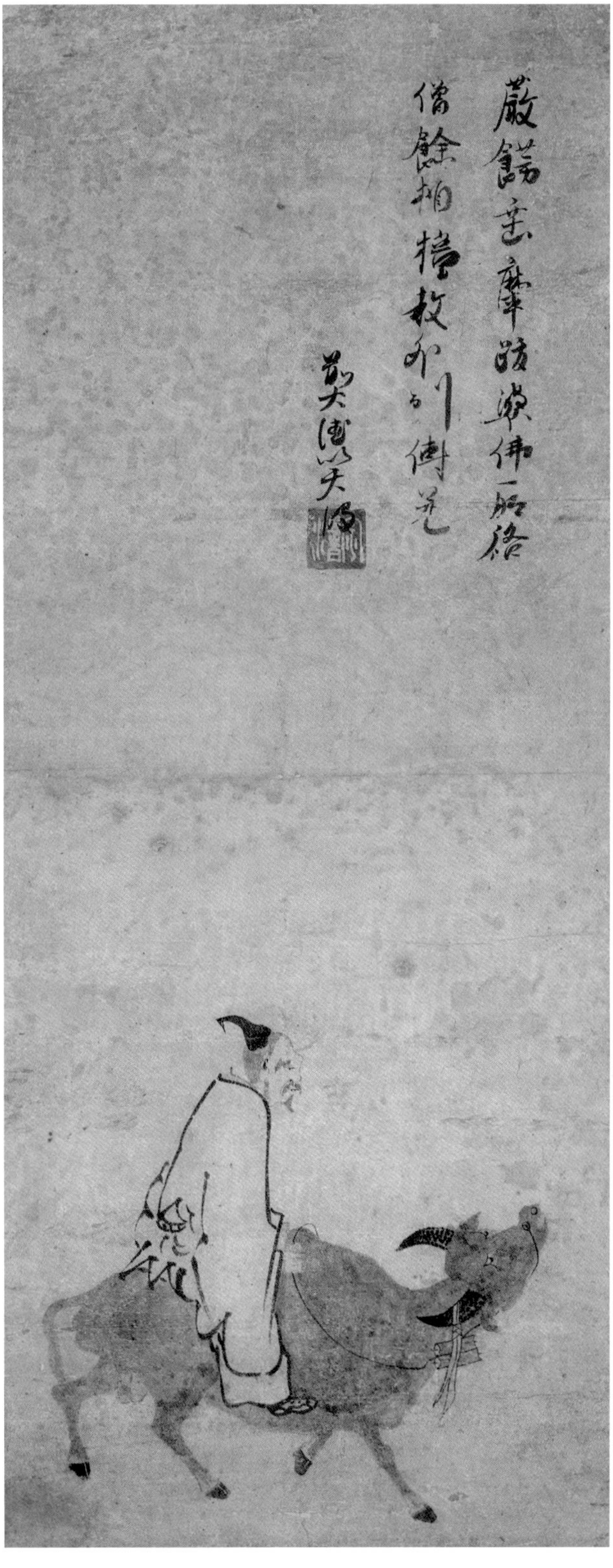

46
杜子美図　以天宗清賛
室町時代
神奈川県立歴史博物館

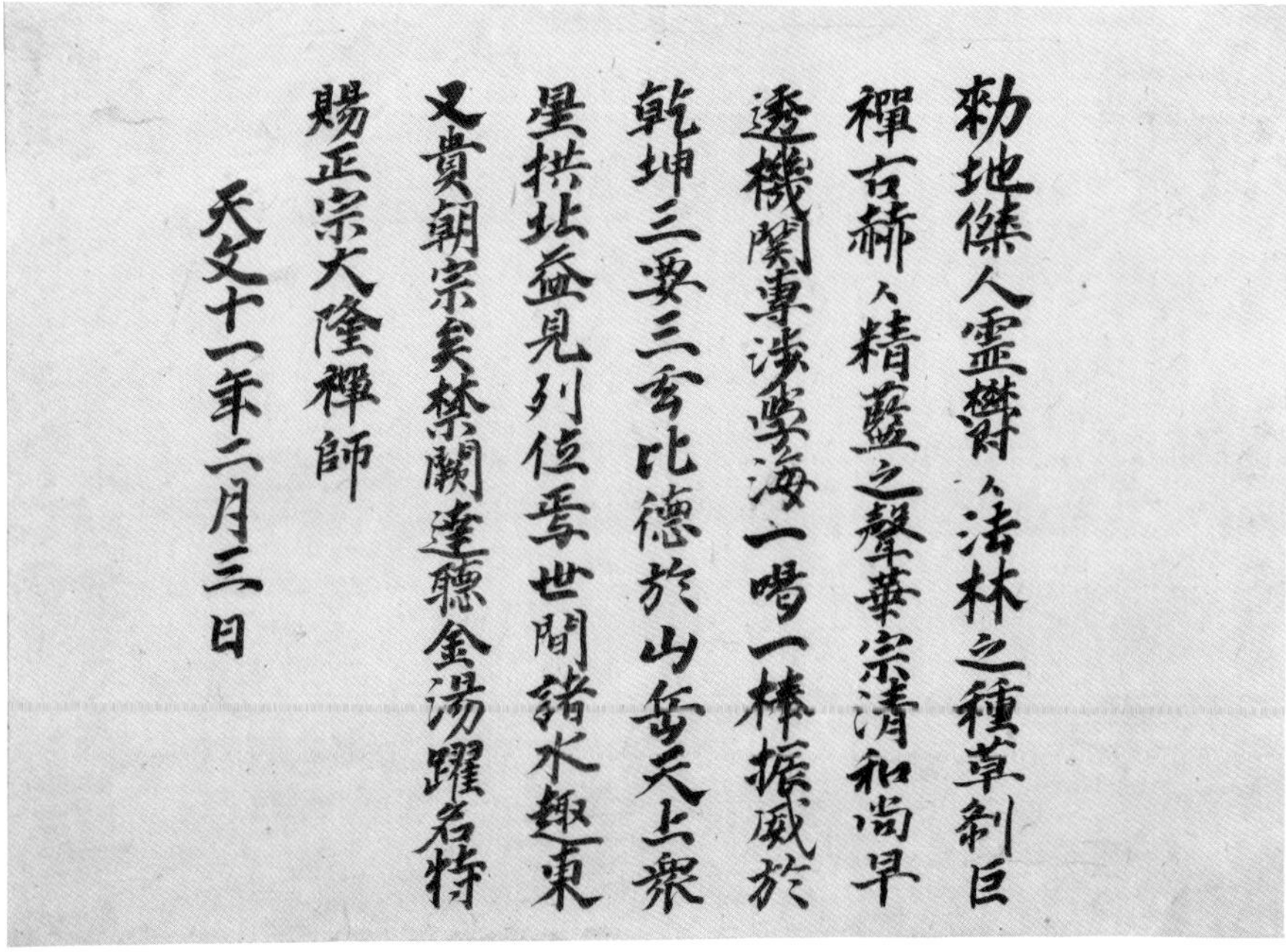
勅地傑人霊樹法林之種草剏巨
禪古刹精藍之聲華宗清和尚早
透機関專渉雲海一喝一棒振威於
乾坤三要三玄比德於山岳天上衆
星拱北益見列位孚世間諸水趣東
又貴朝宗矣禁闕達聴金湯躍名特
賜正宗大隆禪師
天文十一年二月三日

47 □ 後奈良天皇徽号勅書（早雲寺文書）
天文一一年（一五四二）
早雲寺

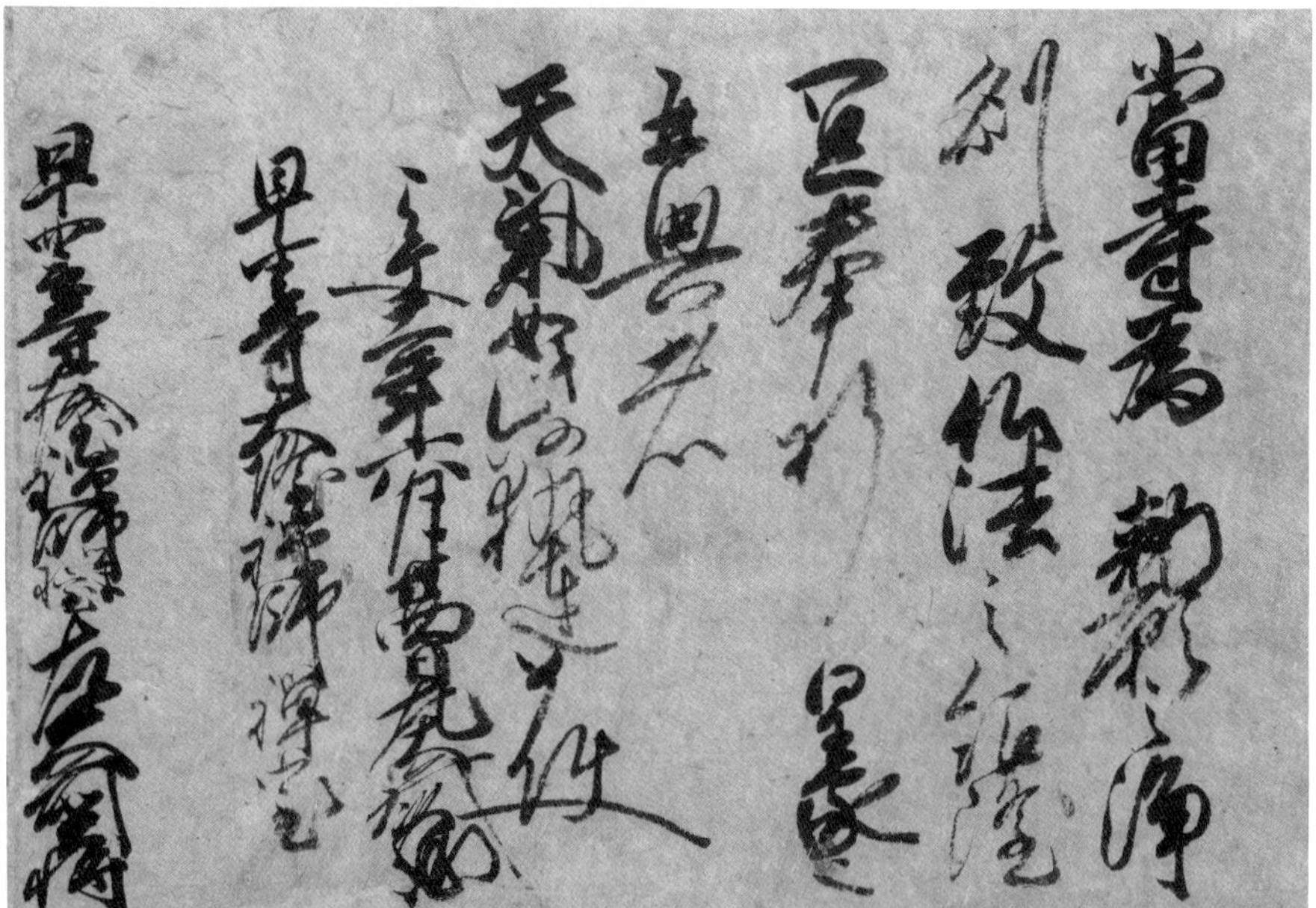

48 □ 後奈良天皇綸旨（早雲寺文書）
天文一一年（一五四二）
早雲寺

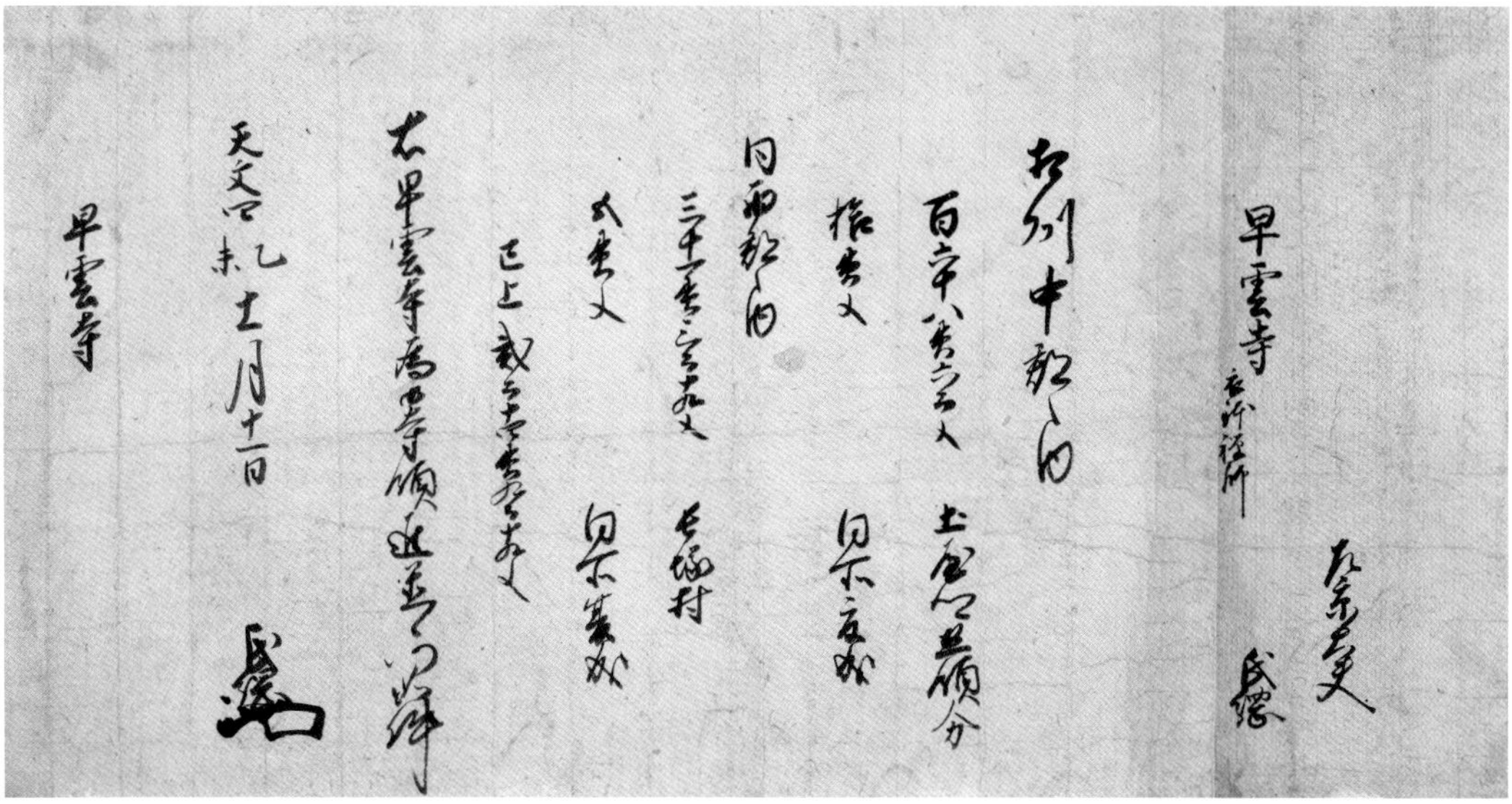

49 □ 北条氏綱寺領寄進状（早雲寺文書）
天文四年（一五三五）
早雲寺

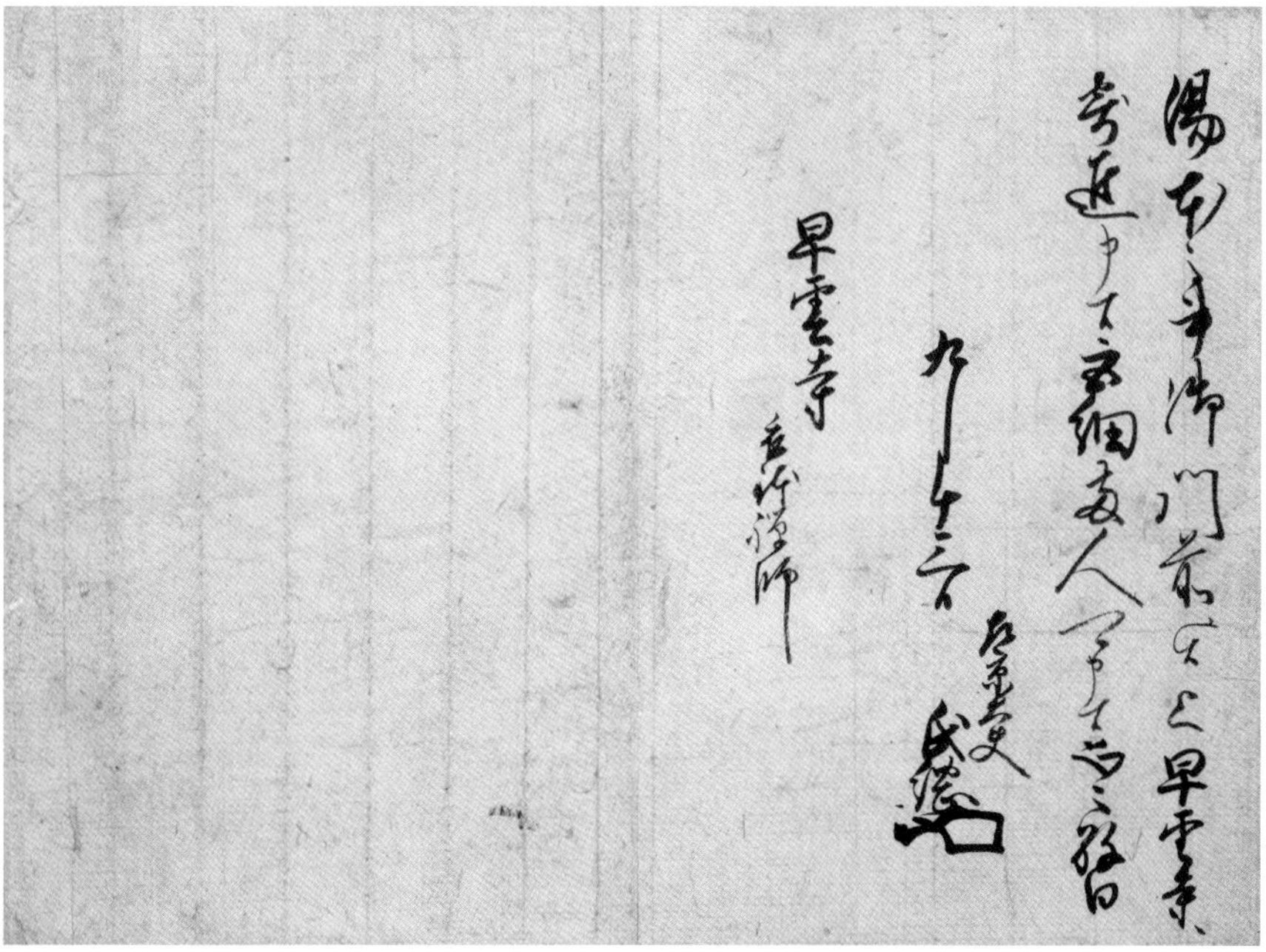

50 □ 北条氏綱寺領寄進状（早雲寺文書）
戦国時代
早雲寺

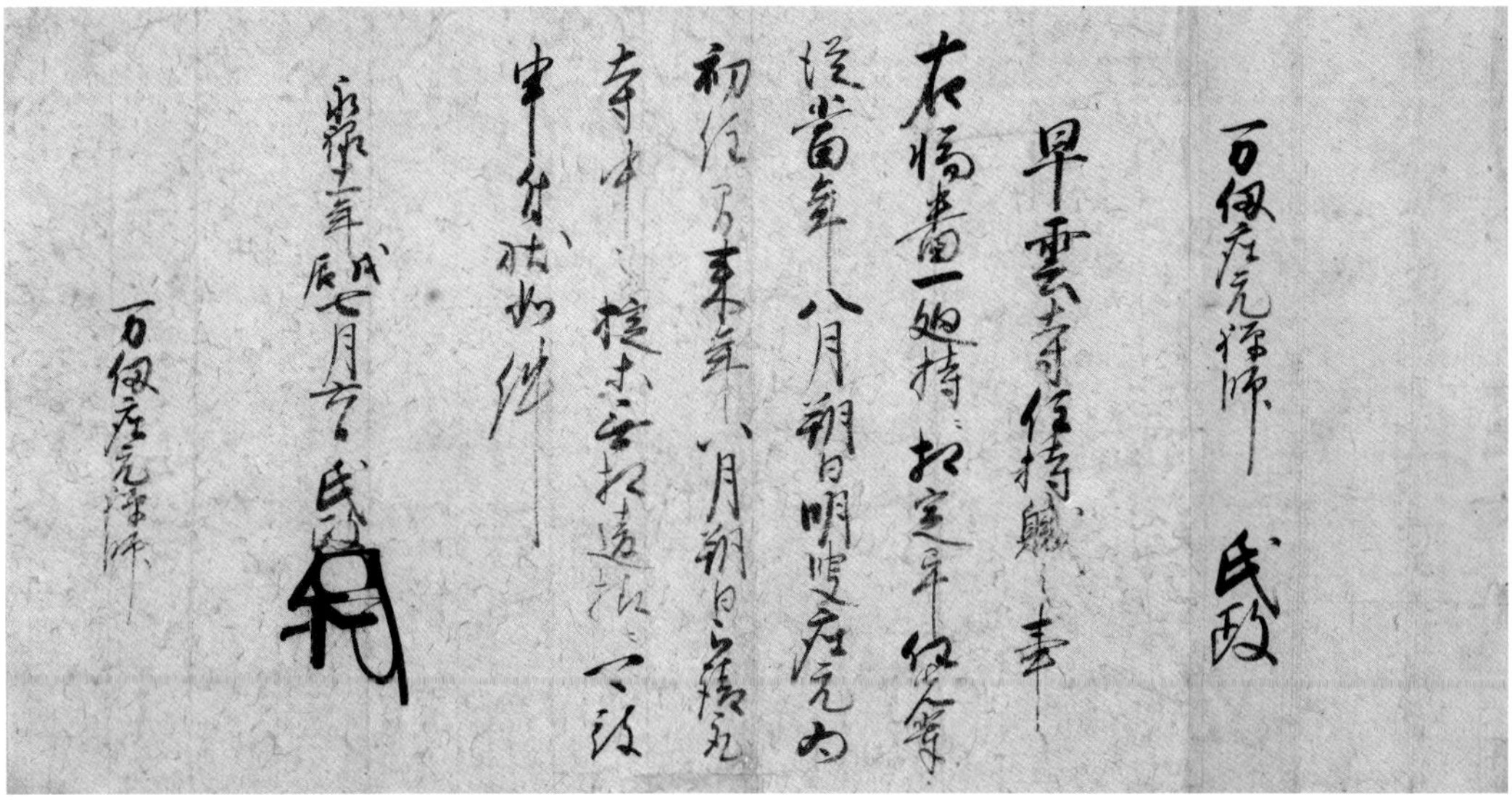

51 □北条氏政判物（早雲寺文書）
永禄一一年（一五六八）
早雲寺

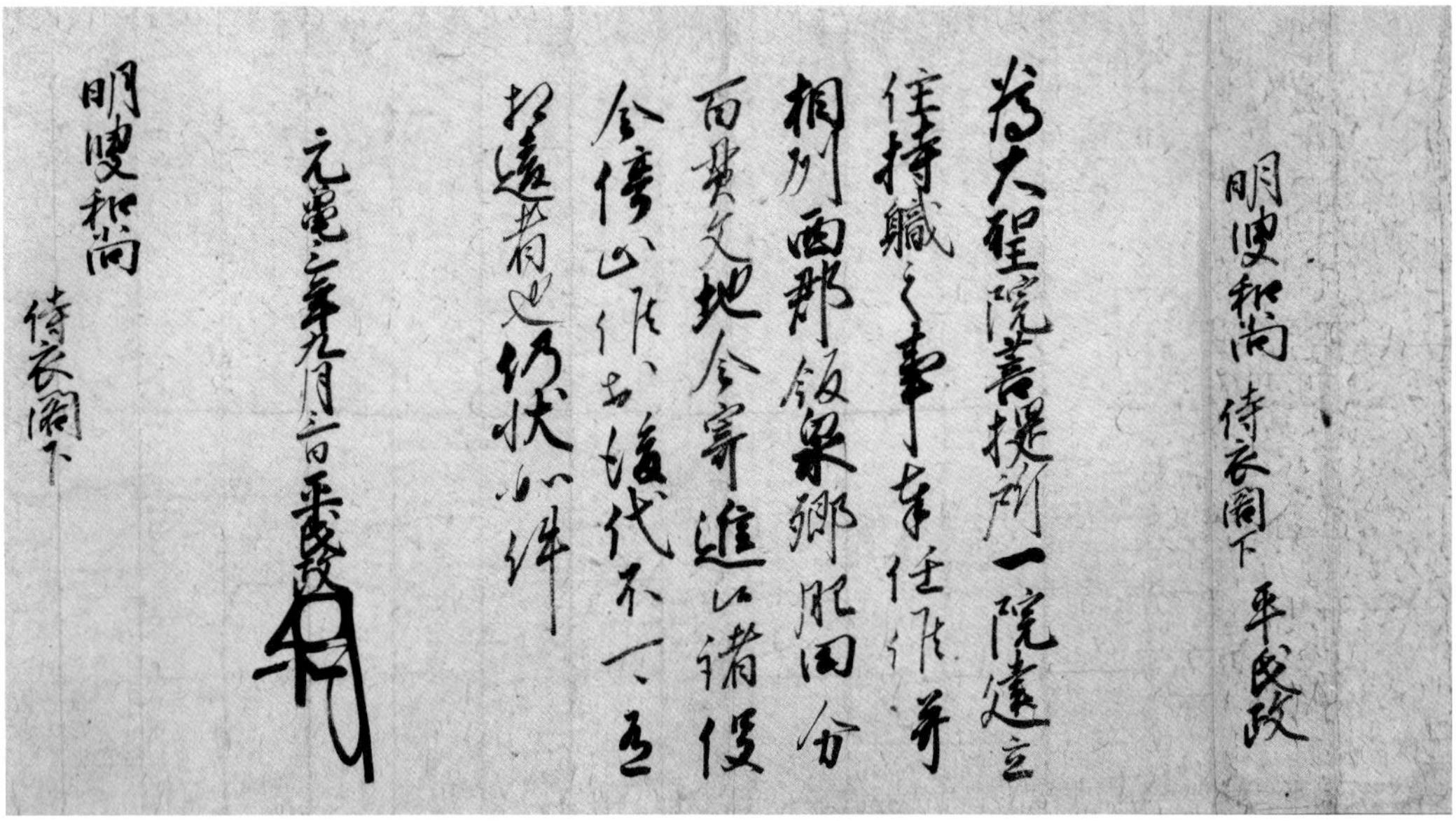

52 □北条氏政判物（早雲寺文書）
元亀三年（一五七二）
早雲寺

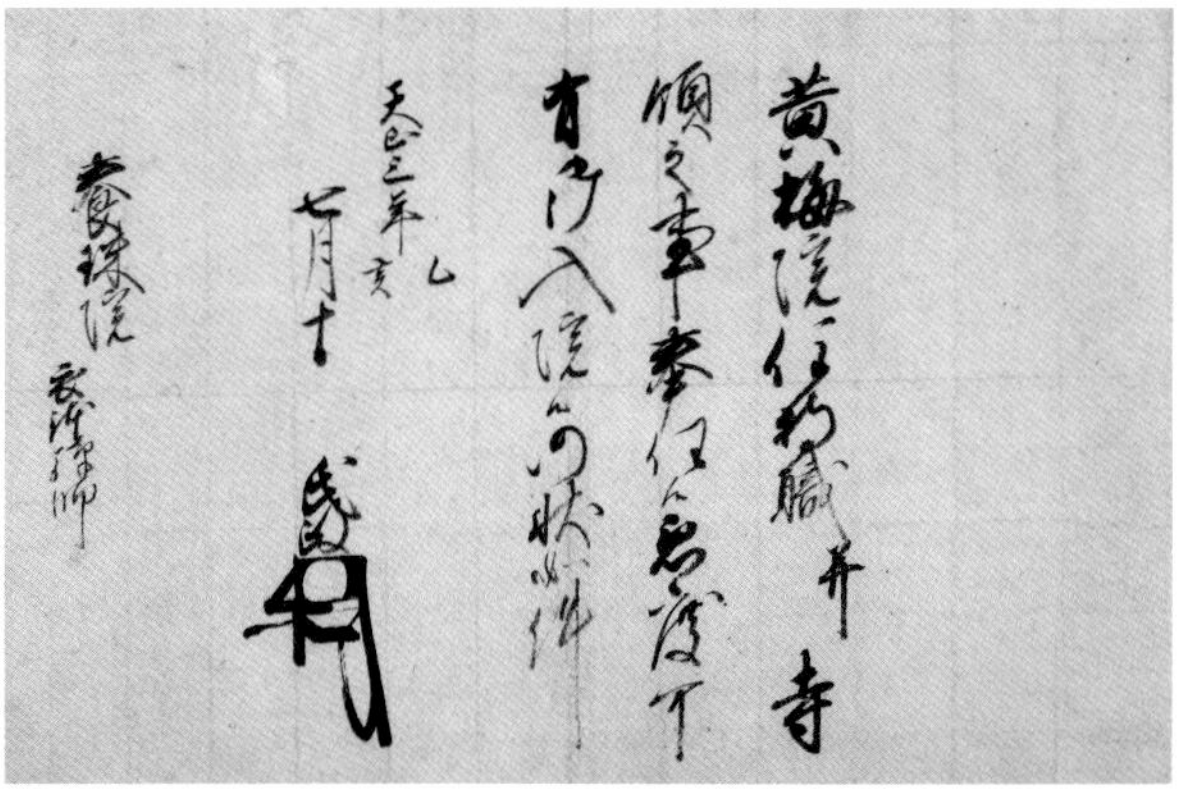

53
□北条氏政判物（早雲寺文書）
天正三年（一五七五）
早雲寺

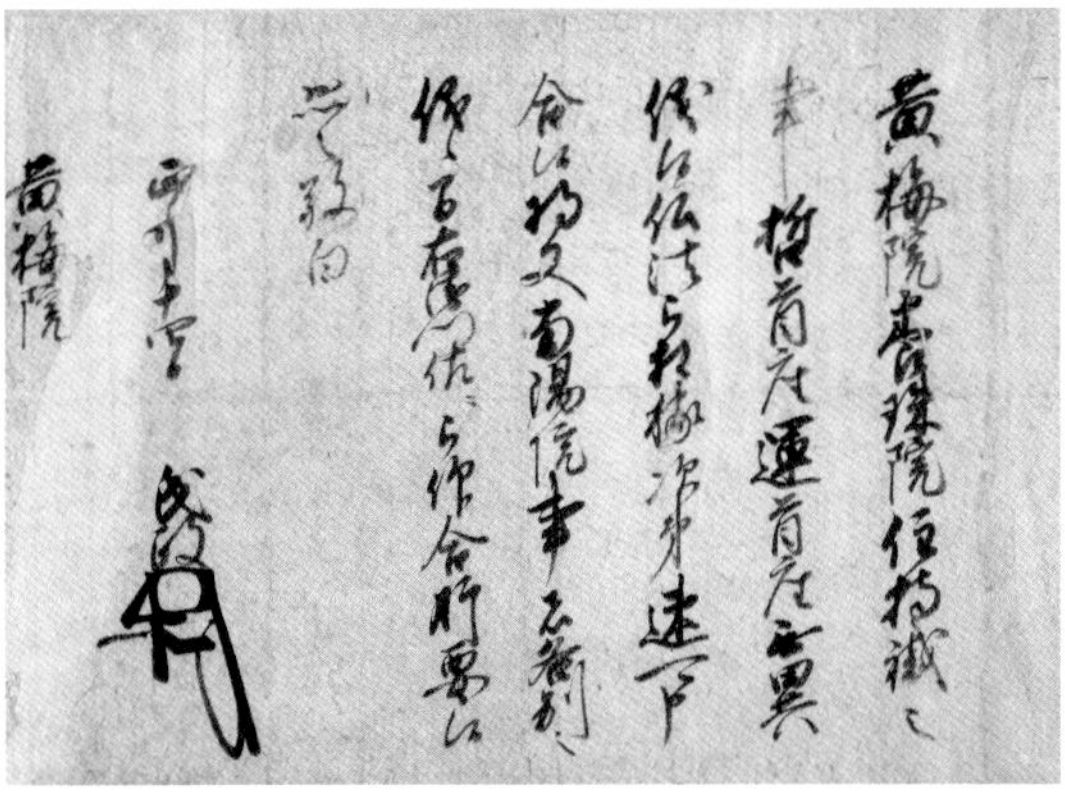

54
□北条氏政書状（早雲寺文書）
天正五年（一五七七）カ
早雲寺

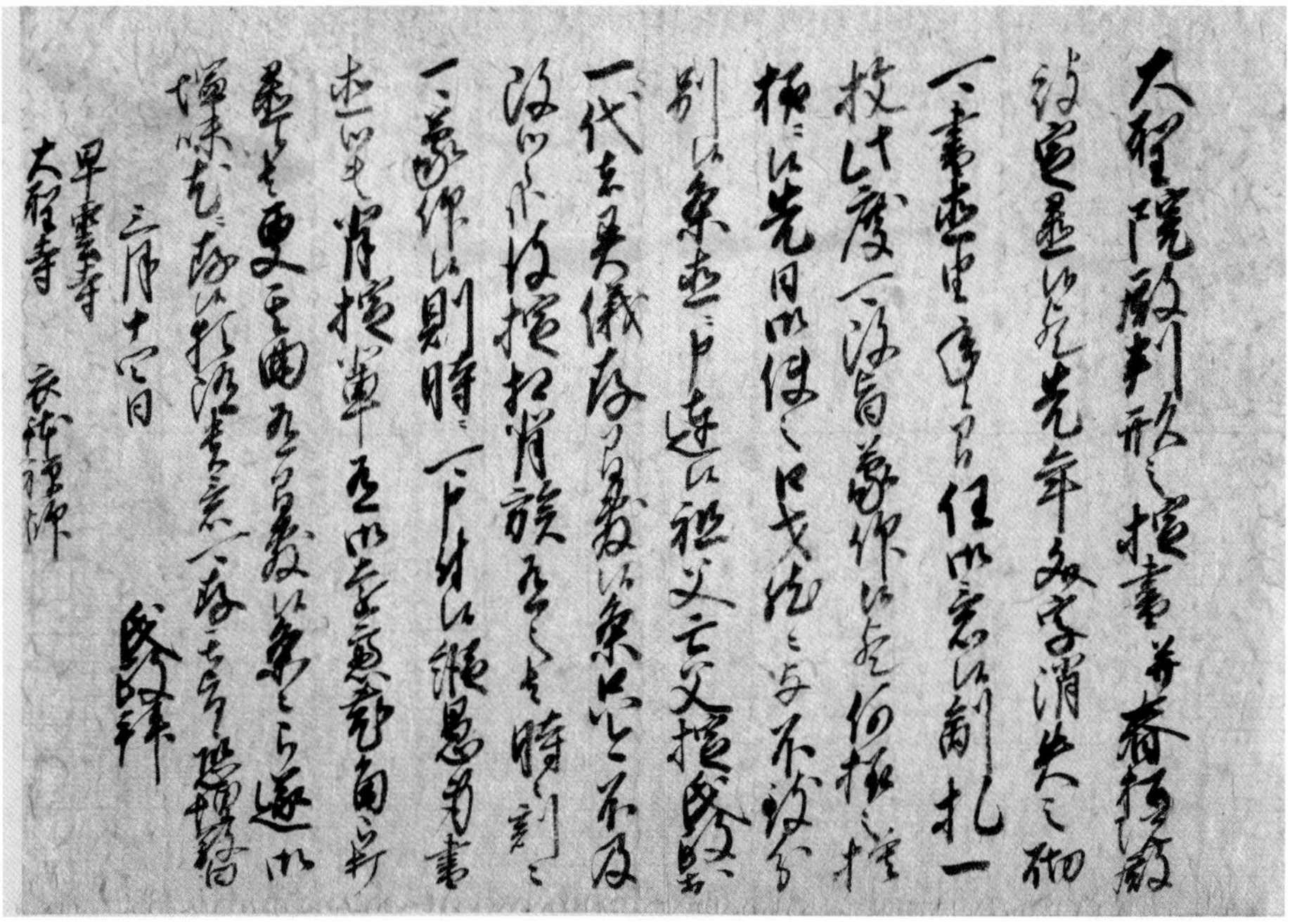

55
□北条氏政書状（早雲寺文書）
戦国時代
早雲寺

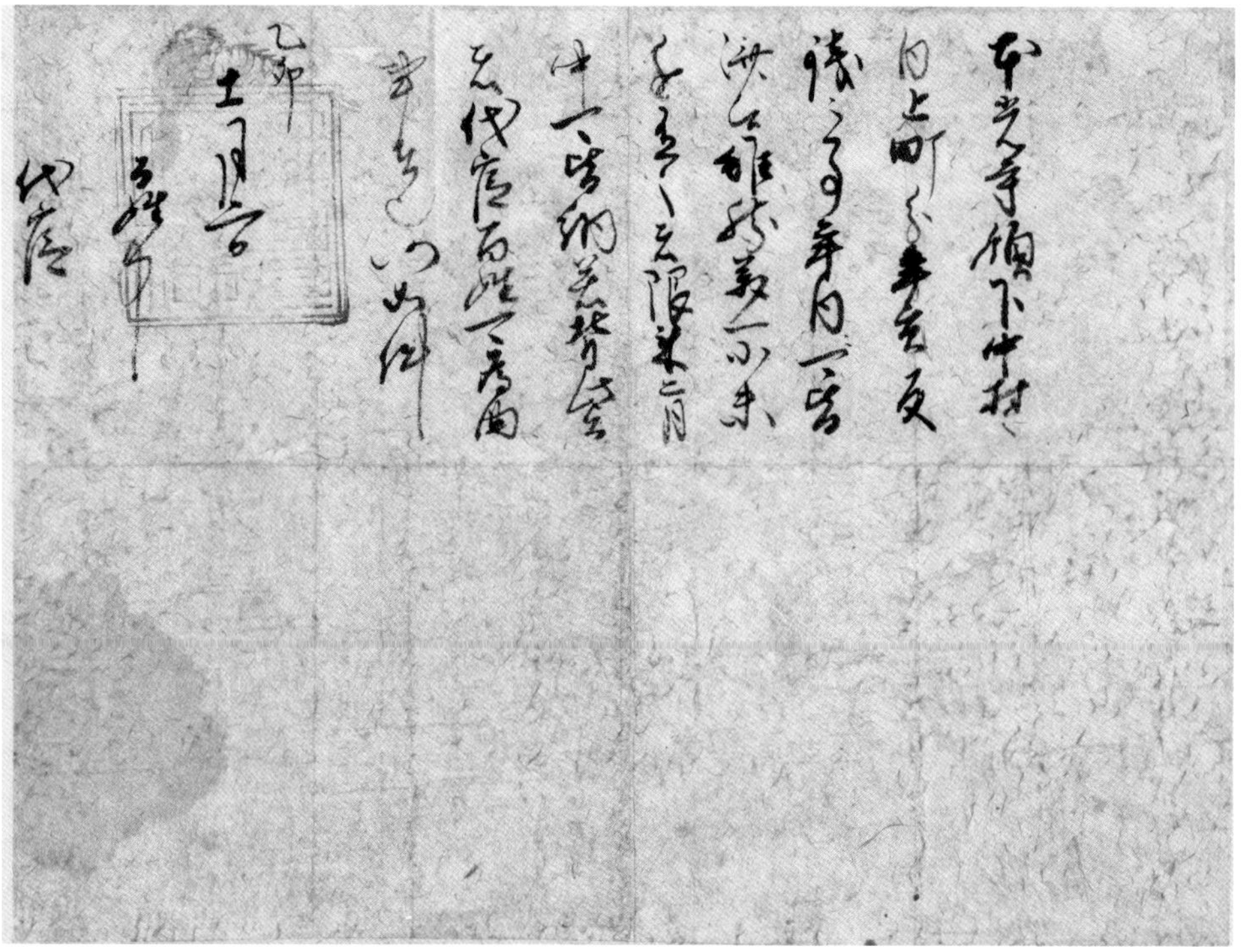

56 □ 北条家朱印状（早雲寺文書）
弘治元年（一五五五）
早雲寺

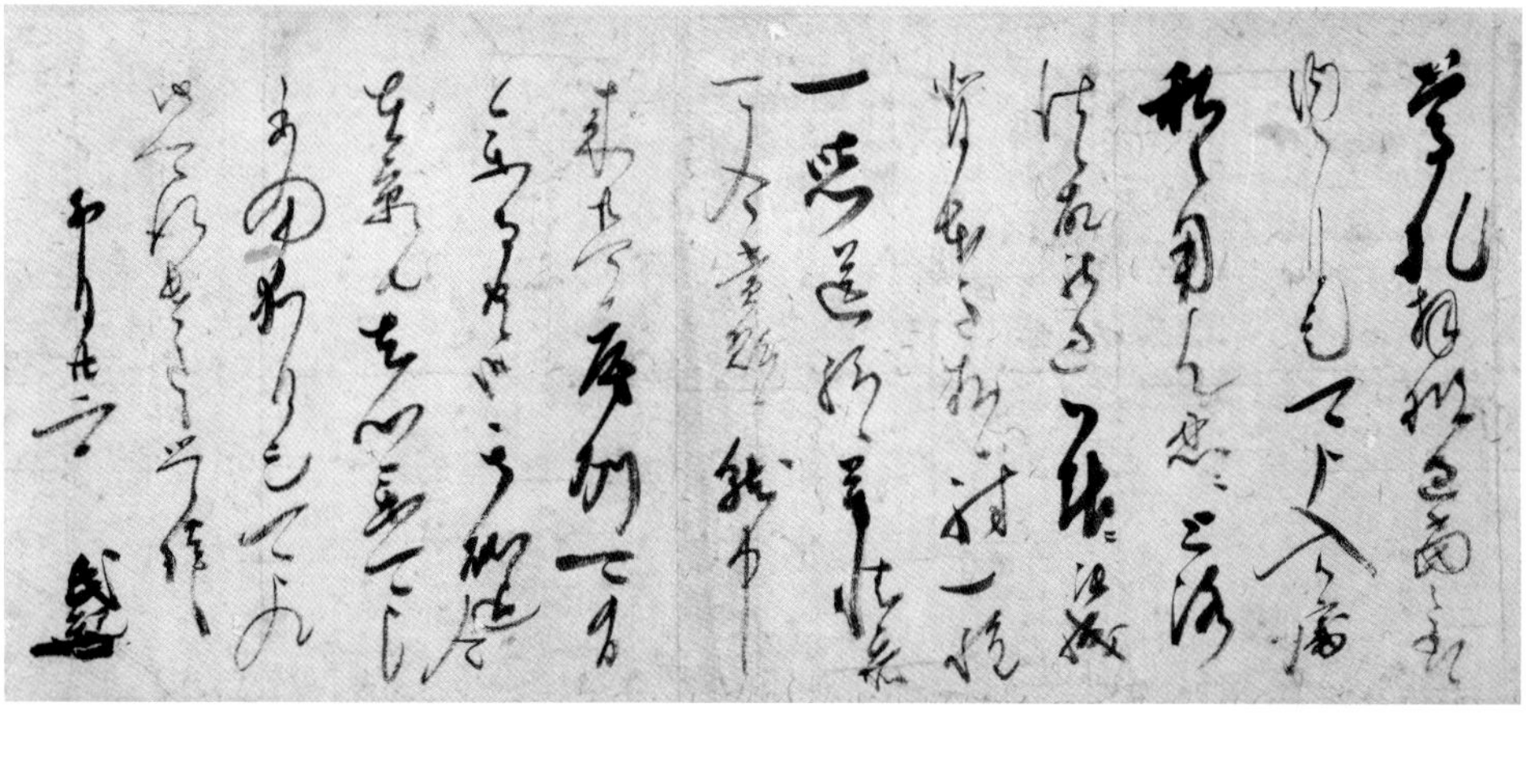

57 □ 北条氏規書状（早雲寺文書）
戦国時代
早雲寺

58 □ 北条氏規書状（早雲寺文書）
文禄二年（一五九三）カ
早雲寺

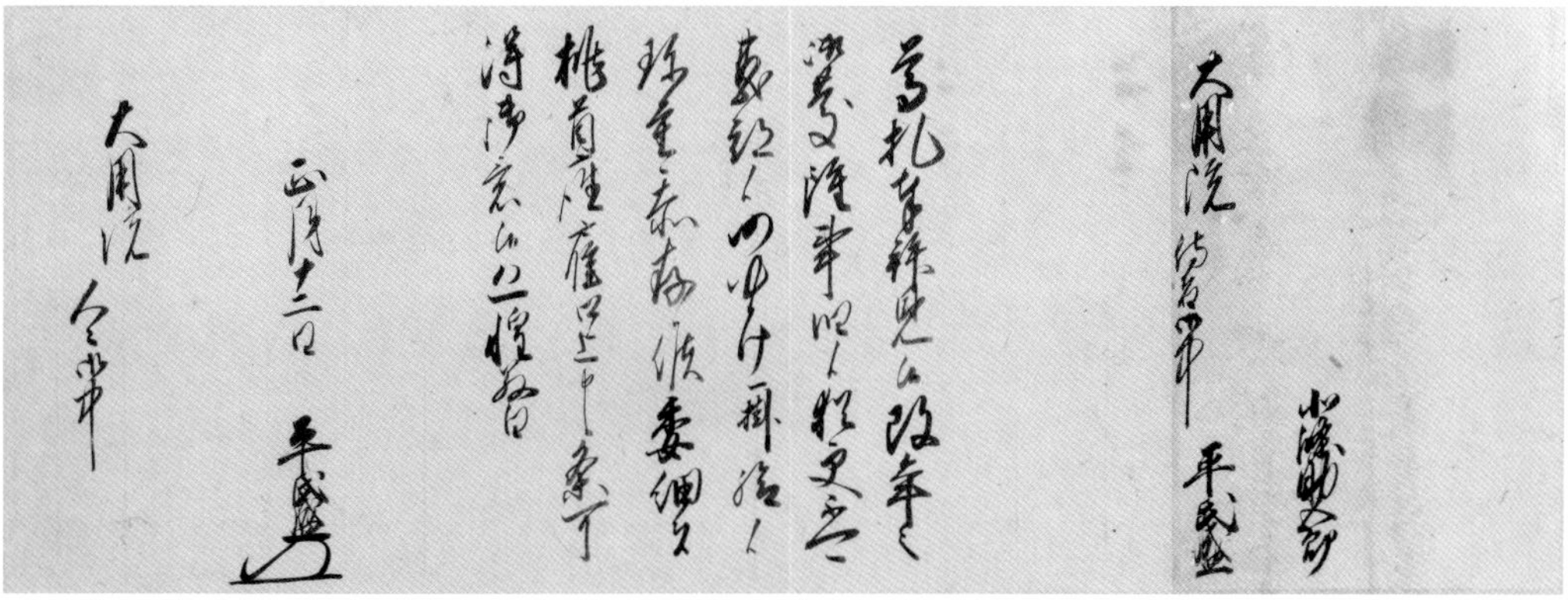

59 □ 北条氏盛書状（早雲寺文書）
文禄二年（一五九三）
早雲寺

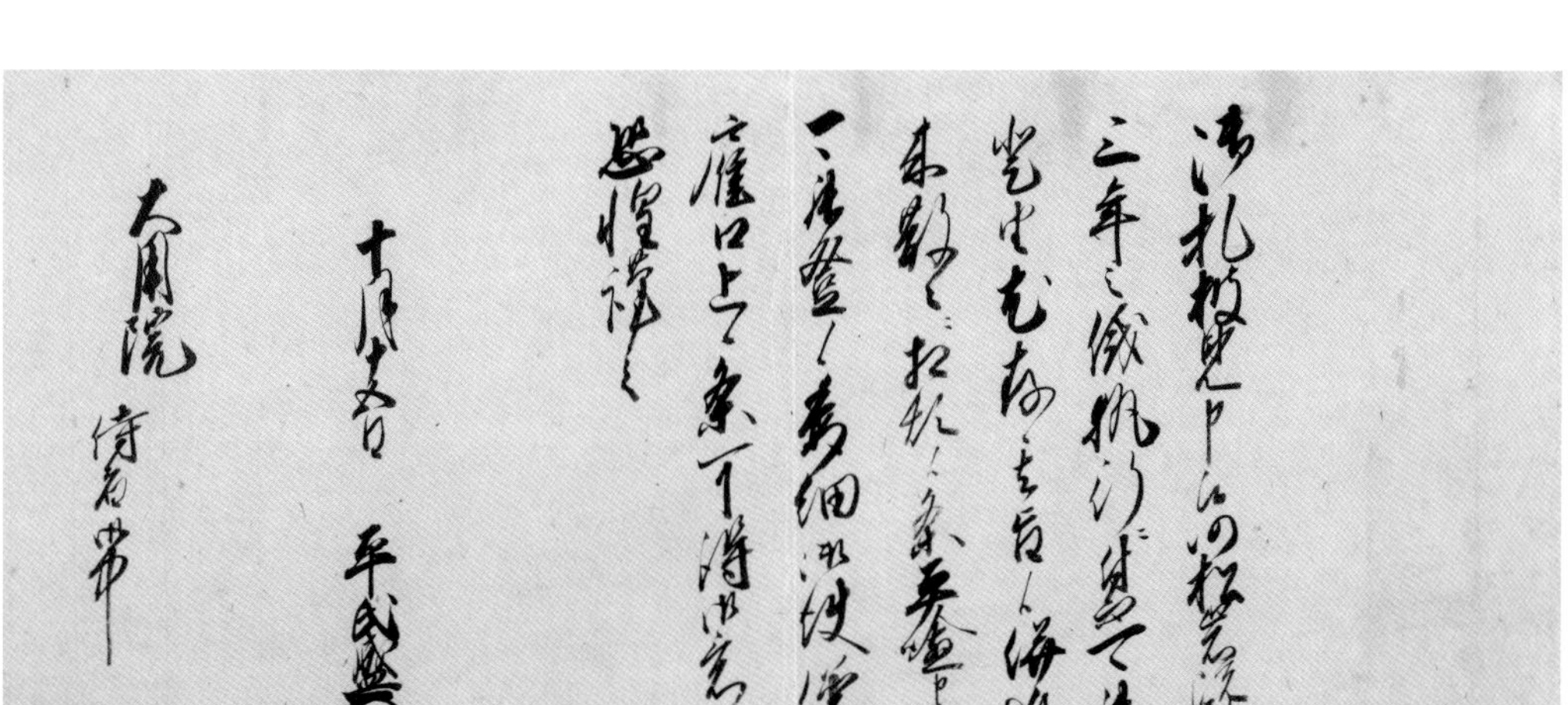

60 □ 北条氏盛書状（早雲寺文書）
戦国時代
早雲寺

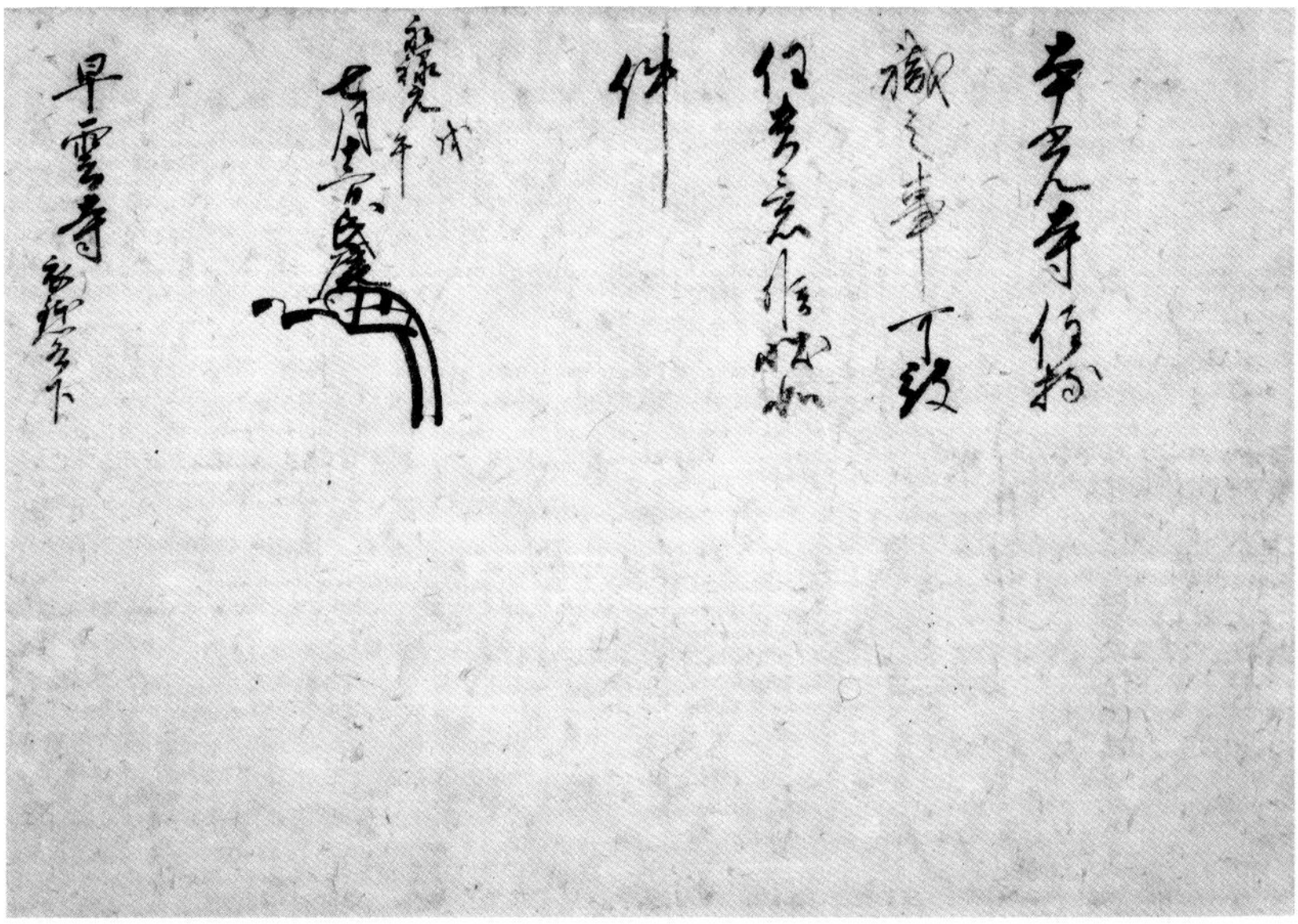

61 北条氏康判物（本光寺文書）
永禄元年（一五五八）
神奈川県立歴史博物館

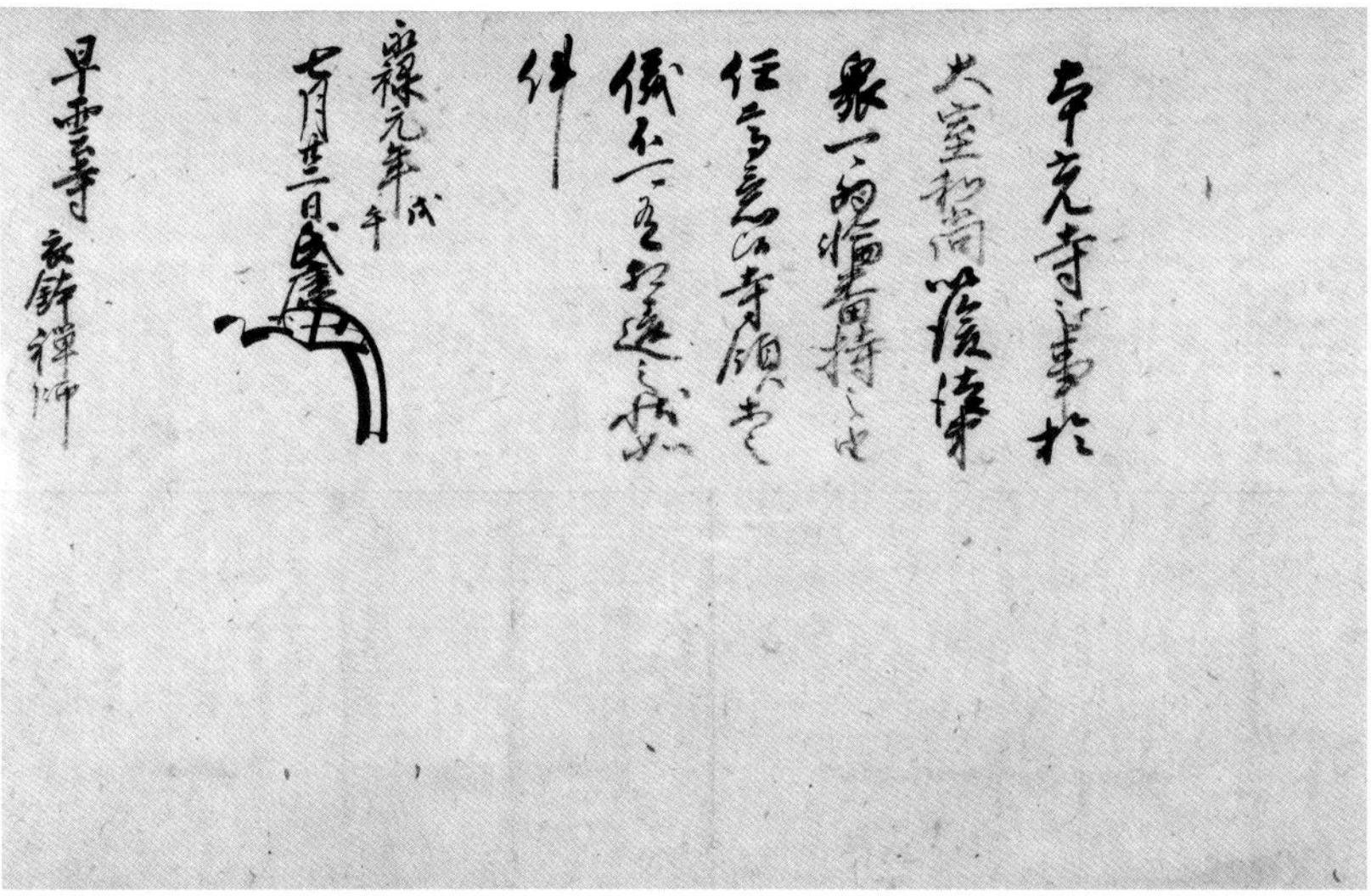

62 北条氏康判物（本光寺文書）
永禄元年（一五五八）
神奈川県立歴史博物館

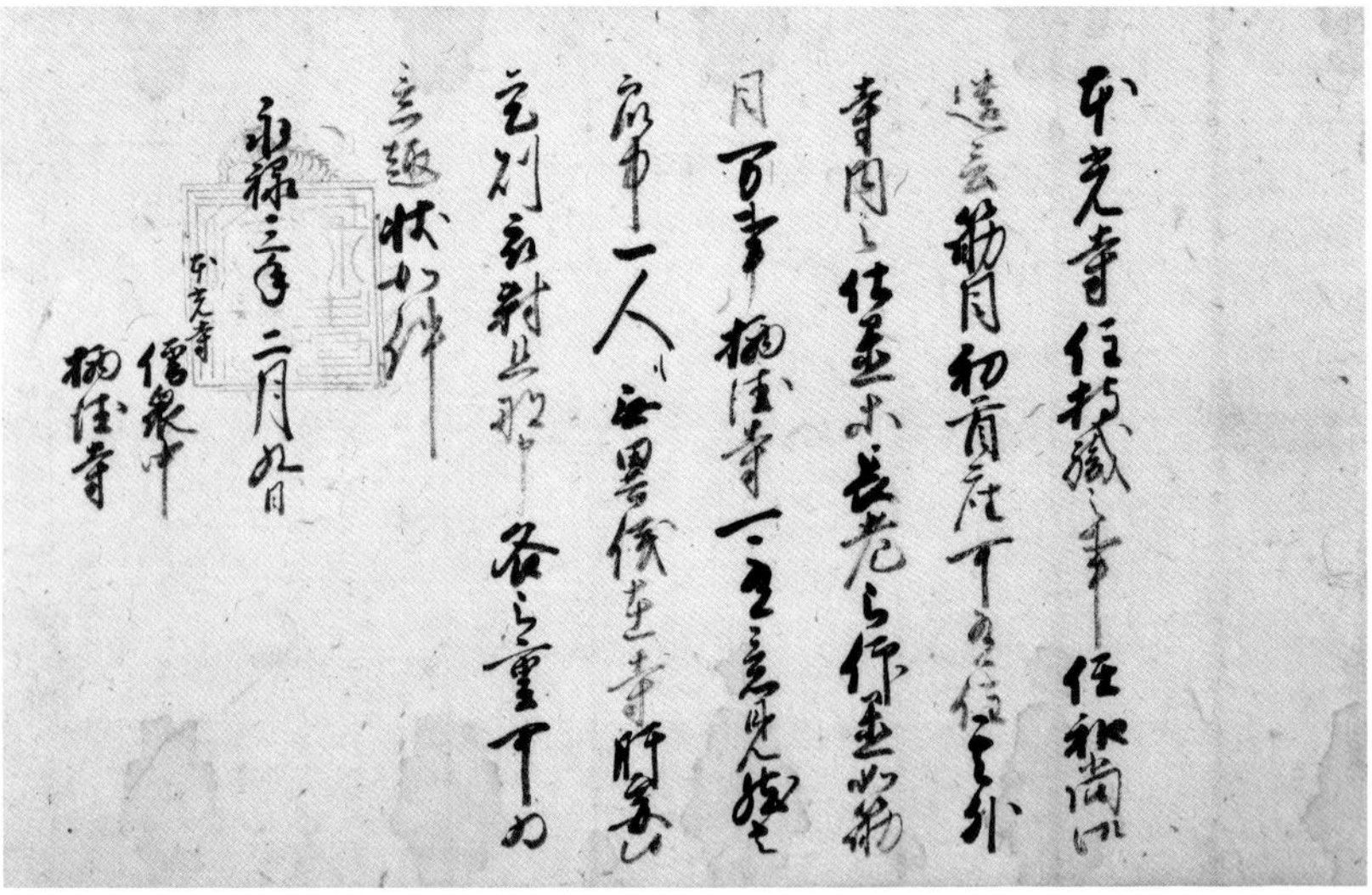

63 北条家朱印状（本光寺文書）
永禄三年（一五六〇）
神奈川県立歴史博物館

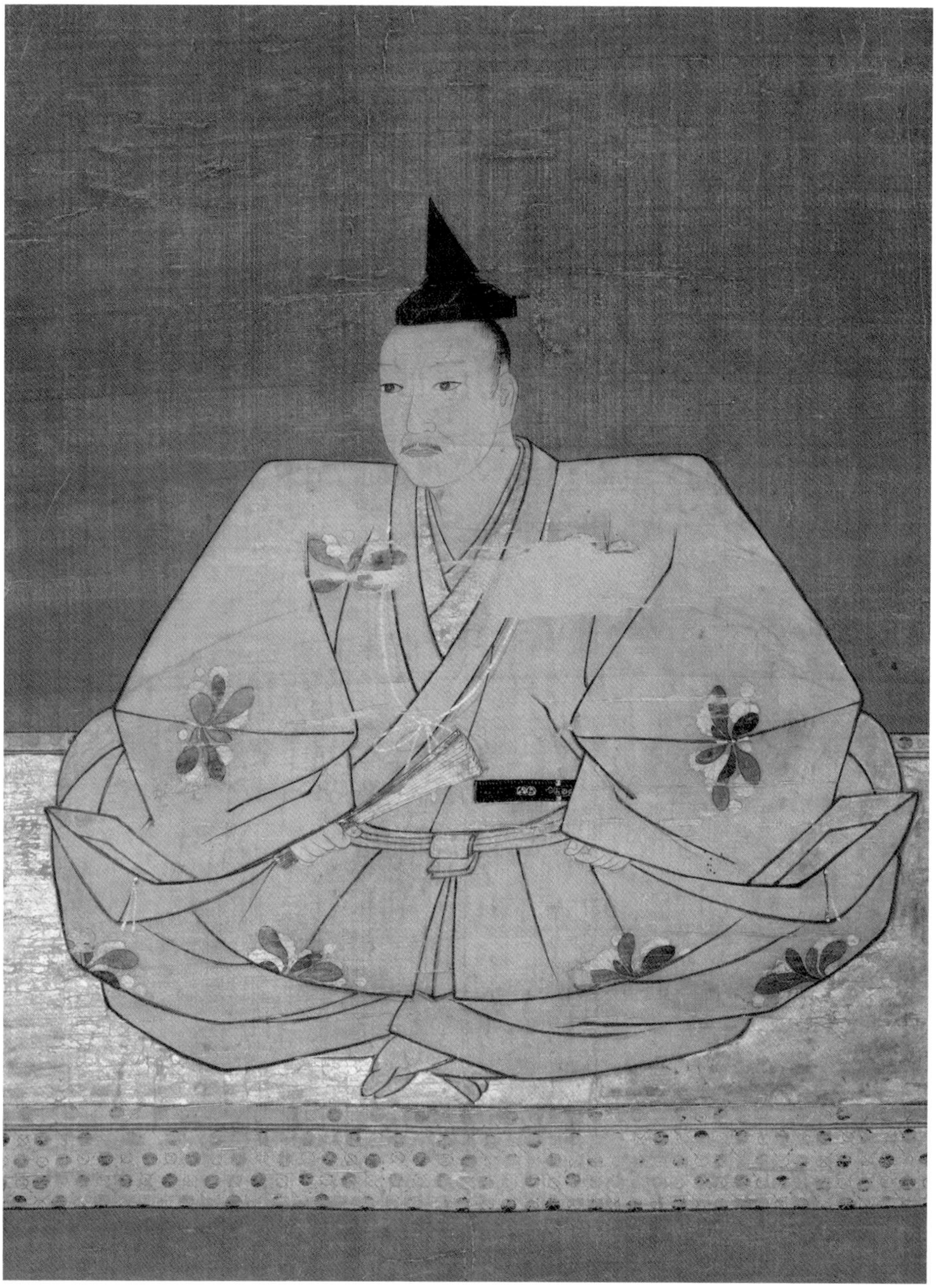

64 □北条時長像
戦国時代
宝泉寺

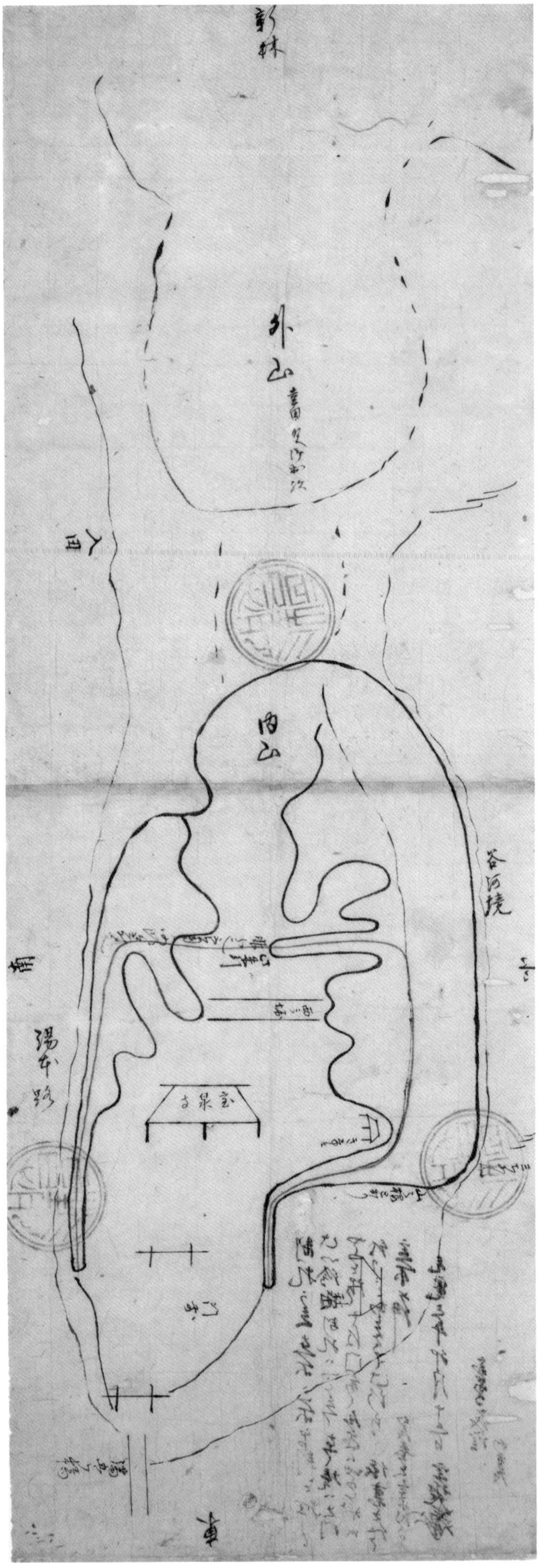

65
□宝泉寺寺領図
元亀三年（一五七二）
宝泉寺

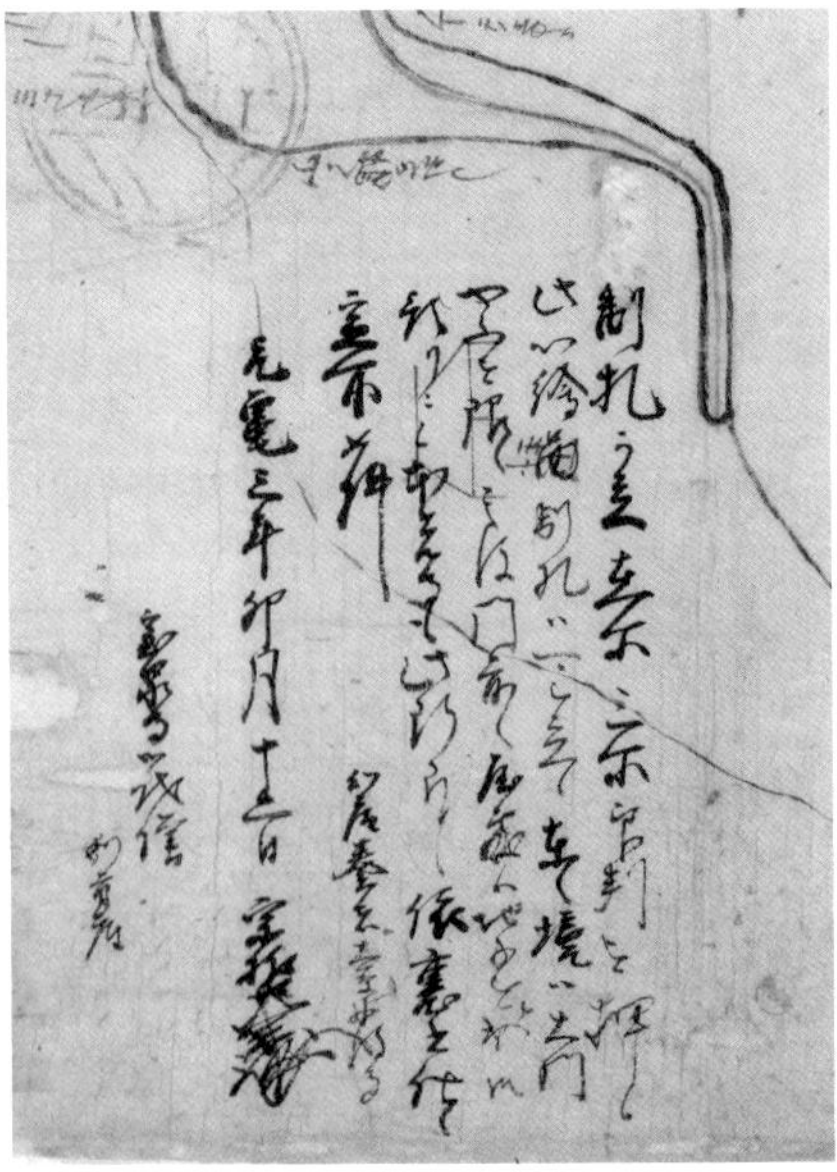

裏面詞書

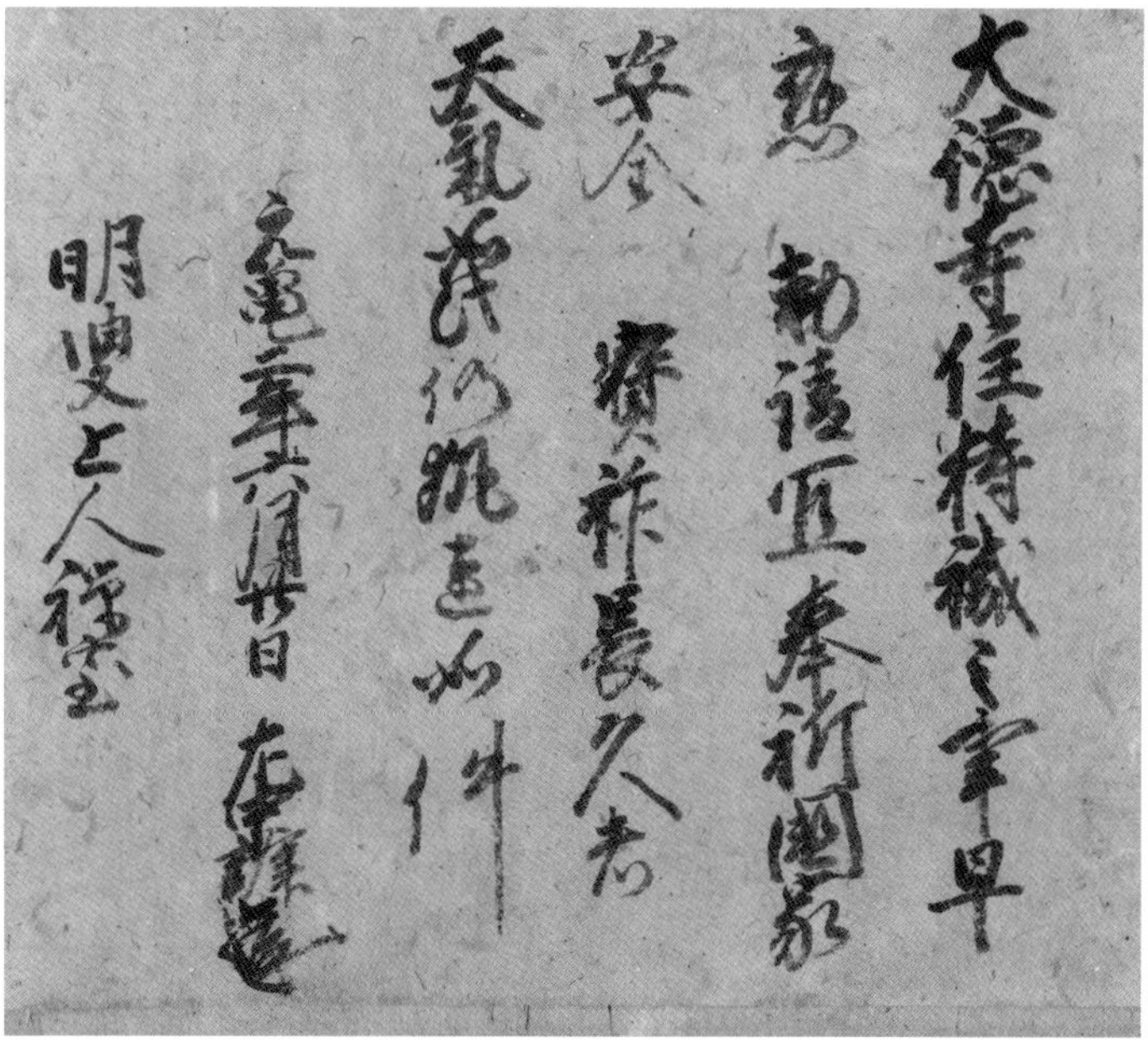

66 正親町天皇綸旨
元亀二年（一五七一）
廣徳寺

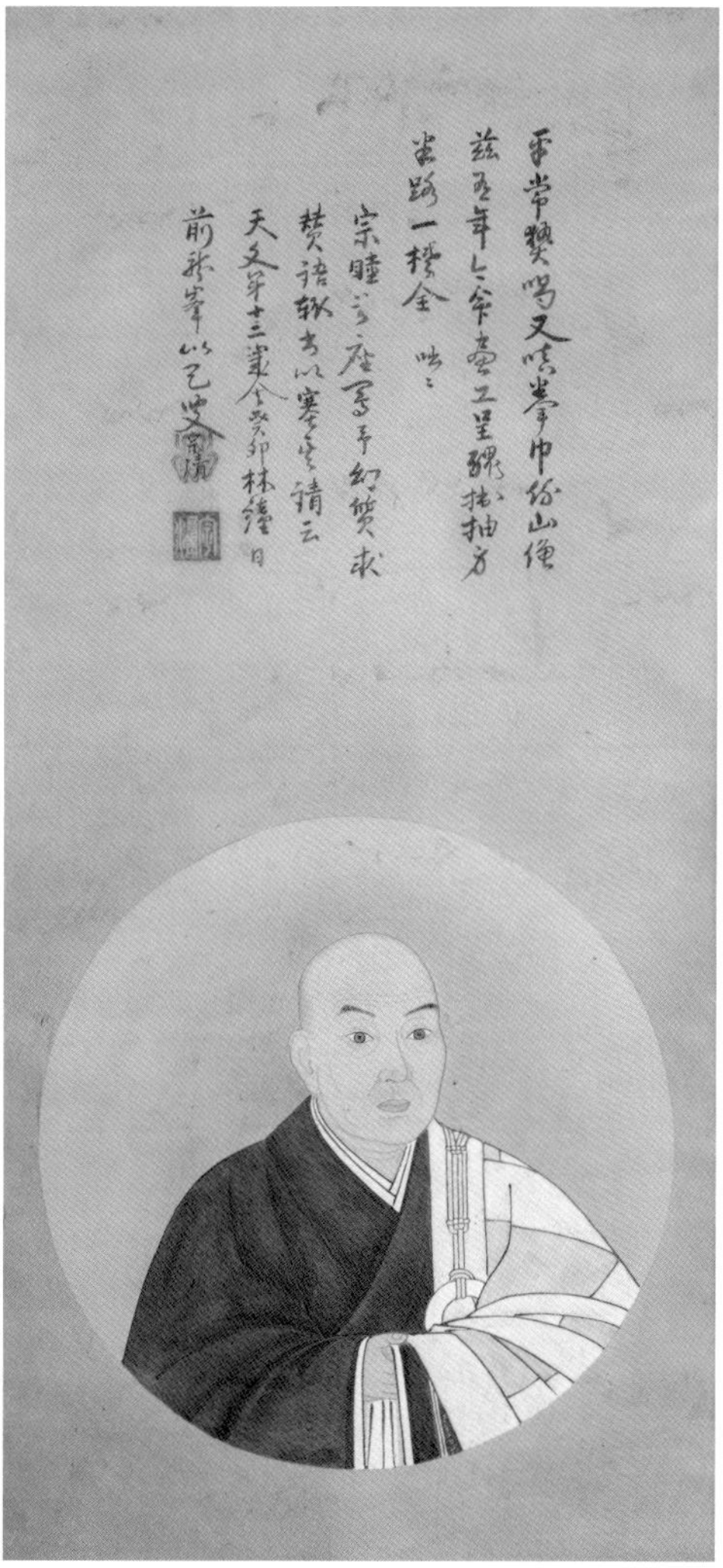

67 以天宗清像
天文一二年（一五四三）
廣徳寺

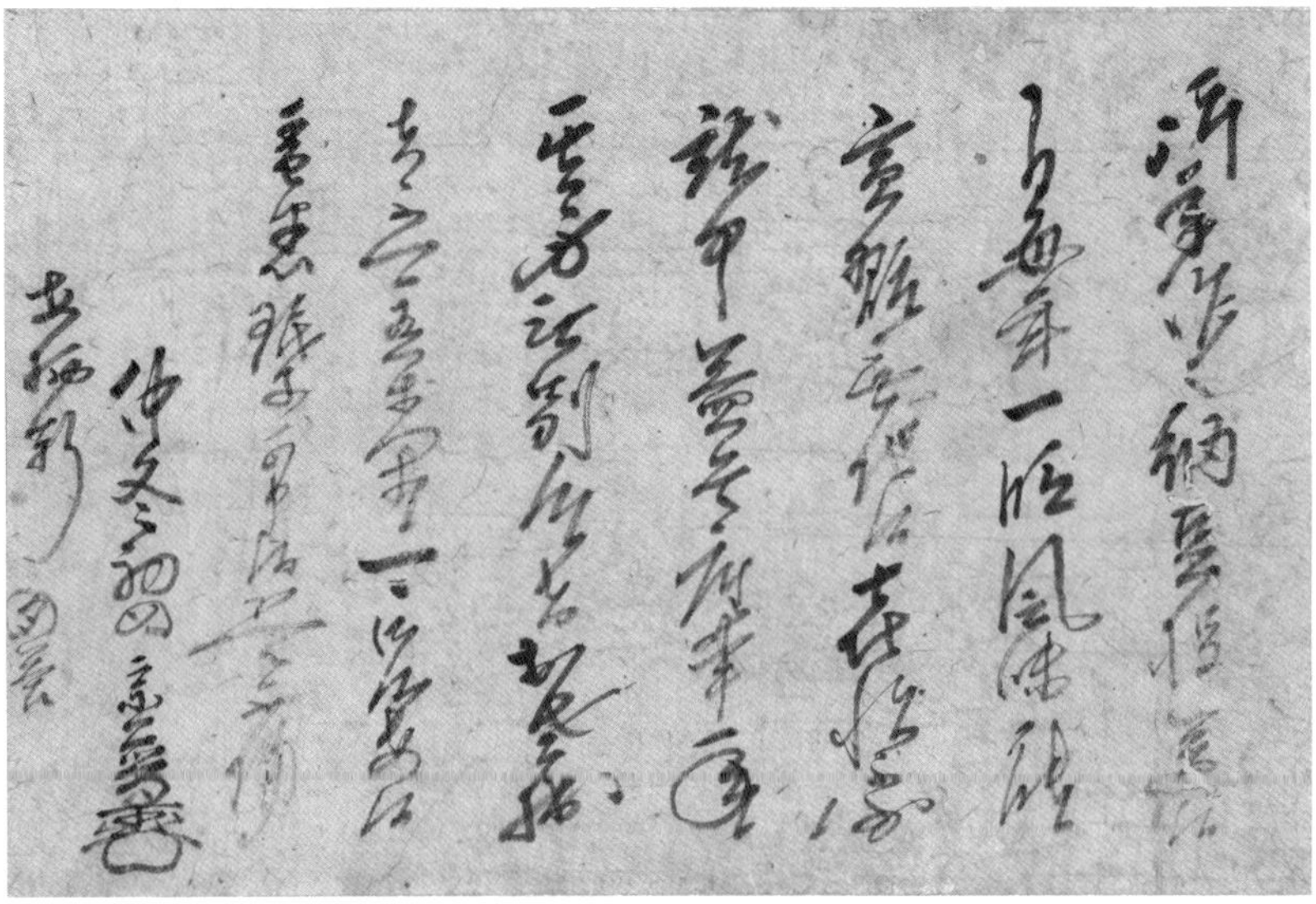

68 明叟宗普書状
戦国時代
廣徳寺

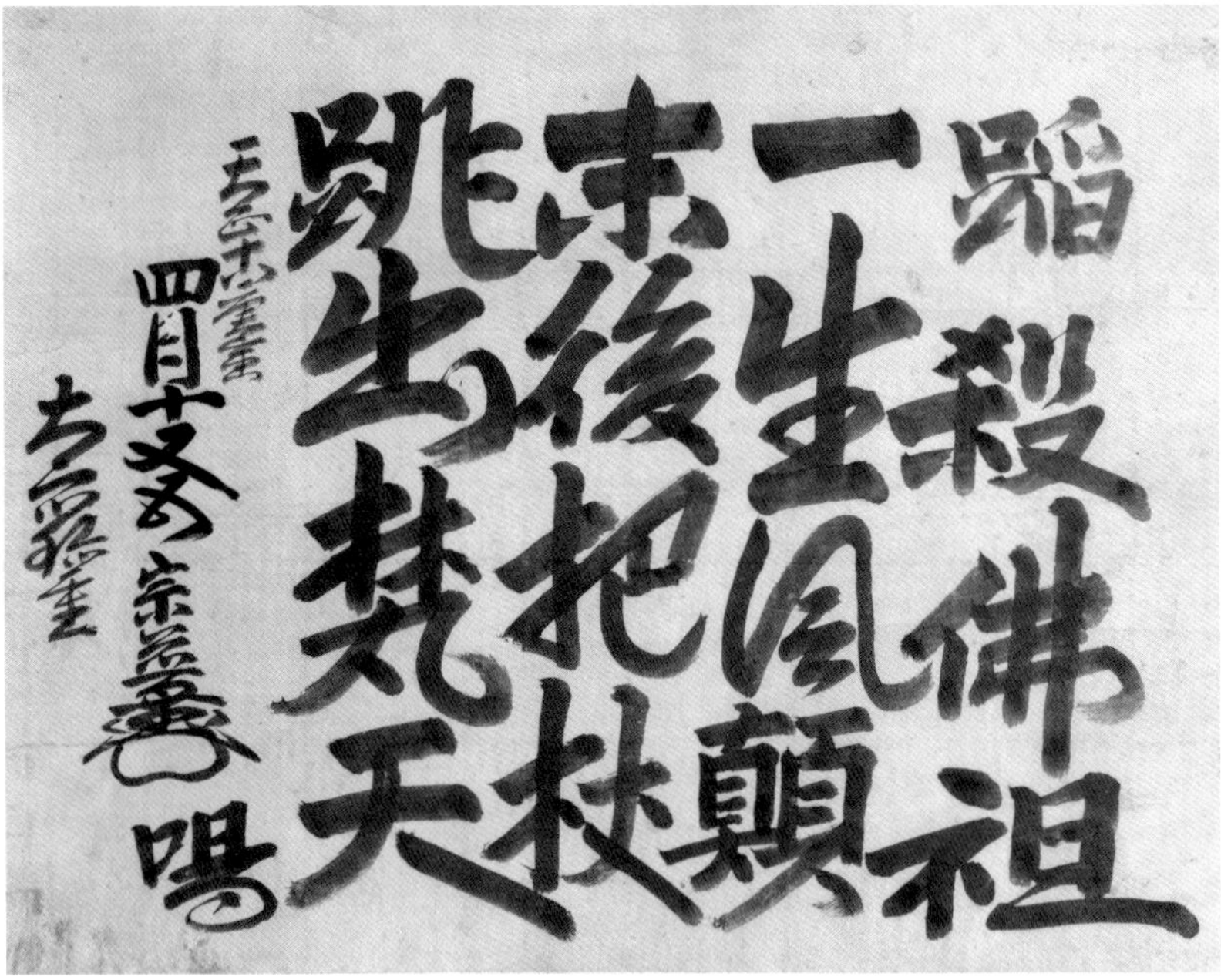

69 明叟宗普遺偈
天正一八年（一五九〇）
廣徳寺

トピック3

明叟宗普の生涯とその法嗣たち

渡邊 浩貴

明叟宗普の生涯

早雲寺五世住持の明叟宗普（一五一六～九〇）は、開山以天宗清、二世住持大室宗碩の法燈に属し、東国における関東龍泉派の教線拡大に貢献した寺僧である。彼の事蹟について、後世の近世編纂物では以下のように記録される。

諱ハ宗普、大室碩〈九十五〉ニ嗣グ、但馬ノ人、俗姓福富氏、元亀二辛未出世〈時ニ年五十六〉、早雲五世、江戸下谷圓満院廣徳寺師ヲ奉ジテ開祖トナス、後陽成帝特ニ真如廣照禅師ト賜フ、天正十八庚寅四月十五日示寂、世壽七十五頌ニ曰、踏殺佛祖、一生風顛、末後把杖、跳出梵天ト〈龍泉門下明叟派ノ祖〉、

（『龍寶山大徳禅寺世譜』 ※〈 〉は割注）

右の記述について、明叟を但馬国福富氏の出身と断定できるかは、史料的裏付けができず現時点では留保せざるを得ない。だが、その他については一次史料等から彼の事蹟を追うことが可能である。以下、明叟宗普の生涯について確認していきたい。

早雲寺の末寺・塔頭のなかで、明叟を開山とするものは大聖寺と栖徳寺、廣徳寺である。そのうち栖徳寺は、小田原久野に開かれた北条幻庵の母の菩提寺であり（北条幻庵の母は天文二三年（一五五四）没）、史料上の初見は永禄三年（一五六〇）の63北条家朱印状（本光寺文書）である。そこでは大室宗碩以後の本光寺住持の決定に加え、「万事栖徳寺可有意見」と栖徳寺を本光寺運営の後見的立場に定める。この栖徳寺は当時明叟宗普が住持に就いていたとみられ、大室宗碩の徒弟中で、明叟の立場が大きかったことも窺える。永禄一一年（一五六八）六月に早雲寺四世住持南岑宗菊が示寂すると、同年八月に明叟は五世住持に就く（51北条氏政判物（早雲寺文書））。また同年八月は、師大室宗碩の七回忌にあたる。明叟は同じく大室法嗣の梅隠宗香とともに遺像を制作し、着賛している（41大室宗碩像）。

早雲寺の住持職については、明叟以降は一年毎の輪番制となっていく。この理由について、先行研究は拡大した関東龍泉派内での派閥対立を想定するが、そのような事実を史料的に裏付けることはできず、むしろ、開山以天宗清以来、法燈を継ぐ徒弟等の増大を踏まえ、世代毎に順繰りに住持職としている以上の理由は見いだせない。ただ、徒弟衆の増大は事実であり、それぞれの法燈の系譜を詳らかにする必要があったのであろう。明叟は41大室宗碩像にて「前霊山嗣法的子明叟宗普稽首拝賛」と記し、大室の法嗣であることが明示している。

元亀二年（一五七一）、明叟は京都大徳寺住持職に任じられ同寺一一三世となる（66正親町天皇綸旨）。翌三年には「真如廣照禅師」の徽号を朝廷から賜わり、そのなかで「寺称栖徳、成浄刹之荘厳」と、彼が栖徳寺の開山であることも示される（「龍寶天寵録」）。明叟の大徳寺住持職の在任期間は一年だったようで、元亀三年正月「明叟宗普道号頌」（昌福院文書）では弟子の喜庵宗慶に与えた道号頌に「前大徳寺明叟宗普書于栖徳退欄下」とあり、すでに住持職を退任し栖徳寺に住していたことが分かる。

大徳寺への出世、徽号勅書の下賜など、輝かしい経歴を持つ明叟に対し、戦国大名北条

氏もまた厚礼をもって遇した。大聖寺の住持職の選定等を明叟に任せた元亀三年九月の**50北条氏政判物**（早雲寺文書）ではそのことが如実に反映される。また先行研究では明叟が、天正年間に十刹にも数えられる大徳寺派南宗寺（大阪府堺市）の四世住持にも就いたとされる。関東龍泉派を代表する禅僧として中央でも認識された可能性があろう。その後、天正一八年（一五九〇）の小田原合戦で豊臣秀吉に小田原城を包囲されるなか、明叟は遷化して遺偈を残している（**69明叟宗普遺偈**）。

参考　明叟宗普像（廣徳寺所蔵）

明叟派の法嗣とその活動

冒頭の『龍寶山大徳禅寺世譜』で「龍泉門下明叟派ノ祖」と記録されるほど、明叟には彼の法泉を汲む徒弟が多い。早雲寺住持だけでも、九世準叟宗範（大徳寺一二七世）・一一世希叟宗罕（大徳寺一三二世）・一二世泰翁宗安（大徳寺一三三世）・一三世聖伝宗知・一四世興叔宗知がおり、準叟の法嗣である一五世錐庵宗利・一六世護峰宗鎮までが明叟の法嗣で占められていた。廣徳寺（東京都練馬区）には、明叟が子弟に与えた道号頌が二幅残されており、一つは元亀三年に宗輝へ与えた道号「春渓」、もう一つは天正七年（一五七九）に宗章へ与えた道号「龍室」である。春渓宗輝の経歴は未詳だが、龍室宗章は慶長一四年（一六〇九）に大徳寺一五四世住持になっている。

明叟が輩出した法嗣たちは、関東龍泉派の教線拡大に寄与した。例えば早雲寺末寺の廣徳寺は、北条方の武将岩付城主太田氏資の菩提寺として建立され、その由緒について「廣徳寺、武州江戸下谷、古来ハ相州小田原御城内ニアリ、太田十郎氏房公、武州岩付ノ城主、法名廣徳寺殿、功林勲公大禅定門、明叟和尚開基」「（貼紙）廣徳寺ノ旧跡、廣徳寺殿ト申ハ岩付源五郎殿ノ法名也、十郎殿ノ兄也、寺ハ十郎殿ノ建立」（早雲寺記録）と近世では語られ、明叟を開基とする。明叟の法嗣希叟宗罕は「相州ニ廣徳寺ヲ創ス」とあるため（『龍寶山大徳禅寺世譜』）、廣徳寺二世住持として実質的な建立に貢献したのであろう。

また平林寺（埼玉県新座市）は、もともと鎌倉建長寺の石室善玖を請じて、室町期に岩付（埼玉県さいたま市）に開かれた寺院であった。だが、戦国期に建長寺僧の安蔵主（のちの泰翁宗安）が、大徳寺派廣徳寺の明叟宗普に参じて「宗安」と名を改め（『龍寶山大徳禅寺世譜』）、平林寺住持に就いたため（『金鳳山住持譜』）、結果、同寺は大徳寺派へ転派することとなった。なお、泰翁は岩付太田氏一族の恒岡越前守弟であるため、一連の彼の動向は、北条方に属した岩付城主太田氏資の意向が反映されていたとも想定される。そして泰翁は、早雲寺一二世住持となり、天正一七年（一五八九）には大徳寺一三三世住持に出世している。

　廣徳寺の建立や平林寺の転派など、明叟宗普の法嗣による教線拡大は着実になされた。北条氏政・氏直期における早雲寺の発展、および関東龍泉派の隆盛は明叟派により担われていたと考えられよう。しかし、明叟の法泉を汲む一五世住持錐庵宗利・一六世護峰宗鎮（ともに準叟宗範の法嗣）の後は、住持の系譜は明叟と同じく大室宗碩の法嗣であった梅隠宗香の系譜に移り、一七世菊径宗存（大徳寺一六五世）が住持となる。菊径以後の近世早雲寺の住持は梅隠の法嗣が基本的に継承していく。

　梅隠は、自身の亡くなる直前の天正一七年（一五八九）の寿像（35梅隠宗香像）の賛文において、冒頭からわざわざ「續智燈」（「智燈」は大室を指す）と、自身が大室の法燈を継受したことを記す。まさに明叟派が関東で教線を拡大するなかでの、梅隠による自己法脈への認識があらわされているのだろう。その背景に、当時影響力を拡大した明叟派に対する意識を読み取るのは穿ち過ぎだろうか。

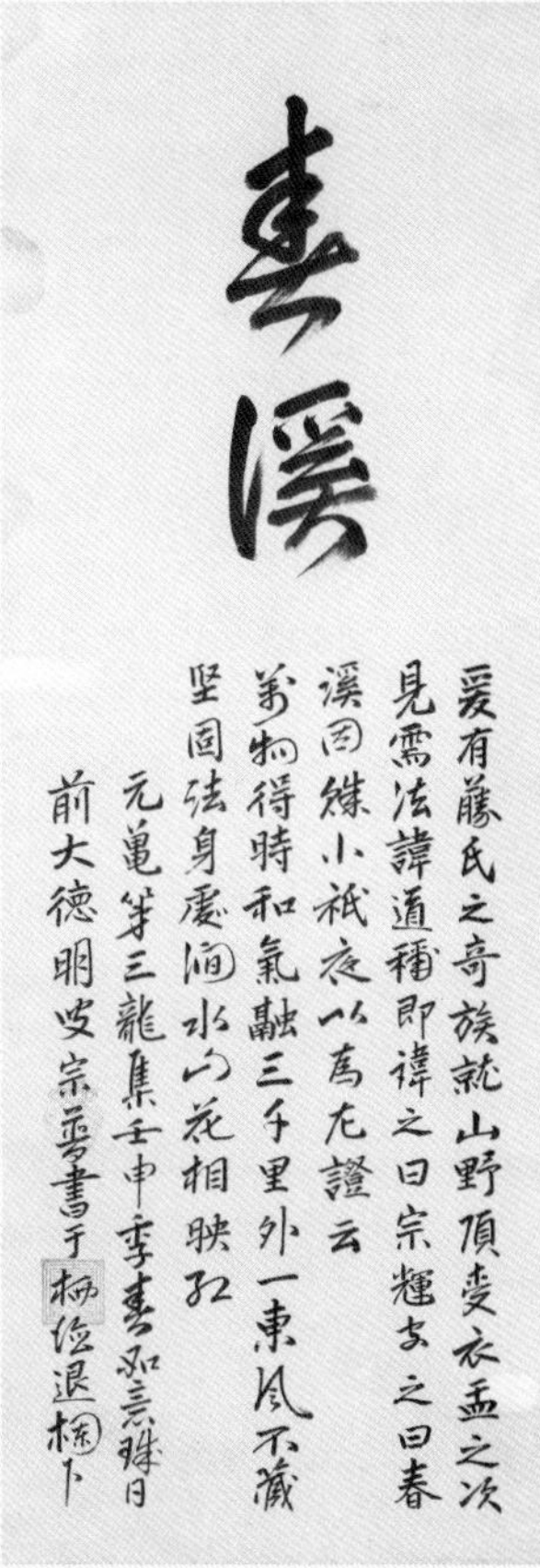

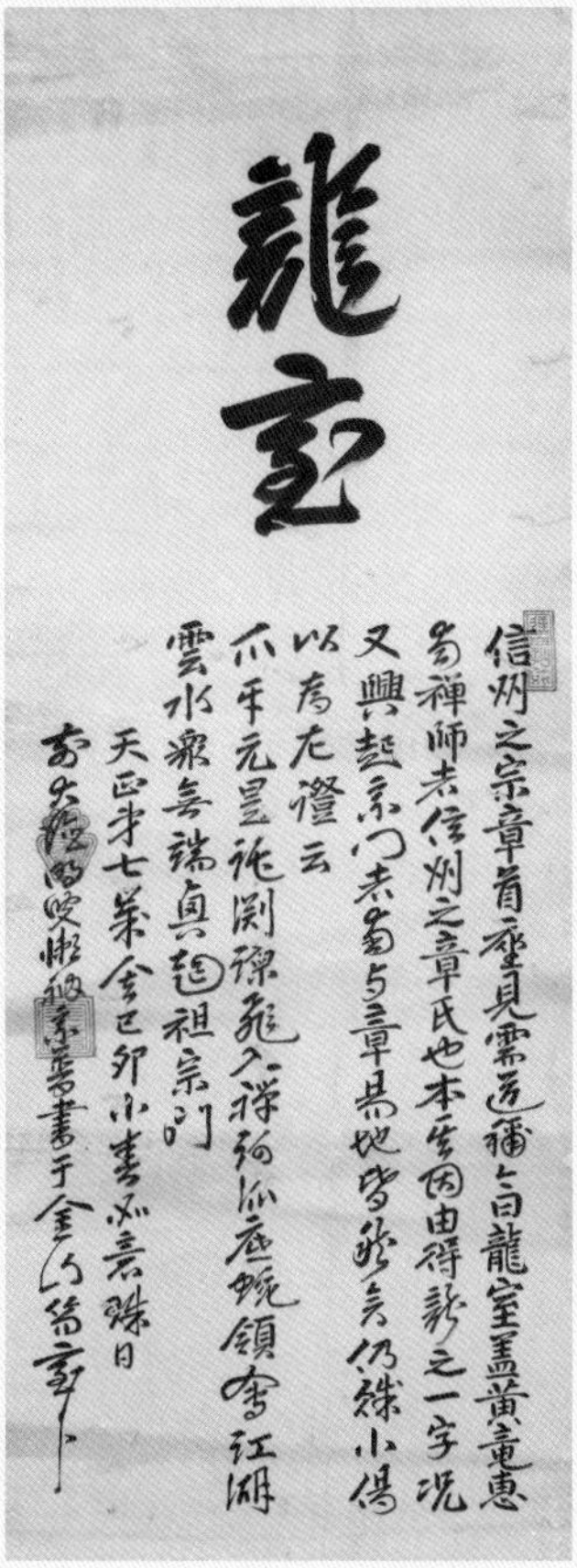

参考　明叟宗普道号頌　右「春渓」、左「龍室」（廣徳寺所蔵）

【参考文献】
・箱根町誌編纂委員会『箱根町誌』二、角川書店、一九七一年
・玉村竹二・葉貫磨哉『平林寺史』春秋社、一九八八年
・岩崎宗純「太田氏資菩提所広徳寺と開山明叟宗普」（『大田区史研究』二八、一九八八年）
・早雲寺史研究会『早雲寺』神奈川新聞社、一九九〇年

	末寺・塔頭名	開山	中興開山	開基
❶	宝泉寺	大室宗碩	菊径宗存	北条時長（幻庵子）
❷	廣徳寺	明叟宗普	希叟宗罕	太田源五郎（氏政子）
❸	種徳寺	大室宗碩	準叟宗範	北条為昌
❹	萬満寺	（真言宗）	謹甫宗頊	
❺	願修寺	（真言宗→建長寺末）	大岫宗初	瑞渓院殿（氏康妻）
❻	伝心庵	宝岳		南陽院殿？（宗瑞妻）
❼	昌福院		喜安宗慶 （大室宗碩弟子）	道海居士
❽	呑海庵	蓂隠	菊径宗存	
	浄光院	灯外宗伝	※正保年間創建	上原源左衛門
❾	鎖雲庵	花岳宗栄	※寛永 14 年創建	
❿	祐泉寺	梅隠宗香		北条氏信（幻庵子）
⓫	曹源寺	黙翁禅師（円覚寺派）		
⓬	龍泉寺			
⓭	鑑照庵	瑚雲珊公（建長寺派）	※寛文年間頃建立	
	東渓院			
	大隆寺	準叟宗範		小笠原貞慶
	法性寺			小笠原忠脩（法性寺殿）
⓮	正眼寺		菊径宗存	
	他派へ変わった末寺			
⓯	栖徳寺	明叟宗普	龍室宗章	北条幻庵母
⓰	育王寺			
⓱	温泉寺			
	小田原合戦で廃絶した塔頭・末寺			
	春松院	（以天宗清隠居所）		北条氏綱
	大聖院	明叟宗普		北条氏康
	黄梅院	万仭宗松		黄梅院殿（氏政妻）
	南陽院			南陽院殿（宗瑞妻）
	圓通院			北条氏堯（氏綱子）
	天用院	松裔宗佺		北条氏親（氏康子）
	三玄院			
	正覚院			
	栖泉庵			
	正眼寺			
	推枕軒	大室宗碩の寮舎		

五百羅漢
足柄
井細田
⓯ 京福寺（栖徳寺）
緑町
❻ 伝心庵
呑海寺（呑海庵）❽
昌福院 ❼
小田原IC
小田原
❺ 願修寺
小田原城
東京都
神奈川県
⓭ 鑑照寺（鑑照庵）
宝泉寺
❶❺
鎖雲寺（鎖雲庵）❾
早雲寺
⓮ 正眼寺
静岡県
祐泉寺 ❿
⓰
⓱
育王寺
温泉寺
⓬⓫
龍泉寺
曹源寺
●…現存する早雲寺の末寺・塔頭
●…他派に変わった早雲寺の末寺・塔頭

平林寺歴代住持墓所

平林寺（埼玉県新座市）

香林寺（小田原市）

法雲寺（大阪府堺市）

祥雲寺墓石（狭山藩二代藩主北条氏信）

祥雲寺（東京都渋谷区）

4章
小田原の政治と文化

本章では小田原文化を紹介していく。

文化とは権力そのものを表象する。二代当主北条氏綱によって定められた戦国大名北条氏の本拠地・小田原。そこには、京都から絵師や仏師・鍛冶師などの職能民が集い、京都の文化が移入されていった。当初、北条氏は関東公方足利氏の政治秩序を擬《なぞら》え、京都文化を纏《まと》いながら権威を確立していった。しかし、北条氏が既存の秩序を超え始めると、自身で文化規範を創出するようになる。文化の規範（コード）を模倣あるいは創出する営為から、どのような権力の姿が浮かび上がるのか。様々な資料から考えてみたい。

70 ○北条氏綱像
戦国時代
早雲寺

71 ○北条氏康像
戦国時代
早雲寺

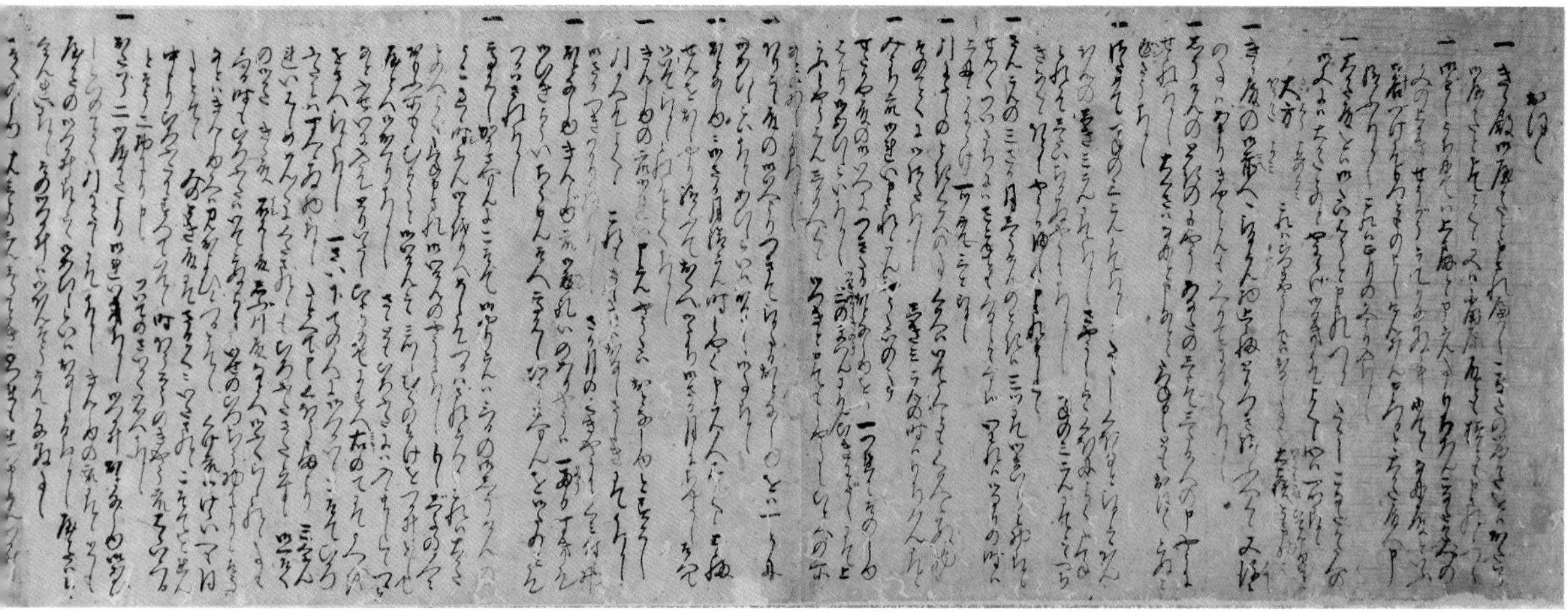

72
□北条幻庵覚書
永禄三年（一五六〇）カ
世田谷区立郷土資料館

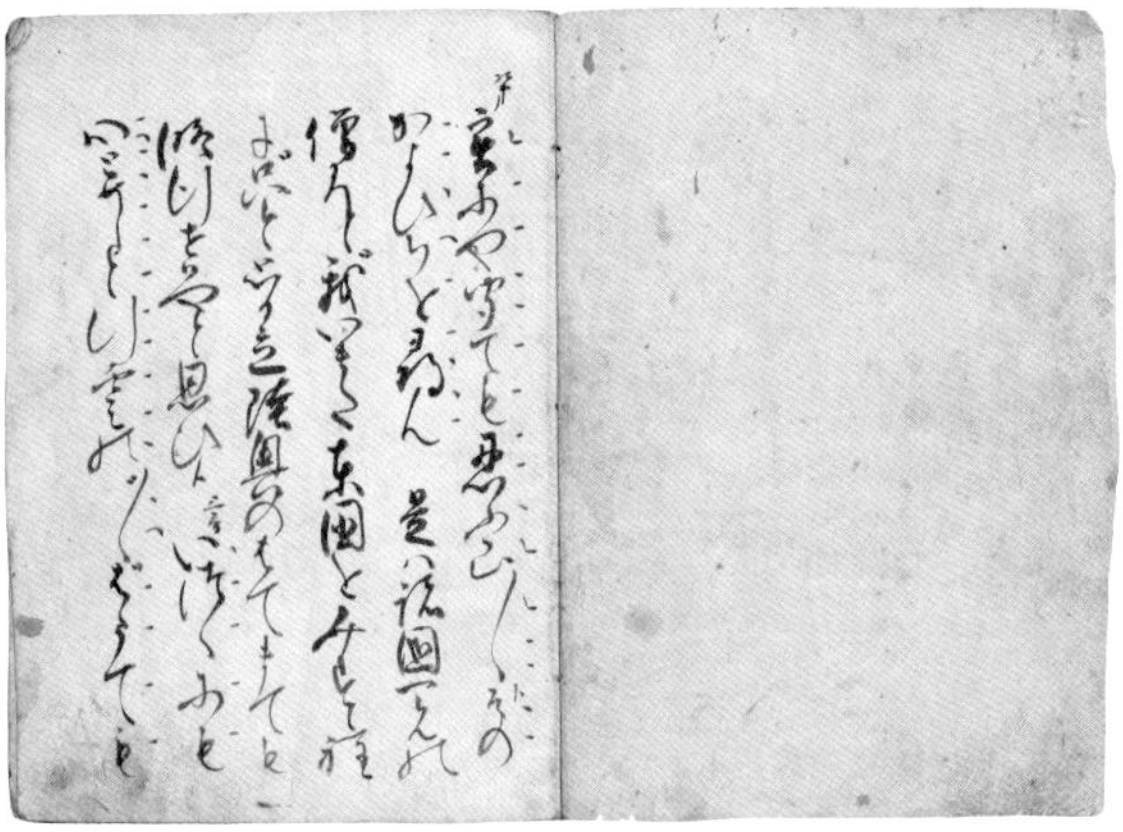

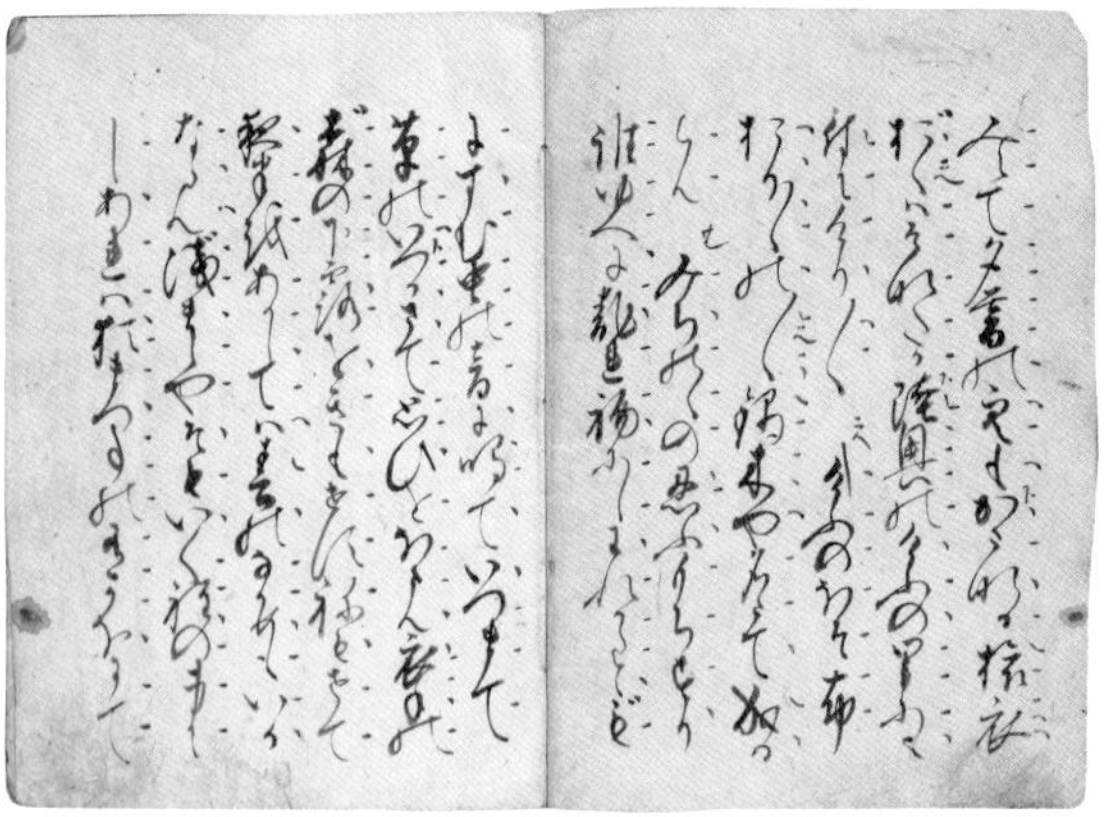

73
謡本「錦木」（伝北条氏直自筆）
戦国時代
神奈川県立歴史博物館

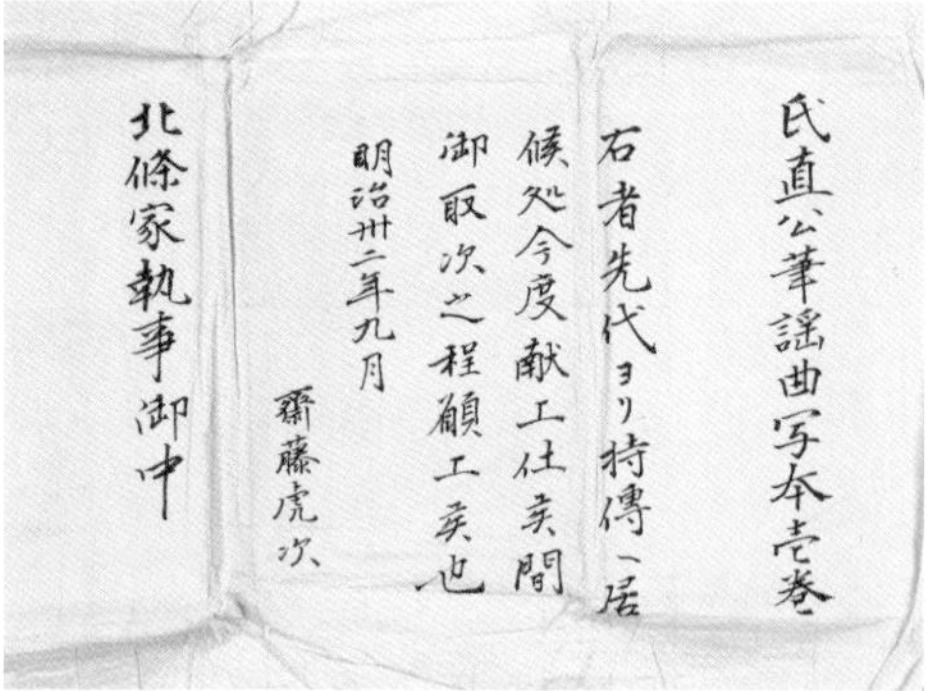

参考　包紙

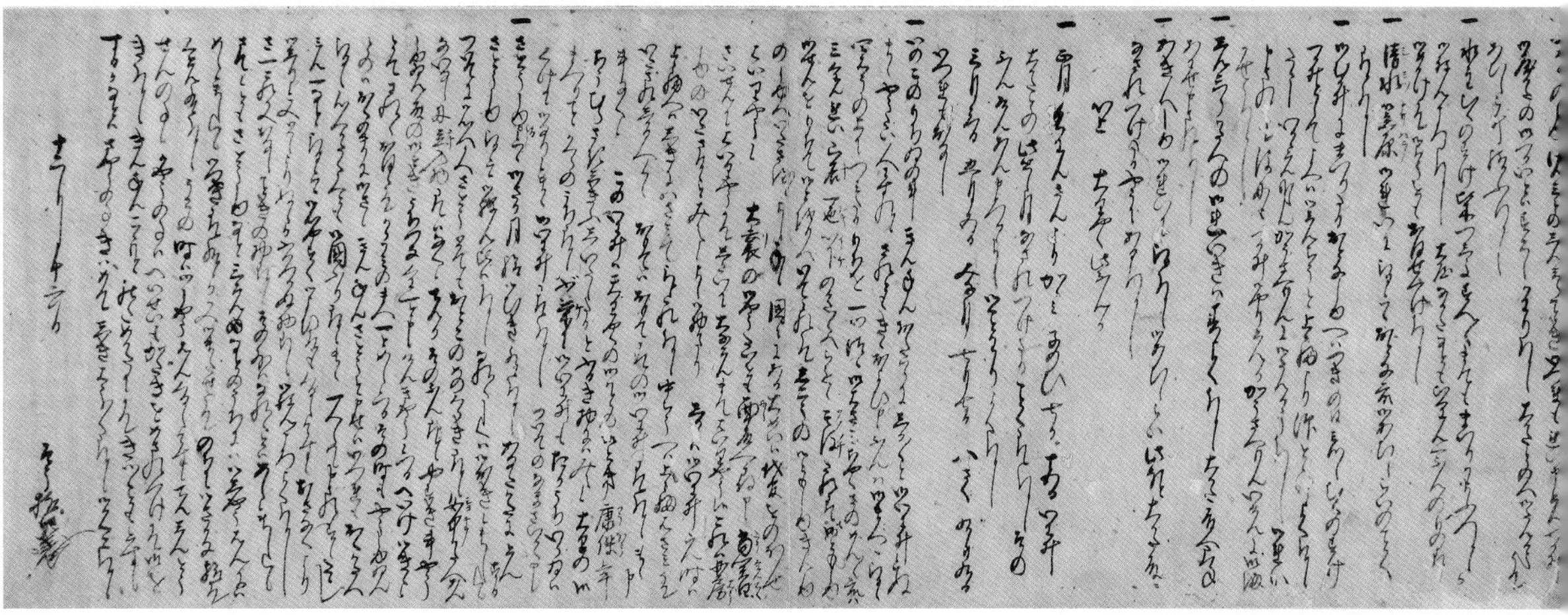

75
鉄黒漆塗四十八間筋兜鉢
戦国時代
神奈川県立歴史博物館

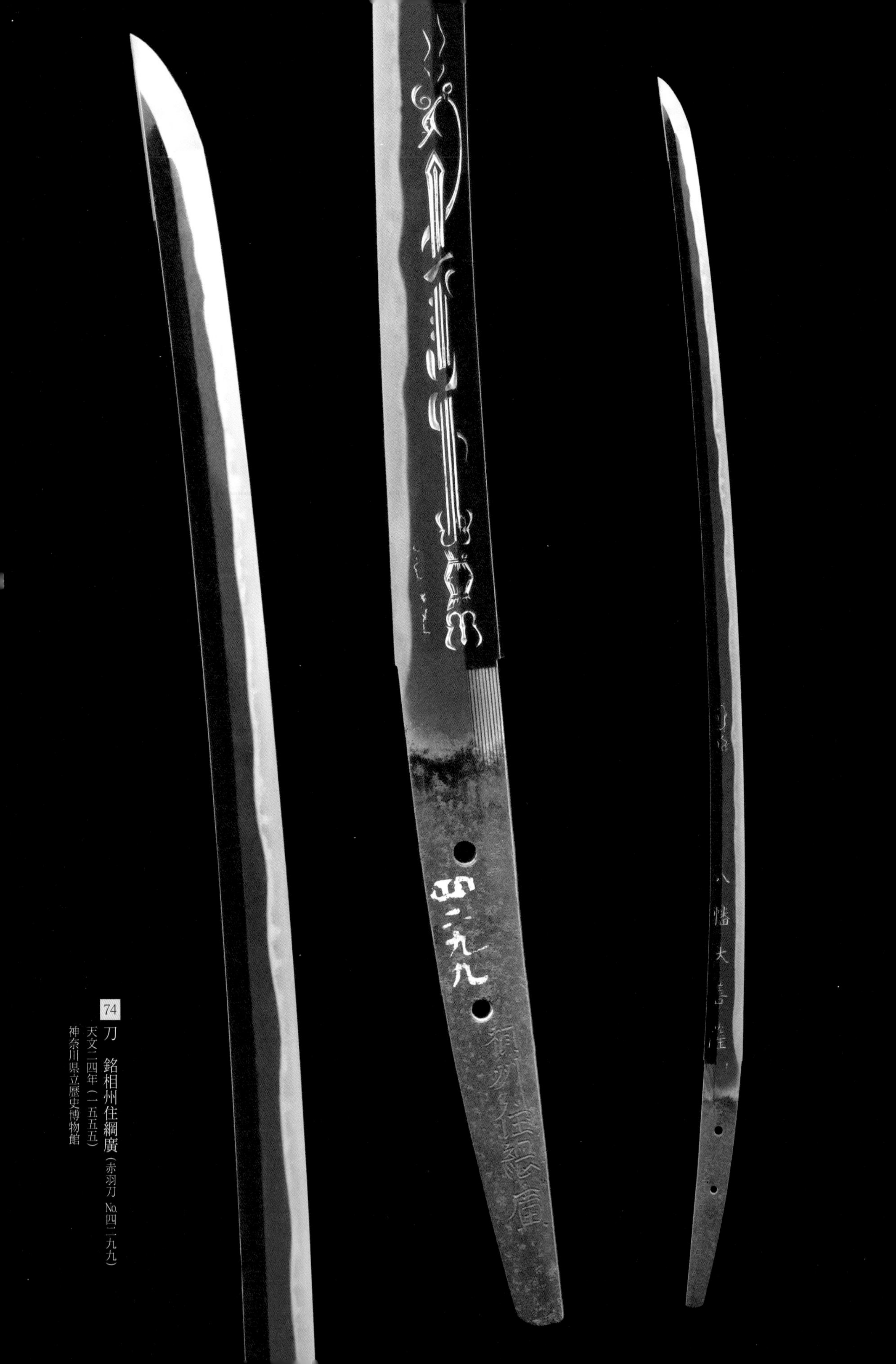

74
刀　銘相州住綱廣（赤羽刀 No.四二九九）
天文二四年（一五五五）
神奈川県立歴史博物館

取次・北条氏規の素養

戦国大名北条氏の外交において、主に西国方面の交渉窓口役を担った北条氏規。彼は徳川氏さらには豊臣政権との間で取次《とりつぎ》として、北条外交の重要な役割を果たした。

ときには内々に独自の裁量で進めなければならない交渉では、同盟破綻などの失敗は、取次としての自己の政治的立場の失脚にも直結しうる。そのため諧謔も解するような教養や、相手方の機微を汲み取るなどの外交感覚が必須であることは言うまでもない。徳川方との交渉を担った氏規も、そうした感覚を持ち合わせていたことを窺わせる史料が残されている。次の史料は「北条家文書」（当館所蔵）に収められる、九月二三日（天正一〇年（一五八二）頃か）に氏規が認《したた》めた書状である。宛所が欠損しているため、相手方は未詳ながら、書状内容から旧知の人物へ出されたものと分かる。氏規は相手に対し昔語りでも、と往事を懐かしみながら、

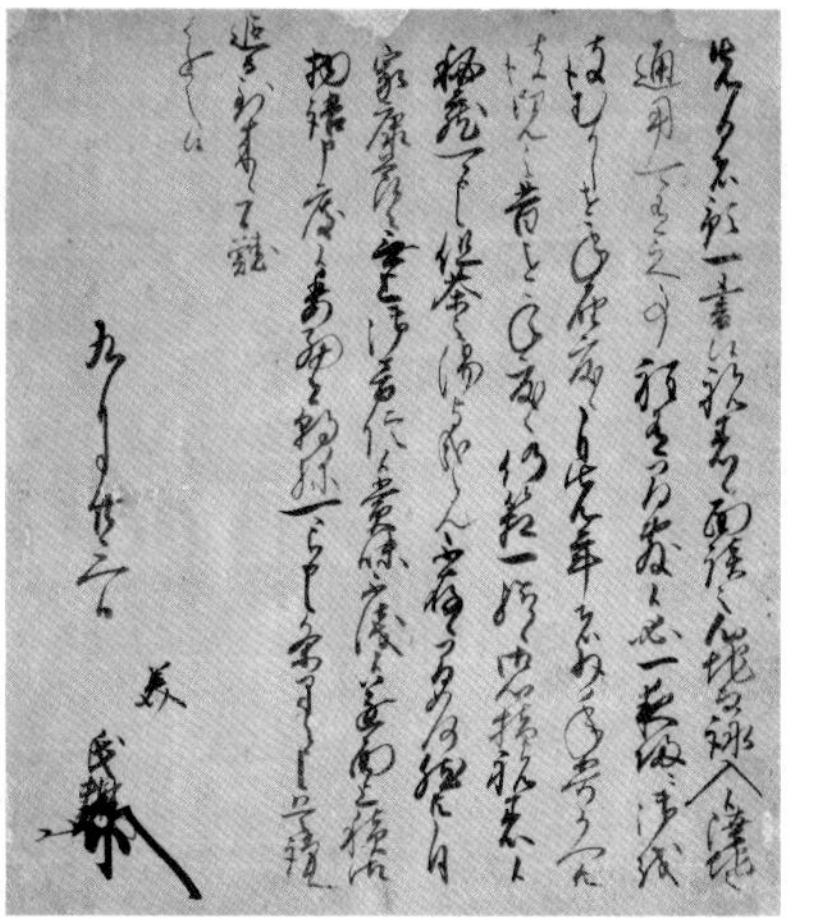

「北条氏規書状」（北条家文書）

仍箱一給候、御心指祝着候、秘蔵可申候、
但茶之湯与哉らん不存候間如何、然共自
家康節々無上御音信候、賞味不浅候、

と、贈答品「箱」が送られていたことが知られる。

この「箱」は一体なにか。氏規の書状には、自分は「茶之湯」を知らないと断りをいれつつ、しかしながら徳川家康から折々の贈答で「無上」というブランド茶の銘柄が送られてくること、そして自分がよく賞味していると述べる。となると、先の「茶之湯」を一般的な芸能としての「茶の湯」と解することはやや難しい。もし、もてなしとしての茶の湯そのものを氏規が理解していないのであれば、わざわざ宇治茶の銘柄を相手への返答で記す必要はないだろうし、「箱」や「秘蔵」の意味がとりづらくなる。

そもそも、氏規が主家と仰ぐ北条氏では、小田原を中心に喫茶文化が栄え、同地に千利休の高弟山上宗二が来訪したことは著名である。また、氏規が人質生活を送った駿河今川家においては、今川氏真・義元が茶湯の名物道具を所持し（『紹巴富士見道記』）、主君から家臣にいたるまで喫茶文化の盛況ぶりが目撃されている（『言継卿記』）。室町幕府相伴衆での在京経験を含め、取次役を担う氏規が、もてなしとしての茶の湯を理解しないとは考えにくい。

じつは戦国期の「茶の湯」の用例には、茶釜や茶道具一式を示す場合がある（『仙傳抄』『君台観左右帳記』）。再び文書に立ち戻り、書状内で氏規が述べる「茶之湯」を、何らかの茶道具であると仮定した場合どうだろうか。

「箱」とは何かの茶道具が納められて贈答された表現であって、それを貰った氏規は「秘蔵」という表現を用いる。名物を所持する場合などで「秘蔵」という用例が多く見られるため、おそらく名物道具が贈られたのだろう。そうした贈答に対し、氏規は、茶道具名物については知見がないと謙遜をしつつ、しかしながら自分は「無上」というブランド茶の味は

知っております、と応じる。ここに、わざわざ宇治茶の銘柄を書状内で記した理由も見えてこよう。そうした知見がないからこそ(それも氏規の謙遜であろうが)、名物の中身は「箱」としか表現されなかったのではないか。氏規は、相手方から贈られた名物道具に恐縮しつつ、そうしたものの良さを自分は知らないと謙遜し、一方で喫茶の経験から銘柄は分かりますと、自己の体面を保つ。

本史料は徳川家康の家臣朝比奈泰勝が介在しているため、宛名の人物は家康方に滞在していたこととなろう。旧知の仲とはいえ、氏規の謙遜ぶりを踏まえるに、相手は茶の湯など京都文化により通暁した人物だったのではないだろうか。

茶道具の名物は、多くの戦国大名が欲した。それは、博多の豪商島井宗室に名物を無心し続けた豊後大友氏の事例を挙げるまでもなく、地域権力たる大名たちの垂涎の的であった。

本書状でいかほどのものが氏規へ贈られたか知るよしはない。だが、書状内で看取される、氏規の細やかな配慮、機微に聡い有様は、北条外交の一端を担う人物に相応しい態度ではなかろうか。

(渡邊浩貴)

【参考文献】

・鳥居和郎「北条家文書について」(『北条家資料目録(神奈川県立博物館人文部門資料目録(13))』神奈川県立博物館、一九九一年)
・黒田基樹「北条氏規文書の考察」(同『戦国大名領国の支配構造』岩田書院、一九九七年)
・丸島和洋『戦国大名の「外交」』講談社、二〇一三年
・米原正義『戦国武将と茶の湯』吉川弘文館、二〇一四年
・橋本素子『中世の喫茶文化』吉川弘文館、二〇一八年

76 小田原城跡出土品
戦国時代
小田原市教育委員会

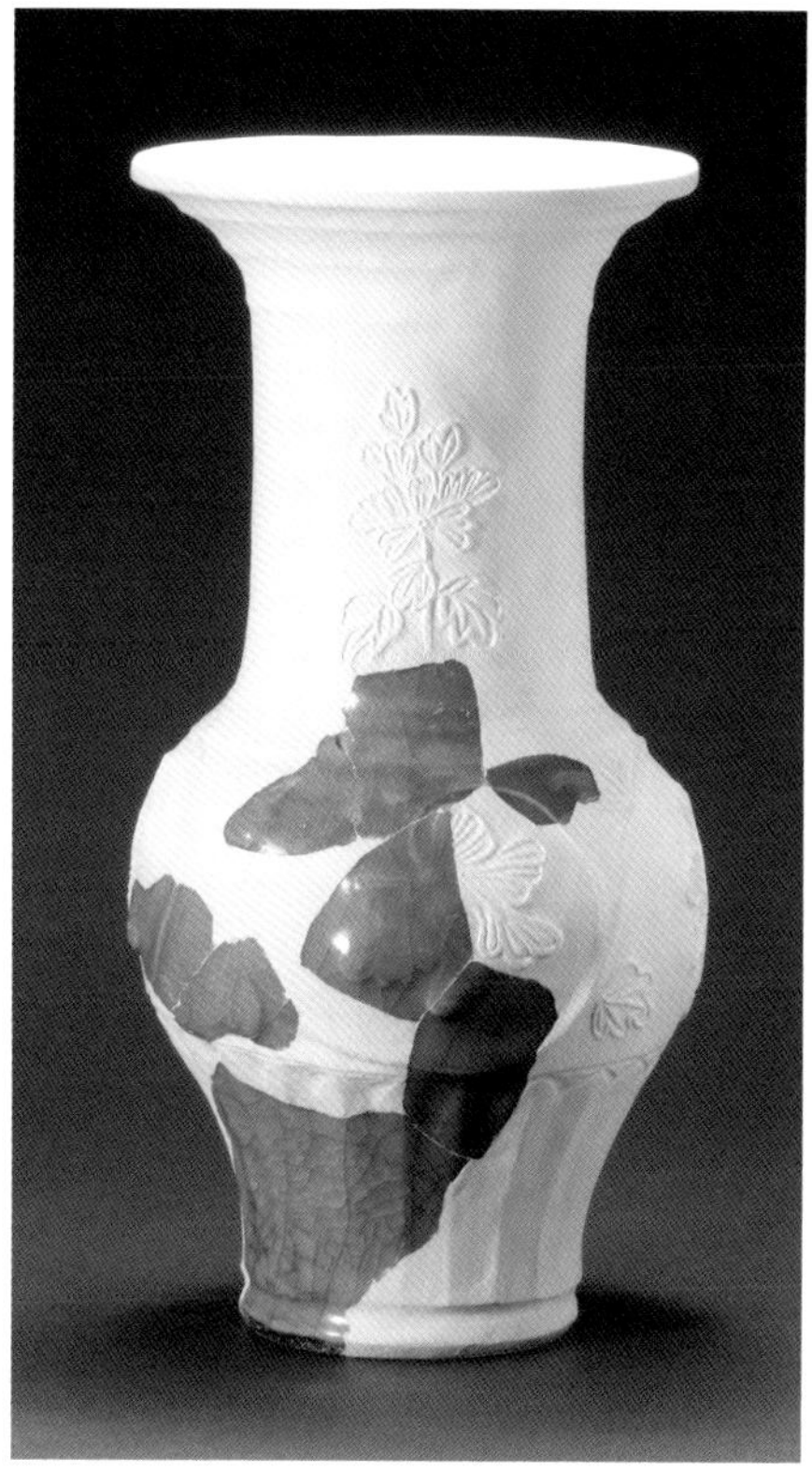

76-1 青磁浮牡丹壺（中国産）

表

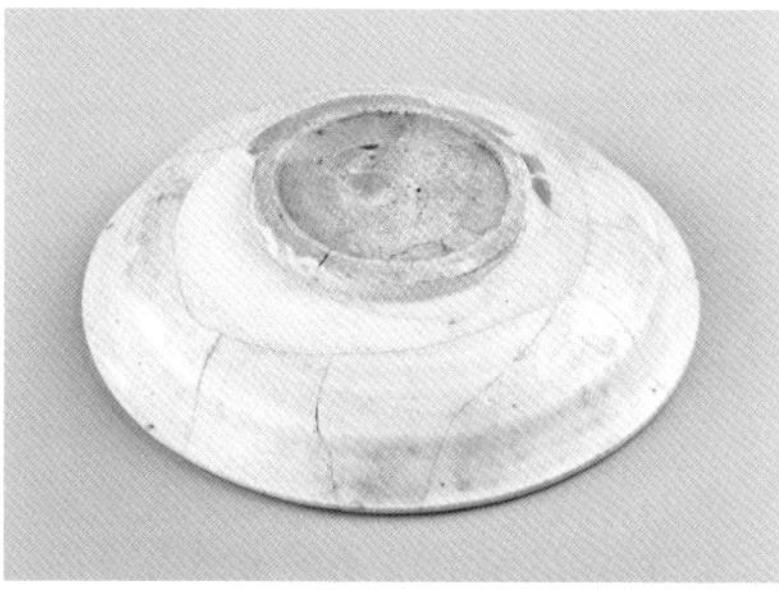

裏

76-3 白磁皿（中国福建省産）

76-2 白磁皿（中国産）

76-4 手づくねかわらけ（伊勢産）

76-5 ロクロかわらけ

76-6 手づくねかわらけ

76-7 金箔かわらけ

参考　かわらけ出土状況
（画像提供：小田原市教育委員会）

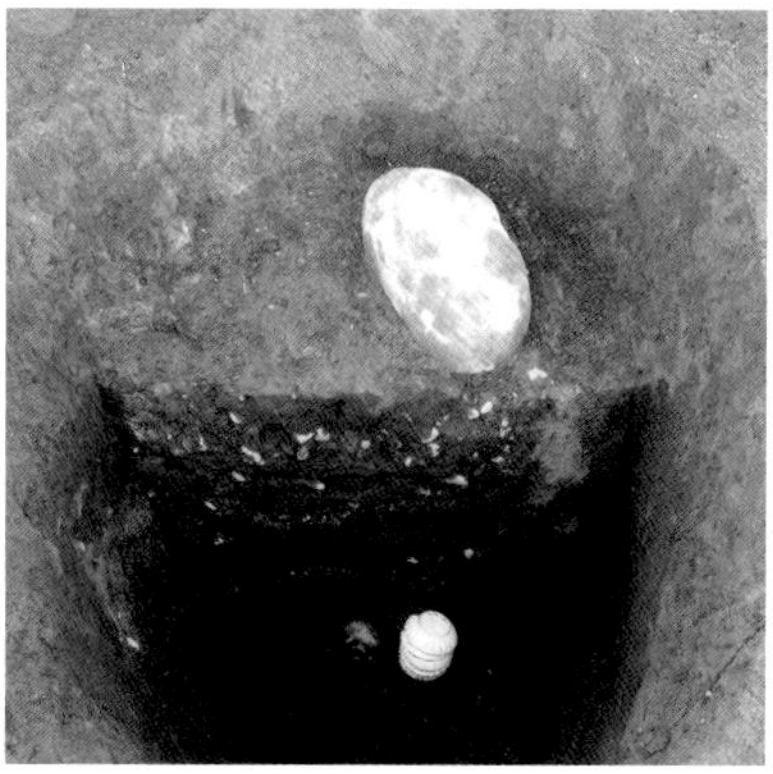

参考　日向屋敷跡第Ⅰ地点出土状況
（画像提供：小田原市教育委員会）

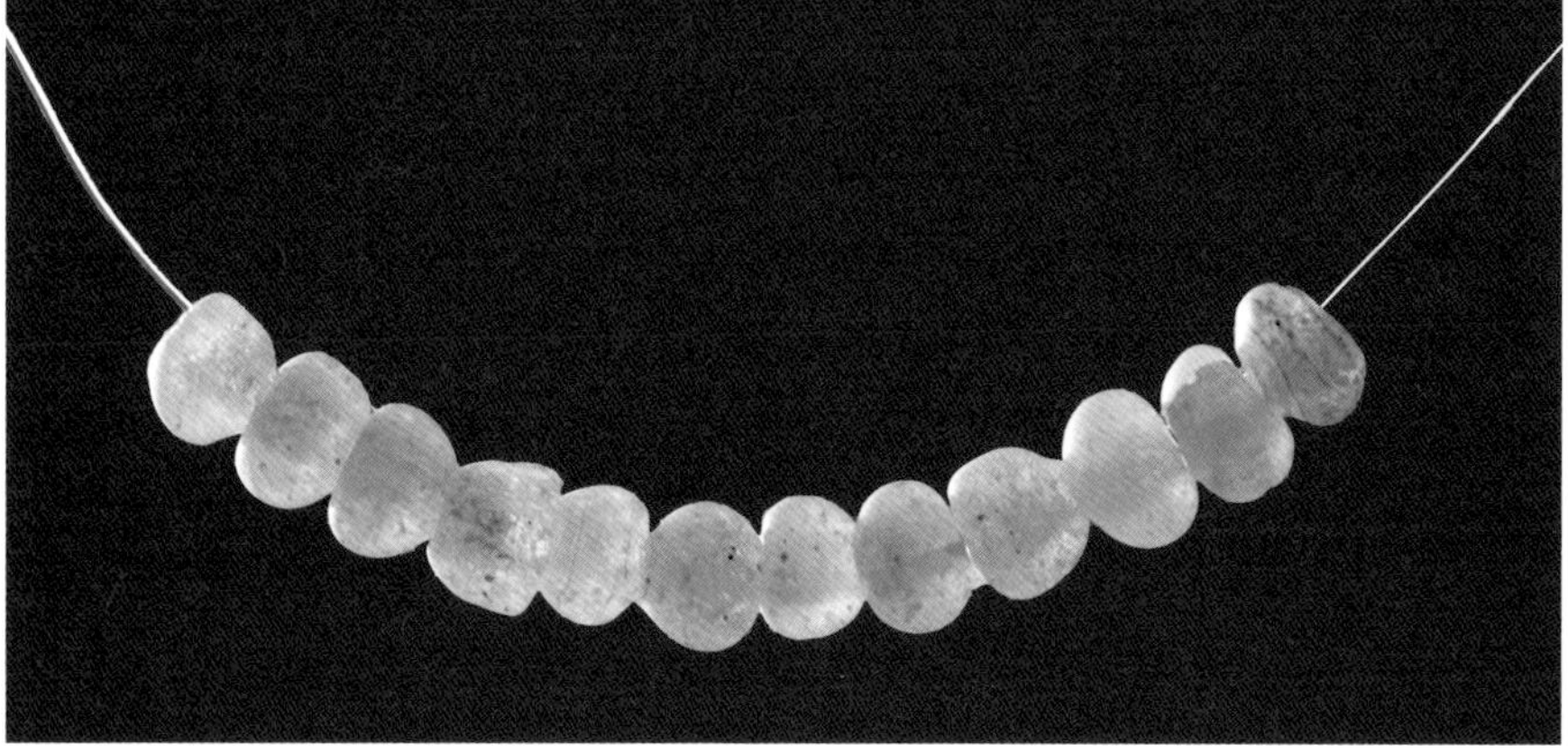

76-8　ガラス製小玉

76-9 水滴（瀬戸美濃産）

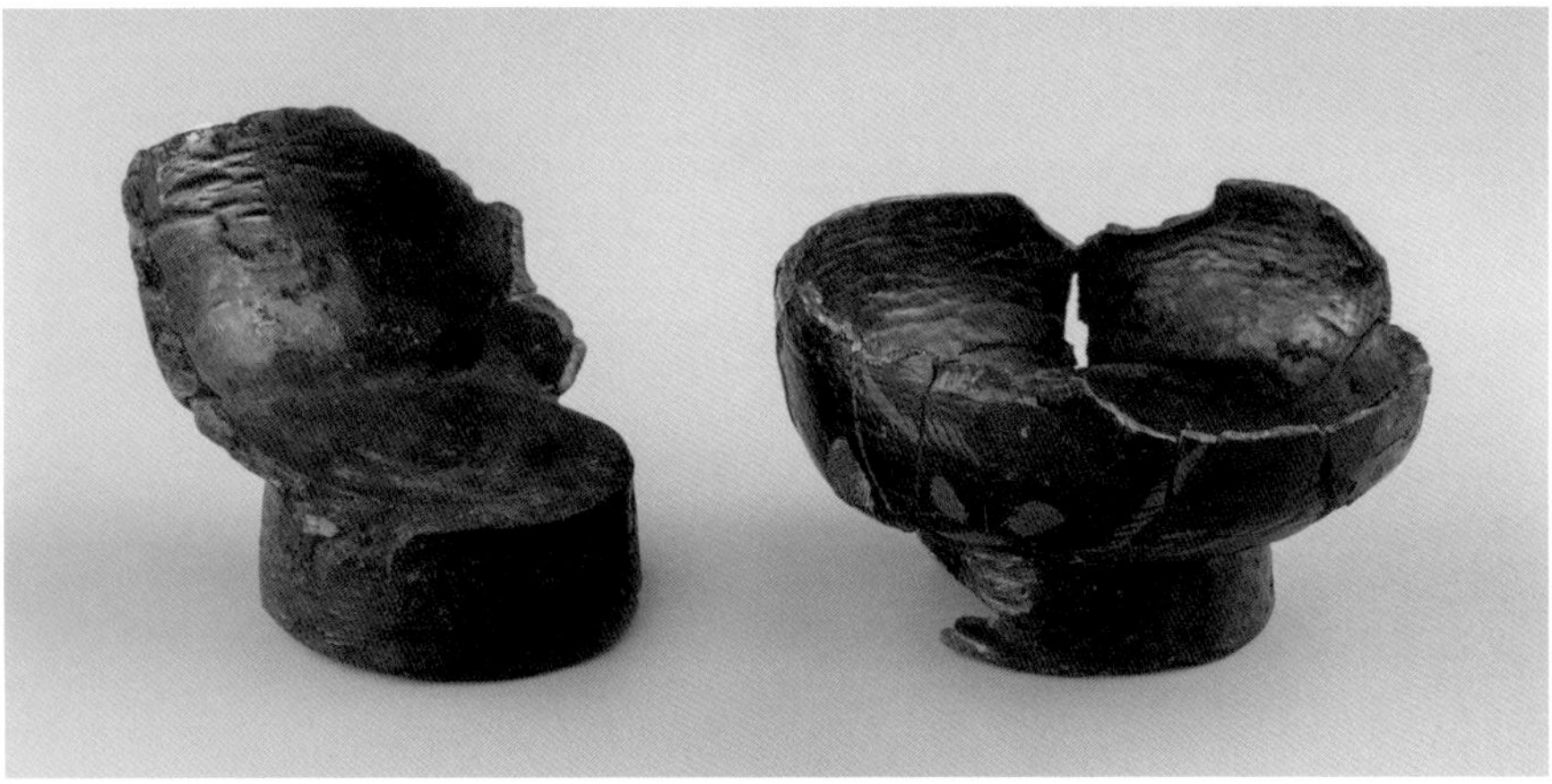

76-10 漆器椀

77 八王子城跡出土品
戦国時代
八王子市郷土資料館

77-1 金箔かわらけ

裏

表

裏

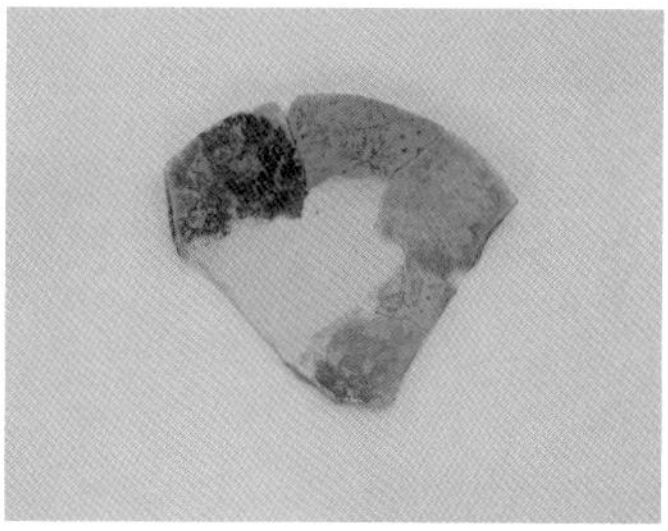
表

77-2 手づくねかわらけ

77-3 レースガラス瓶（ヴェネチア産）

参考　レースガラス瓶（レプリカ）

77-4 白磁皿（中国産）

77-5 五彩皿（中国産）

77-6 青磁香炉（中国産）

裏

表

77-7 青釉小皿（中国産）

77-8 茶臼

八王子城

四代当主北条氏政の弟にして、小田原北条氏の「御一家衆」であった北条氏照の居城

参考　八王子城跡御主殿虎口階段（画像提供：八王子市教育委員会）

参考　八王子城跡御主殿（画像提供：八王子市教育委員会）

5章

早雲寺の復興と宝物

戦国大名北条氏の栄華とともにあった早雲寺は、豊臣秀吉による小田原攻めの結果、北条氏と命運をともにし焼亡する。しかしながら、中興の菊径宗存や琢玄宗璋・説叟宗演ら住持たち、北条氏の系譜をひく近世狭山藩北条氏や玉縄北条氏たちの助力によって、早雲寺は再建され、宝物が再び集うようになっていく。寺宝のなかでも、とくに北条五代歴代画像の作成経緯と伝来過程に着目することで、近世早雲寺の復興と北条氏末裔たちとの関わりをとらえていきたい。

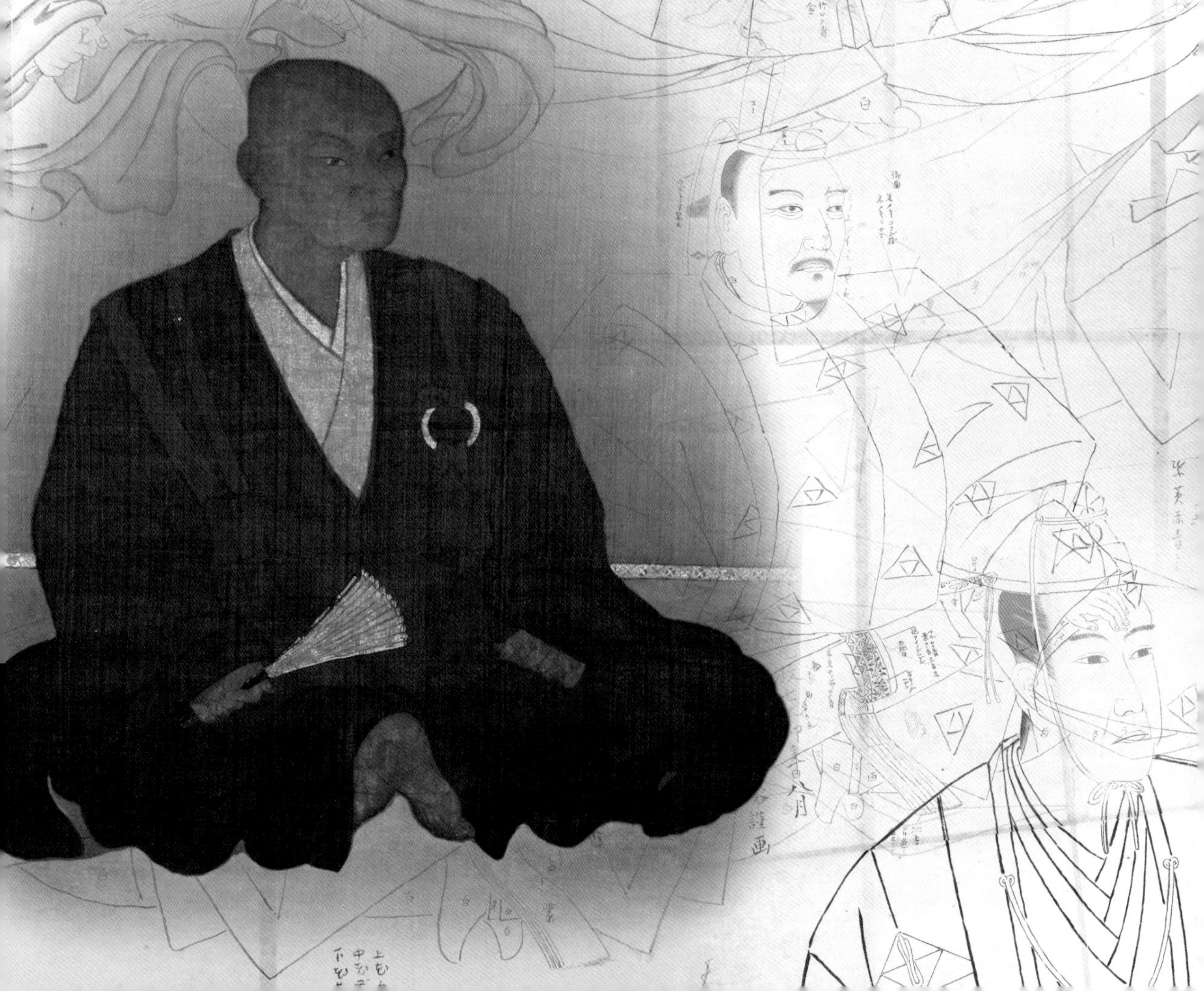

78
菊径宗存像
延宝三年（一六七五）
早雲寺

79
説叟宗演像
元禄四年（一六九一）
早雲寺

82 北条早雲像 土佐光起筆
寛文一〇年（一六七〇）頃
早雲寺

83
北条氏綱像　土佐光起筆
寛文一〇年（一六七〇）頃
早雲寺

84
北条氏康像　土佐光起筆
寛文一〇年（一六七〇）頃
早雲寺

80
北条氏政像 土佐光起筆
寛文一〇年（一六七〇）頃
早雲寺

81
北条氏直像 土佐光起筆
寛文一〇年（一六七〇）頃
早雲寺

85
北条早雲像
享和三年（一八〇三）
法雲寺

86
北条氏綱像
享和三年（一八〇三）
法雲寺

87
北条氏康像
享和三年（一八〇三）
法雲寺

88
北条氏政像
享和三年（一八〇三）
法雲寺

89
北条氏直像
享和三年（一八〇三）
法雲寺

90 北条早雲像下絵（北条家文書）
江戸時代
神奈川県立歴史博物館

91 北条氏康像下絵（北条家文書）
江戸時代
神奈川県立歴史博物館

92 北条氏政像下絵（北条家文書）
江戸時代
神奈川県立歴史博物館

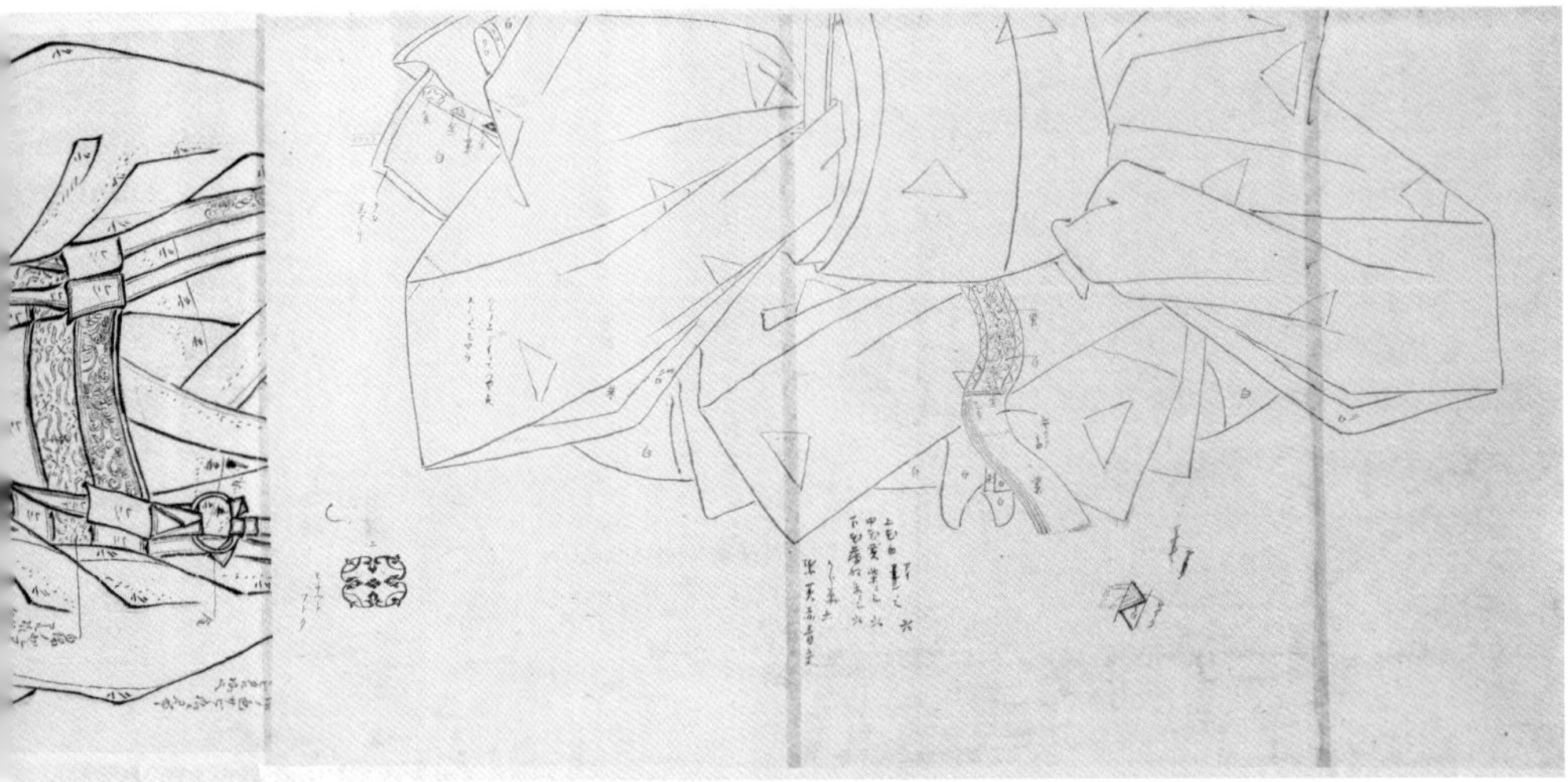

93 北条早雲・氏綱・氏直像下絵（北条家文書）
江戸時代
神奈川県立歴史博物館

96 北条先祖画像（北条家文書）
江戸時代
神奈川県立歴史博物館

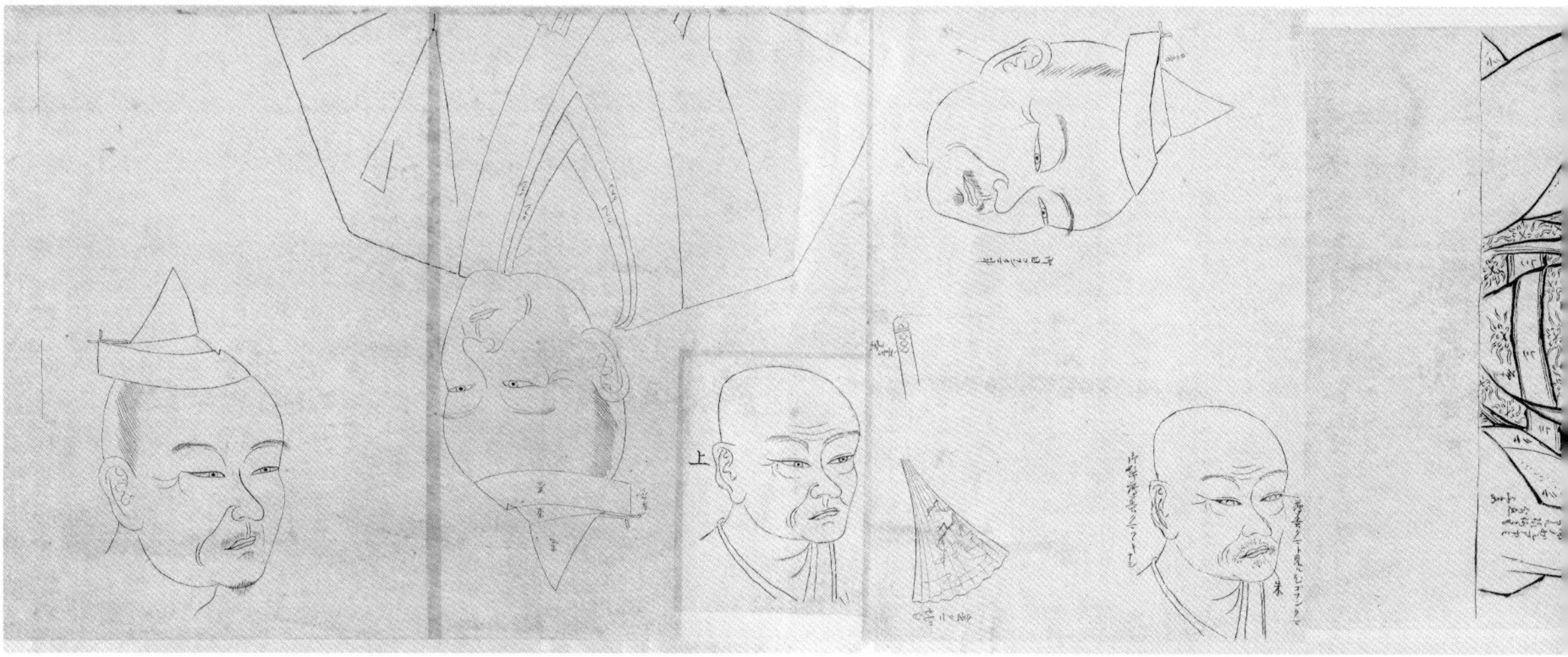

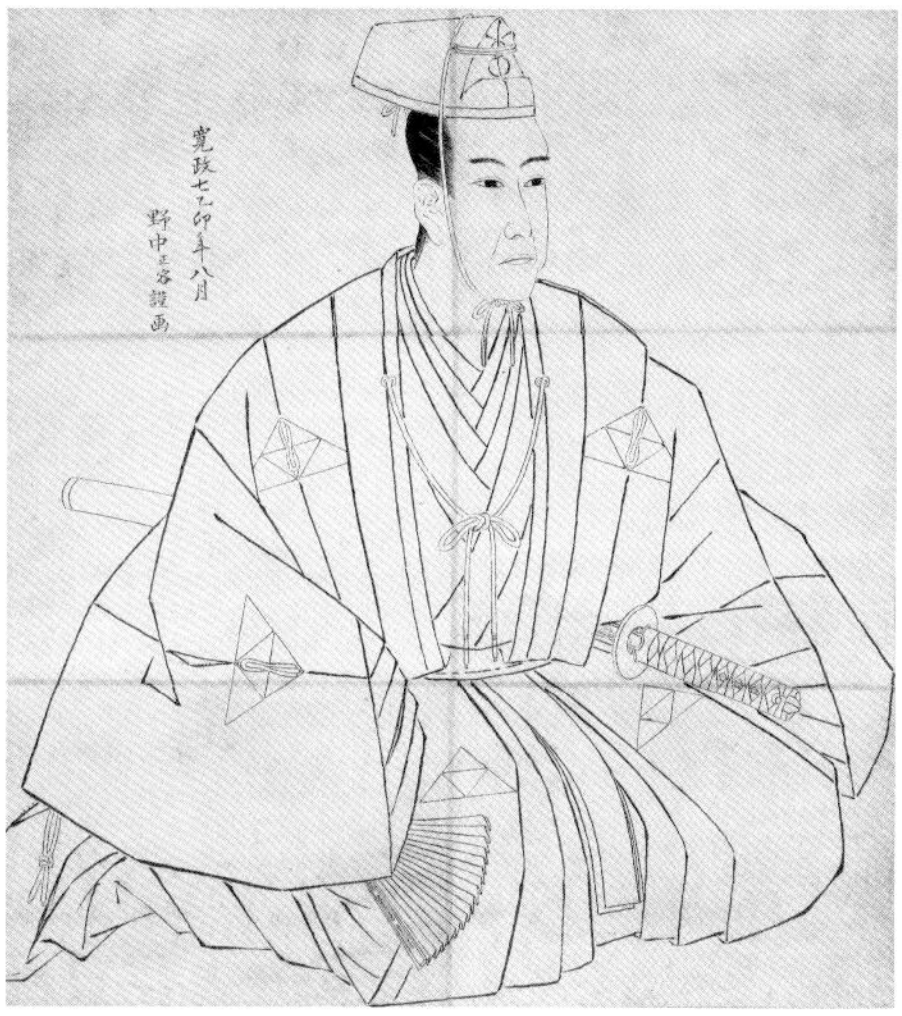

94
北条先祖画像下絵（北条家文書）
寛政七年（一七九五）
神奈川県立歴史博物館

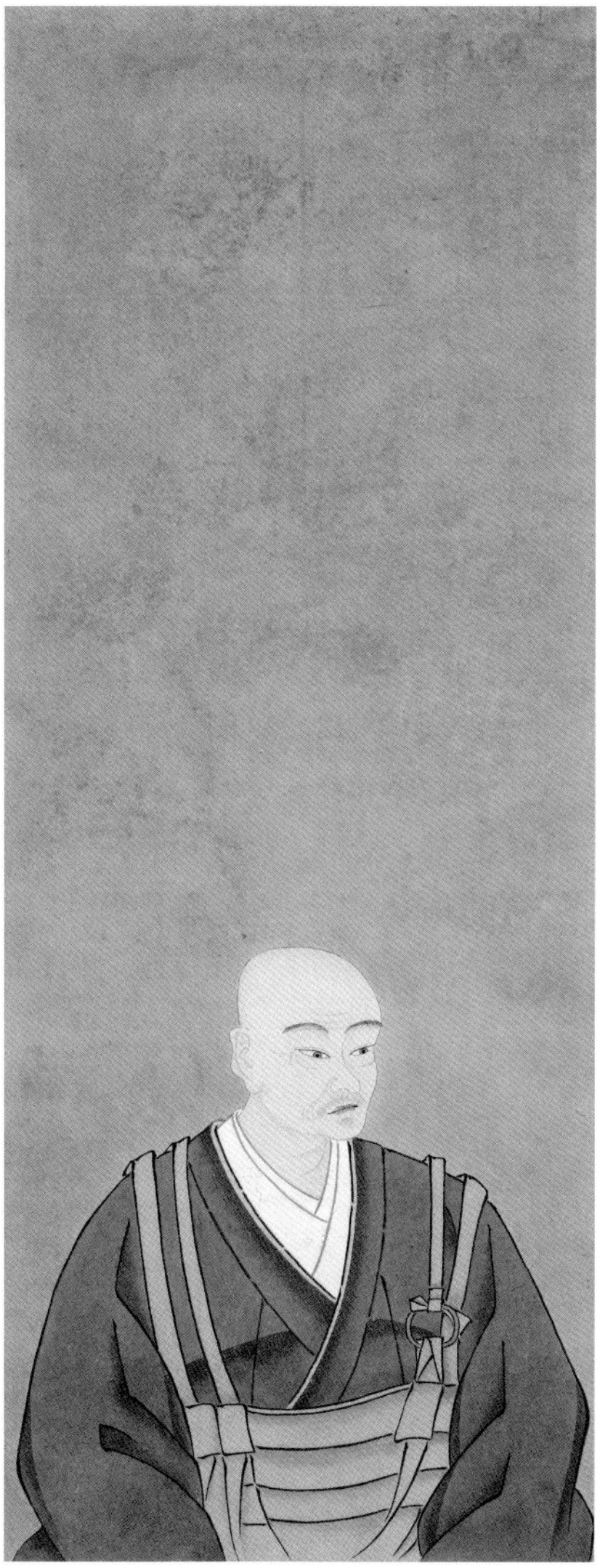

95
北条早雲半身像（北条家文書）
江戸時代
神奈川県立歴史博物館

97 折敷
寛文一二年（一六七二）
個人

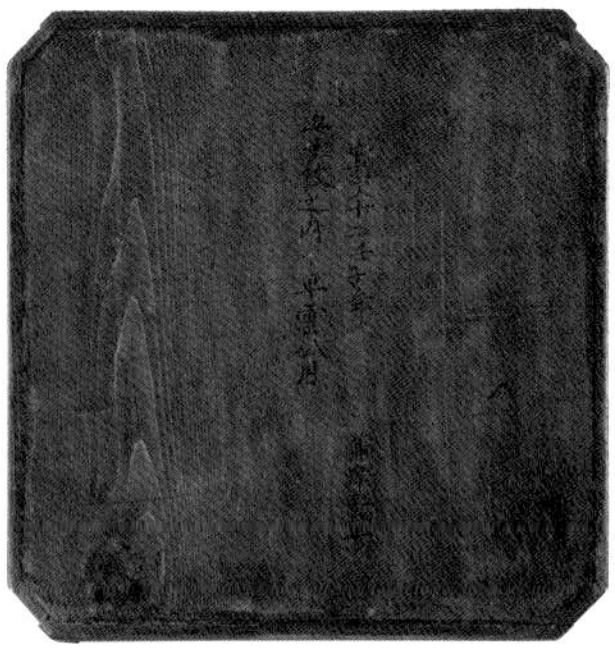

底裏銘

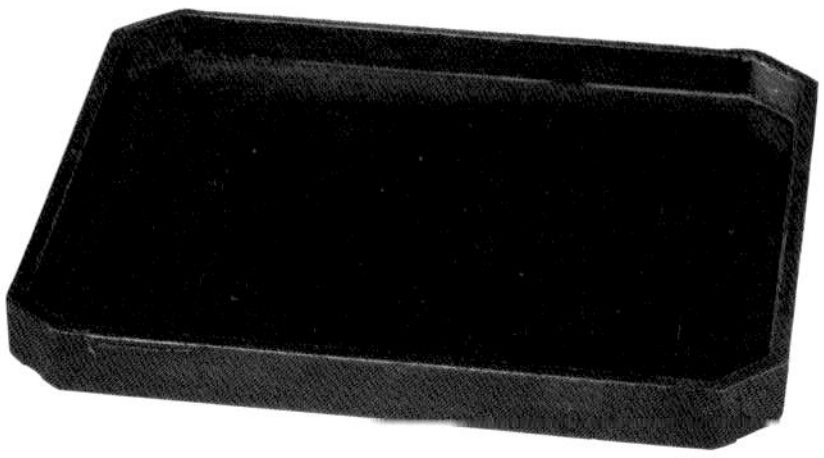

98 北条時政より鎌倉代々法名・位牌・墳墓之地書付（江馬家文書）
正徳五年（一七一五）
大阪狭山市教育委員会

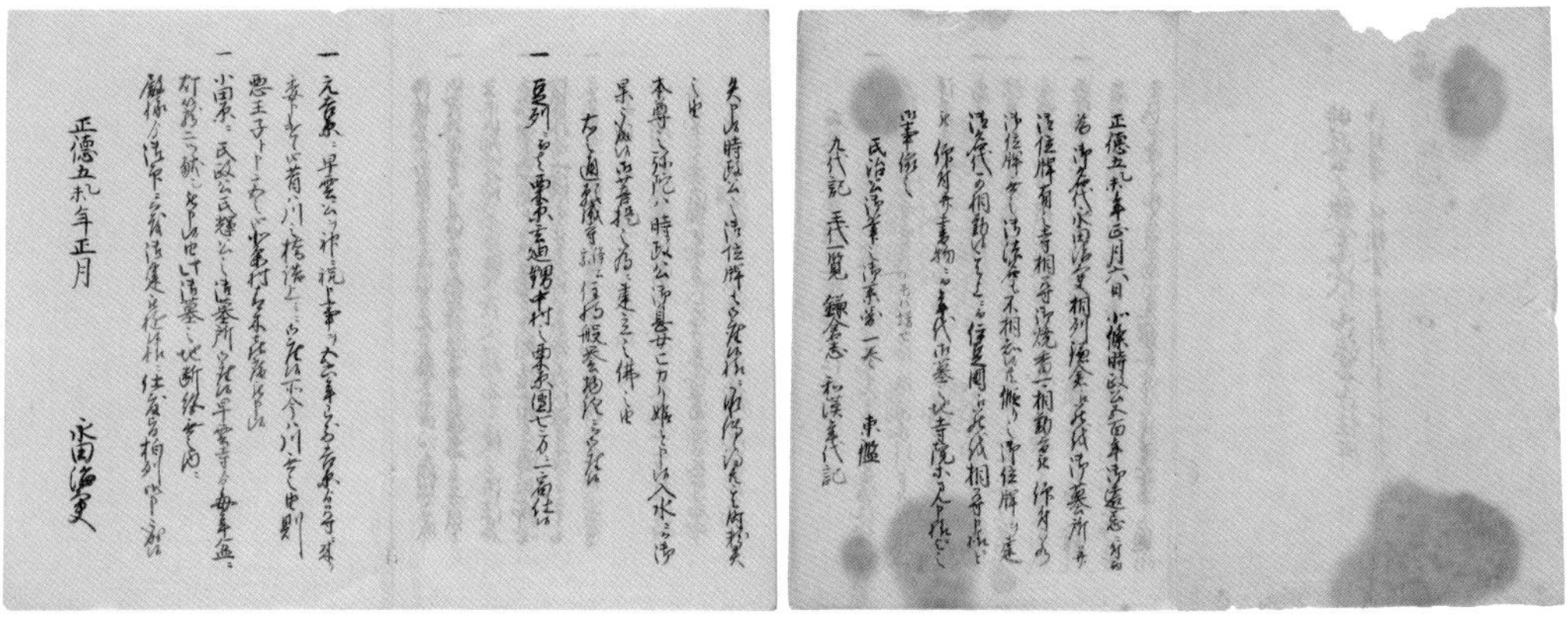

99 北条氏康・氏政連署書状写（江馬家文書）
江戸時代
大阪狭山市教育委員会

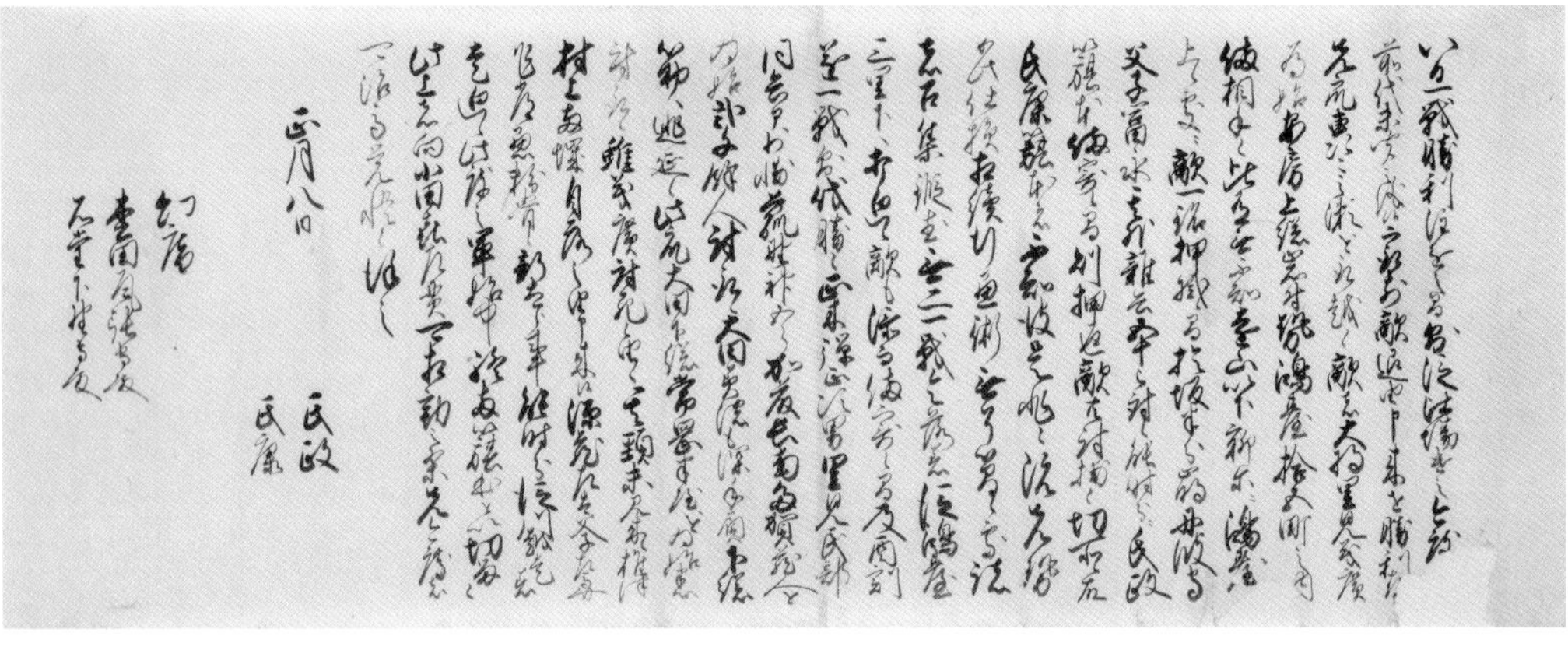

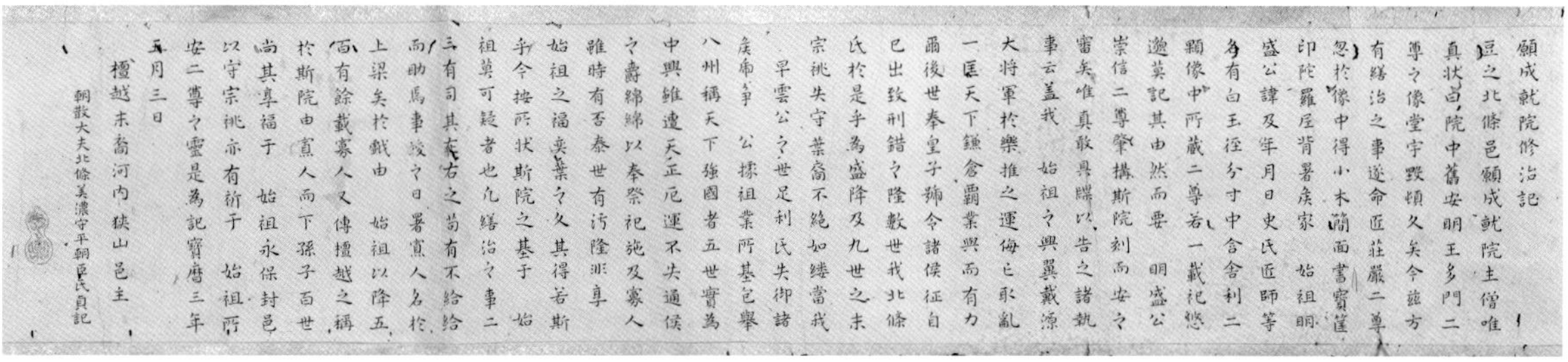
願成就院修治記
豆之北條邑願成就院主僧唯
真状曰、院中舊安明王多門二
尊々像堂宇毀頽久矣今茲方
有繕治之事遂命匠荘嚴二尊
忽於像中得小木簡面書寳篋
印陀羅尼背署侯家　始祖明
盛公諱及年月日史氏匠師等
名有白玉径分寸中含舎利二
顆像中所蔵二尊若一載祀悠
邈莫記其由然而要　明盛公
崇信二尊肇構斯院刻而安之
審矣唯真敢具牒以告之諸執
事云蓋我　始祖之興異戴源
大将軍於樂推之運侮亡取亂
一匡天下鎌倉覇業興而有力
爾後世奉皇子稱令諸侯征自
已出致刑錯々隆數世我北條
氏於是乎為盛降及九世之末
宗祧失守葉裔不絶如縷當我
早雲公々世足利氏失御諸
侯爭　公據祖業所基邑擧
八州稱天下強國者五世實為
中興雖遭天正厄運不失通侯
々壽綿綿以奉祭祀施及寡人
雖時有否泰世有汚隆非享
始祖之福奕葉々久其得若斯
乎今按所状斯院之基于　始
祖莫可疑者也凢繕治々事二
三有司其左右之苟有不給給
而助焉事竣々日署寡人名於
上梁矣於戯由　始祖以降五
百有餘載寡人又傳檀越之稱
於斯院由寡人而下孫子百世
尚其享福于　始祖永保封邑
以守宗祧亦有祈于　始祖所
安二尊々靈是為記寳暦三年
五月三日
檀越末裔河内狭山邑主
朝散大夫北條美濃守平朝臣氏貞記

100
願成就院修治記写（願成就院文書）
宝暦三年（一七五三）
願成就院

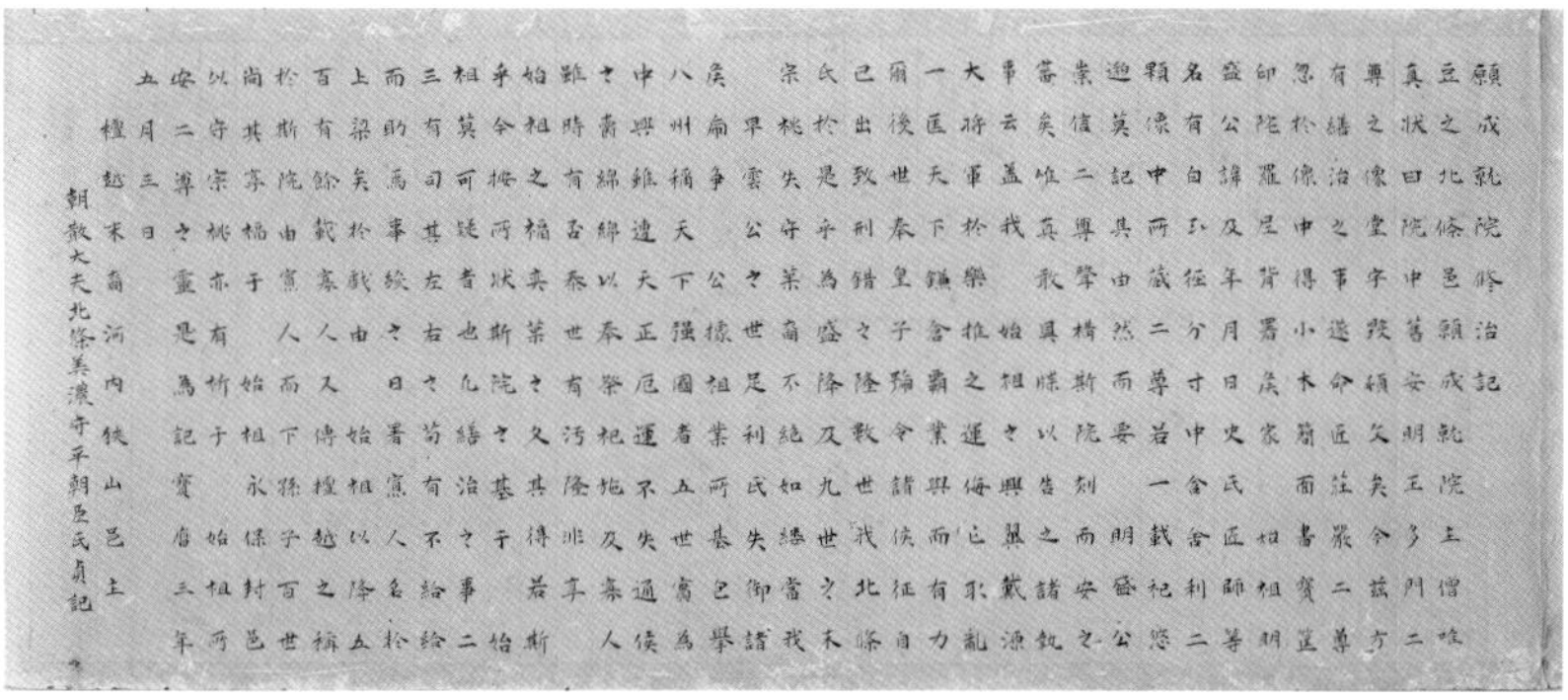
願成就院修治記
豆之北條邑願成就院主僧唯
真状曰院中舊安明王多門二
尊之像堂宇毀頽久矣今茲方
有繕治之事遂命匠荘嚴二尊
忽於像中得小木簡面書寳篋
印陀羅尼背署侯家　始祖明
盛公諱及年月日史氏匠師等
名有白玉径分寸中含舎利二
顆像中所蔵二尊若一載祀悠
邈莫記其由然而要　明盛公
崇信二尊肇構斯院刻而安之
審矣唯真敢具牒以告之諸執
事云蓋我　始祖之興異戴源
大将軍於樂推之運侮亡取亂
一匡天下鎌倉覇業興而有力
爾後世奉皇子稱令諸侯征自
已出致刑錯之隆數世我北條
氏於是乎為盛降及九世之末
宗祧失守葉裔不絶如縷當我
早雲公之世足利氏失御諸
侯爭　公據祖業所基邑擧
八州稱天下強國者五世實為
中興雖遭天正厄運不失通侯
之壽綿綿以奉祭祀施及寡人
雖時有否泰世有汚隆非享
始祖之福奕葉之久其得若斯
乎今按所状斯院之基于　始
祖莫可疑者也凢繕治之事二
三有司其左右之苟有不給給
而助焉事竣之日署寡人名於
上梁矣於戯由　始祖以降五
百有餘載寡人又傳檀越之稱
於斯院由寡人而下孫子百世
尚其享福于　始祖永保封邑
以守宗祧亦有祈于　始祖所
安二尊之靈是為記寳暦三年
五月三日
檀越末裔河内狭山邑主
朝散大夫北條美濃守平朝臣氏貞記

参考　願成就院修治記
宝暦3年（1753）　願成就院

コラム4

「願成就院修治記」の世界

伊豆半島の韮山にある高野山真言宗願成就院は、北条時政の氏寺として伊豆国田方郡に建立された古刹で、仏師運慶作の阿弥陀如来坐像をはじめ、国宝に指定される仏像群を有する。

願成就院の寺宝のなかに、宝暦三年（一七五三）の奥書を持つ「願成就院修治記」（巻子装）なる古文書がのこされている。これは近世願成就院の復興に関する史料で、今までは写本一通のみが知られ、同院宝物館に展示されていたが（100願成就院修治記写）、最近行われた伊豆の国市の資料調査や当館特別展準備の調査により、さらに原本一通と写本一通（訓点入り）を見出すことができた。本コラムでは、あらためて「修治記」を読み解くことで願成就院のもう一つの歴史について紹介していきたい。以下、釈文を掲載する。

【翻刻】「願成就院修治記」

願成就院修治記

豆之北條邑願成就院主僧唯真状曰、院中舊安明王・多聞二尊之像、堂宇毀頓久矣、今茲方有繕治之事、遂命匠荘厳二尊、忽於像中得小木簡、面書寶篋印陀羅尼、背署侯家　始祖明盛公諱及年月日・史氏・匠師等名、有白玉徑分寸、中含舎利二顆像中所蔵、二尊若一、載祀悠邈莫記其由、然而要　明盛公崇信二尊、肇構斯院、刻而安之審矣、唯真敢具牒以告之諸執事云、蓋我　始祖之興、翼載源大将軍於楽推之運侮亡取亂一匡天下、鎌倉覇業興而有力、爾後世奉皇子、號令諸侯征自己出、致刑錯之隆數世、我北條氏於是乎、為盛降及九世之末宗祧失守葉裔不絶如縷、當我　早雲公之世、足利氏失御、諸侯厲争　公據祖業所基、包擧八州、稱天下強國者五世實為中興雖遭天正厄運、不失通候之爵、綿綿以奉祭祀施及寡人、雖時有否泰世有汚隆非享　始祖之福、奕葉之久、其得若斯乎、今按所狀斯院之基于始祖莫可疑者也、凡繕治之事二三有司其左右之荀有不給、給而助焉、事竣之日、署寡人名於上梁矣、於戯由　始祖以降五百有餘載、寡人又傳檀越之稱於斯院由寡人而下孫子百世尚其享福于　始祖、永保封邑以守宗祧、亦有祈于　始祖所安二尊之靈、是為記、寶暦三年五月三日、

檀越末裔河内狭山邑主

朝散大夫北條美濃守平朝臣氏貞記

右の趣旨は、宝暦三年における願成就院での彫刻解体修理と、堂舎再建の経過に関するものである。本文は、院主唯真から戦国大名北条氏の末裔で狭山藩主北条氏貞(一七〇三~五八)に提出された報告から始まり、氏貞による同院の復興援助のあらましが子細に記される。そのなかで、同院の不動明王と多聞天(毘沙門天)の二軀を修復したところ、像内より木札が発見され、狭山藩北条氏の家祖明盛公(北条時政)の諱が墨書されていたという。それを知った氏貞は、同院が始祖ゆかりの菩提寺であることを確信し、その復興を自分が援助することになった縁を感じ、狭山藩北条氏の系譜を振り返りつつ喜びをかみしめる。本文最後には「所安二尊之霊、是為記」とあるため、修治記は氏貞の手で不動明王像・毘沙門天像の二軀に奉納された。経紙を用い天地に金泥をあしらう装飾ぶりから、本史料(参考　願成就院修治記)を原本とみて間違いなかろう。

修治記で注目されるのは、運慶仏に関する像内納入品の記録である。修復を施した二軀の像中より小木簡(木札)が発見され、その表面に寶篋印陀羅尼の経文を、背面に家祖明盛公(北条時政)の諱と紀年や執筆者・仏師の名が署名されていた、と記される。さらに小さな白玉円形の舎利容器に、二粒の仏舎利が納められていた。だが興味深いことに、院主唯真は像内木札の墨書を解読し時政だけでなく仏師の名「巧師勾当運慶」まで読みながらも、運慶には触れていない。

願成就院と同院の復興事業に携わる狭山藩北条氏側にとっては、同院がまさに北条時政の菩提寺であることを示す木札の墨書部分にこそ、大きな価値を見出していたのである。北条時政という存在が、伊豆国韮山にある願成就院と狭山藩北条氏を結びつけ、堂舎や寺宝の復興に繋がっていった。

願成就院の木札は、時代によって、人によって、寺宝に見出す価値や評価が多様であることを明瞭に示す事例であろう。たった一通の古文書を紐解くだけでも願成就院には豊穣な歴史が背後に広がることが了解される。モノだけではなく、モノの背後にある人々の心性や認識(=コト)を見通す視点もまた重要なのである。

(渡邊浩貴)

【参考文献】

- 久野健『願成就院』中央公論美術出版、一九七二年
- 久野健『運慶の彫刻』平凡社、一九七四年
- 水野敬三郎・山本勉『願成就院』願成就院、二〇一四年
- 川瀬由照「願成就院蔵像内胎内銘札と心月輪」(神奈川県立金沢文庫『運慶―鎌倉幕府と霊験伝説―』二〇一八年)
- 塩澤寛樹『大仏師運慶』講談社、二〇二〇年

願成就院の外観

6章
狭山藩北条氏の由緒と治世

早雲寺の復興に、とりわけ大きな役割を果たしたのは狭山藩北条氏であった。なかでも五代藩主北条氏朝の貢献は多大であり、その援助は資金援助に加え宝物の寄附など多岐にわたる。ではなぜ、彼はここまでの援助を行ったのであろうか。その理由を探るため、狭山藩北条氏の成立とその歴史を辿ることからはじめたい。そして、「由緒の時代」とも評される近世社会において、氏朝や狭山藩による由緒作成の事業の必然性を考えあわせることで、早雲寺を復興する側の事情を見つめたい。

101
本小札紫糸素懸威腹巻（狭山北条家伝来）
戦国時代
小田原城天守閣

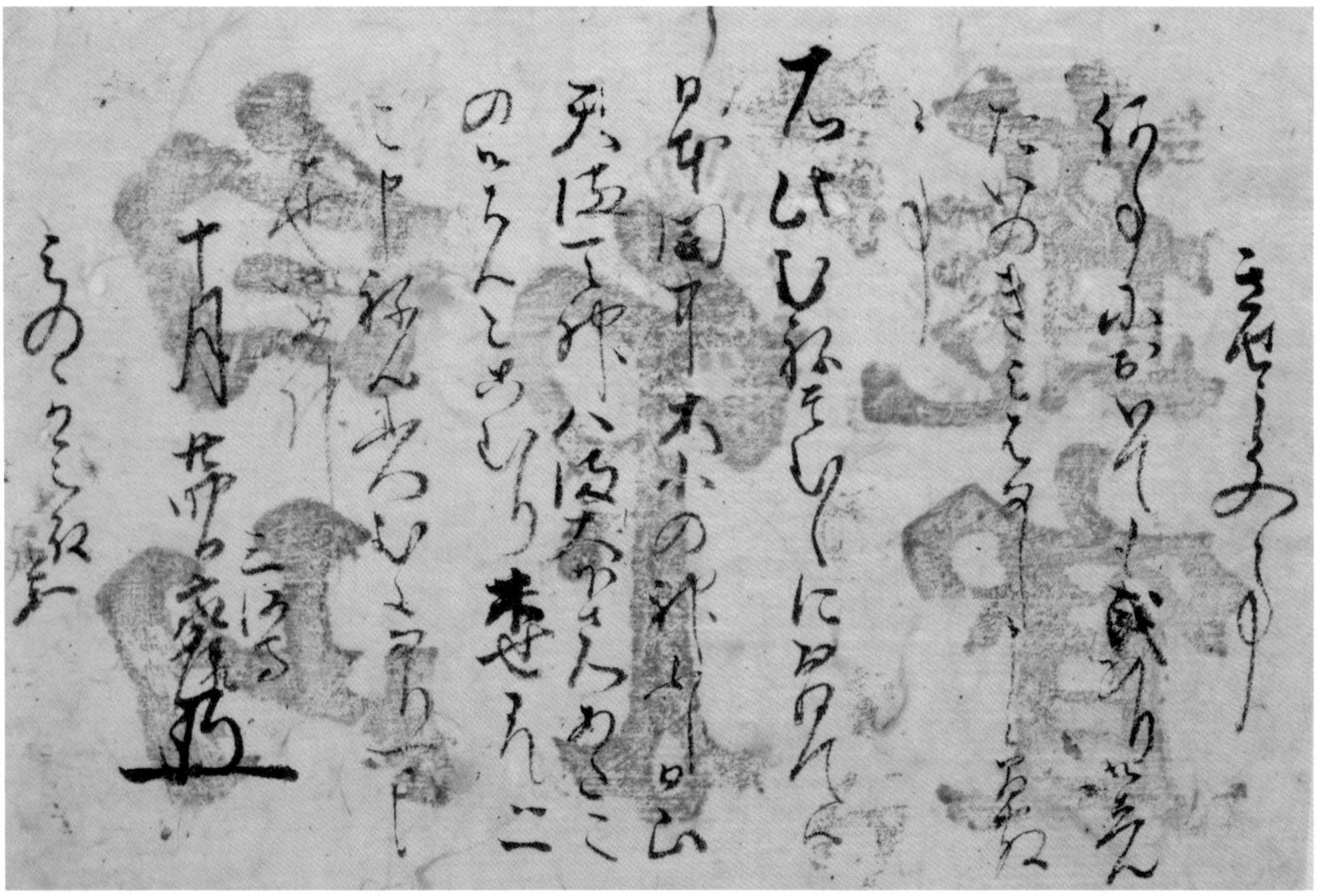

103
徳川家康起請文（北条家文書）
天正一〇年（一五八二）
神奈川県立歴史博物館

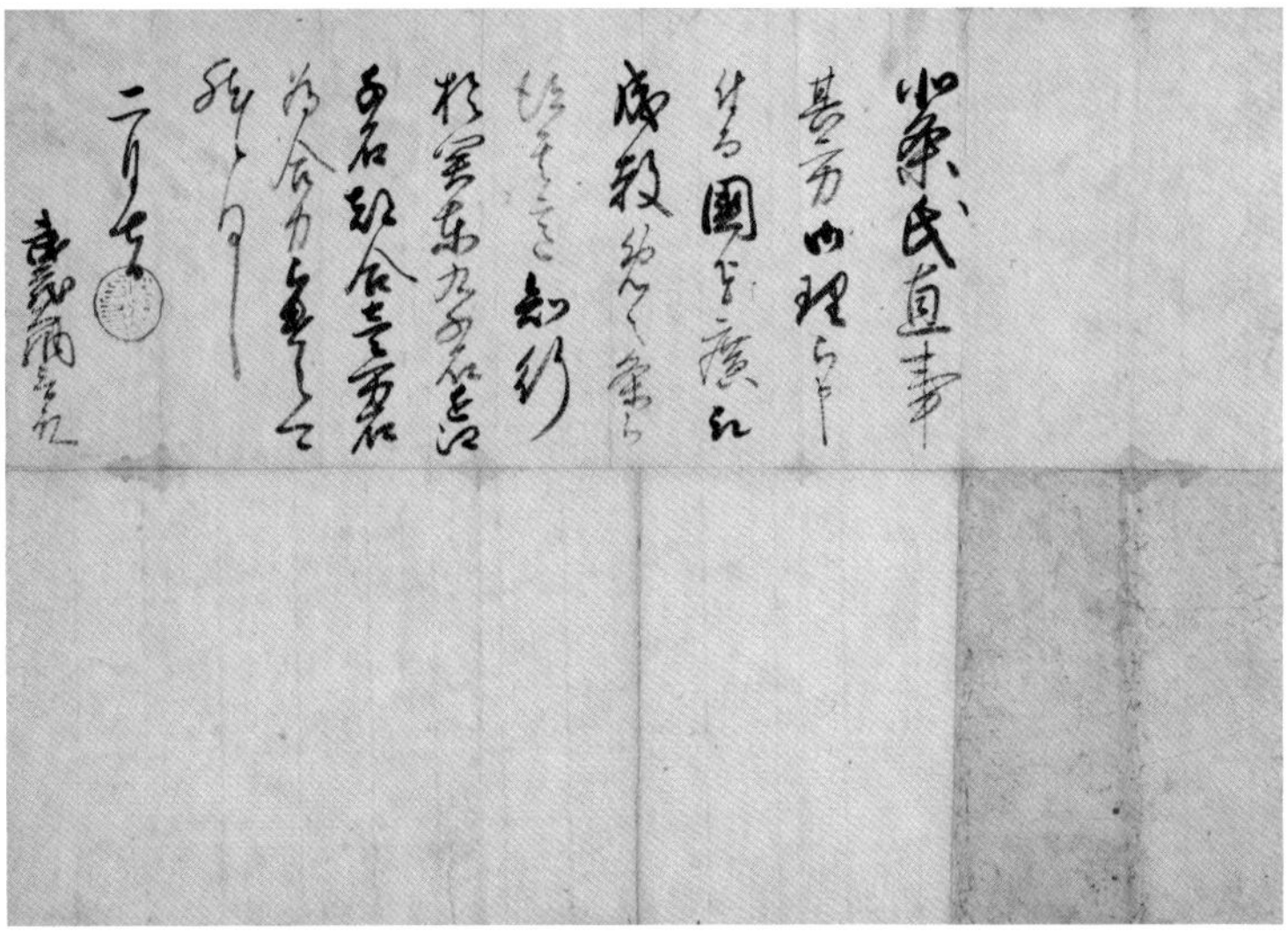

104
豊臣秀吉朱印状（北条家文書）
天正一九年（一五九一）
神奈川県立歴史博物館

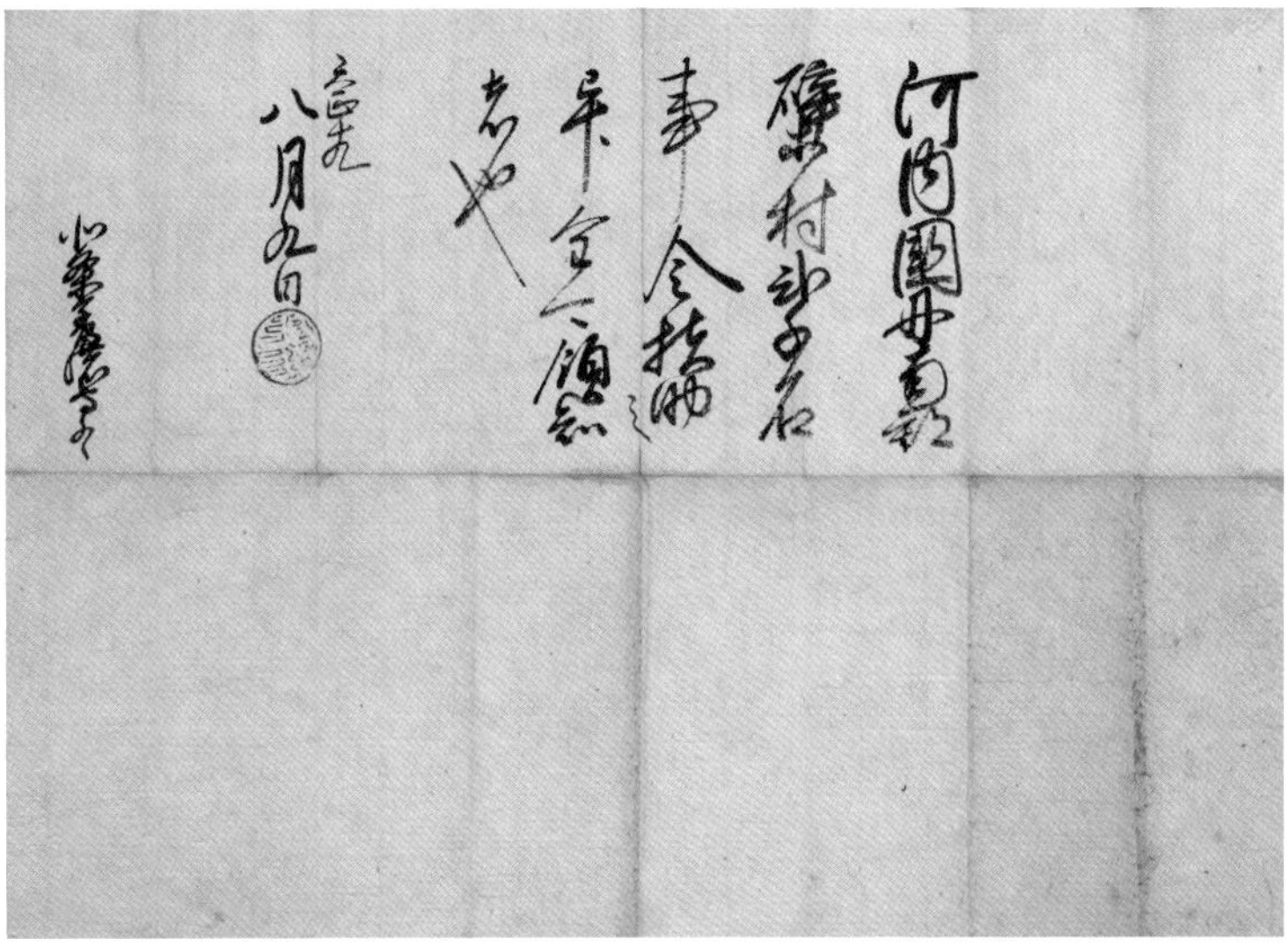

105
豊臣秀吉朱印状（北条家文書）
天正一九年（一五九一）
神奈川県立歴史博物館

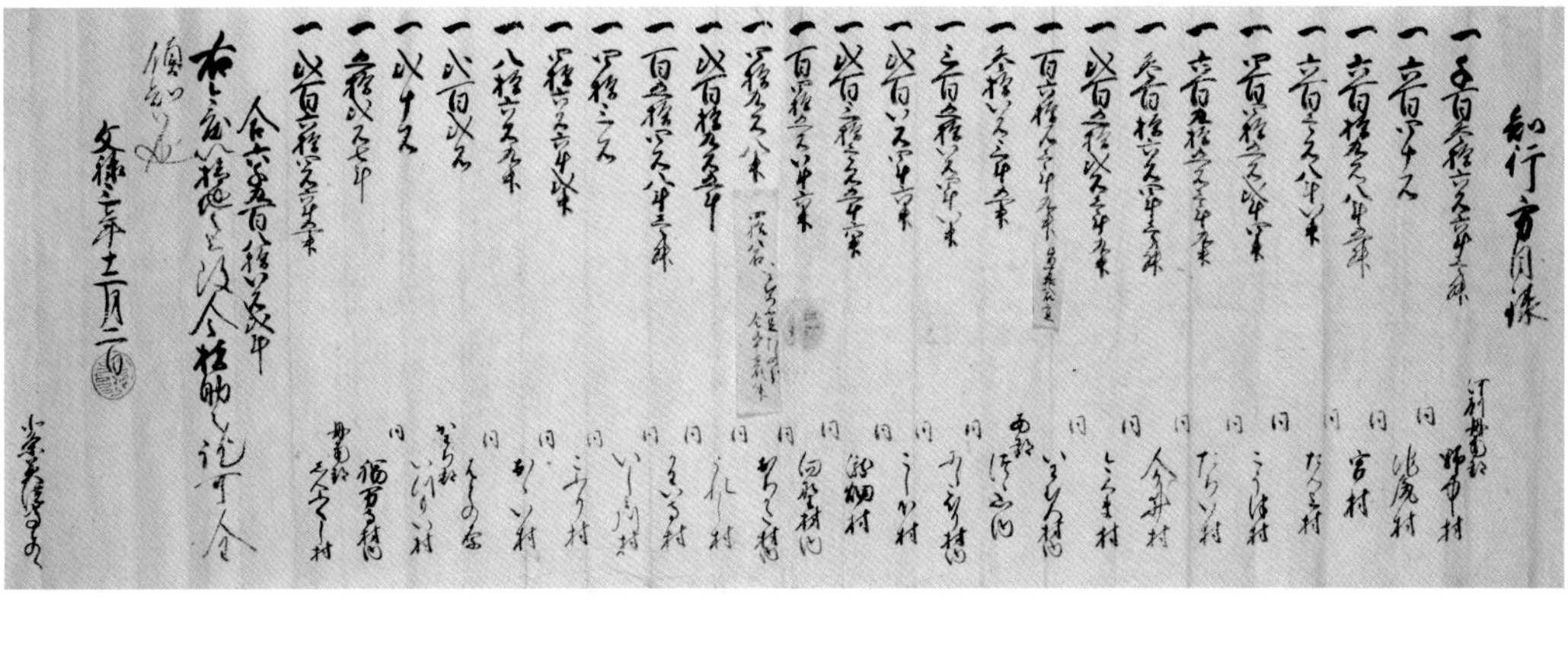

106
豊臣秀吉朱印状（北条家文書）
文禄三年（一五九四）
神奈川県立歴史博物館

107
三鱗紋陣羽織
江戸時代
神奈川県立歴史博物館

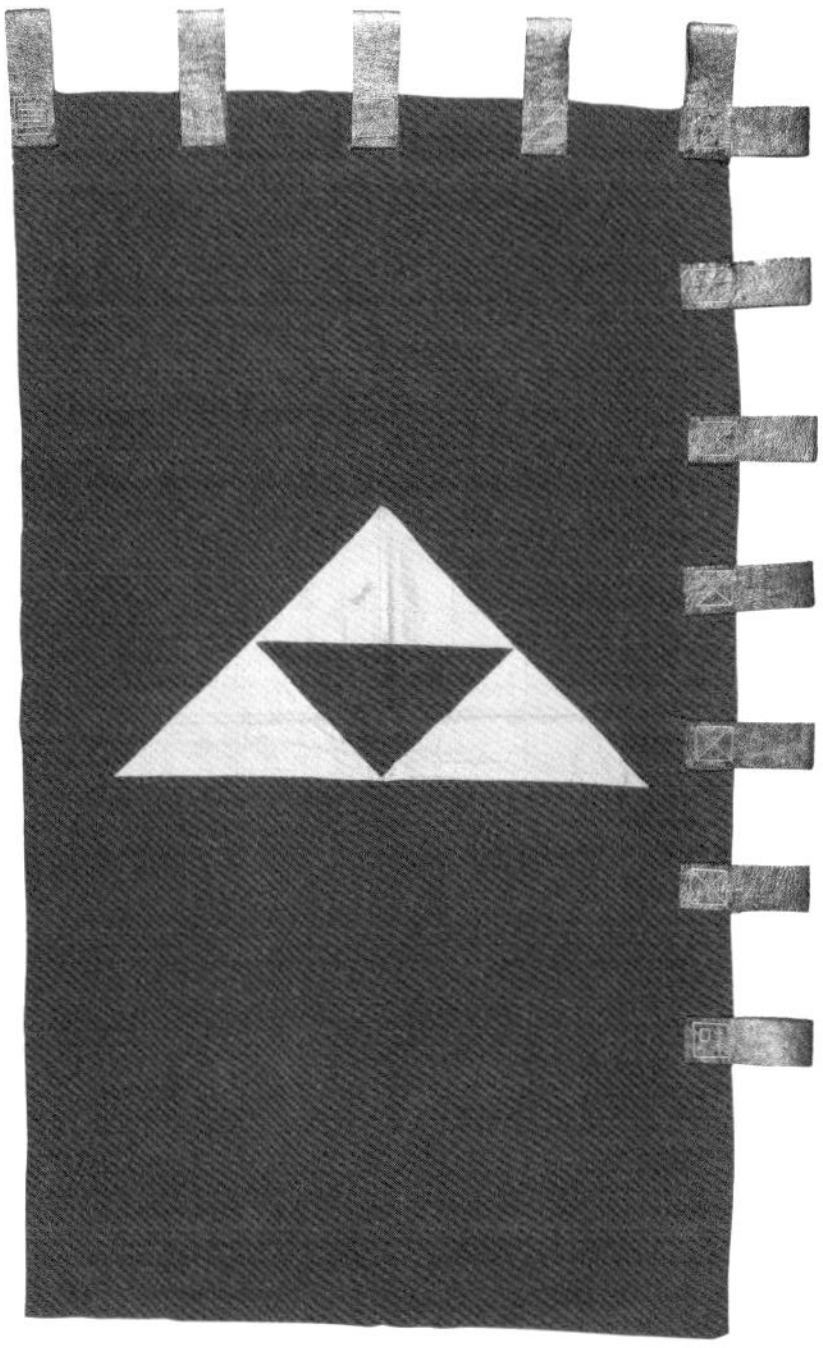

108
三鱗紋旗指物
江戸時代
神奈川県立歴史博物館

109
軍配団扇
戦国時代
東京国立博物館

110
軍配団扇
戦国時代
東京国立博物館

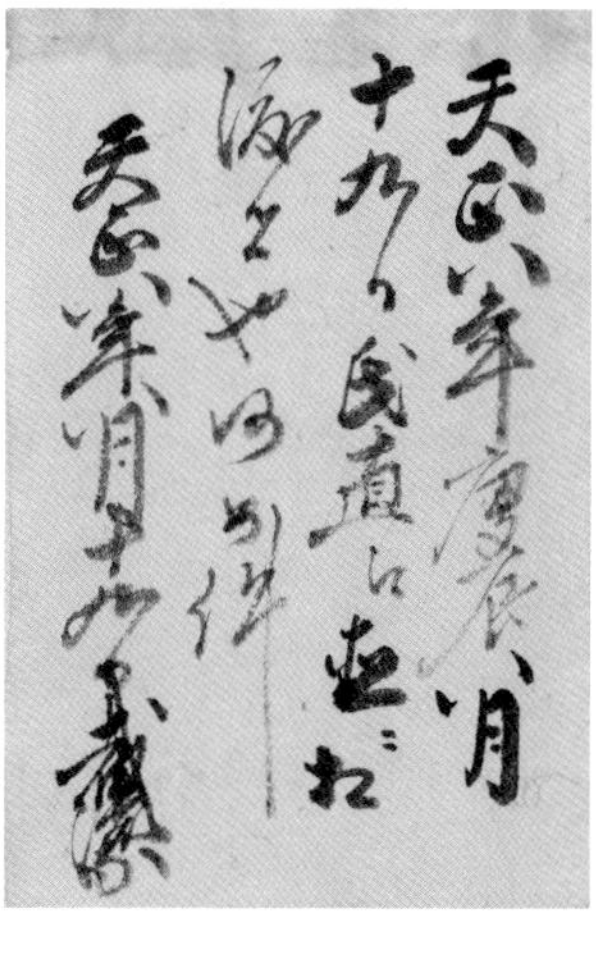

102
北条氏政判物（北条家文書）
天正八年（一五八〇）
神奈川県立歴史博物館

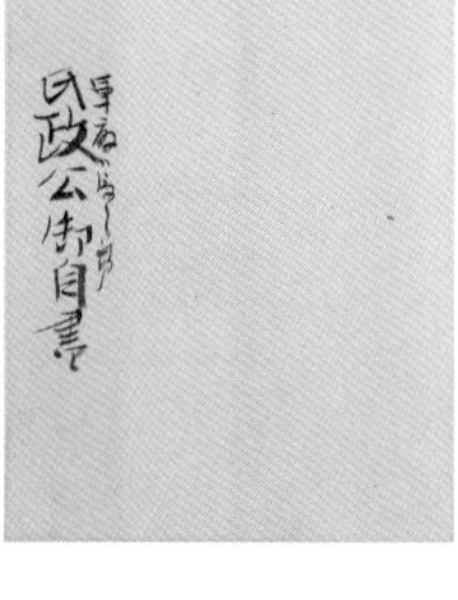

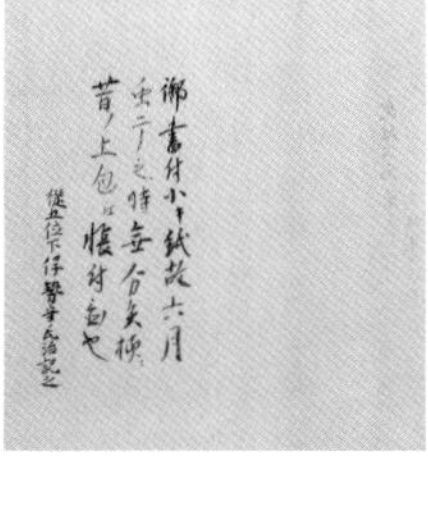

参考　北条氏政判物包紙・書付

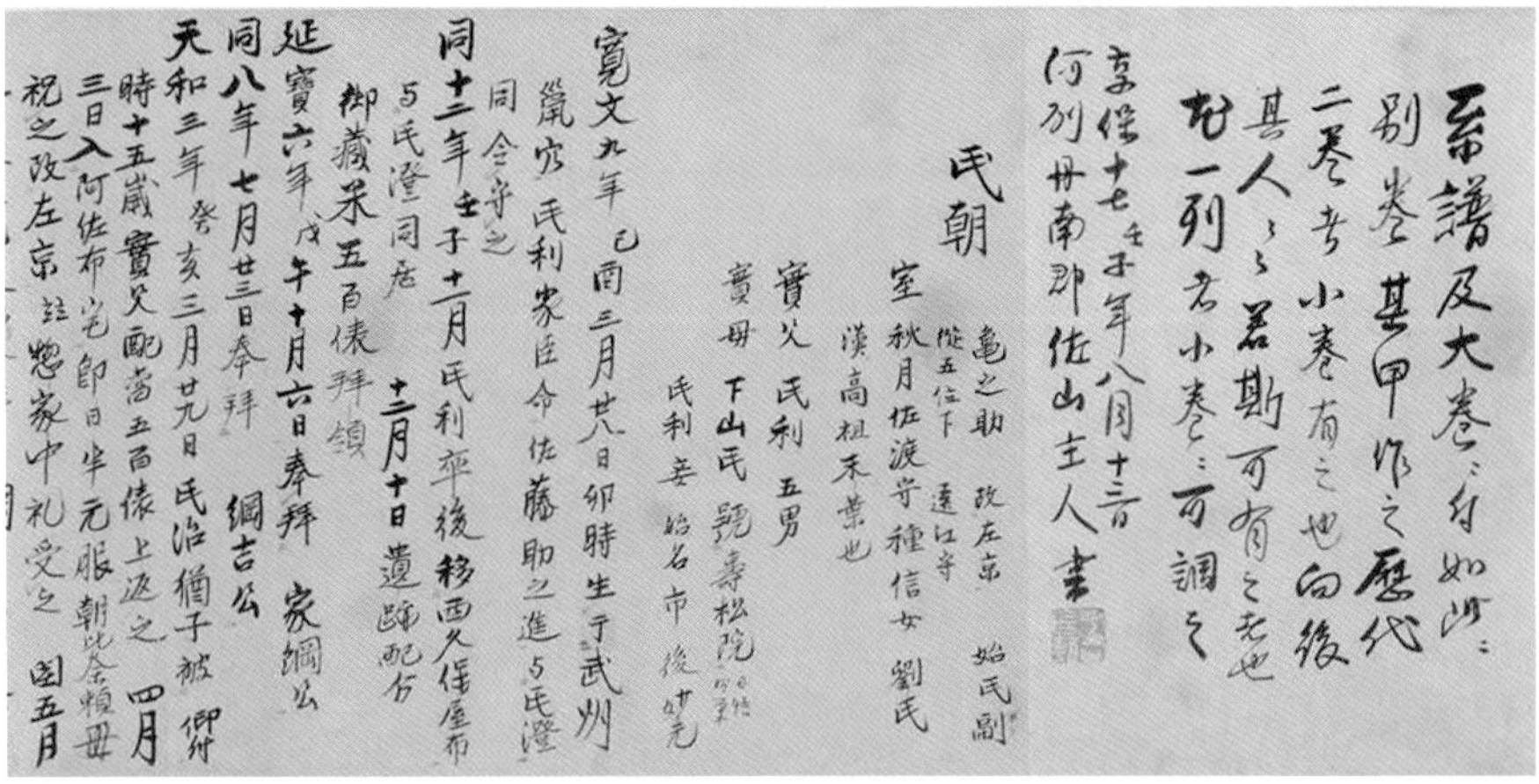

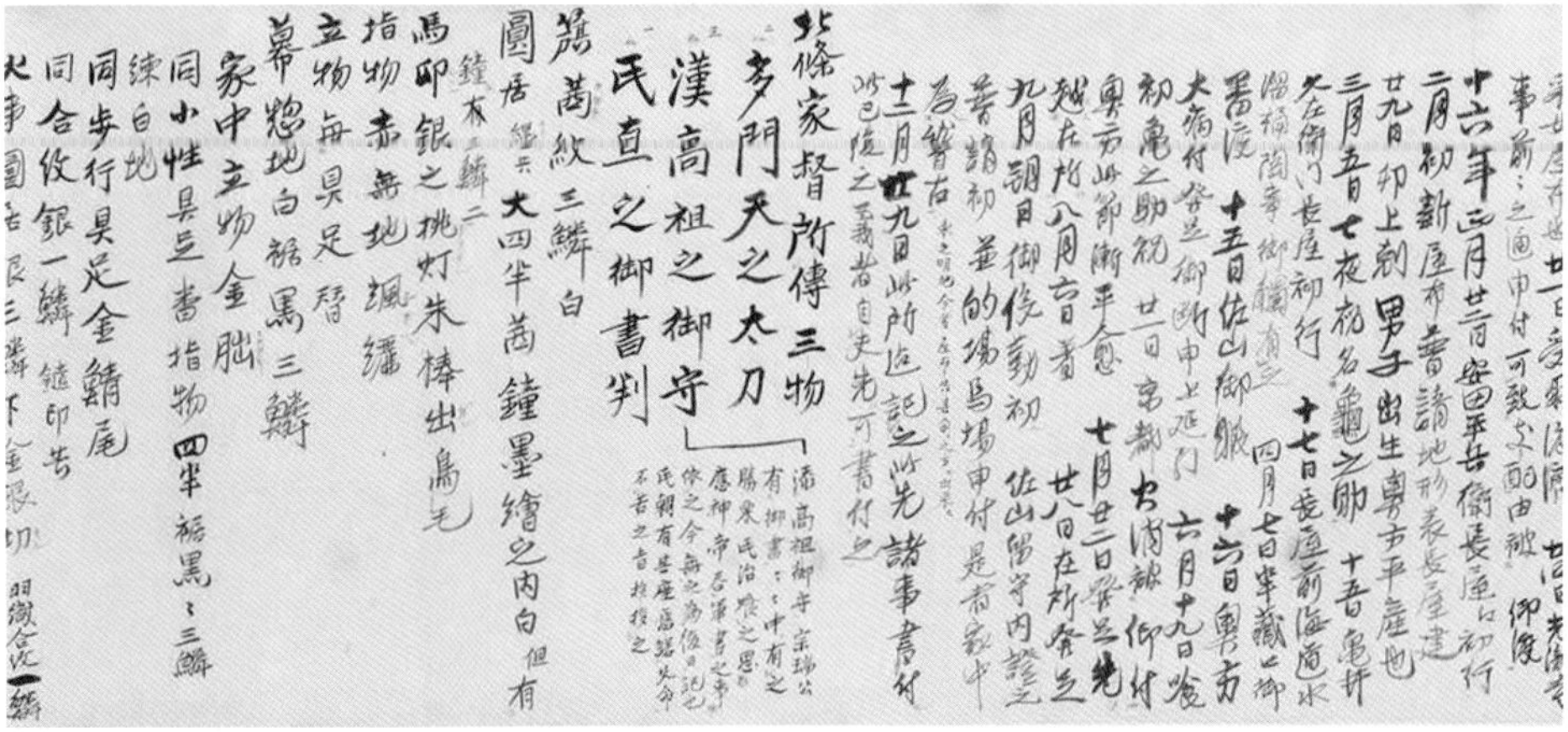

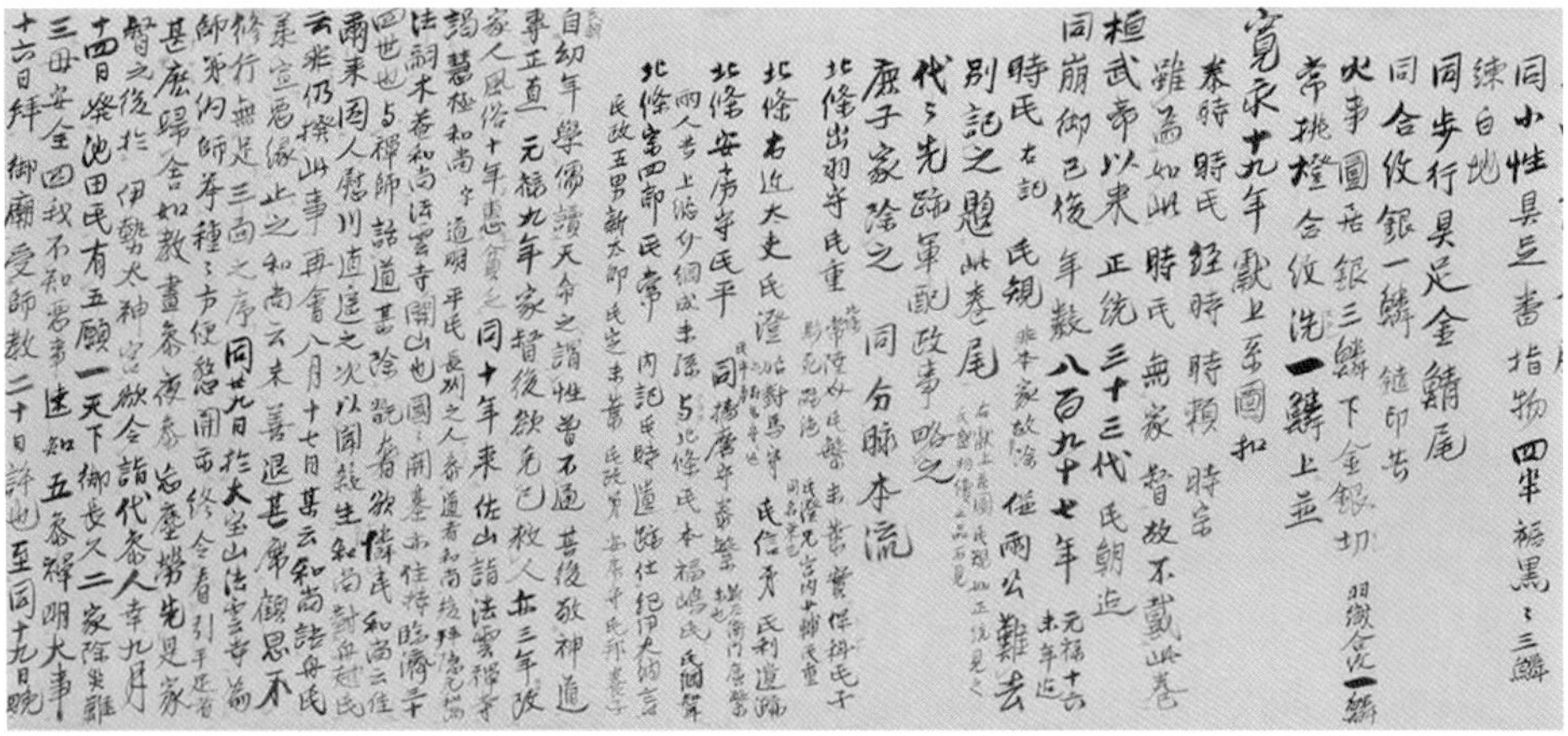

III　氏朝公日記（北條尚氏所蔵文書）
享保一七年～享保一九年（一七三二～一七三四）
個人

112
北条氏朝家譜（北條尚氏所蔵文書）
享保一七年（一七三二）
個人

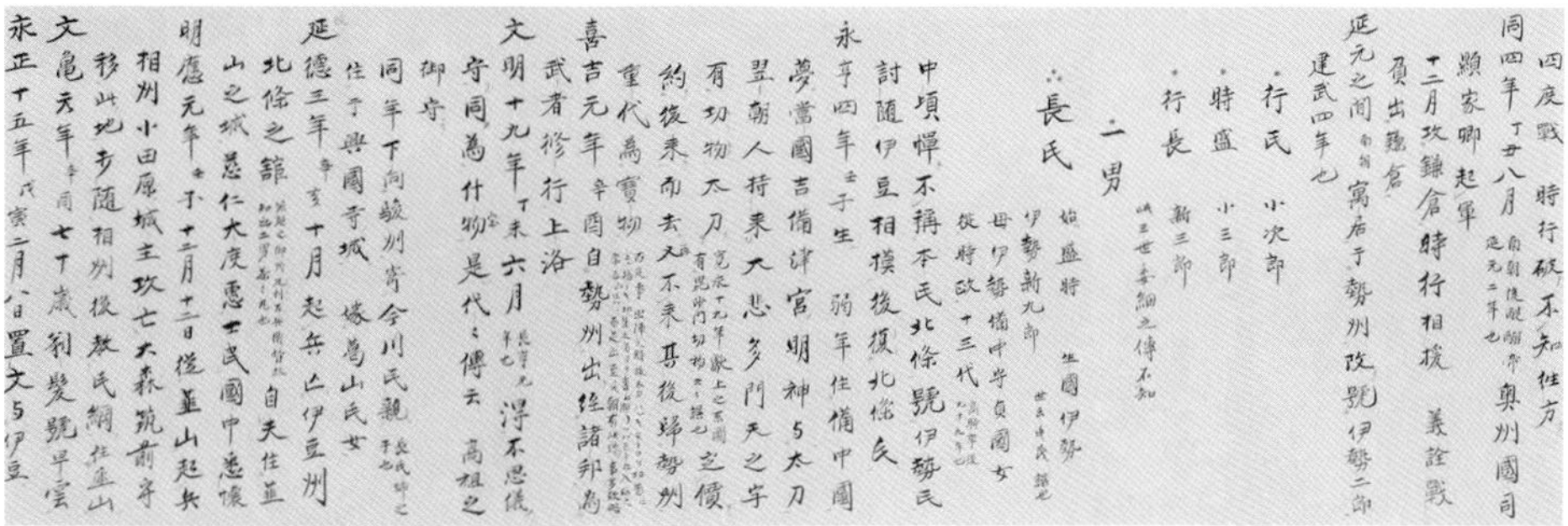

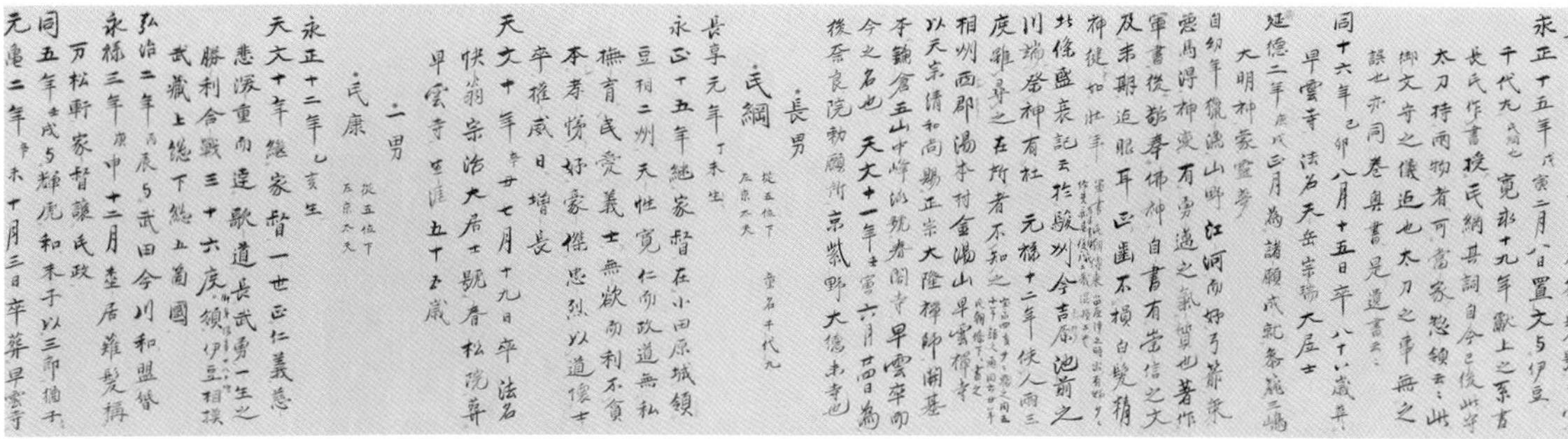

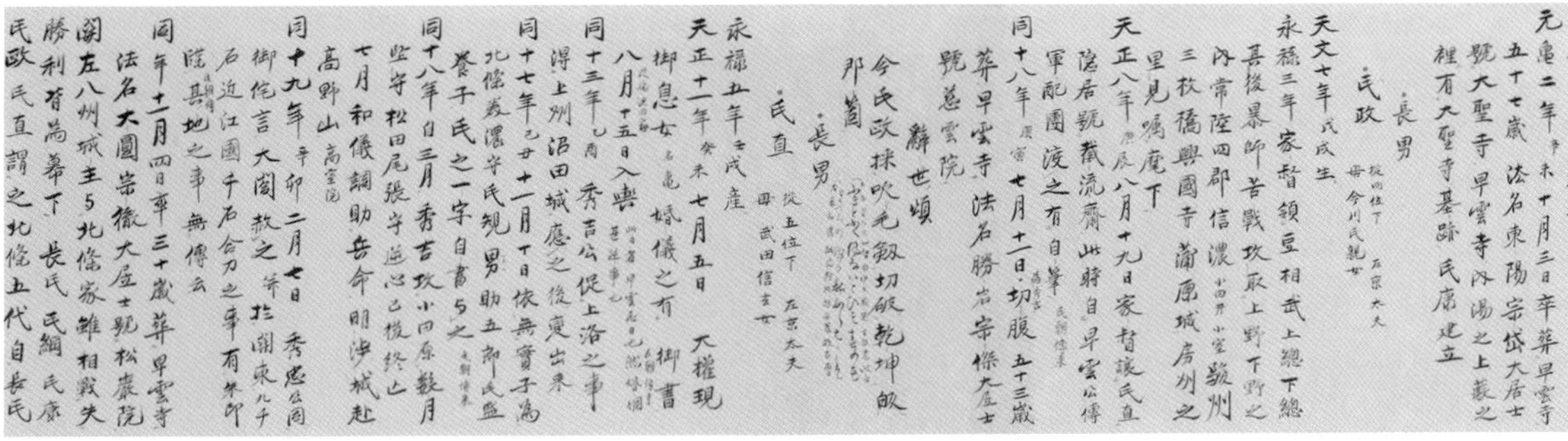

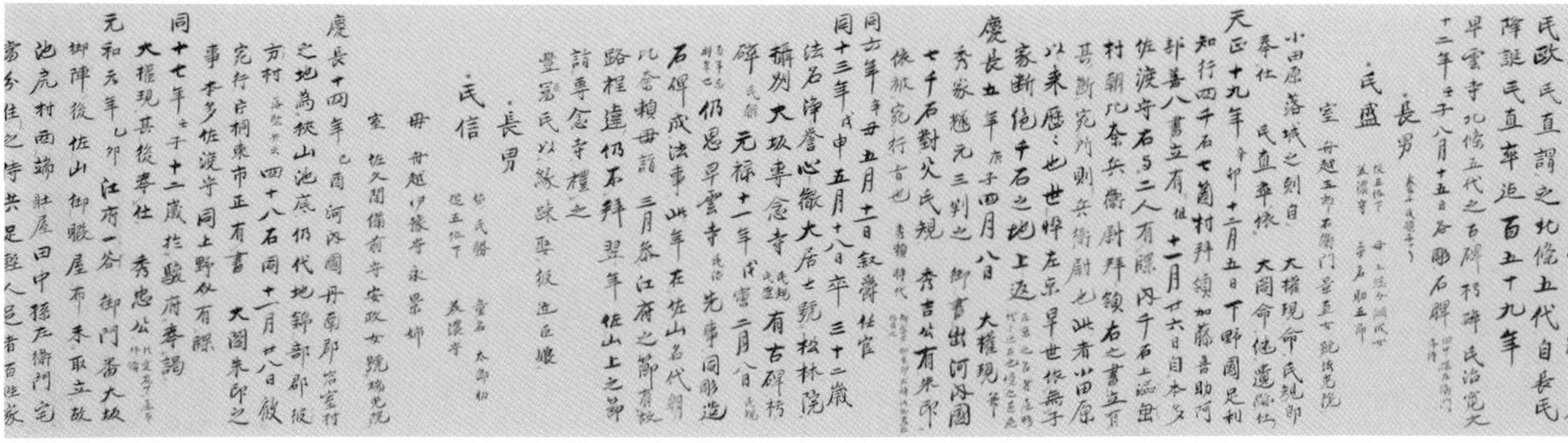

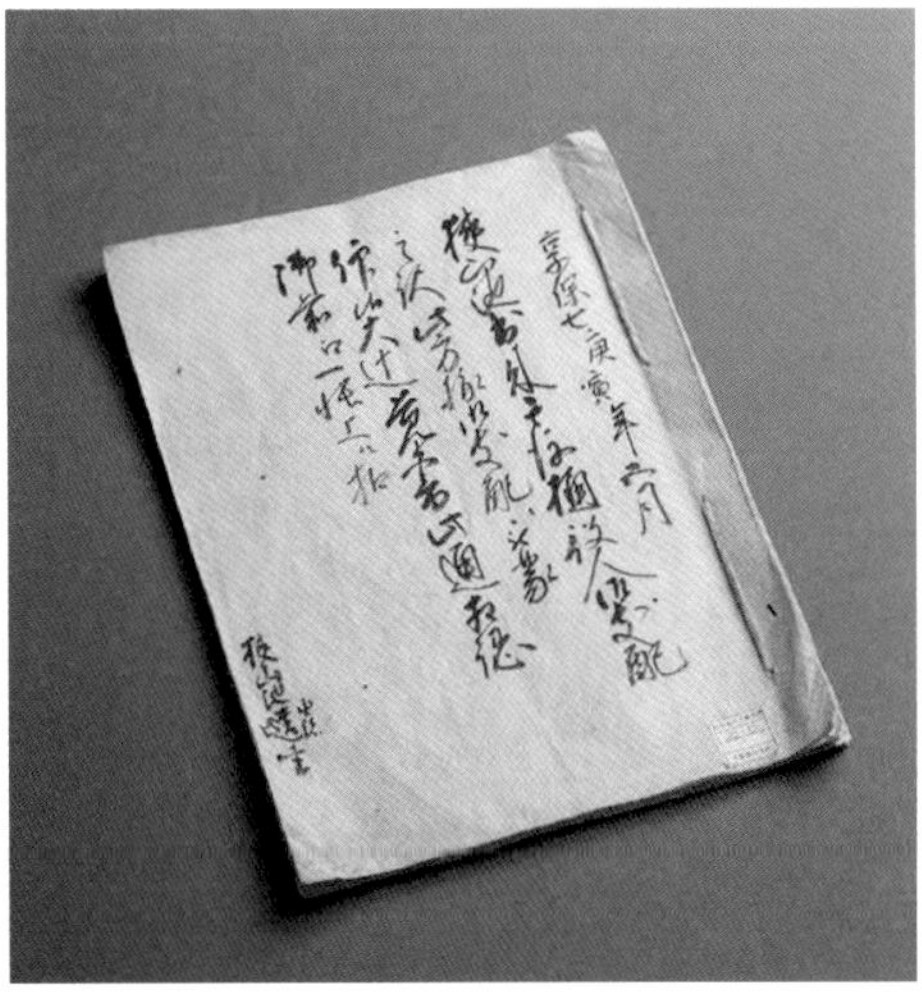

113
狭山池由緒書（池守田中家文書）
享保七年（一七二二）カ
個人

参考　狭山池陣屋（画像提供：大阪狭山市教育委員会）

参考　現在の狭山池陣屋跡（画像提供：大阪狭山市教育委員会）

参考　狭山池の南上空から北方を望む（画像提供：大阪狭山市教育委員会）

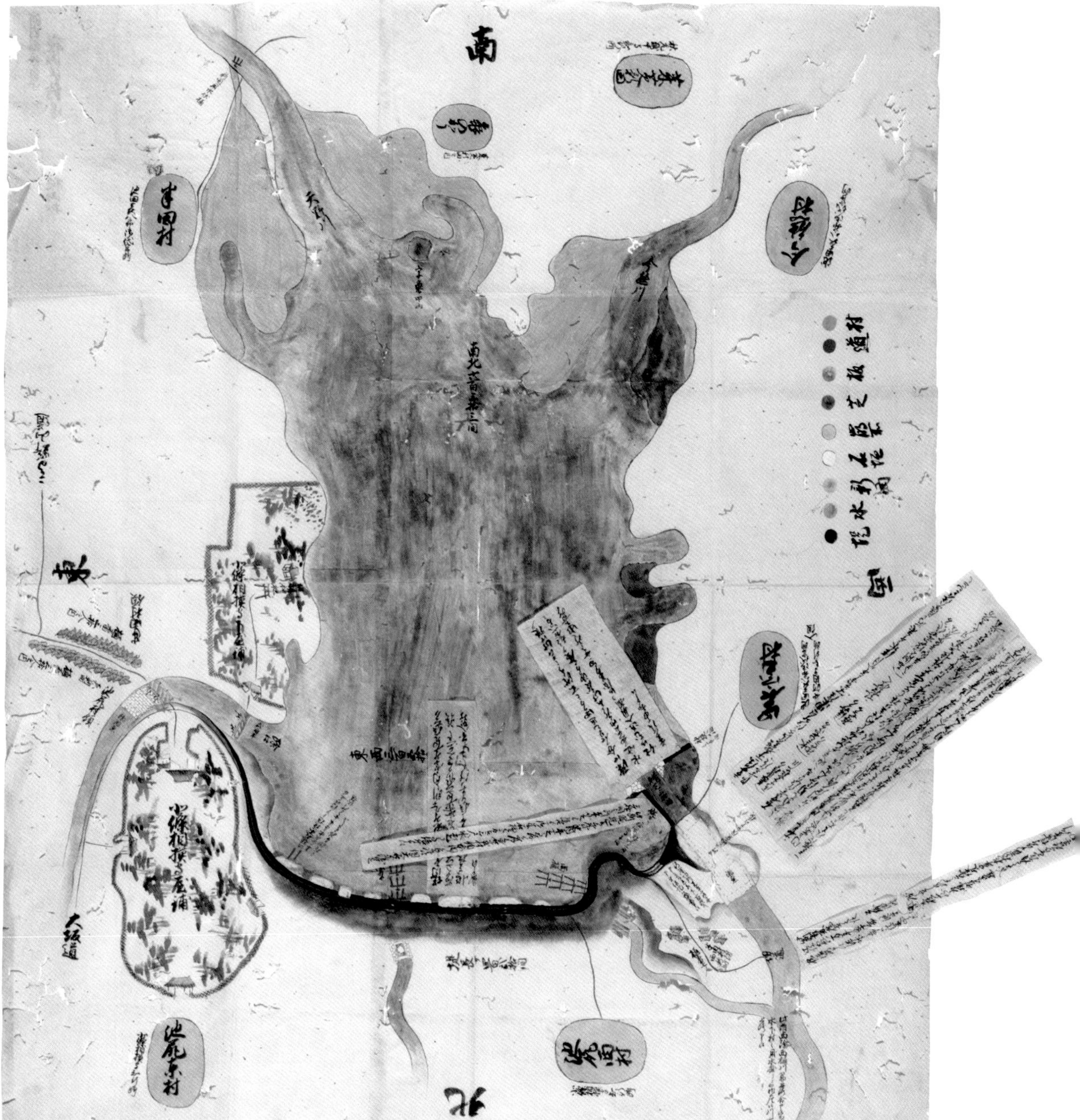

114 狭山池改修控絵図（池守田中家文書）
寛保元年（一七四一）カ
個人

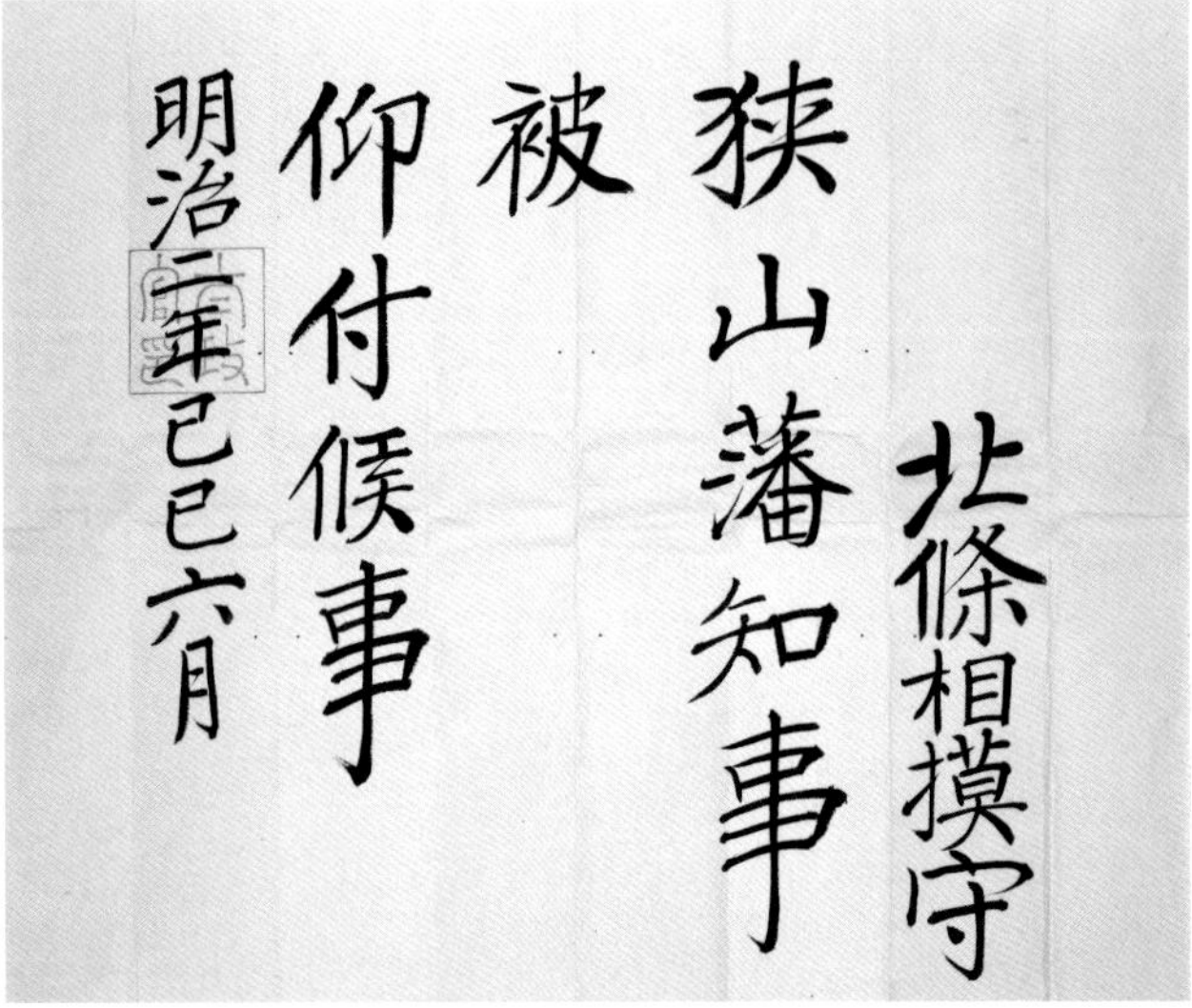
北條相模守
狭山藩知事
被
仰付候事
明治二年己巳六月

115
狭山藩知事任命書（北条家文書）
明治二年（一八六九）
神奈川県立歴史博物館

参考　北条氏恭肖像写真
（画像提供：大阪狭山市教育委員会）

参考　葛西神社（画像提供：大阪狭山市教育委員会）

トピック4

狭山藩北条氏の成立と治世

吉井　克信

はじめに

戦国大名北条氏は、三代氏康の四男氏規の系統が江戸時代に存続する。氏規の長男が大名へ昇格し、孫が河内国丹南郡狭山（大阪府大阪狭山市）に陣屋を定め、明治維新まで一二代続く狭山藩が誕生した。

狭山北条氏の成立過程と治世の概要を紹介する。

一、狭山北条氏の成立　氏規・氏盛・氏信

藩祖氏規（一五四五～一六〇〇）は、氏直と氏盛の系譜連続性の強調と秀吉取立の旗本を理由に「歴代外藩祖」とされたが、北条氏存続の功績により藩祖が適切である。三代氏康の四男で、四代氏政の弟、五代氏直の叔父にあたる。一二歳から駿府で母方祖母寿桂尼に養育され、今川義元のもとで元服した。隣家の松平元康（家康）とともに重臣関口氏純の婿《むこ》養子になり、助五郎と名のる。永禄七年（一五六四）六月以前に帰国し、

相模三崎城（神奈川県三浦市）の城主、上野館林城（群馬県館林市）の城代、伊豆韮山城（静岡県伊豆の国市）の城将を兼ねる。天正一六年（一五八七）八月、北条氏の使者として上洛し秀吉へ従属を表明するが、北条方が裁定に背き小田原合戦におよぶ。天正一八年（一五九〇）三月の開戦後は韮山城を堅守したが、家康の勧告で六月に開城する。小田原開城後、氏直に随い高野山高室院《たかむろいん》で謹慎した。赦免後は秀吉旗本になり、天正一九年（一五九一）八月九日、日置荘《へきのしょう》（大阪府堺市東部と大阪狭山市西部）で「檗村《へきむら》二千石」（「秀吉朱印状」神奈川県立歴史博物館蔵）をあてがわれ、南河内との関係が始まる。文禄元年（一五九二）肥前名護屋（佐賀県唐津市）に在陣する。文禄三年（一五九四）一二月二日、河内国で「六千九百八十八石二斗」（「秀吉朱印状」同蔵）を拝領する。天正期に韮山から浄土宗僧頂誉《ちょうよ》を招き、文禄年間に専念寺《せんねんじ》（大阪市中央区）を創立する。慶長五年（一六〇〇）二月八日、大坂屋敷にて五六歳で没した。

初代藩主の氏盛（一五七七～一六〇八）は、氏規と高源院（玉縄城主北条綱成の娘）の長男である。天正一七年（一五八九）一一月一〇日、一三歳で元服し氏直から通字「氏」を拝領し（「氏直一字書出」同蔵）、氏盛と名のる。小田原合戦と高野山謹慎を経て、氏直・氏規らと赦免される。天正一九年（一五九一）八月に一五歳で家康に随い陸奥へ従軍し、同年一二月に氏直後継者として遺領の下野梁田郡足利領（栃木県足利市）のうち四千石を相続する。文禄元年（一五九二）、一六歳で父氏規と名護屋へ在陣する。慶長五年（一六〇〇）二月に父が没すと、四月に氏規遺領の約七千石も相続し、二四歳で一万一千石の大名へ昇格する。その後、家康に随い下野小山（栃木県小山市）へ従軍し、関ヶ原本戦で東軍の家康本陣を守る。慶長一三年（一六〇八）の病床での遺言状「さたむるでう〱（定むる条々）」では、「太郎助（氏信）は秀頼様へ出仕させ、東市正《いちのかみ》殿（片桐且元）へ頼み申すべき事」（原文は仮名交文）と側近七人へ没後を託す。その直後、豊臣大坂城下の屋敷にて三三歳で没した。

二代氏信（一六〇一～一六二五）は、氏盛の長男で、八歳で継職する。慶長一四年（一六〇九）に狭山池《さやまいけ》改修が完成する。氏信を支えたのは、朝比奈泰之《やすひで》（泰栄《やすひで》）らの側近と、生母法光院（船越景直の娘）である。継職後の危機は、慶長二〇年（一六一五）五月の江戸城警護中に起きた大坂夏の陣での大坂落城である。母と弟たち（氏利《うじとし》・氏副《うじすけ》）は、池尻村（大阪狭山市）の孫左衛門（狭山池池守《いけもり》田中家初代）に警護され、大坂屋敷を脱し、池尻村を経て、畑《はた》村（堺市南区）・滝畑《たきはた》村（大阪府河内長野市）へ避難する。将軍秀忠が帰国を許すと氏信は、池尻村の孫左衛門宅に仮住まいする。元和二年（一六一六）狭山を本拠に定め、陣屋（上屋敷）の構築を始める。「狭山藩」の誕生である。

陣屋の立地は、段丘上で防御しやすく、東除《ひがしよけ》川《がわ》を水濠《みずぼり》に利用できた。中高野《なかこうや》街道・下高野《しもこうや》街道から近くて領地経営に適し、近隣に孫左衛門もいた。氏信は、寛永二年（一六二五）陣屋竣工を待たず二五歳で没する。氏信以降、江戸で藩主が没すと、臨済宗大徳寺派の祥雲寺《しょううんじ》（東京都渋谷区）へ葬られた。

二、狭山北条氏の治世　氏宗・氏治・氏朝・氏貞

三代氏宗（一六一九～一六八五）は、氏信の長男で、七歳で継職する。寛永二〇年（一六四三）に陣屋（上屋敷）が完成する。慶安元年（一六四八）に氏治《うじはる》を一〇歳で養子に迎え、のち長女松の娘婿とする。鹿苑寺住持の鳳林承章《ほうりんじょうしょう》の日記『隔蓂《かくめい》記《き》』には、慶安四年（一六五一）五月に江戸愛宕《あたご》下《した》藩邸での宿泊など、氏宗との交流がみえる。寛文元年（一六六一）に下野足利郡の三千石を常陸筑波郡（つくば市付近）へ移される。病身で将軍家綱へ拝謁せず、寛文一〇年（一六七〇）に退隠し、貞享二年（一六八五）六七歳で没した。

四代氏治（一六三九～一六九六）は、初代氏盛の二男氏利《うじとし》の二男に生まれ、一〇歳で氏宗の養子となる。寛文一〇年（一六七〇）三二歳での家督相続の際、養子で娘婿なのに老中の反対で一万一千石の相続を認可されず、一万石下賜での新規の取立となった。

早雲寺の復興では、他の北条家とともに尽力し、先祖供養に先鞭《せんべん》をつけた。境内の北条五代墓石の銘文に「古碑《こひ》歳《とし》久しく、ほとんど堆圮《ついひ》せらる。予継嗣《かねてけいし》自《おのず》から出《い》づる所を忘れず、就《そ》いては其の旧址に重ねて彫造《ちょうぞう》す。石碑五基に其の

雅号《がごう》を勒《ろく》し以《もっ》て無窮《むきゅう》なることを垂れん。寛文第十二歳壬子《みずのえね》秋八月十五日　従五位下《じゅごいのげ》北条伊勢《いせの》守《かみ》平《たいらの》朝臣《あそん》氏治《うじはる》」（原漢文。読下《よみくだし》は早雲寺史研究会『早雲寺』参照）とある。継職二年目に北条五代の墓石五基を宗瑞の命日に建立したのである。天和三年（一六八三）弟氏朝《うじとも》を養子に迎える。貞享元年（一六八四）三月、公儀法度の遵守や田畑売買の認可など七カ条の「定」を領内に出す。元禄四年（一六九一）常陸筑波郡の領地を下野都賀《つが》郡へ移される。元禄九年（一六九六）に五八歳で没した。

五代氏朝（一六六九～一七三五）は、初代氏盛の二男氏利の五男で、四歳の時に父を亡くす。一五歳の天和三年（一六八三）に兄氏治の養子となり、元禄九年（一六九六）に継職する。文武両道に優れた「中興の英主」として名高い。氏治の遺志を継ぎ、先祖供養では、専念寺《せんねんじ》（大阪市中央区）の藩祖氏規と初代氏盛の墓石を再建する。「古碑（中略）垂れん。北条氏朝拝」（原漢文）と早雲寺と同じ銘文を刻む。和歌と漢詩を嗜み、撰文《せんぶん》にも優れた氏朝が、氏治と寸分たがわぬ意思を刻んだことになる。財政・軍備・民政でも手腕を発揮し、享保四年（一七一九）に家中上《かちゅうあげ》米《まい》を申し付け、町人からの借金への年賦《ねんぷ》返済を断った。笠原家など家臣の由緒には氏朝期の仕官が目立つ。倹約や綱紀粛清と併行し、組織拡充を進めた証左であろう。文書残存率も氏朝以降に高まる。池尻村の陣屋（上屋敷）が手狭になり、半田《はんだ》村（幕領、のち小田原藩領）へ借地料を納め、宝永六年（一七〇七）に下屋敷を新設。享保二〇年（一七三五）六七歳で没した。

六代藩主の氏貞《うじさだ》は、元禄一六年（一七〇三）に氏朝の長男に生まれ、享保二〇年（一七三五）継職する。元文元年（一七三六）に狭山陣屋に入る。改革への重臣の反発や財政悪化の中、狭山池の浚渫《しゅんせつ》で石高増を図り、一代家老に田中仙右衛門を抜擢して改革を進めるが、家臣間の対立で藩政が停滞する。氏治と氏朝の遺志を継ぎ先祖供養に励み、北条宗家として執権北条氏ゆかりの願成就院（伊豆の国市）の復興にも尽力し、宝暦八年（一七五八）五六歳で没した。

三、その後の狭山北条氏

七代藩主の氏彦《うじよし》（一七四二～一七六九）は、宝暦一〇年（一七六〇）一九歳で初めて国入りし、家中騒動が起きる。宝暦一一年（一七六一）河内国内で領地替えがあった。明和六年（一七六九）二八歳で没した。

八代氏昉《うじあきら》（一七六〇～一八一一）は、天災と飢饉で社会不安の増す中、軍備充実と軍資金蓄積を進める。天明二年（一七八二）陣屋を焼失し、四年で再建する。天明三年（一七八三）建長寺での四代執権経時の五百五拾年忌の援助など（鈴木佐氏教示『鎌倉志料』八）、執権北条氏の供養も継続する。享和元年（一八〇一）に退隠し、文化八年（一八一一）に五一歳で没した。

九代氏喬《うじたか》（一七八五～一八四六）は、氏昉の長男に生まれ、一七歳で継職する。外国船来航に備え大坂湾沿岸を警備。天保八年（一八三七）の大塩平八郎の乱では大坂城を守る。財政難で倹約に努め、藩札も発行。氏久を養子に迎え、天保一二年（一八四一）に退隠する。弘化三年（一八四六）六二歳で没した。

一〇代氏久《うじひさ》（一八一六～一八五二）は、戸田氏庸《うじつね》の三男で、氏喬の養子となり継職する。鉄炮組・用意組・長柄組・大砲組からなる農兵の徴集を始め、堺海岸防御や外国船警備に出動した。嘉永五年（一八五二）氏燕《うじよし》を養子に迎えた直後、三七歳で没した。

一一代氏燕（一八三〇～一八九一）は、氏喬の弟氏迪《うじみち》の二男で、氏久の養子となり二三歳で継職。安政元年（一八五四）のプチャーチン来航では、農兵一七七人と家臣とが堺海岸を警備する。領民の上納金、藩士の上米を集め、凍豆腐《こおりどうふ》専売も始める。嘉永年間に藩校簡修館《かんしゅうかん》を中興して和学・漢学・兵学を教え、人材育成に努める。氏恭を養子に迎え、文久元年（一八六一）退隠し、明治二四年（一八九一）堺にて六二歳で没し、黄檗宗法雲寺（堺市美原区）に葬られる。

一二代氏恭《うじゆき》（一八四五～一九一九）は、堀田正《まさ》衡《ひら》の三男で、氏燕の養子になり一七歳で継職。幕命で軍事費がかさみ財政窮乏に陥る。明治二年（一八六九）六月に版籍奉還し、知藩事も辞し、廃藩で堺県に併合される。のち明治天皇の侍従となり崩御まで務め、大正八年（一九一九）東京にて七五歳で没する。

エピローグ

まもり、つたえられる早雲寺の寺宝群

私たちの眼前にひろがる様々なモノたち。その背後にある、時代を超えた人々による不断の努力を、われわれが意識することは極めて稀であろう。しかし、早雲寺の寺宝群も、戦乱や火災による亡失や散逸、そして流転を経ながらも伝世している。それは、早雲寺の歴代住持やその末寺・塔頭、北条氏の末裔たちによる、寺宝をまもり、伝えてきた努力の賜《たまもの》である。今ある寺宝がどのように継承されてきたのか。その歴史的営為の尊さについて、ぜひ一緒に考えていただきたい。

早雲寺記録　柏州記

元禄一四年（一七〇一）

早雲寺

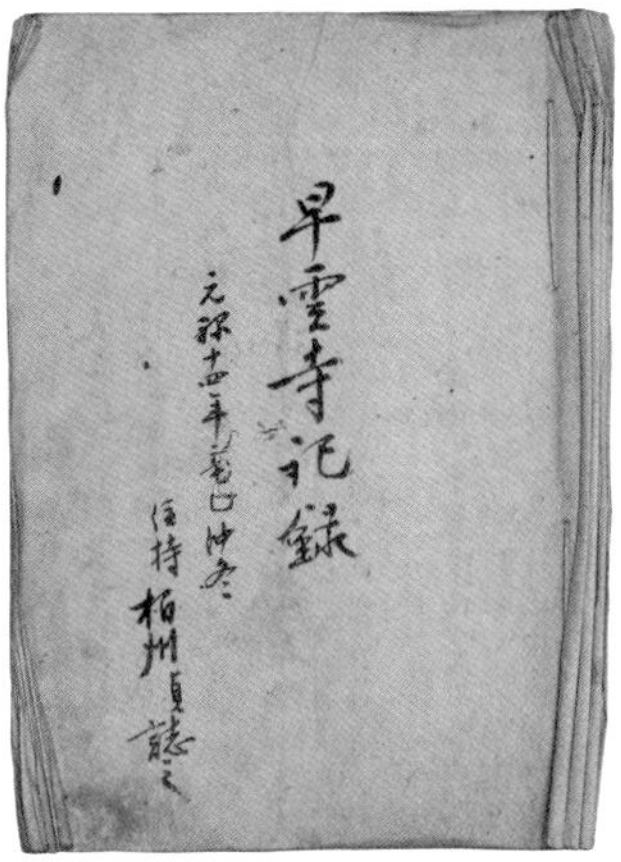

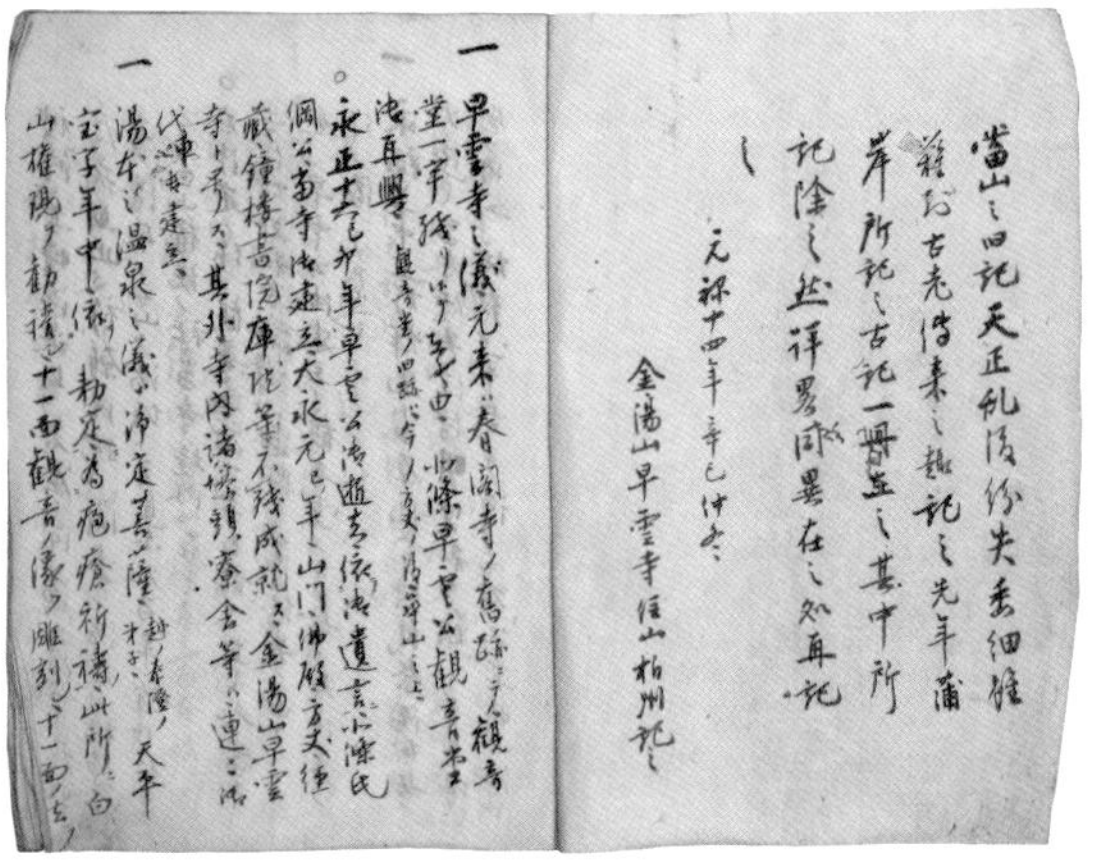

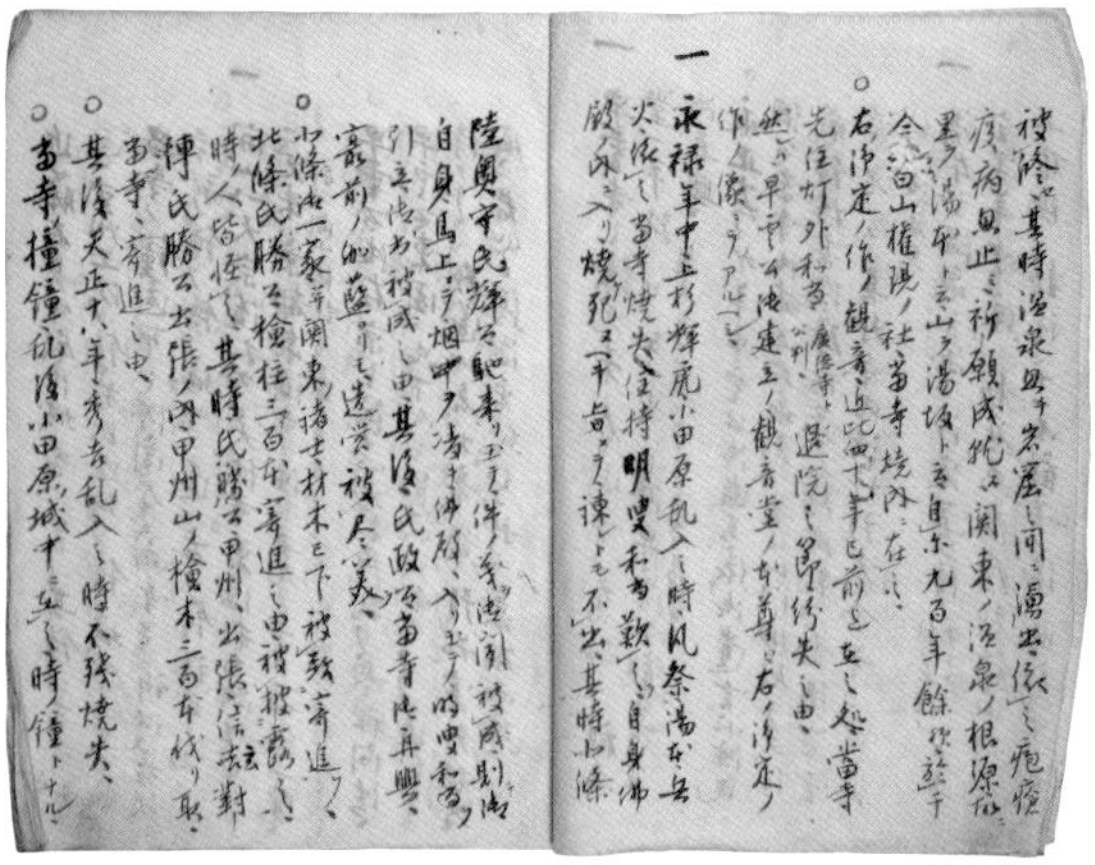

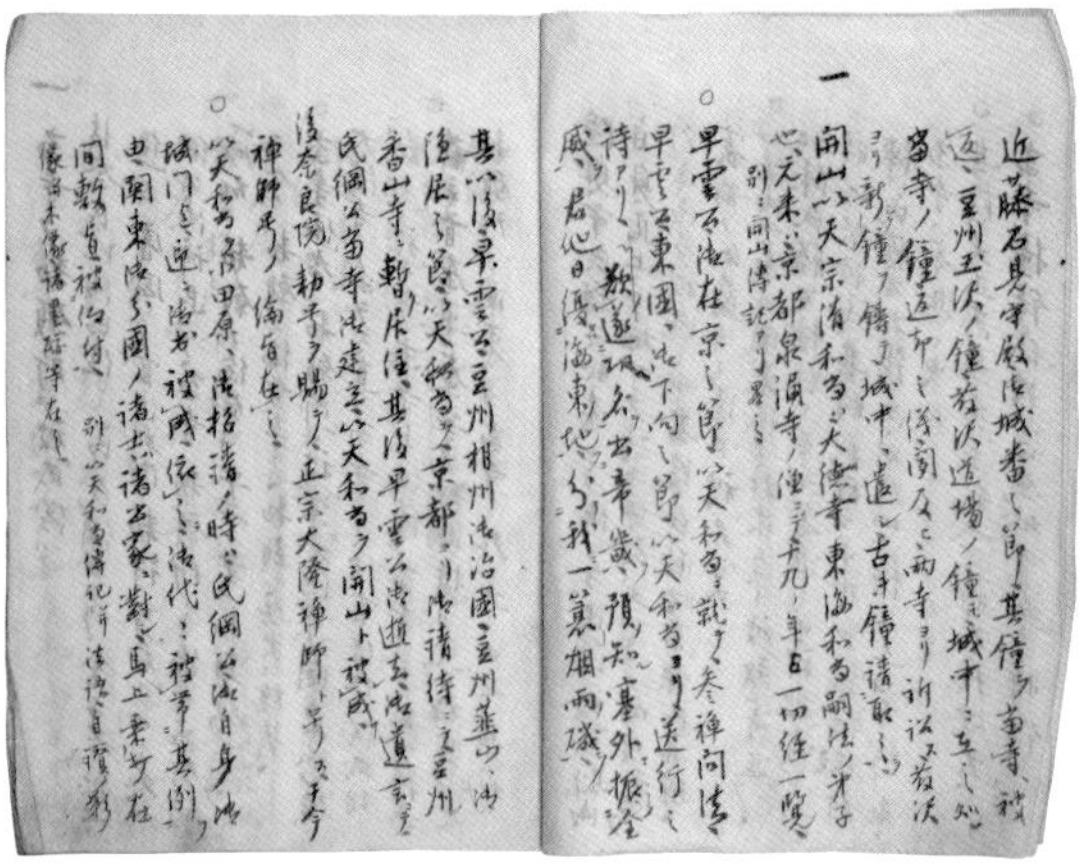

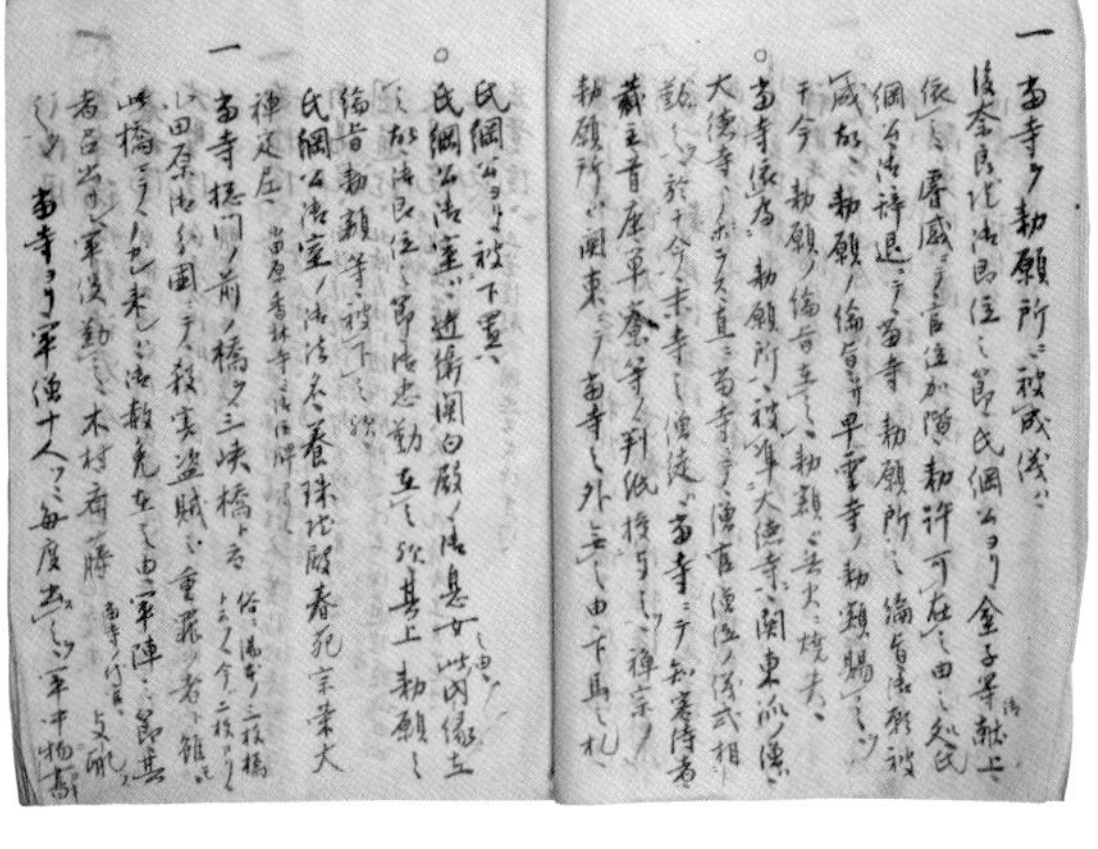

※全釈文・図版は191〜196頁に掲出

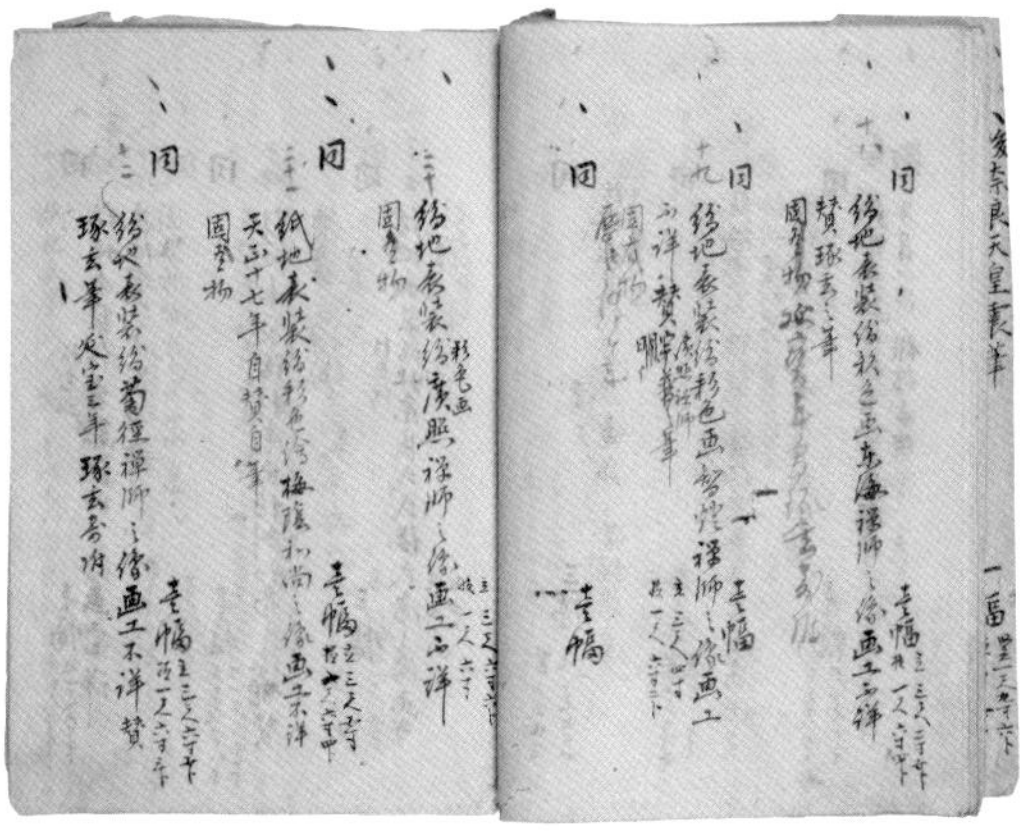

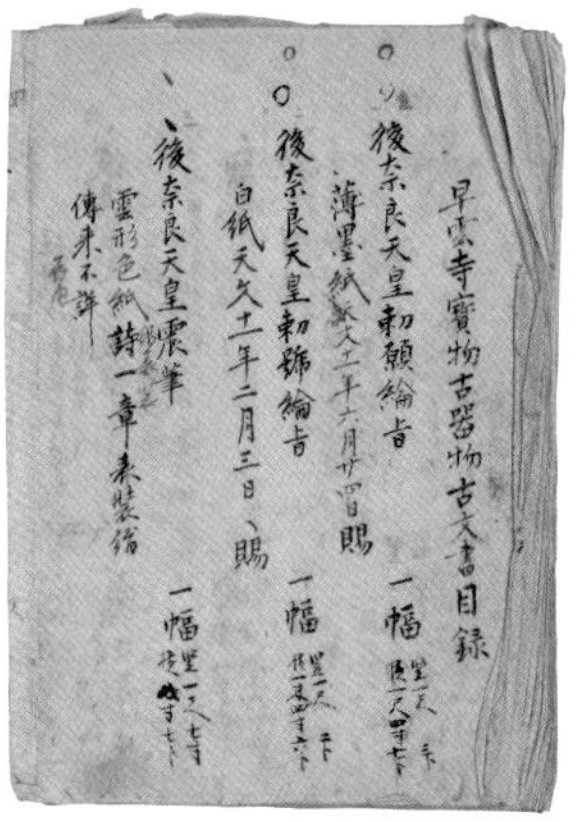

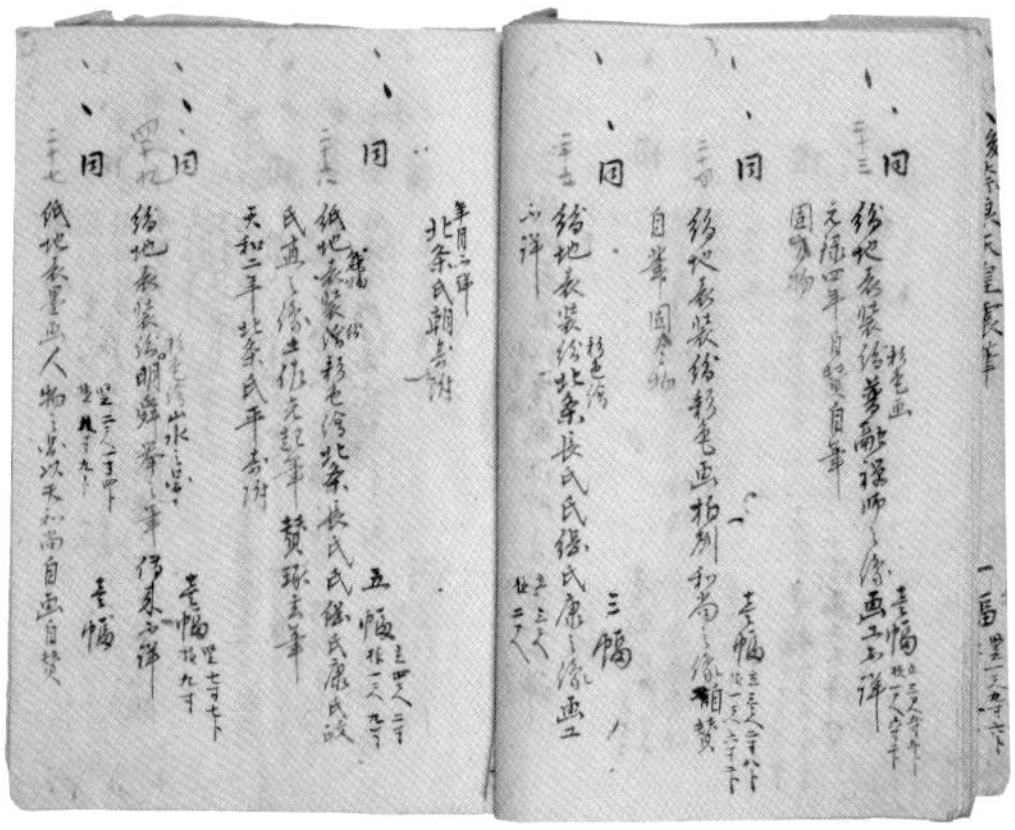

117
早雲寺宝物古器物古文書目録
明治時代
早雲寺

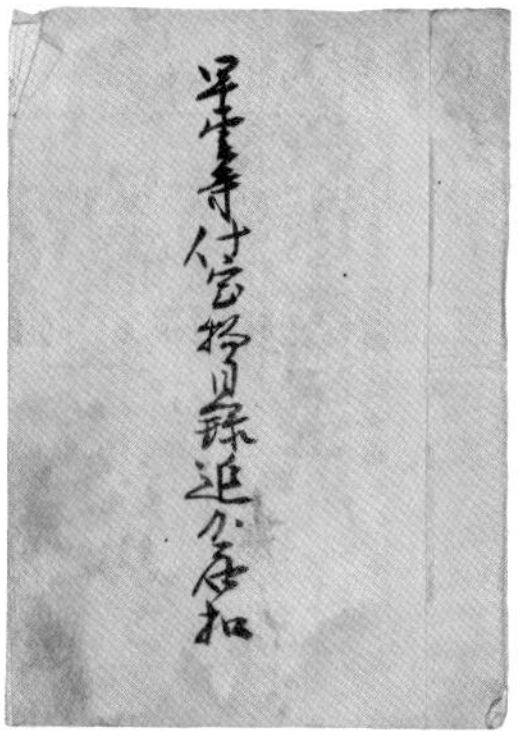

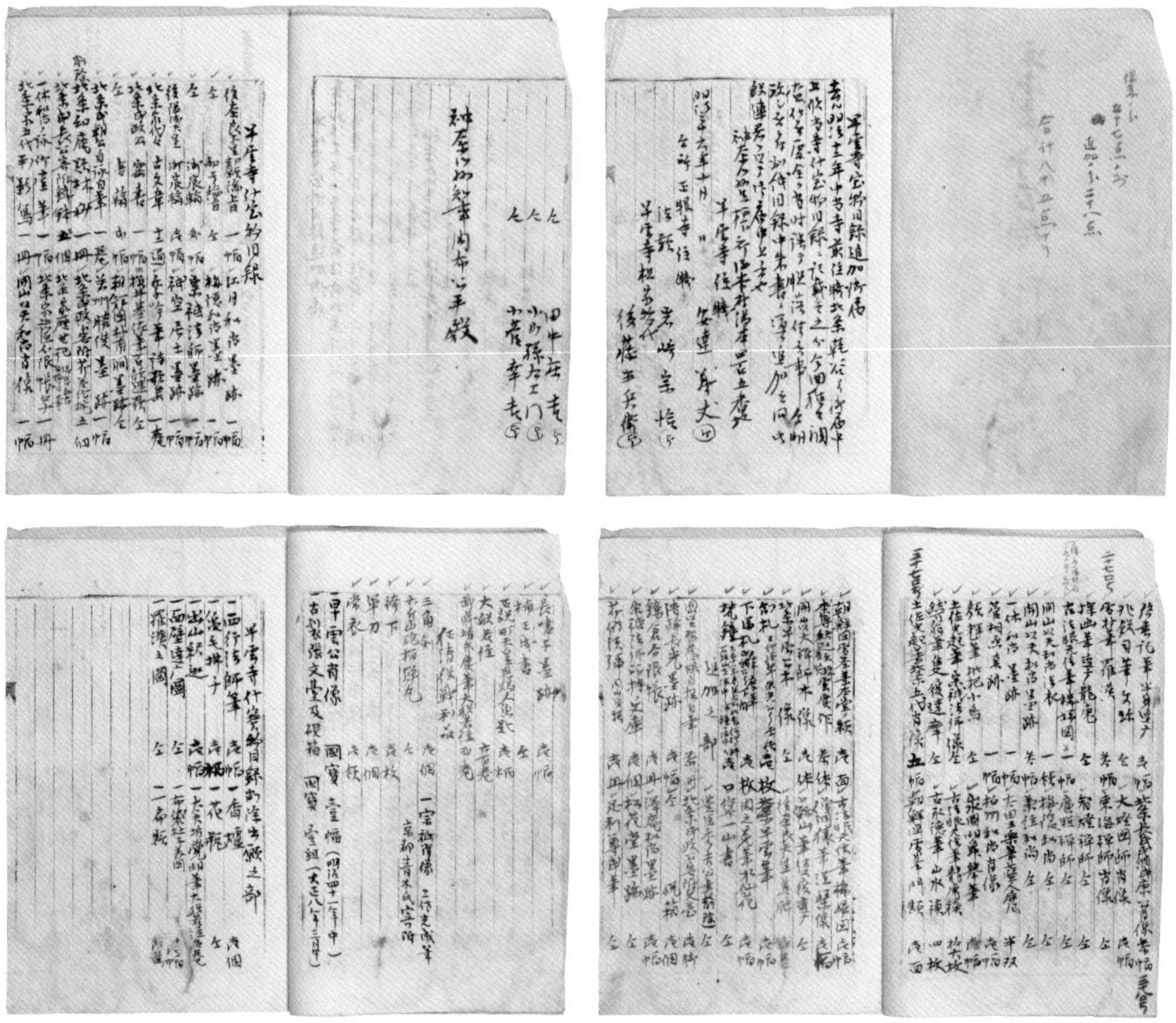

118
早雲寺什宝物目録追加届控
明治三六年（一九〇三）
早雲寺

120
永禄山寶泉禅寺格弊記
元禄九年（一六九六）
宝泉寺

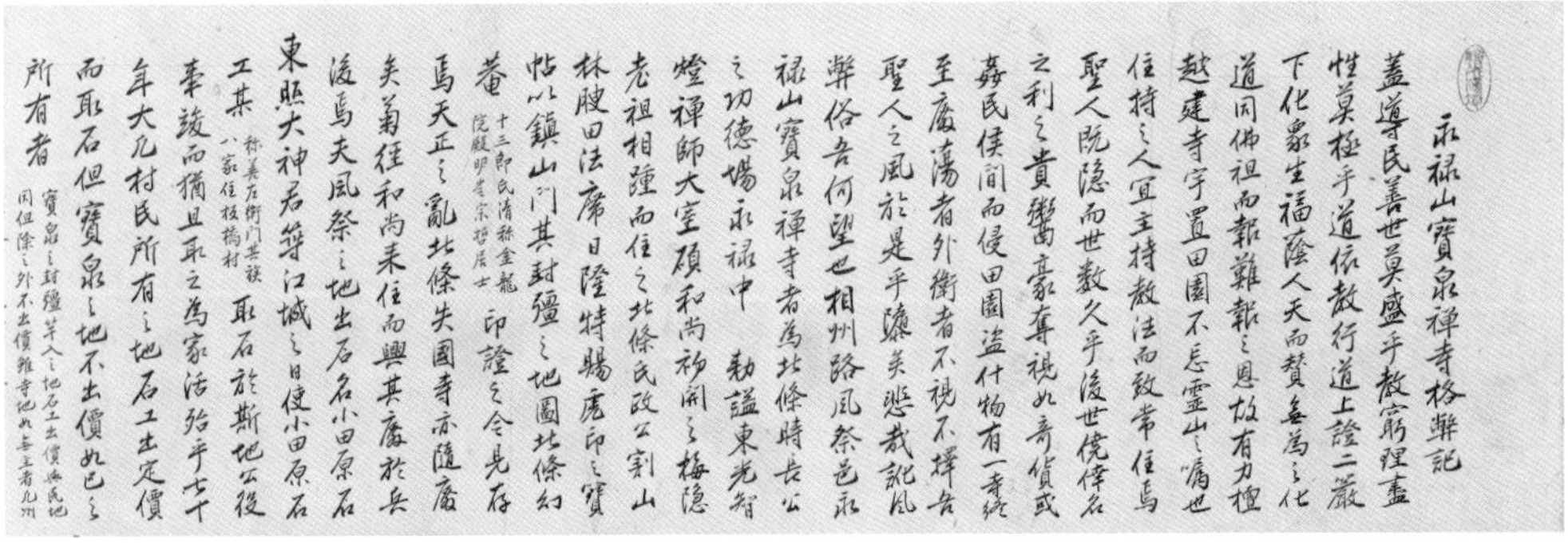

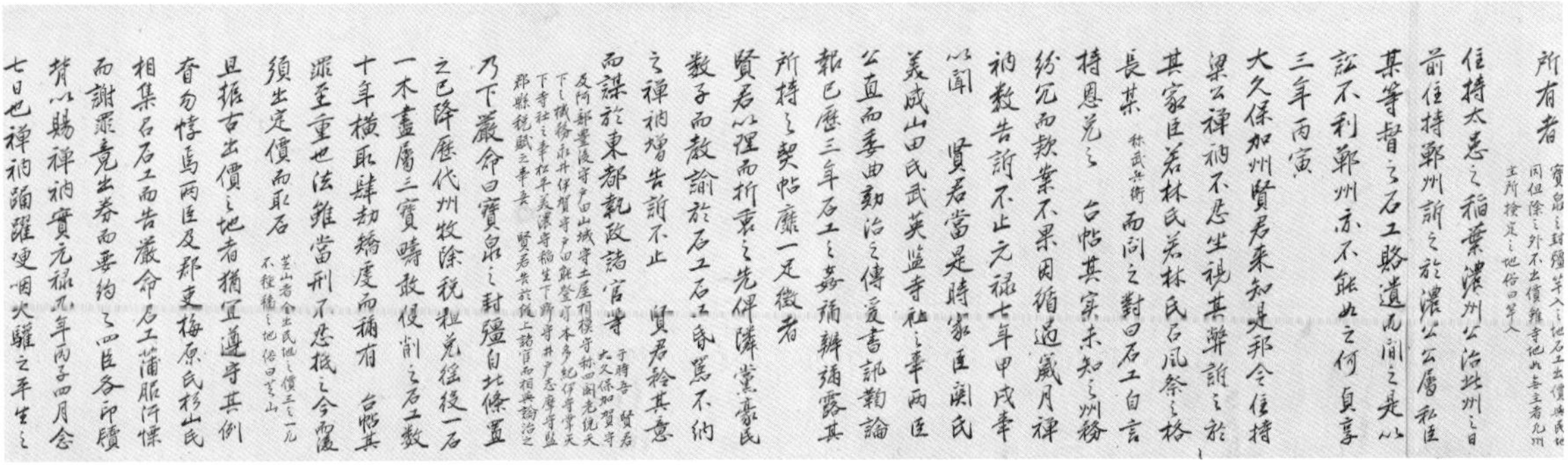

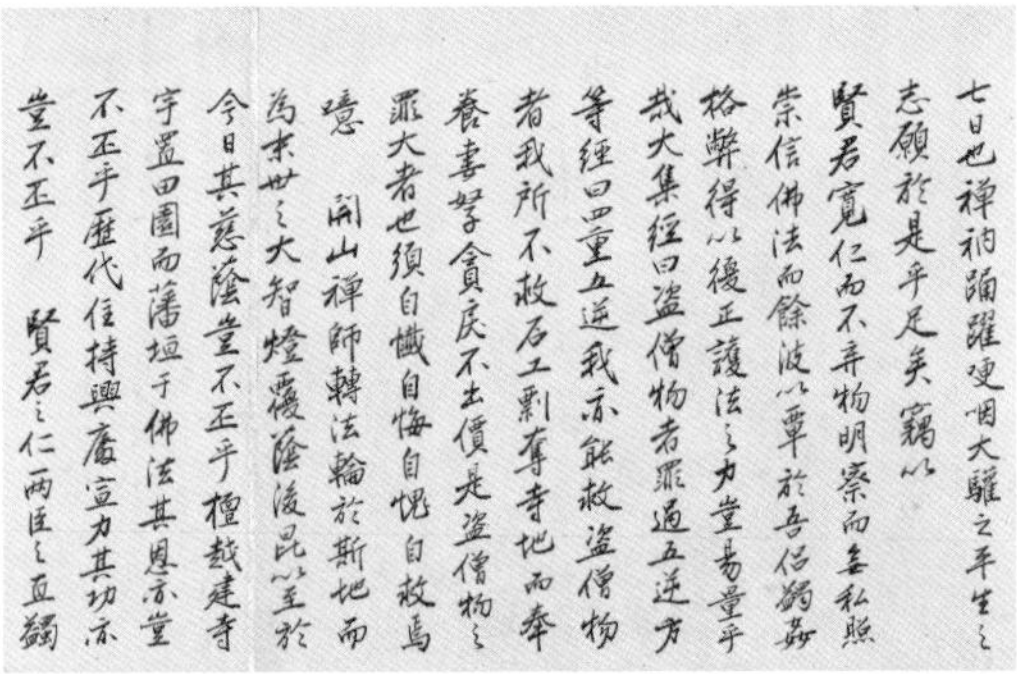

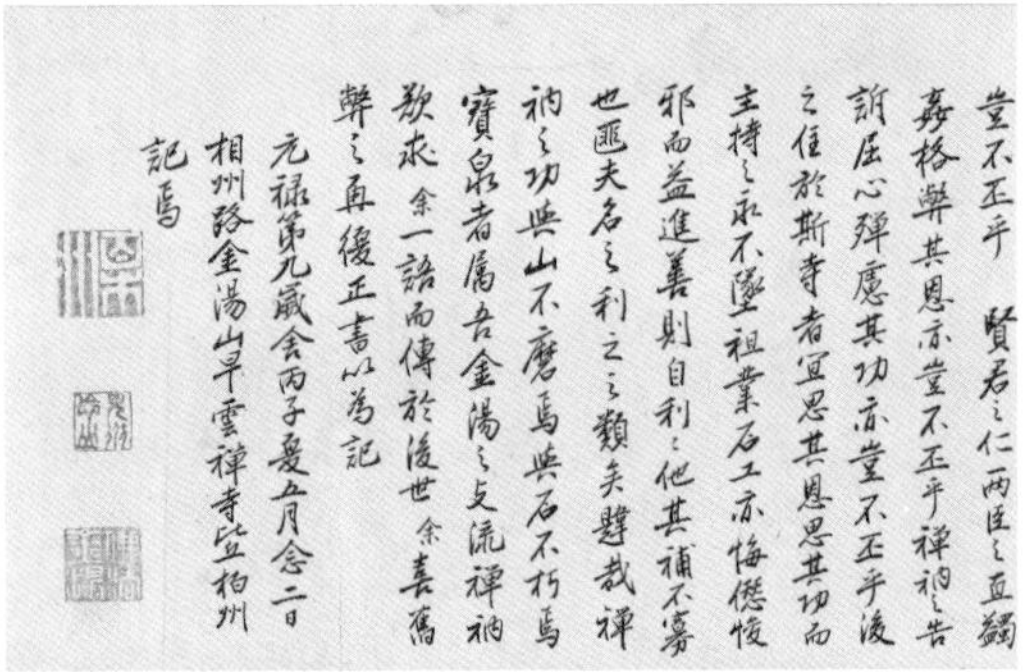

119
宗祇法師像
土佐光起筆
江戸時代
早雲寺

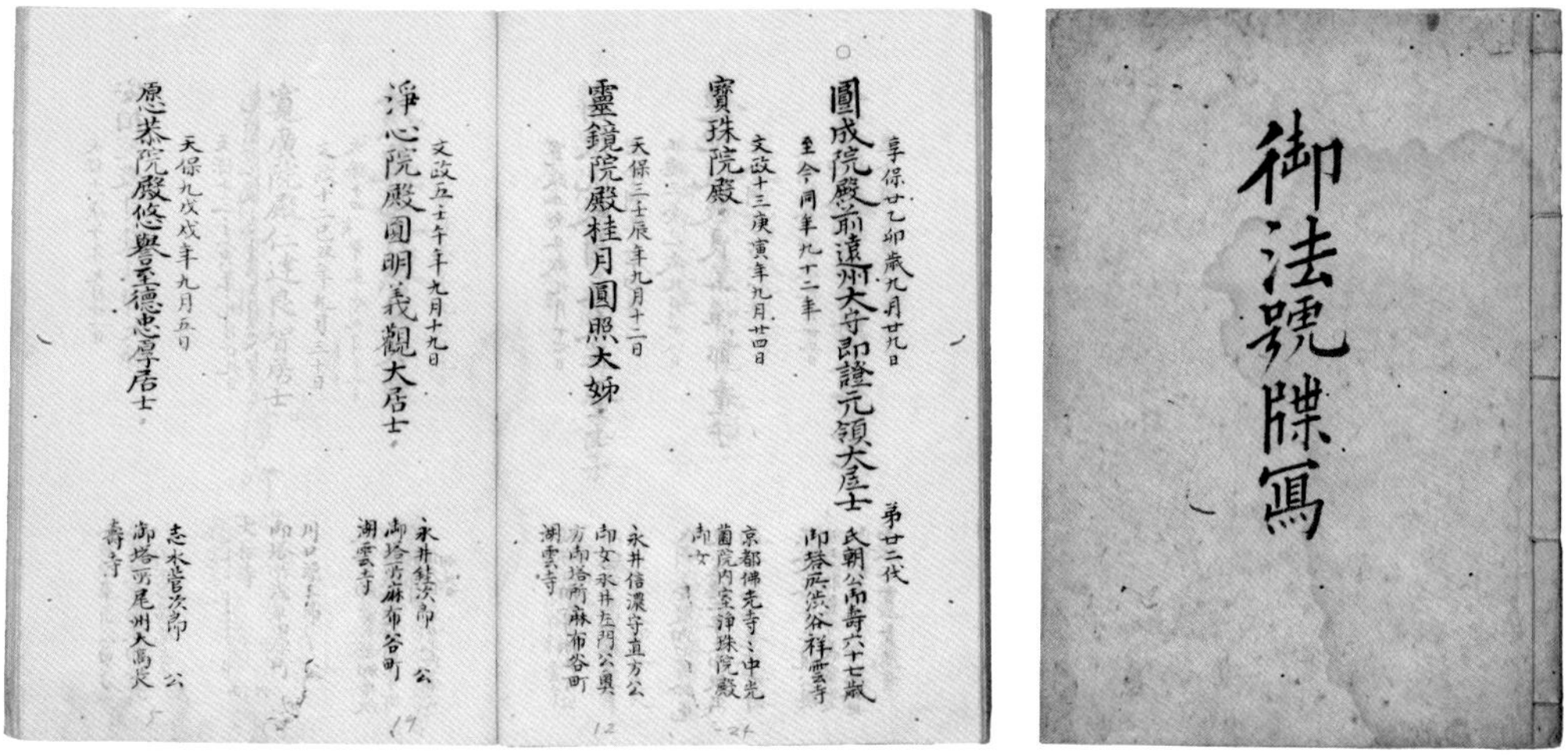

121
御法号牒写（北條尚氏所蔵文書）
文政九年～明治二四年（一八二六～一八九一）
個人

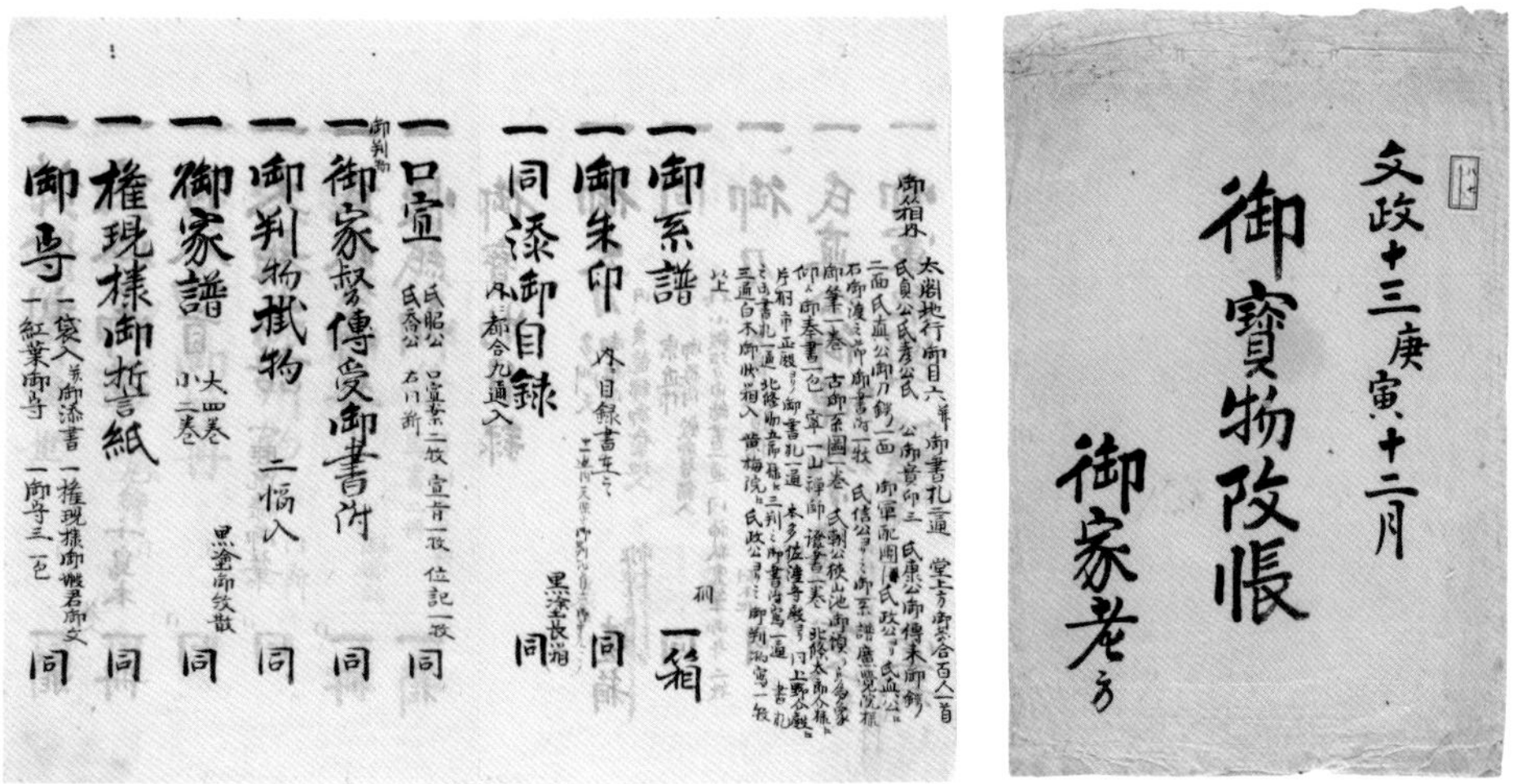

122
御宝物改帳（江馬家文書）
文政一三年（一八三〇）
個人

124
北条氏所領役帳（北条家文書）
江戸時代
神奈川県立歴史博物館

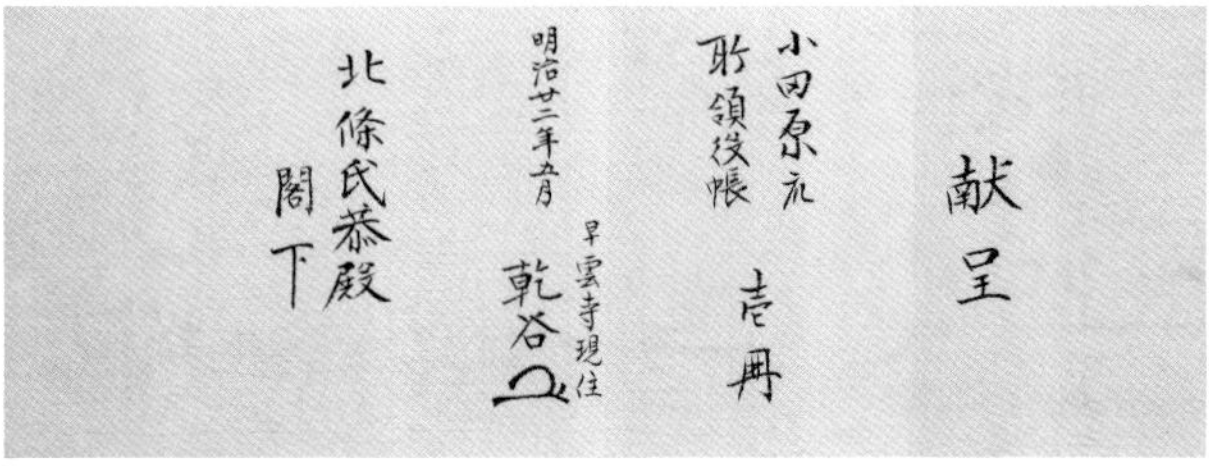
献呈
小田原北
所領役帳　壱冊
明治廿二年五月
早雲寺現住
乾谷
北條氏恭殿
閣下

参考　乾谷献呈目録
明治22年（1889）
神奈川県立歴史博物館

123 北条氏所領役帳（野村家文書）
元文五年（一七四〇）
河内長野市立図書館

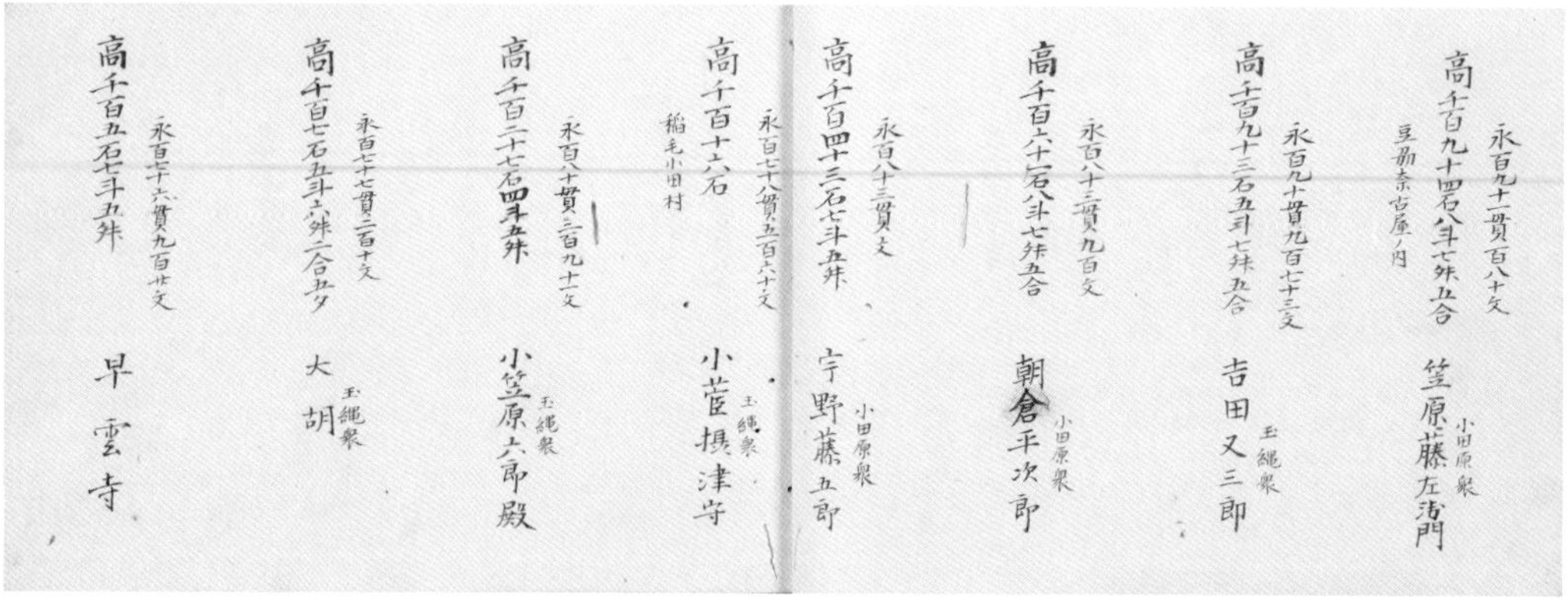
高千百九十四石八斗七升五合　永百九十一貫百八十文　豆州奈古屋ノ内　小田原衆　笠原藤左衛門
高千百九十三石五斗七升五合　永百九十貫九百七十三文　玉縄衆　吉田又三郎
高千百六十石八斗七升五合　永百八十三貫九百文　小田原衆　朝倉平次郎
高千百四十三石七斗五升　永百八十三貫文　小田原衆　宇野藤五郎
高千百十六石　永百七十八貫五百六十文　稲毛小田村　玉縄衆　小菅摂津守
高千百二十七石四斗五升　永百八十貫三百九十文　玉縄衆　小笠原六郎殿
高千百七石五斗六升二合五夕　永百七十七貫二百十文　玉縄衆　大胡
高千百五石七斗五升　永百七十六貫九百廿文　早雲寺

コラム5

近世武士の再就職活動

北条氏康が作成した「北条氏所領役帳」（以下「役帳」）は、原本を喪失するも、現在多数の写本が伝わる。狭山本系に属する123の役帳は、家臣団名簿を他の写本は貫高で表記するに対し、石高に換算し直す点で特徴がある。その理由は、狭山藩での家臣団増員や人材登用に際し、仕官希望の旧北条遺臣の人物が作成した可能性が想定される。かつての北条氏家臣が再仕官を求めて同藩に集った様子が想像されよう。この帳簿は近世武士たちの再就職活動の一端を示しうる。

こうした就職活動に欠かせないのが履歴書であろう。役帳で自分の先祖の石高を示しても、それに相応しい経歴や実力を士官先に認めてもらう必要がある。それが、近世武士の間で盛んに作成された「戦功覚書」と呼ばれる合戦の軍功記録である。北条氏旧臣であった桜井武兵衛を事例に見てみよう。

武兵衛は小田原合戦後、親藩の福井藩に仕官するも、藩主松平忠直が不行跡を理由に改易されると、越後高田藩へ再仕官する。その際に作成したのが「我等はしりめくり之覚」

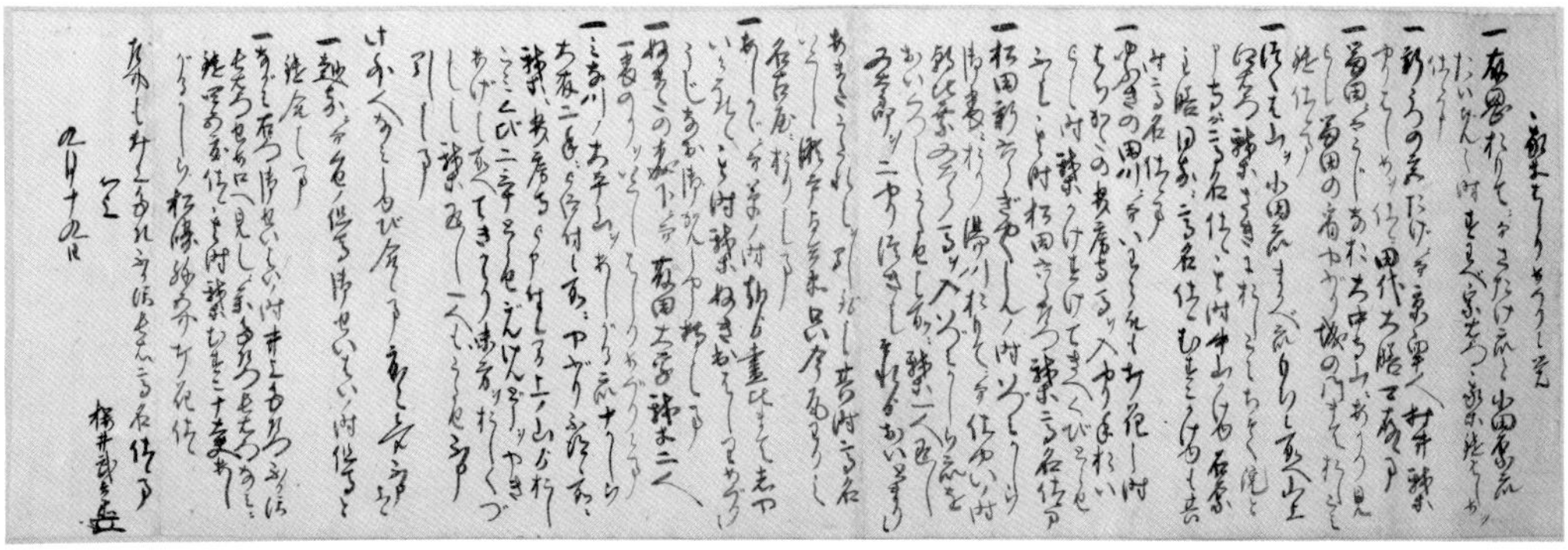

「我等はしりめくり之覚」（桜井家文書）

（桜井家文書、当館所蔵）と題する戦功覚書である。そこには彼が生涯にわたり仕えた北条氏・越前松平氏のもとでの戦争・紛争と、その軍功が列記される。注目されるのが、所持する感状以外の戦功について、証言者となる人物の名前がある点である。主に親藩へ仕官した武士の名前が記され、石原主膳、瀬戸与兵衛（名古屋に現住する旨が記載）は、現在も武兵衛の戦功を証言可能な人物として登場する。また中山家範のように証言者が死去していても、その子息の名を記して証拠能力を高めてもいる。

「我等はしりめくり之覚」は、過去の戦功を書き上げるも、各々を証拠文書や証言から裏付がとれる内容になっている。さらには互いの子息の消息や現住地の情報を有しているため、戦功覚書作成の背後にある、旧北条遺臣たちの藩を越えた人的ネットワークも想定しうる。同様の事例に、加賀藩前田家臣団の「由緒帳」作成背景に、旧朝倉遺臣や旧北条遺臣たちの交流があったことも想起される。

近世武士の再就職活動を支える基盤に、戦国期の旧家臣間の交流があったことは興味深い。同じ主家を仰いだ記憶は、近世社会のなかでも共有され、彼らを結びつけていったのだろう。先の役帳や狭山藩への仕官活動も、旧北条遺臣のOB会なるものが背後にあり、彼らの間での緊密な連携と情報交換の結果、果たされたのかもしれない。近世武士の再就職活動を支えたのは、戦国時代に築かれた先祖たちの繋がりでもあったのである。

（渡邊浩貴）

【参考文献】
・鳥居和郎「桜井武兵衛覚書について―内容とその成立背景の検討―」（『神奈川県立博物館研究報告（人文科学）』三二、二〇〇六年）
・佐藤孝之「加賀藩家臣団の由緒に関する予備的検討」（『石川県史だより』五四、二〇一四年）
・神奈川県立歴史博物館『桜井家文書―戦国武士がみた戦争と平和―』二〇一九年

参考　早雲寺　本堂襖絵　虎図

125
宗峰妙超像
室町時代カ
廣徳寺

曩ニ廣徳寺ハ大正十二年九月一日關東一帯大震災之時祝融ノ難ニ罹リ龍端和尚復興ヲ
計リ昭和五年工成リ仝年四月十五日落慶入佛會擧行依而早雲寺什寳特賜真如廣
照禅師肖像ヲ寄贈ス
早雲三十五世香庵頑謹誌

箱書

126 明叟宗普像
戦国時代カ
廣徳寺

参考　鉄舟宗鐵像　延宝6年（1678）　廣徳寺

127
希叟宗罕像
慶長一四年（一六〇九）
廣徳寺

131
金湯山早雲寺古文章
江戸時代
早雲寺

128
花鳥図
文政一一年（一八二八）
廣徳寺

129
虎図
江戸時代
廣徳寺

130
這畜生図
江戸時代
廣徳寺

コラム6

北条氏朝と柏州宗貞

近世早雲寺の復興に狭山藩北条氏の助力は欠かせなかった。四代藩主氏治は玉縄北条氏らとともに寛文年間の復興に関わり、小田原北条氏五代の墓石を寛文一二年（一六七二）に建立する。その父の事蹟を継承した五代藩主氏朝も、早雲寺へのさまざまな援助を惜しまなかった。とくに氏朝は、当時の早雲寺二三世住持柏州宗貞とも交流が深く、早雲寺にも多くの氏朝関係史料が残る。ここでは氏朝と柏州の関わりについて紹介していく。

住持柏州との関わりが明確にみえるのは、宝永五年（一七〇八）四月三日での「柏州覚書」（早雲寺所蔵）である。覚書には「北条左京殿御参詣、当年ゟ　北条家御霊供米五石充、永代御寄進可在之候旨、直ニ御申渡被成候」とあり、藩主になって日の浅い氏朝が早雲寺を参詣し、小田原北条家の霊供米の寄進を永代にわたって行うことを柏州に直接伝えたという。柏州との交流は、正徳五年（一七一五）に氏朝が着手した北条時政ゆかりの墓所・寺院の調査でもみえる。氏朝は北条氏始祖と定める北条時政の名跡を家臣永田治大夫に調査させ、永田は箱根早雲寺に立ち寄り柏州に出会い北条時政の名跡を尋ねている。その際、柏州は「小田原ニ氏政公・氏輝公之御墓所御座候、早雲寺ゟ毎年盆ニ灯籠二ツ献シ被申候由、此御墓之地断絶無之内ニ　殿様ゟ御印ニ而茂、御建被遊候様ニ仕度旨、柏州御申被成候」と述べ、氏政・氏照墓所への支援を氏朝に願い出ている（98北条時政より鎌倉代々法名・位牌・墳墓之地書付）。この墓所への支援がされたかは未詳だが、翌年に記された柏州の大徳寺出世費用者名簿では、その助縁者の筆頭に一〇〇両を援助した氏朝の名が記されている（【コラム7】参照）。

氏朝の援助は、経済面だけでなく文化面にも及ぶ。年未詳四月八日「氏朝覚書写」（早雲寺所蔵）には、「一、北条家惣領伝　氏之一字之写／氏直公御自筆」「一、守之置文之写／早雲寺殿御自筆」といった古文書の写、小田原落城以後北条氏の歴代俗名法名記や歴世譜などの記録類を早雲寺へ贈っている。これらは狭山藩北条氏に伝世した当主家の文書群「北条家文書」（当館所蔵）に原本が収められている。小田原合戦で焼失し、多くの什宝を失った早雲寺にとり、こうした史料の存在は寺伝や由緒を整理・作成する上で必要なものだったのであろう。さらに、明治時代の早雲寺寺宝記録である117早雲寺宝物古器物古文書目録には、現存する戦国期の武将像39北条早雲像・70北条氏綱像・71北条氏康像が、「年月未詳／北条氏朝寄附」と記される。つまりこの三幅は、小田原北条氏滅亡後はその後裔たる狭山藩北条氏に伝世し、氏朝の代になって寄進され早雲寺に戻ってきたことになろう。北条氏朝が今日に至る早雲寺寺宝の集積に果たした役割は大きい。

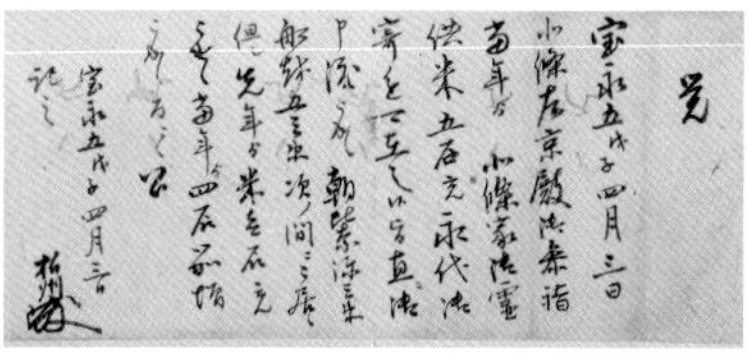
参考　柏州覚書

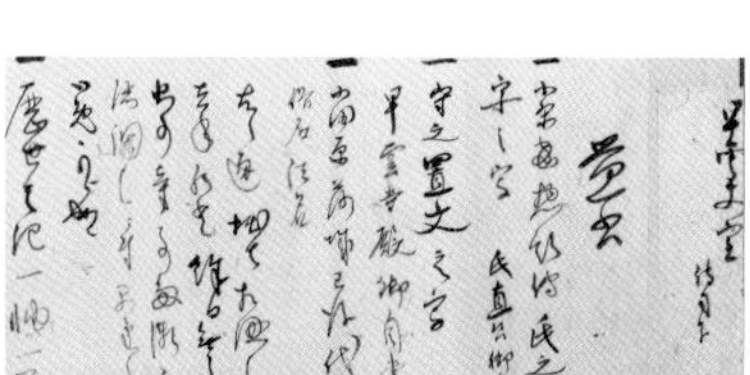
参考　氏朝覚書写

父氏治と同様に氏朝は養子となって家督を継承している。ゆえに藩主継職の正当性を纏う必要があり、家譜編纂や諸記録作成に最大の関心を払っていた。また柏州も、116早雲寺記録　柏州記を記すなど、早雲寺の寺誌編纂に意欲をみせ、末寺・塔頭の存廃なども調べ上げている。同時期に存生した両者の活動、そして交流があったからこそ、小田原北条氏の事蹟や早雲寺の寺宝は今も伝えられてきたのである。

（渡邊浩貴）

【参考文献】吉井克信「狭山藩北条氏十二代の足跡をたどる」（大阪狭山市・大阪狭山市立郷土資料館『狭山藩北条氏―戦国大名小田原北条五代の末裔―』二〇一六年）

近世・近代の早雲寺と廣徳寺

　早雲寺所蔵の近世文書のなかに、正徳六年（一七一六）一〇月一四日「柏州出世料諸方助縁」と題する古文書が収められる。冒頭に「柏州上京ノ助縁」とあるため、本史料は早雲寺二三世住持柏州宗貞（一六六四～一七三三）が、本山大徳寺住持に出世して上京・滞在するにあたり、その費用を早雲寺諸檀越や支援者に募り助縁を受けた際の名簿と分かる。

　名簿をみるに、助縁者は九五名に及び、狭山藩主北条氏朝の百両を筆頭に玉縄北条氏ら北条氏末裔の人々からの多額の支援金がならぶ。また早雲寺末寺の廣徳寺からも五〇両と多額で、末寺・塔頭や檀那からの支援や小田原城主大久保氏関係者など地元の支援者の名もみえ注目される。早雲寺住持による大徳寺出世がいかに多額の支援金を必要としたかが窺えるとともに、裏を返すと、こうした支援なしには大徳寺出世が果たせなかったという早雲寺の経済事情もあった。近世早雲寺の住持は、中興開祖一七世菊径宗存以来、一八世琢玄宗璋・一九世燈外紹伝まで大徳寺へ出世を果たしているが、それ以降は見られなくなる。二三世の柏州で久方ぶりに大徳寺への出世となり、その後も記録上早雲寺住持の出世は認められず、明治一九年（一八八六）に乾谷宗一が大徳寺四八一世となるまで待たねばならない。

　一方、末寺の廣徳寺は近世関東龍泉派の中心たる地位を確立させていた。近世初期までは早雲寺住持が廣徳寺に入り大徳寺へ出世していたが、琢玄宗璋以降は早雲寺住持が基本的に大徳寺に入ることはなく、廣徳寺住持が近世後期にわたり大徳寺出世を果たしている。こうした近世における早雲寺と廣徳寺の立場を背景として、寛文年間に本末間の相論も発生する。この影響であろうか、廣徳寺住持の鉄舟宗純・説叟宗演は早雲寺に入寺しているが歴代住持には数えられていない。先の名簿における廣徳寺の支援金が狭山藩北条氏に次ぐ五〇両であることも、同寺の実力を示していよう。

　早雲寺と廣徳寺は、本寺末寺間での微妙な関係を挟みつつも、しかし交流は活発であった。廣徳寺は小田原合戦後に、小田原から下谷（東京都台東区）へ移転していたが、大正一二年（一九二三）の関東大震災で甚大な被害を蒙り寺宝も多くが失われてしまった。その後、廣徳寺は現在の桜台（東京都練馬区）に再建され現在に至る。復興された廣徳寺に対し、本寺早雲寺住持香庵から住持龍瑞へ67以天宗清像や126明叟宗普像が贈られる。その後も断続

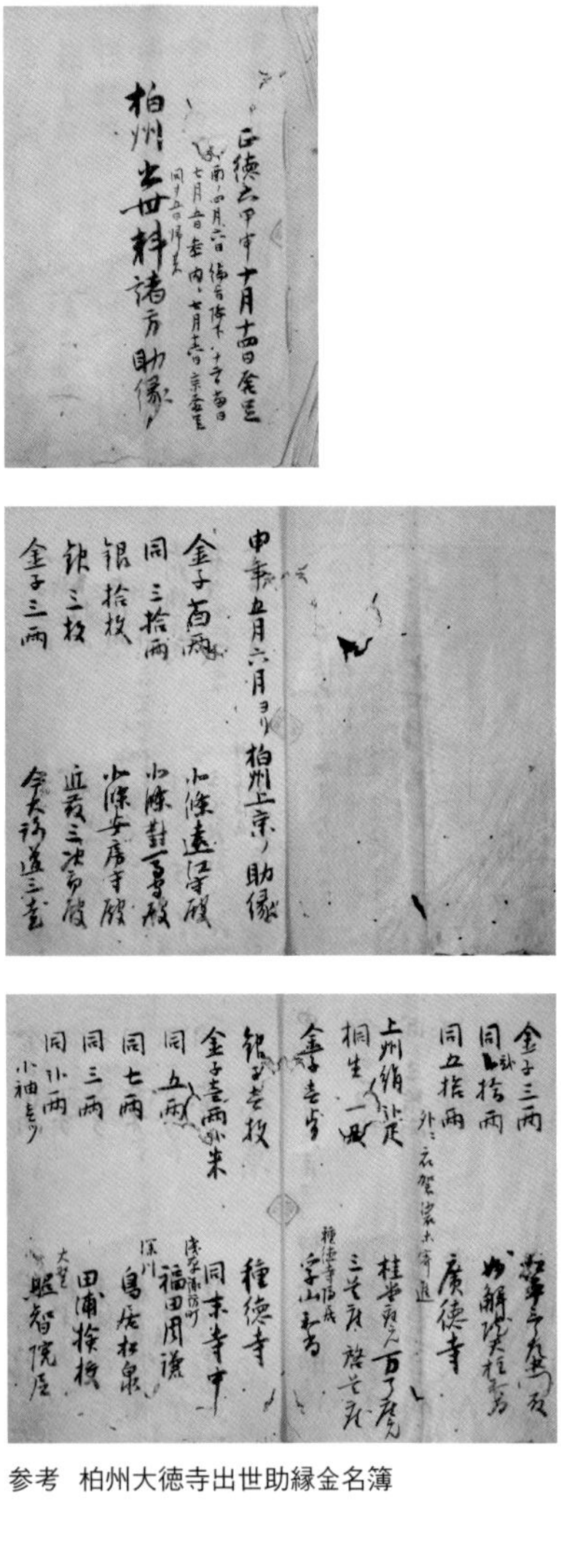
柏州出世料諸方助縁
柏州上京ノ助縁
金子百両
金子三両

参考　柏州大徳寺出世助縁金名簿

廣徳寺歴代住持一覧

世代	広徳寺住持名	早雲寺住持	大徳寺住持	大徳寺への出世・再住等	没年
1	明叟宗普［開山］	5世	113世	元亀2年(1571)	天正18年(1590)
2	希叟宗罕	11世	132世	天正17年(1589)	慶長15年(1610)
3	州甫宗鎮		145世	慶長8年(1603)	寛永12年(1635)
4	壁英宗趙				寛永12年(1635)
5	琢玄宗璋	18世	183世	慶安元年(1648)	貞享2年(1685)
6	鉄舟宗鈍	権住	207世	寛文5年(1665)	貞享2年(1686)
7	説叟宗演	権住	221世	延宝4年(1676)	宝永4年(1707)
8	別源宗甄		224世	延宝7年(1679)	宝永6年(1709)
9	雲巌義端		278世	宝永6年(1709)	享保18年(1733)
10	桂堂宗玉		302世	享保4年(1719)	享保15年(1730)
11	萬了義般		319世	享保15年(1730)	享保16年(1731)
12	月船宗三		327世	享保19年(1734)	寛保2年(1742)
13	江堂宗景		348世	寛保3年(1743)	宝暦5年(1755)
14	閑田義問		358世	宝暦2年(1752)	明和2年(1765)
15	庭州義訓		374世	宝暦11年(1761)	明和4年(1767)
16	貫岑義文		383世	明和5年(1768)	天明3年(1783)
17	直翁宗廉		397世	安永8年(1779)	天明6年(1786)
18	明道宗詮		401世	天明6年(1786)	寛政8年(1796)
19	茂隠義苗				
20	荊山宗珍		421世	文化5年(1808)	文化12年(1815)
21	正道義道		440世	文政8年(1825)	天保12年(1841)
22	魏山義梁				嘉永元年(1848)
23	泰道宗恪				嘉永3年(1850)
24	梁山宗周				安政3年(1856)
25	心岳義裕				明治20年(1887)
26	英叟宗俊		478世	明治18年(1885)	明治45年(1912)
27	槐蔭宗扶				明治38年(1905)
28	龍瑞義門		493世	昭和8年(1933)	昭和9年(1934)

※福富以清『廣徳寺誌』廣徳会、1956年、『龍寶山大徳禅寺世譜』を基に作成。

的に早雲寺什宝が贈られたようで、廣徳寺には開山明叟宗普や法嗣ゆかりの資料が豊富に伝えられる。早雲寺の寺宝群が多く廣徳寺に残されているのは、近代以降における両寺の交流によるのである。

（渡邊浩貴）

【参考文献】
・福富以清『廣徳寺誌』廣徳会、一九五六年
・岩崎宗純「江戸時代の早雲寺」『三浦古文化』一七、一九七五年
・早雲寺史研究会『早雲寺』神奈川新聞社、一九九〇年

早雲寺　鐘楼堂

戦国大名北条氏と職人――「職人」を通してみた氏綱時代の小田原――

鳥居和郎

はじめに

北条氏など戦国大名は領国経営のため職人支配を重視した。永禄二年（一五五九）、三代当主の氏康は家臣の普請役（労働課役）賦課の状態を把握するため「所領役帳」を作成した[1]。それには軍団の単位である「衆」ごとに、家臣名、貫高、郷村名（知行地）が書かれている。その一つに「職人衆」があり、同業を束ねる頭分およそ二六名が記されている。北条氏は職人たちを産業面だけではなく、武器・武具の生産、城砦の構築など軍事的にも重要視していたため、知行を与え被官化したのである。

また、「所領役帳」以外に、複数の職人の活動をうかがうことができる史料として「快元僧都記」がある[2]。天文二年（一五三三）より二代氏綱が行った鶴岡八幡宮修営の状況が記され、北条領国の内外から呼び寄せられた職人たちの動向を知ることができる。

本稿は、これら二つの史料をもとに北条氏の本拠地小田原の職人の状況をみていきたい。また、それをもとにして都市としてみた小田原の特色や早雲寺の建立などについても考えてみたい。なお、戦国期の職人の働く姿を描いた「三十二番職人歌合」などの職人尽絵では[3]、番匠や石切といった技術者の他、芸能者や行商人なども描く。中世の職人はこれらを含む職業との認識もあるようだが、『日葡辞書』には職人を「工作を職とする人」とする[4]。また、北条氏関係史料には職人と同じ意味で「細工人」と記すことがあり[5]、『日葡辞書』には「物を作る職人」と書く。本稿は、職人を技術を持ちそれを職業とする人々と認識し述べていく。

一、北条領国内の職人たち

（1）「所領役帳」職人衆にみられる職人

まず「職人衆」に記載される職人と国ごとの分布をみてみる（表1）。一六の職種が記されているが、大工・鍛冶・石切・大鋸引など建築関係の職人の多さに気付く。また、それ以外では写経や書画の表装を行う経師、刀剣・拵・切革といった武具関係など、北条氏が重視した職人たちを知ることができる。

職人たちの分布をみると、伊豆が過半数を占め居住地は三島（静岡県三島市）、奈古谷（静岡県伊豆の国市）、多田（同）に集中する。三島は伊豆の一宮があり同社に付属する職人集団が所在していた。奈古谷は山内上杉氏祖憲顕を開基とする国清寺があり、上杉氏歴代の菩提所として南北朝から室町時代にかけて隆盛し多くの塔頭があった。また、寺の周辺は上杉氏の伊豆における拠点であった[6]。さらに、北条家初代の早雲が拠点をおいた韮山城も近く、三島とともに伊豆国の中心ともいえる地域であった。このような特性により、近隣の多田も含め多くの職人が活動していたことがうかがえる。

相模では鎌倉とその周辺に分布する。同地は鎌倉時代以来、関東の政治や文化の中心で、鎌倉五山や他宗派の寺院も多くそれらに付属する職人がいた。また、武蔵は北条氏の有力支城がおかれた場所というように、いずれの地も文化的・政治的な背景により、職人たちが生活できる環境が備わっていた。

盤をおいていた[31]。北条氏側からみても、出職が基本である大工、石工などを城下に住まわせることは意味がなかった。また、居職の職人たちには製品を運ばせれば良く、職人たちを城下に集住させる必要性をあまり感じなかったのではなかろうか。

氏綱は、大永年間の連続した大規模な寺社の造営では、大工彦左衛門、塗師七郎左衛門を、天文年間の鶴岡八幡宮造営では四恩院大工与次郎などのように、中心となる職人を京や奈良から小田原に呼び寄せた。小田原やその周辺にはこれら大事業を担える職人がいなかったからであろう。また、『新編相模国風土記稿』には、小田原城下の職人の中に出自を他国とする家伝を持つ家をいくつかみることができる。全てではなかろうが何人かは北条氏により招来された職人の子孫であろう。だが、これら招来された職人たちのうち、どの程度が小田原に定住したのであろうか。氏綱大工彦左衛門でさえ、「快元僧都記」以降本人やその系譜に連なる人物を伝える史料はない。石工や紺屋など、城下の人々が求める身近な職人たちは小田原に根を下ろしたのであろうが、帰国した職人は少なくなかろう。

中央からの職人の招来は先進技術の移入の方法としては合理的であるが、それらが在地の文化と融合して、「小田原物」と呼ばれる独自の文化の創出に至ったものか、それを裏付けるとされる資料についてはまだ充分に検証が行われていない。北条氏時代の技術が、江戸時代の小田原に継承されていたことを記した史料として『毛吹草』がある[32]。諸国の「古今ノ名物」として相模小田原は、「透頂香《トウチンカウ》」「甲鉢《カブトバチ》」が記されている。「透頂香」はその製造は江戸時代は勿論のこと現在にまで継承されている。兜鉢は、北条氏が滅亡した後も製作が行われ名物と認められるような存在であったことがうかがわれ興味深い。ところで、その他の「小田原物」はどのような状況だったのであろうか、北条氏時代、後世に「名物」として語られるような文化が生成されていたものか、まだ検討の余地がありそうである。後考を期したい。

【註】

(1)「小田原衆所領役帳」「北条家所領役帳」などとも言われる。本稿では佐脇英智校注『小田原衆所領役帳』東京堂出版、一九九八年を引用した。

(2)「快元僧都記」『戦国遺文』後北条氏編、補遺編、東京堂出版、二〇〇〇年。

(3)石田尚豊編『職人尽絵』(日本の美術一三二)至文堂、一九七七年。

(4)『日葡辞書』岩波書店、一九八〇年。

(5)「鶴岡御造営日記」天文三甲午二月二日条(『戦国遺文』後北条氏編、補遺編)。北条家定書、天正一五年七月晦日付(『戦国遺文』後北条氏編、三一三三号文書)など。

(6)『静岡県史　通史編2　中世』四三八頁。

(7)『新編相模国風土記稿』第二巻、三三頁、須藤町の項。

(8)伊禮正雄「『小田原衆所領役帳』研究への提言―城郭との関りを中心に―」(『関東戦国史研究』名著出版、一九七六年、のち『後北条氏の研究』(戦国大名論集8)吉川弘文館、一九八三年に再録)。

(9)『戦国遺文』後北条氏編、一八四三・二一四四号文書。

(10)鳥居和郎「後北条氏の京都外交と左近士氏」(『戦国史研究』第四九号、二〇〇五年)。

(11)前掲(9)と同じ、二一七〇・三四八九号文書。

(12)前掲(9)と同じ、三五三五号文書、三献の作法について「くほによくたつねられ候て、したいちがハぬように候へく候」とある。

(13)前掲(9)と同じ、二一七〇号文書。

(14)幸松は河越や江戸などに二〇貫の知行を得ていた。天正一〇年代ではあるが、紬の価格は上紬一段が一貫五百文、中紬は一貫三百文、下紬は一貫文なので、仮に下紬で換算しても、知行を大きく超える百貫文分の給与となる(『戦国遺文』二七三四・三〇二八・三四〇一号文書)。

(15)前掲(9)と同じ、七一四号文書。

(16)前掲(7)と同じ、四七頁。

(17)前掲(7)と同じ、二二頁。

(18)前掲(9)と同じ、五六号文書。

(19)前掲(2)と同じ、天文九年正月二一日条。

(20)早雲寺の開創について、岩崎宗純氏は早雲と以天宗清は春浦宗熈を通じての法縁により以天宗清に請い、湯本に「早雲庵」と呼ぶべき前身寺院を建て(事実上の創建)、早雲が死没後、氏綱はそれを本格的な寺院に建立したとされた(「後北条氏と宗教―大徳寺関東竜泉派の成立とその展開―」『小田原地方史研究』五、一九七三年、のち『後北条氏の研究』(戦国大名論集8)吉川弘文館、一九八三年に再掲)。また、早雲寺史研究会『早雲寺─小田原北条氏菩提所の歴史と文化─』では、「早雲寺古記録」により、早雲は以天宗清を伊豆韮山の香山寺に招き、その時、早雲寺の建立があったとする。一方、早雲寺の創建の時期を、宗清の在京の時期などにより享禄年間以降と遅くする説もある（黒田基樹「北条氏綱論」『北条氏綱』（中世関東武士の研究　第二一巻）戎光祥出版、二〇一六年）。以天宗清との関係から早雲寺の開創年代を考察することは、史料の制約もあり困難と思われる。開基となる人物の没後、さほど時期を置かず建立されたと考えることは合理性があり、通説どおり大永元年頃と考えてよかろう。

(21)『小田原市史　通史編　原始古代中世』四九八頁。

(22) 前掲（2）と同じ、天文四年三月一四日条。

(23) 前掲（9）と同じ、一五三・二七一号文書。また前掲（7）と同じ、五〇頁。

(24) 前掲（9）と同じ、一二八九・二九八二号文書。

(25) 前掲（9）と同じ、三五九八号文書。

(26) 前掲（7）と同じ、七頁。

(27) 前掲（9）と同じ、九〇〇・一八四三・二一四四号文書。

(28) 神奈川県立博物館特別展図録『後北条氏と東国文化』一九八九年、また神奈川県立歴史博物館特別展図録『戦国大名北条氏とその文書』二〇〇八年の図版。

(29) 埼玉県の椋神社に北条氏邦の奉納と伝わる兜があり、「相州小田原住明珍勝家」の銘を持つ。鉢の各間に銀と真鍮で神号などが象嵌されている。真鍮は銅と亜鉛からなる合金で、輸入による真鍮製品は正倉院宝物にある。また、平安時代後期の経典「紺紙金字一切経（荒川経）」に金泥の代用として真鍮粉を混用した例もあり（「日経新聞」二〇一四年四月二一日）、これは既存の真鍮製品の再利用と思われる。日本で真鍮が作られたのは、亜鉛の輸入が行われるようになった江戸時代以降とされ、戦国期の小田原では金より真鍮製品の入手の方が困難とみられる。また、現在、戦国期相模と明珍派の関係を伝える史料がなく、まだ検討を要する資料と思われる。

(30) 小田原城天守閣特別展図録『小田原開府五百年─北条氏綱から続くあゆみ─』二〇一八年、また、武器・武具や各種の美術工芸品などの「小田原物」については『小田原市史　通史編　原始古代中世』七七七頁。

(31) 小田原城下からさほど離れていない国府津（小田原市国府津）や大井（小田原下大井）には、北条氏が小田原に入る前から活動している番匠がいた。これらは近隣の寺社の造営などを行っていたことがわかる。

(32)「毛吹草」とは、京の俳人松江重頼が正保元年（一六四五）に刊行した俳諧方式書、巻四には諸国の名物が記される。相模小田原は、「海雀《ウミスヾメ》魚也、透頂香《トウチンカウ》、甲鉢《カブトバチ》」が載る。（『毛吹草』新村出校閲、竹内若校訂、岩波文庫）

人衆の職人はそれぞれ生活基盤のある土地を本拠としていたが、御馬廻衆の「職人」たちは、当主の直属ということもあり小田原に居住していたのであろう。

（3）「快元僧都記」にみられる職人たち

「快元僧都記」により小田原を本拠としていたことがうかがえるのは、石切、畳刺、大工、塗師などである。

まず、具体的な居住地が記されているのは「大窪石切」である。大窪（神奈川県小田原市板橋）には石切の善左衛門がいた。家伝では初代善左衛門は甲斐の出身で駿河で石工をしていたが、明応年間頃に初代早雲に仕えたとする[16]。また、「畳刺」と記されているのは弥左衛門で、家伝では早雲の頃より畳刺の棟梁として仕えたとする[17]。戦国期、畳の需要は限定的であったため、北条家などの求めに応じるため城下（近世期に山角町と呼ばれた場所）に居たのであろう。

また、「氏綱大工」「京大工」と記される彦左衛門は氏綱の抱工であった。氏綱が大永三年（一五二三）に行った箱根権現の社殿再建の棟札にみられる「大工方積彦左衛門尉宗次」と同一人物であろう[18]。また、やはり「京大工」と記される又三郎は彦左衛門の子で、「快元僧都記」には小田原から鎌倉に来たとの記述がある[19]。

ここで彦左衛門について少々述べてみたい。現在、確認できる彦左衛門が関わった作事場は鶴岡八幡宮と箱根権現である。いずれも「大檀那」として氏綱が行ったもので、氏綱の抱工の彦左衛門は主導的にこれらを行ったことであろう。氏綱は、大永元年（一五二一）の早雲寺建立を嚆矢として[20]、翌二年には相模一宮寒川神社社殿の再建、同三年には箱根権現、同六年には伊豆一宮三島社の造営、また、年代は不詳であるが相模六所神社（神奈川県大磯町）と伊豆山権現（静岡県熱海市）の再建というように、連続して伊豆・相模の有力寺社の造営を行った[21]。

永正一六年（一五一九）に初代早雲が没し、当主となった氏綱は本拠を小田原に移した。その後、行われたこれら有力寺社の造営事業は、新しい国主としての威厳を示すという政治的な意図が込められていた。一連の国家的事業の先がけともいえる早雲寺の建立は、後に続く事業の成否を占うものといえ、「氏綱大工」となる人物の選考は慎重に行われたことであろう。大永三年六月に竣工をみた箱根権現の棟札に彦左衛門の名がみられることから、彦左衛門はその数年前には小田原に下っていたとみられ、早雲寺の建立にも関わったものと思われる。

また、「小田原ニ居住久而屋形恩顧」と記される塗師の七郎左衛門尉についても[22]、前述の一連の寺社造営のため、彦左衛門の下向と近い時期に氏綱が奈良から呼び寄せたのであろう。

（4）史料などから確認できる職人たち

ここでは「所領役帳」や「快元僧都記」以外の史料から、小田原を本拠とした職人たちをみていきたい（表3）。

大窪には京紺屋と呼ばれる津田藤兵衛がいた。津田家は北条家より伊豆と相模の紺屋支配権を与えられており、おそらく早雲の頃から被官関係にあったのであろう[23]。新宿（小田原市浜町）には、鋳物師の山田二郎左衛門がいた。永禄一二年七月二〇日の年紀を持つ北条家朱印状写には新宿鋳物師として記されている。また、天正一四年（一五八六）七月、氏直は二郎左衛門を鋳物師棟梁に任じた[24]。新宿には二郎左衛門配下の長谷川六郎左衛門、長谷川源十郎、半田などの鋳物師がいた[25]。なお、『新編相模国風土記稿』では祖治郎左衛門は河内より天文三年（一五三四）に下向、所領役帳「職人衆」に記載のある鍛冶二郎左衛門（奈古谷）と同一人物と記している。

武器・武具関係では、北条家御具足方の左近士七郎兵衛については既に述べた。左近士の同僚として岩井、半田（春田）藤兵衛などがいたが、これらも甲冑師であろう[27]。刀剣関係では、鎌倉には鎌倉時代以来の伝統を継ぐ鍛冶がいたが、北条氏は城下での作刀を企画し、駿河の島田より五条義助を招いた。その門弟たちが北条氏に仕え刀や槍の生産を行った。これら小

表3　北条氏関係文書などにみられる小田原の職人

職種	人名等	備考
番匠・大工	方積彦左衛門尉宗次(棟)	＊彦左衛門は京出身、「氏綱大工」
	〈小田原周辺に居住〉大井番匠和田勘解由(文)、国府津番匠宇野八郎左衛門(文・新)、国府津番匠太郎左衛門(文)	＊和田は大井住(小田原市下大井)　＊宇野八郎左衛門は国府津住(小田原市)、地青寺(宝金剛寺)の被官大工
鋳物師	山田二郎左衛門(文)、長谷川六郎左衛門(文)、長谷川源十郎(文)、半田(文)	＊新宿住 ＊初代二郎左衛門は河内出身とする
	〈小田原周辺に居住〉瀬戸永歓(作)、石塚五郎右衛門(文)、石塚主計(文)、鵜塚(文)	＊千津島(開成町)で活動
甲冑師	左近士七郎兵衛(文)、岩井(文)、半田(春田)藤三(文)	＊北条家御具足方、奈良出身であろう
刀鍛冶	康国、康春など(作)	＊駿河の島田鍛冶出身
兜鍛冶	家吉、家次、時久、吉宣など(作)	
石切	善左衛門(文)、善七郎(文)、左衛門五郎(文)	＊初代善左衛門は甲斐出身、大窪住
紺屋	津田藤兵衛(文・新)	＊大窪住、京紺屋を称す、紺屋棟梁
畳刺	弥左衛門(文・新)	＊近世期の山角町住、畳刺の棟梁

＊「快元僧都記」「所領役帳」以外の史料類から作成した。
＊(文)は文書、(新)は『新編相模国風土記稿』、(棟)は棟札、(作)は作品。

田原で活動した島田系の鍛冶を「小田原相州」といい、康国、康春などの手による刀剣類が伝わっている。これら刀工は氏康の偏諱を受けているので、氏康の抱工だったのであろう。刀剣は、奉納品や贈答品としても用いられることが多く、城下での生産体制の確立は必要だった。

また、兜鉢に「小田原鉢」と呼ばれる一連のものがある。(28) これらは、鉢裏の銘に「相模国住人」「相模住」などの国名と「家吉」「家次」「時久」「吉宣」などの作者銘が刻まれている。小田原で制作されたことを示す史料はないが、異なる作者であっても共通の様式を持ち、丁寧な作であるため北条家周辺が注文して作らせたと思われる。北条氏のもとには左近士、岩井、春田など奈良の甲冑師が仕えていたため、これらと関係がある兜鍛冶が作ったのではなかろうか。なお、小田原での制作を伝える「明珍」銘の兜があるが、まだ検討すべき余地があるためここでは取り上げなかった。(29)

まとめにかえて

氏綱時代の小田原を中心として職人たちの様子をみてきた。史料にみられる職人たちは、北条家と何らかの関係を持つ者が多く、城下に住む人々の暮らしを支えた職人たちについては史料がなく良くわからない。このような状況ではあるが、「職人」という視点から小田原をみると、朧気ながらもこの時代の特色がみえてくるようである。

これまで氏綱の時代の小田原について、「商人や職人も多数移住し」その結果「やがて『小田原物』とも呼ばれる独自の文化が創設された」との評価が与えられてきた。(30) だが、氏康の時代でも北条氏と被官関係を結んだ職人の中核ともいえる「職人衆」でさえ、小田原を本拠として活動していた者はいなかったようである。政治的には領国の中心であるが、鎌倉や三島などのような文化的な蓄積がなく、大規模な寺社が存在していなかったこと。また、都市としての人口も大勢の職人を抱えることができる規模ではなかったこともその理由であろう。職人たちはそれぞれの居住地に生活基

表1　「所領役帳」にみられる職人とその知行地

国名	所領役帳(職人衆)	所領役帳(御馬廻衆)
伊豆	1, 唐岳藤兵衛・唐紙師、社領中村(三島)	1, 左近士九郎左衛門・甲冑師、青木(三島)
	2, 円教斎・経師か、社領中村(三島)	2, 久保・御台所、長伏(三島)
	3, 紙漉〈人名不詳〉、社領中村(三島)	
	4, 銀師八木・刀装・建築金物細工、三島	
	5, 奈古谷大鋸引〈人名不詳〉、奈古谷	
	6, 切革〈人名不詳〉、奈古谷	
	7, 青貝師〈人名不詳〉、奈古谷	
	8, 江間藤左衛門・鍛冶、奈古谷など	
	9, 欄左右師孫四郎・鞘・刀装、奈古谷など	
	10, 鍛冶次郎左衛門・鍛冶、奈古谷	
	11, 石切三人〈人名不詳〉、奈古谷	
	12, 縫詰神山・刺繍か、多田	
	13, 奈良弥七・大工、多田	
	14, 黒沼・職種不明、多田	
	15, 組榼師(樽・桶作)〈人名不詳〉、多田	
相模	1, 須藤惣左衛門・銀師、中郡万田など	1, 中村平四郎・飛脚使、平沢など
	2, 綱広・鍛冶、鎌倉	2, 内村神三郎・御台所、上和田
	3, 大工三郎兵衛、鎌倉	
	4, 番匠五郎三郎、玉縄	
	5, 藤沢大鋸引〈森氏〉、藤沢	
	6, 結桶師〈人名不詳〉、鎌倉	
	7, 笠木師〈人名不詳〉・職種不明、鎌倉	
	8, 経師〈人名不詳〉、鎌倉	
武蔵	1, 河越番匠〈人名不詳〉、鎌倉	1, 中村幸松・装束関係、江戸など
	2, 江戸鍛冶〈人名不詳〉、浅草	
	3, 千束番匠〈人名不詳〉、千束	

＊複数の知行を持つ場合は最高貫高の地を記した。
＊表には、名前・職種、知行地の順で記した。名前は書かれず職種だけの記述はそのまま記した。
＊括弧内は「所領役帳」の記載を補足するため加えた。

（2）「快元僧都記」にみる職人

「快元僧都記」に記載された職人は一六種である（表2）。天文二年から八年間に及ぶ大工事ということもあり、領国内だけではなく京・奈良などからも各種の職人が招来された。「所領役帳」職人衆と共通する職種が多いが、絵師、檜皮師、瓦師などは「快元僧都記」だけにみられる。また、こちらには何人か小田原を本拠とした職人を確認することができる。

二、小田原を拠点に活動した職人について

（1）職人衆筆頭の須藤惣左衛門

「所領役帳」職人衆には、小田原やその近隣に知行を持つ職人がみられない。これは文化的・政治的な環境と職人の分布には関連性があることは前章で述べた。それに加えて、「所領役帳」は氏康の代に作られたが、職人衆に記載されている職人は、早雲の代や氏綱が小田原に本拠を移す前に被官化された者が多いからであろう。しかし、職人衆に記載された者が全く小田原に縁を持たなかったわけではない。職人衆筆頭の須藤惣左衛門は小田原に屋敷を持っていた。[7]

惣左衛門は目貫や鍔などの刀装金具などを作る銀師の頭分で、相模の万田・出縄（神奈川県平塚市）や伊豆の三島などに合計二九一貫余の知行が与えられていた。複数の知行地を持つ場合、最高貫高の地を根拠とする例が多く、[8] 惣左衛門の場合は万田（一〇〇貫文）が該当する。また、近隣の出縄には須藤家が開基となる蓮大寺があることも、万田が本拠地であった事を裏付けるといえよう。惣左衛門は職人衆の筆頭として、北条氏に仕える職人を統括するため小田

表2 「快元僧都記」にみられる職人

職種	人名等	備考
番匠・大工	氏綱大工彦左衛門、京大工又三郎(彦左衛門子)、奈良四恩院大工与次郎(平藤朝)、与三郎(与次郎子)、虎寿(与三郎弟)、玉縄次郎左衛門、鎌倉番匠、玉縄番匠、伊豆番匠、神宮寺大工新右衛門、神宮寺扇谷内匠助・内匠子、扇谷今小路之匠主計助、左衛門太夫	＊同一人物に番匠と大工が混用されている場合は番匠に統一した ＊京より招来：彦左衛門、又三郎 ＊奈良より招来：四恩院大工与次郎、与三郎、虎寿
白壁師	弥六、弥七郎(弥六子か)、十郎左衛門父子	
塗師	奈良塗師七郎左衛門尉、鎌倉塗師	＊奈良より招来：七郎左衛門尉
檜皮師	遠州檜皮師三郎左衛門、三島檜皮師、奈良檜皮師	＊奈良より招来　＊遠江より招来：三郎左衛門
瓦師	〈人名不詳〉	＊奈良より招来
大鋸引	大鋸引二手〈人名不詳〉	＊二ヶ所から呼び寄せ、一人は藤沢の森氏か
山造	〈人名不詳〉	＊山造(山作)は木の伐採・製材を行う職人
鍛治	鍛治国安(伊豆)、当国所々鍛治	
石切	小田原大窪石切、伊豆長谷石切	
炭焼	〈人名未詳〉	
銀師	須藤惣左衛門、須田正蓮入道	
唐紙師	長谷川藤兵衛	
経師	経師加納	
絵師	森村、宗牧	＊宗牧は生国伊勢、諸国廻国中参加
扇士	彦四郎	
畳刺	小田原〈人名不詳〉	＊弥左衛門であろう

＊人名等の項の表記は「快元僧都記」のとおり。複数の表記がなされている人物は代表的な名称を記した。

原でも生活していたのであろう。

（2）御馬廻衆にみられる「職人」たち

北条氏に仕えた職人は職人衆だけではなく、御馬廻衆にも記されていることはあまり知られていない（表1）。御馬廻衆は当主直属の家臣団で「親衛隊」のイメージがあるが、武士だけで構成されていたわけではない。

まず、伊豆の青木（三島市）に四一貫文の知行を持つ左近士九郎左衛門だが、その姓から奈良の甲冑師の系譜に連なる人物とみられる。また、同姓の他の人物が北条家の御具足方（甲冑の保守管理を行う職）として仕えていることもあり、[9]九郎左衛門も甲冑に関する知識や技術をもって当主に仕えていたのであろう。[10]

伊豆の長伏（三島市）などに二九貫余の知行を持ち、「御台所」と記される久保は食材の授受に関する史料があり、[11]当主の食事などに関する職務を担当していたことがわかる。久保が単なる経済的な吏僚でなく、当主の台所という「実務」を担当していたことは、「北条宗哲覚書」に、久保が三献の作法に詳しい人物として記されていることからもうかがえる。[12]調理だけではなく、当主の来客接待や儀式にも関わっていたのであろう。

また、同じく御馬廻衆に所属する内村神三郎は、相模の上和田（神奈川県大和市）に一五貫文などの知行を持ち、久保と共に食材の授受に関する史料があるので、[13]内村も久保と同様の職務だったのであろう。

河越や江戸などに二〇貫などの知行を持つ中村幸松は、それらに加えて一〇〇反の紬が給付されている。[14]天正期の史料ではあるが紬の価格をみると、幸松の知行高をはるかに超えるため、紬は扶持というよりは当主の着料や贈答に用いる衣服類を作る材料として支給されたとみられ、幸松は裁縫の技術により当主に仕えていたのであろう。

その他、相模の平沢（神奈川県秦野市）などに五八貫文の知行を持ち、飛脚使として活躍した中村平四郎は、健脚を活かし書状の伝達などに関わっていたのであろう。[15]

このように、様々な技能をもって当主に仕えていた人物が記されている。職

北条氏と「唐絵」

相澤正彦

はじめに

信長・秀吉の例をあげるまでもなく、戦国大名にとって建築や障屏画、これらの基となった絵画類は、その権力誇示のために絶大な効果を発揮するものであった。これを視点に北条氏の絵画受容をみてみれば、当時の東西画壇のあり方および関東への様式伝播の状況などが理解の前提となろう。ここでは東西で時代を越えて価値が置かれた「唐絵」（中国画）および唐絵から発した水墨画描法の関東への招来を軸に、紹介をしてみたい。

そもそも鎌倉地方にはいち早く南宋や元からもたらされた唐絵が収蔵され、そこに大きな文化的価値が付されていた。それは、古くは幕府執権の北条氏の菩提寺であった円覚寺仏日庵の「公物目録」に見て取れる。宝物整理の時点（一三六三年）では牧谿の猿図や徽宗皇帝の竜虎図など二〇点ほどの鑑賞画が見られる一方、足利尊氏や二代将軍義詮、鎌倉公方足利基氏などへの贈答品として、牧谿作品や唐物器物など二〇件以上が既に失われたことも記している。多かれ少なかれ政治的な思惑で譲渡が行われたのであろう。現在、この目録記載の文物はほとんど残ることなく、鎌倉の地の唐絵も件数としては数少ない。

その後、政治の中心が京に移るや、事態は逆転する。三代将軍義満や六代将軍義教の日明貿易によって、中央に新たな唐物コレクションが形成される（後の東山御物）。唐絵の分野では、南宋の宮廷画人の道釈人物画や山水花鳥図など、当時の中国においても希少な名品が多く収蔵され、以後、権力者の間でも至上の価値を持つものとして近代まで継承されることになる。さらには、これらの唐絵が我が国の水墨画人の描法的規範となって「和様唐絵」（漢画）が作り出され、これが障屏画にも適用され関東の地に二度にわたって入って来るのである。

一、早雲台頭以前の鎌倉画壇

応仁・文明の大乱後（一四七七年）、京都を主戦場にしていた守護大名は各地の領国に戻り、中央文化を持ち込むが、それは中央の伝統に根ざしたものばかりではなかった。その代表は応仁・文明の乱のさなかから戦後にかけて造営された八代将軍義政の東山第である。この書院建築の先蹤ともなった建造物に、将軍家が襲蔵してきた唐物コレクションを飾り、唐絵を基にした障屏画からなる清新な室礼が創出されていく。各地の守護館整備においても、この京都においても最新の将軍邸をモデルにする傾向があったことが発掘調査などで明らかになりつつある。

このような動向下、関東に限ってはやや異なる事情があった。それは関東一〇国を管轄していた鎌倉公方（一四五五年から古河公方）が存在し、室町将軍家に常に反目する立場を取り続けていたことだ。当時も両者は三〇年近くにも及んだ享徳の乱の最中にあった。いきおい文化面においても、中央の動向とは疎遠な状況が続いていたと推測される。ところが乱終結以降は、古河公方（成氏）と室町将軍家（義政）の間で、「都鄙和睦」（一四八二）といわれる宥和状況が生まれる。この和睦を契機に、関東ではこれまで敵性文化として敬遠されてきた室町将軍家文化が本格的に移入されるようになる。そして、その導入の任を担って差し向けられたのが、建長寺の画僧賢江祥啓（活躍期一四七八～一五二三年）であった。祥啓は建長寺で書記役を務めた禅僧だったが、画事に優れ多才な人という記録が残る。「都鄙和睦」の本格的な和平交渉はその四年前から始まるのだが、祥啓はそのきっかけとなった一四七八年、成氏と将軍方の関東管領上杉憲定の和睦を背景に上洛し、この和平交渉の重要な数年間に、当時の五山を代表する相国寺僧と盛んに交流する。これには、画僧という中立的な立場を利用し、何らかの政治的な折衝役までも務めたことが推定される。というのは続いて東西が相呼応した政争として明応の政変（一四九三年）がおきるのであるが、なんとこの時にも祥啓が上洛しているからである（詳細は参考文献1　参照）。

当時、義政周辺で障屏画製作などに用いられたのは、「筆様」製作という洗練された水墨描法であった。これは将軍家の唐物コレクションの中から、中国のビッグネームの画人たち（夏珪、馬遠、孫君澤、牧谿、玉澗、梁楷、李龍眠など）の独自のモチーフや描法を抽出し、プロトタイプ化して日本の画人にも描けるように工夫されたもので、明快なモチーフと簡潔な構図によるものであった。これは義政の文化顧問であった幕府同朋の芸阿弥ならびに御用絵師の狩野家初代正信らによって、東山第造営時に確立をみたものと推測される。その後は夏珪様、馬遠様、牧谿様などと呼ばれ、幕閣や守護大名、五山禅寺などの居住空間の障屏を描く際の手本となったのである。

挿図1　山水図　興悦　東京国立博物館

祥啓は、この筆様を芸阿弥本人に学び、さらに将軍家御物の唐絵を実見し模写するなどして、二年後に関東に帰還する（一四八〇年）。それは単なる絵画様式のみを伝えただけでは用をなさず、どのような場所にどのように飾るかといった将軍家の室礼、ひいては文化の総体をも伝えたものと思われる。このような異例の特別待遇の裏には、将軍側について宥和政策を諮った上杉顕定のとりなしがあったろうし、ひいては関東の文化的権威でもあった古河公方足利成氏の要請をも想定できよう。そのような憶測は、この筆様制作による作品が、祥啓および在地の弟子たちによってまたたく間に関東に広がっていく状況に見て取れるのである。

早雲が鎌倉に入り相模平定が達成されるのは一五一二年のことである。鎌倉の五山文化はいまだ隆昌中で、それに伴う鎌倉の画壇も祥啓がもたらした第一波の波が続いており、祥啓その人も健在であった。彼の弟子たちは一六世紀の北条氏全盛期にも、広く関東で活躍し続けるのだが、北条氏と祥啓一派との関係としては、早雲の子の幻庵長綱（幻庵を名乗るのは一五四二年以降）の着賛と推定される、祥啓の弟子興悦が描く「山水図」（東京国立博物館）（挿図1）が残っているのみである。小田原文化を代表する絵画といえば、第二波として関東へ伸張する狩野派のそれであり、むしろ北条氏全盛期には祥啓一派の方が、小田原に出向き画事に当たった可能性も想定されてよい。そのことは、小田原狩野派の一人、前島宗祐の「山水図」（個人蔵）を祥啓派の画人啓孫が写している「山水図」（根津美術館）があることにもうかがうことができる（参考文献1）。

二、北条氏と相阿弥

北条氏自らが、将軍家コレクションのなかでも名品と知られた玉澗の瀟湘八景図中「遠浦帰帆図」（現徳川美術館　画巻を八幅に切断した一幅）（挿図2）を手中に収めていたことは、地方大名として破格のことだった。直接には

流転する北条五代画像と狭山藩北条氏の由緒

――〝物語〟と〝レガリア〟の観点から――

渡邊浩貴

はじめに――狭山藩の〝物語〟と〝レガリア〟――

日本の近世社会は「由緒の時代」と評されるほど、大名家・寺社・土豪などの多様な諸階層の間で、由緒の形成が盛んに行われた時代であった。(1) 結果、自身の正当性を主張するための様々な歴史的言説が生み出されるとともに、なかには偽文書や偽史の創作へも結びつくなど、あらゆる層がそれぞれの動機に基づいて歴史の〝物語〟を語った。近世とは、そうした〝物語〟に溢れた時代だったのである。

本展で取り上げる、早雲寺の復興で重要な役割を果たした狭山藩北条氏も、かかる時代のなかで積極的に自己の由緒を形成した大名家の一つであった。狭山藩北条氏は、もともと戦国大名小田原北条氏の傍系という家柄(三代当主氏康の庶子で、後の狭山藩歴代外藩祖北条氏規の系統)であったが、天正一八年(一五九〇)の小田原合戦後、豊臣政権により赦免され高野山へ配流されていた最後の当主氏直が没したことで、小田原北条氏の直系が断絶する。その後、北条氏の名跡を継承した氏盛(氏規の子)が、大坂狭山の地に大名家として存続し、ここに北条氏末裔の近世狭山藩が成立する。(2)

もともと小田原北条氏の直系ではない狭山藩にとって、自己の小田原北条氏の後継を裏付ける由緒を詳らかとし、その存在の正当性を社会へ示す行為は必須であった。ゆえに先学では、四代藩主氏治・五代藩主氏朝を中心に実施された近世早雲寺の復興事業や同藩での家譜編纂事業の概要が明らかにされ、北条氏との系譜的な繋がりが強烈に意識されたことも指摘されている。(3) またそうした同藩の認識を支えるように、伊勢宗瑞使用の所伝を有す109軍配団扇(東京国立博物館所蔵)や、藩主の家督を象徴する「家督所伝三物」の「氏直之御書判」「多聞天之太刀」「漢高祖之御守」(いずれも111氏朝公日記(個人蔵)に記載)など、戦国大名北条氏当主家の由緒を帯びる宝物の品々が保有され、一種の〝レガリア〟として伝世している。(4) 狭山藩では自己の由緒を語る〝物語〟とともに、その認識を支える〝レガリア〟が当然ながら必要とされたのである。

さて、如上の「〝物語〟=系譜認識・家祖認識」と、「〝レガリア〟=歴史的言説を象徴し、かつ正当性を担保する宝物」は、いったいどのようにして結びつき合いながら狭山藩の歴史認識を生み出し、早雲寺の復興事業に反映されたのであろうか。これらの事業は、先行研究では個別に言及されるも、その全体を扱った専論は管見の限りない。(5) そこで本稿では、〝物語〟と〝レガリア〟という二つの視座に立脚しつつ、同藩による近世早雲寺の復興事業を捉えてみたい。これまで切り結ぶことのなかった〝物語〟と〝レガリア〟の両者が、狭山藩による早雲寺復興事業においていかなる相関関係にあったのか。本稿はこの問題を考究するものである。

そこで注目する宝物(=レガリア)が、これまでの狭山藩北条氏との関わりで取り上げられることのなかった「早雲寺北条五代画像」である。北条五代肖像画の諸本・下絵類は、早雲寺や法雲寺(狭山藩北条氏の菩提寺・大阪府堺市)、神奈川県立歴史博物館に散在しており、従来の研究でそれらの伝来や写しの関係は整理されないままであった。北条五代画像はいかなる流転を経て、現在に至るのか。本稿では複数存在する五代画像の相関関係を詳らかにする作業を通じ、上述の課題に迫っていきたい。

一、早雲寺什物帳の存在

(1) 什物帳はかく語りき――北条早雲像・氏綱像・氏康像の伝来――

早雲寺が所蔵する39北条早雲像（重要文化財）、そして70北条氏綱像、71北条氏康像（いずれも神奈川県指定重要文化財）は、同寺を代表する名宝であり、戦国大名北条氏を語る上で欠かせない肖像群である。しかし、これら三幅の伝来関係について、管見の限りこれまで具体的に検討されたことはない。そもそもこの三幅は、常に早雲寺の所蔵としてのみ伝世したのであろうか。

右の疑問を抱くのには理由がある。早雲寺には様々な什物帳が遺されており、なかでも明治期頃に作成された117早雲寺宝物古器物古文書目録（早雲寺所蔵、以下「什物帳」と略記する）に、興味深い記述を見出したからである。この什物帳は、早雲寺が所蔵する詩歌・書蹟・絵画・経典などの什宝を項目順に並べ、その資料名称・品質形状・員数・法量・伝来関係を仔細に記録したものである。そのなかに「絹地表装絹彩色繪北条長氏・氏綱・氏康之像／画工不詳／年月未詳北条氏朝寄附」とあり、現存する先の「北条早雲像（北条長氏＝早雲）」「北条氏綱像」「北条氏康像」が、五代狭山藩主北条氏朝によって早雲寺に寄進されたものだったことが判明するのである。この三幅はすでに戦国期の制作で間違いなく、例えば氏康像については、像容が一致する「佐野昌綱像」（栃木・大庵寺所蔵）や「織田信長像」（京都・大徳寺本坊所蔵）との比較から一六世紀の狩野派の手によるものと確実視される[6]。氏綱像についても、服制に関しては後世の改変が指摘されるも[7]、顔貌や手指の墨線は当初の通りであり一六世紀の制作とすることに疑義はない。小田原北条氏の菩提寺である早雲寺に、これら歴代当主の肖像画が伝世したことは至極当然であろう[8]。ゆえに、三幅が近世狭山藩北条氏によって制作された可能性は排除される。

となれば、先の什物帳の記述を信頼すると、戦国期制作の「北条早雲像」「北条氏綱像」「北条氏康像」の三幅はもともと北条氏の菩提寺である早雲寺の所蔵であり、その後、何らかの契機で寺外へ流出し狭山藩北条氏の手に渡っていたと考えられるのである。では、この明治期の什物帳の記述にどれだけ信を置くことができるのか。

(2) 什物帳の伝来記載について

什物帳には、帳簿制作当時の早雲寺所蔵資料全七九点一三四件が記載され、その伝来・制作者・由緒が仔細に書かれている。絵師などの制作者については由緒に基づく誇張表現もまま見られ、記述内容を直截に事実として受け止めることはできない。しかしながら、伝来に関しては事情が異なり、以下の傾向が読み取れる。

什宝のうち、「伝来不詳」とされるものは別として、大きく「固有物」とされる什宝と、近世以降に早雲寺へ流入した什宝の二つに分かれる。近世以降の流入状況を見るに、その多くは早雲寺一八世住持琢玄宗璋・同二三世住持柏州宗貞からの寄進（その他に本山の大徳寺や早雲寺ゆかりの寺院からの寄進も散見される）と、北条氏末裔である玉縄北条氏・狭山藩北条氏からの寄進で占められている。これらの寄進者はいずれも近世早雲寺の復興に深く関与した人々である。

小田原合戦で焼亡した早雲寺の復興において、後述するように、一七世住持菊径宗存の時期より堂舎の再建が開始され、寛文年間（一六六一～七三）の一八世琢玄宗璋の時期に玉縄北条氏・狭山藩北条氏等による早雲寺什物の調進、北条五代の墓石建立や北条五代画像の制作がされる。さらに二三世柏州宗貞の時期に、狭山藩北条氏との交流を通じて戦国大名北条氏の事蹟に関わる古文書類が寄進されるなど、柏州が寺宝の集積を積極的に行っていたことが窺える（柏州宗貞の宝物集積については本書コラム6「北条氏朝と柏州宗貞」を参照）。つまり、什物帳の伝来に着目すると、近世以降の宝物の流入状況は、如上の早雲寺復興を反映する寺宝集積の動向と軌を一にするべき狩野派の一つの規範になった可能性も考えられる。創建時の早雲寺障壁画を元信工房が担当したとするならば、大徳寺文化を規範とした早雲寺の襖絵にも最新の大仙院様を踏襲した図様が存在したかもしれない。

このような狩野派の障屏画に関連しては、八王子城の発掘において大広間という接客空間があったことが注目される。また近年、小田原城の御用米曲輪跡地から北条氏時代の贅を凝らした庭園跡が現出したのは衝撃的なことであった。当然のことながらそこには広間などの接客用の建物があったことが想定される。書院の床の間には唐絵が掛けられ、周囲を飾る大画面の障壁画は狩野派が才腕を揮った可能性も高い。それは中央で秀吉が永徳などに描かせていた豪壮な金碧障壁画であったのだろうか。このことは戦国大名の領国にも中央と同じ桃山文化があったのか、という大きな謎にいきつくものである。

次に、記録上での両者の関係であるが、これもわずかな中で目立つのは扇の注文製作である。狩野派は日常品の扇を、中央の高級なブランド商品として大量生産し、地方にも盛んに流通させている。北条氏もこれを用いているのだが、氏政は五代古河公方足利義氏に狩野派の扇を送り（一五七八年）、氏直は吉田神社神官兼見に狩野宗玖の扇を発注し（一五八五年）、氏政の弟氏照も伊達輝宗に狩野派の扇を送る（一五六九年）などしている。格式のある贈答品だったのだろうが、中でも中央の唐絵をアレンジした中国故事人物図などは、常日頃から戦国武将の教養を下支えするものとして、地方文化勃興に大きな役割を果たしたのだろう。

四、小田原の唐絵と雪村

北条氏全盛の天文、永禄の頃、小田原の領国に一人の逸材が現れる。雪村周継である。彼は常陸の守護大名佐竹一族に生まれ、画僧として常陸、磐城などで活躍していたが、半生を過ぎたころに鎌倉、小田原を訪れたのは、鎌倉禅林の舶載道釈画および北条氏領国の牧谿や玉澗などの実物の唐絵を見てみたい、という強い欲求があったのだろう。小田原に存在した唐絵の全貌は不明ながら（参考文献2）、その一端はこの雪村の作品から追うこともできる。まずは「遠浦帰帆図」（挿図2）の実見がかなったのだろう。これをまさに反転したかのような玉澗様の「草体山水図」（個人蔵）（挿図5）があり、玉澗様の「山水図巻」（正木美術館）（挿図6）や牧谿様式の「山水図巻」など、玉澗、牧谿流の筆墨表現の可能性を追求した作品が晩年は多くを占めるようになるのだが、これは小田原で実見しえた唐絵の恩恵に他ならない。雪村は自作の奥書に「玉澗八軸之図」とか記しているため、真作か否かはさておき、関東では小田原でしか見ることができないかなり良質な唐絵が北条氏の手元にあったことがうかがわれる。

これらのことは、雪村が北条氏より多大な厚遇を受けたからに他ならな

挿図５　草体山水図　雪村

挿図６　瀟湘八景図巻（部分）雪村　正木美術館

いが、江戸の画史には北条氏政御用の絵師であったという伝えもあり、現に早雲寺衆徒から「以天宗清像」（現大徳寺竜泉庵）の製作を依頼されるなどしている。雪村は最後まで北条氏の侵攻に屈しなかった佐竹氏の一族でありながら、北条氏とこれほどまでの親密な関係がなぜ築けたのか、先の祥啓と同じく絵師というニュートラルな存在の複雑さは、今では想像が及びがたいものがあろう。

おわりに

以上、「筆様」や「画体」といった室町将軍家の唐絵の権威から発した中央画壇の描法的規範は、祥啓や狩野派によって鎌倉、小田原という関東の中心的な地域に、ほぼリアルタイムで伝えられたことがわかる。北条氏に限っては、早雲が幕府官僚であったことから、将軍家の文化的権威やそれを担った人脈に明るく幕府同朋の相阿弥とも昵懇であり、さらに大徳寺などの新興の文化を取り込むというセンスがあったこと、狩野派が領国伊豆の狩野家の支族という関係から、初代正信や二代元信などと密接な関係があったことなどが、全国に先がけての逸早い移入の理由に挙げられよう。

挿図7　五百羅漢図　大徳寺

最後に北条氏と唐絵の話に戻したい。小田原落城時に「遠浦帰帆図」は秀吉の手を経て徳川家康の手に帰したが、それを上回る逸品が他にもあった。早雲寺に接収されていたとされる「五百羅漢図」（現大徳寺他）（挿図7）である。五人の羅漢を百幅に描き分けた大作で、質量ともに東アジアを代表するものであった。一一七八年から一〇年ほどかけて完成されたもので、日本でいえば平安時代の末期である。もとは遠く南宋の国際都市寧波の地にあったが、南宋から元初の王朝交代期に流出したともいわれる。いつ日本にもたらされたかも不明だが、もとは鎌倉建長寺（もしくは寿福寺）の所蔵であったという（『早雲寺記録』）。同じく早雲寺から秀吉が持ち帰った「十王図」（現大徳寺）も元は鎌倉建長寺にあったが、これも南宋末から元代の唐絵であった。いずれも当初、鎌倉地方には宗教画として舶載されたものだが、北条氏がこれらを鎌倉の禅寺から接収し、秀吉がまた目をつけたのは唐絵としての付加価値を十分に認識してのことだったのだろう。

かくして、関東いや当時においては東アジア屈指の唐絵の大作は秀吉によって中央に持ち去られていったわけだが、それはまた、東国の中世文化の終焉を告げる出来事でもあった。

参考文献1　相澤正彦・橋本慎司『関東水墨画　型とイメージの系譜』国書刊行会、二〇〇七年
参考文献2　橋本遼太「神奈川県立歴史博物館所蔵の十王図と同系統の転写本」特別展重要文化財修理完成記念『十王図』二〇二一年
図2に小田原市久野の総世寺「十王二使者図」（明代）が紹介されているが、前代の領主大森氏の菩提寺でもあり、時代的にも早く、北条氏との関係は、今後の課題である。

【挿図出典】

挿図1、挿図2、挿図3、挿図5、挿図6　相澤正彦・橋本慎司『関東水墨画　型とイメージの系譜』国書刊行会、二〇〇七年

挿図7　奈良国立博物館・東京文化財研究所編『大徳寺伝来五百羅漢図』思文閣出版、二〇一四年

挿図2　遠浦帰帆図　玉澗　徳川美術館

今川氏から譲られたものだが、これだけの名品を譲渡した今川氏の実情も思いはかられる。

ちなみに北条氏の唐絵授受としては、二代氏綱と越後の守護代長尾為景との牧谿作品のやりとりがよく知られる(上杉文書)。最初は一五二一年の氏綱の贈答にはじまり、一五二四年にも牧谿絵を進上している。この時は為景が横軸が欲しいと要望し、その一年後に代わりの牧谿絵「寒山二幅一対」を送っている。なんと、その絵は将軍家御物であり、将軍の文化顧問であった芸阿弥の前代、能阿弥の外題も添えられていたという。室町将軍家文化を背負った唐絵がもつ絶大な文化的権威を示すとともに、ここにも受贈者双方の力関係がかいまみえて興味深い。

この場合、北条氏が京において最上級品の唐絵を調達できる人脈システムがあったことがうかがわれるが、一番の候補として公方同朋で能阿弥、芸阿弥の嗣である相阿弥(?~一五二五年)が想起される。同じ時期(一五二一年)に氏綱が「酒伝童子絵巻」(サントリー美術館)(コラム2参照)を元信に作らせるが、詞書を近衛尚通に依頼する際、相阿弥に仲介を依頼しているのである。

この相阿弥との関係は早雲の代にすでにあった。早雲が旧知の相阿弥にしきりに会いたがっている書状(一五一一年「相阿弥宛福島範為書状」)が紹介されている。ちなみに早雲(伊勢盛氏)は、文明一五年(一四八三)に在洛し幕府申次衆という重職にあった。当時、義政の東山殿は造営の最中であり、相阿弥は父芸阿弥(一四八五年没)の跡を継ぎ、将軍義政の命で、狩野正信に東山殿持仏堂襖絵の図様を指示するなど、新文化の創生に主導的な役割を果たしていた頃である。両者の関係はこの京都時代に築かれた可能性が高い。早雲の幕閣としての人間関係や、この時に目のあたりにした文化復興が、氏綱以降の文化政策にも引き継がれていったのであろう。

三、北条氏と狩野派

大乱から五〇年ほど後、一六世紀に入った大永、享禄期になると、京都ではすでに戦後の復興が成し遂げられ、画壇も戦前戦中の世代と入れ代わってニューエイジが台頭し、さらなる清新な描法が生まれてくる。その戦後世代とは正信を継いで幕府の御用絵師となった狩野家二代元信である。これまでの筆様製作が、著名な中国画人に重きを置きすぎたために、描法が似通る画人同士の筆様が明確にしえないといううらみがあった。これに対し、元信はあくまでも水墨の楷行草という基本的な描法に軸足を置いた「画体」という描法を確立する。具体的には楷体は夏珪・馬遠・孫君澤様を手本に、行体は牧谿様、草体は玉澗様を元にして、これに元信独自の簡潔なアレンジを加えたもので、この楷行草に整理されたより明快な描法と確固とした構図は、来るべき桃山という時代を先取りしただけでない。その特徴を理解すれば誰でもが同じように描けるという点では、建築ラッシュにわく中央の障屏画製作において、多くの弟子たちを率い短期間に完成させる集団作画体制において多大な効果を発揮するものであった。これによって狩野派は流派体制をいち早く確立し、近世に向かう画壇での優位を決定づけたのである。関東には、この元信様式が第二波として、鎌倉にとってかわった新興都市小田原の領国に入ってくるのである。

もともと狩野家は北条氏の領国伊豆の豪族出身であり、正信は中央に進出後（一四六三年初出）も関東の有力者たちと関係を保ったようで、北関東にいくつかの画蹟を残している。幕閣であった早雲が、在洛時に幕府御用絵師の正信と相まみえた可能性もないとは言えないが、接触が明確になるのは氏綱の代、元信への「酒伝童子絵巻」製作依頼からである。狩野派もこ

挿図3　佐野昌綱像　狩野直信　大庵寺

挿図4　北条時長像　宝泉寺

の頃から北条氏の領国のみならず広く関東の地への進出が目立つようになる。

　三代氏康以降には、狩野派との関係はより強固になったと推測される。元信自身の来訪記録はないが、元信の弟子で小田原の狩野派として江戸の画史類に載る狩野玉楽や前島宗祐などの作品を見ると、楷行草の画体という流派様式をよく遵守していることがわかる。

　彼らと北条氏との直接的な関係は不明だが、象徴的な作例として**71北条氏康像**（早雲寺）を上げることができる。一番に注目すべきは直垂姿の像容で、狩野家三代直信が描く「佐野昌綱像」（栃木・大庵寺）（挿図3）と比べると、直垂の形や袴のたたみ方が同形で、袴の衣文線まで一致しているのである。氏康像の筆者も直信かその周辺とみられるが、同じ型は「毛利元就像」（伝狩野直信作　毛利博物館）や「織田信長像」（狩野永徳作　大徳寺）にもみえ、歴代狩野派が描く戦国大名の肖像画に共通するものである。さらにこの型は近年、小田原市指定重要文化財になった桃山時代の**64「北条時長像」**（北条幻庵の子　宝泉寺）（挿図4）にも見られ、狩野派の肖像画型式は北条一族のアイデンティティとしても機能していたことを示している。

　さて、現在、小田原周辺に残る狩野派の画蹟は僅少で、早雲寺の蔵品がほとんどを占める。それも江戸の再建時以降に施入されたものではあるが、大画面から切り取られた**25「機婦図」**の一部、**26「枇杷小禽図」**、関東狩野派の一人式部輝忠の元信様**28「達磨図」**など、時代性や画人の属性などから、後世に偶然集まったものとするよりは、元々早雲寺との由緒があった可能性も払拭できない。繰り返すように早雲寺創建（一五二一年）と同じ年に、氏綱は「酒伝童子絵巻」製作も元信に発注しており、この二つの事業は何らかの関係があったという想定にたてば、七堂伽藍を備え、方丈や書院もあったという（『早雲寺記録』）早雲寺の襖絵も元信に発注された可能性は高い。元信自身はこの一〇年ほど前から大徳寺大仙院の襖絵を完成（一五一三年）し、めきめきと頭角を現す時期である。この大仙院襖絵（現京都国立博物館他）の花鳥の図様は身延山の襖絵などにも踏襲されており、「大仙院様」とも言う

ものと判断される。什物帳の記述のなかで、近世以降の伝来については信頼の置けるものと理解されよう。「北条早雲像」「北条氏綱像」「北条氏康像」を狭山藩主北条氏朝からの寄進とする什物帳の記載内容は、けっして荒唐無稽な記述ではないことを、ここでは確認しておきたい。

二、溢れる北条五代画像の存在

戦国大名小田原北条氏五代の歴代肖像は、前節で取り上げた戦国期制作の三幅のみならず、多くの諸本・下絵類が今日に至るまで伝世している。本節では、まず北条五代画像やその下絵の像容を比較検討することから検証してみたい。なお、これら北条五代画像群個々の相関関係については、後掲の橋本論文にて美術史学の観点から詳細に検証されているため、併せて参照されたい。本稿と相互補完関係にあるためにやや重複する部分もあるが、画像群の性格を概観しておこう。本稿と関わる北条五代画像群は、大略以下のものがある。

［早雲寺本］（箱根町、八幅）

・39北条早雲像（戦国期）／70北条氏綱像（戦国期）／71北条氏康像（戦国期）

・82北条早雲像（土佐光起筆、江戸期）／83北条氏綱像（土佐光起筆、江戸期）／84北条氏康像（土佐光起筆、江戸期）／80北条氏政像（土佐光起筆、江戸期）／81北条氏直像（土佐光起筆、江戸期）

［法雲寺本］（大阪府堺市、五幅）

・85北条早雲像（享和三年（一八〇三））／86北条氏綱像（享和三年（一八〇三））／87北条氏康像（享和三年（一八〇三））／88北条氏政像（享和三年（一八〇三））／89北条氏直像（享和三年（一八〇三））

［神奈川県立歴史博物館本（神歴本）］（「北条家文書」所収の下絵群および肖像群

・90北条早雲像下絵（江戸期）／91北条氏康像下絵（江戸期）／92北条氏政像下絵（江戸期）／93北条早雲・氏綱・氏直像下絵（部分図、江戸期）／94北条先祖画像下絵（寛政七年（一七九七））

・95北条早雲半身像（江戸期）、96北条先祖画像（江戸期）

以下、それぞれの画像群について見てみよう。

早雲寺本には、先の三幅のほかに、江戸期に絵師土佐光起によって制作された82北条早雲像、83北条氏綱像、84北条氏康像、80北条氏政像、81北条氏直像、が伝来している。とりわけ氏政像・氏直像に関しては、戦国期制作の早雲像・氏綱像・氏康像の三幅と合わせ、北条五代画像として様々な図録・書籍で紹介されることが多い。この土佐光起筆の五幅は賛文を有し、先行研究では寛文一〇年（一六七〇）頃の制作と推定されている。(9) 早雲寺一八世琢玄宗璋の賛文によれば、玉縄北条氏末裔の北条氏平（一六三七～一七〇四）の寄附と分かる。制作年代を推測する根拠となり得るものとして、同年五月二九日の命日を記し土佐光起により描かれた玉縄北条氏の「北条氏長像」（デトロイト美術館所蔵、氏長（一六〇九～七〇）は氏平の父）が存在する。先の五幅と賛者・像容などが一致するため、先の五幅は玉縄北条氏長の没年前後での制作と判断されたのである。

この五幅についても、前述の什物帳には「紙地表装絹彩色繪北条長氏・氏綱・氏康・氏政・氏直之像／土佐光起筆、賛琢玄筆／天和二年北条氏平寄附」とある。天和二年（一六八二）、氏平による寄進と記述され、肖像画の制作年代と什物帳の記載に大きな齟齬はない。なお、この天和二年は北条氏長の一三回忌にあたる。寛文年間の早雲寺復興でも、狭山藩北条氏治により建立された北条五代墓石の年紀は寛文一二年（一六七二）で、氏長の三回忌に当たる。戦乱で焼失した早雲寺の復興は、寛文年間に玉縄北条氏の援助の下で果たされ、かつ多分に同氏による氏長の追善供養という性格が強いものだったと考えられる。その結果として、北条五代画像の制作と寄進がされたのである。

狭山藩北条氏の菩提寺法雲寺にも、85～89北条五代画像五幅が伝世している。その像容は、現早雲寺所蔵の戦国期早雲像・氏綱像・氏康像と一致し、氏政像・氏直像については玉縄北条氏寄進の80氏政像、81氏直像と一

致する。いずれも賛文はない。この法雲寺所蔵の北条五代画像は、五幅が納められる箱書に享和三年（一八〇三）に狭山藩九代藩主北条氏喬が同寺へ寄進した旨が記されており、その制作年代は箱書の時期とおおよそ一致するものと考えられる。

最後に当館所蔵の神歴本である「北条家文書」所収下絵群および肖像群について。「北条家文書」は狭山藩当主家に伝世した文書群であり、多くの下絵群が残されている。[10] 特徴的であるのは、部分図を含めた下絵が、それぞれ戦国期制作の39北条早雲像、70北条氏綱像、71北条氏康像、そして玉縄北条氏寄進の80北条氏政像、81北条氏直像、を忠実に模写しているという点である。墨書で示される細やかな彩色の指示書きなどを勘案するに、北条五代に関する下絵は、法雲寺所蔵の北条五代画像の五幅を制作するためのものであったと判断される。

三、「北条五代画像」の流転と狭山藩北条氏

前章の画像群について、それぞれの制作時期と伝来関係を、近世早雲寺の復興や狭山藩の系譜認識と絡めつつ考察を進めていく（以下、表「北条五代画像群の伝来関係」を参照）。

(1) 早雲寺本の流出と玉縄北条氏

小田原合戦のなか、豊臣秀吉の本陣が置かれた早雲寺は焼亡し灰燼に帰す。その様子について、116早雲寺記録　柏州記（元禄一四年（一七〇一）、早雲寺所蔵）には、後に同寺中興開山となる一七世住持菊径宗存が焼亡に際し、以天宗清像や後奈良天皇綸旨、そして北条家位牌などを避難させた様子が記述される。「早雲寺記録」は近世の編纂物ではあるものの、その被害の様子は他の史料からも裏付けることができる。例えば合戦後に早雲寺を訪ねた東福寺僧の文英清韓（一五六八～一六二一）の一七世紀初頭頃の「大徳寺大用庵宛書状」（早雲寺所蔵）に「早雲寺断絶之躰」と記され、その被害の様が窺える。早雲寺より、多くの宝物が寺外流出したことが容易に想像されよう。

菊径は焼失からほどなく早雲寺堂舎の再建に着手し、寛永四年（一六二七）に上棟を迎え（「早雲寺記録」）、つづく早雲寺一八世琢玄宗璋も菊径の再建事業を引継ぎ、北条氏末裔の玉縄北条氏長による五幅の北条五代画像の制作・寄進が、寛文一〇年（一六七〇）から天和二年（一六八二）頃の間になされるに至る。なお玉縄北条氏は、近世前期の早い段階から早雲寺の復興に関与しており、同じく北条氏長は万治四年（一六六一）六月八日の紀年銘を陰刻する「早雲寺鉄鉢」（当館所蔵）を祖父北条氏繁五〇回忌に鋳造し早雲寺に寄進している。

さて、玉縄北条氏制作の82北条早雲像、83北条氏綱像、84北条氏康像の像容は、戦国期の早雲像・氏綱像・氏康像とは全く異なるものである。戦国期の三幅が現存するにも関わらず、それらに倣うことをせずに、制作時期にすでに没している80北条氏政像、81北条氏直像を加えて新たに北条五代画像を仕立てたということは、この寛文年間の早雲寺再建事業の段階で、戦国期の三幅はすでに早雲寺になかったことを意味していまいか。この点は、「什物帳」で記される狭山藩北条氏からの寄進とする部分と符合してこよう。つまり、かかる三幅はすでに小田原合戦前後に早雲寺より寺外へ流出しており（その流出ルートについて、高野山へ配流となった北条氏直、あるいは氏規・氏盛父子の手に渡ったことと想像されるが確かなことは分からない）、寛文年間頃の早雲寺再建事業では、三幅の存在自体を早雲寺・玉縄北条氏が存知していなかったと推察される。[11]

(2) 北条氏朝の宝物寄進と系譜認識

近世早雲寺の復興は、狭山藩四代藩主北条氏治の代から関与が明らかとなっており、寛文一二年（一六七二）には早雲寺境内の北条五代墓石を建立している。氏治による関与の背景には、狭山藩内部の事情も存在しており、三代藩主氏宗の養子として藩主を襲職した氏治（氏治は氏宗の従兄弟にあた

る）は、その相続にあたり幕府老中から反対を受けているため、必ずしも順調な藩主継職ではなかったことが明らかとなっている。[12]血統において正当性を持たない氏治が、藩主継職の正当性を担保するために選択したのが早雲寺復興事業への参画であったのである。そして、同じく養子として継職した次代藩主氏朝にとっても、先代の事業を引き継ぎ、自己の地位の正当性とアイデンティティーの確立に用いたものと考えられる。

氏朝の事蹟として重要であるのは、家譜編纂事業を通じた同藩における系譜認識の形成と、早雲寺への積極的な宝物寄進などの支援、の二つである。まず、112北条氏朝家譜にて明瞭に示されるように、氏朝は小田原北条氏の傍流から興された狭山藩北条氏の系譜を、小田原北条五代当主氏直と狭山藩初代氏盛を直接結ぶことによって、自己の一族が北条五代直系であるとの認識を明確化させている。これまでの同藩制作の系譜類では、鎌倉北条氏や小田原北条五代の記載はあったものの、氏数を整序し、これら先祖の直系上に狭山藩を位置づけたのは彼が初めてであった。以後、同藩制作の系譜は、この氏朝家譜を踏襲していく。[13]氏朝期以降、狭山藩にとって北条五代の存在は単なる先祖以上の意味合いを持つ、自分たちの存在意義を語る重要な由緒になっていったのである。

そして、右の系譜認識を裏付けるために、氏朝による積極的な早雲寺への援助がされるようになる。その有様は本書コラム6「北条氏朝と柏州宗貞」に詳述しているため繰り返さないが、小田原北条氏発給文書の写や歴代俗名法名記や歴世譜などの記録類を早雲寺へ寄進している。また当該期の住持柏州宗貞の大徳寺出世に多額の経済援助も行っている（本書コラム7「近世・近代の早雲寺と廣徳寺」を参照）。

寛文年間の早雲寺復興は、早雲寺住持と玉縄北条氏・狭山藩北条氏によるものであったが、氏朝期になると同寺への援助は格段に増していった。それは、北条五代の直系に自己を位置づけた狭山藩にとって、早雲寺の存在意義が増したことの証左でもある。そうした狭山藩側の系譜認識と由緒形成の延長に、先述した氏朝による早雲寺本三幅の寄進があったのである。

狭山藩主氏朝・早雲寺住持柏州宗貞の時期に、早雲寺には玉縄北条氏が制作した五代画像と、氏朝によって戻された早雲寺本三幅が所蔵され、現況の早雲寺本八幅がここに揃う。

（3）法雲寺本の制作と狭山藩北条氏の由緒

狭山藩北条氏菩提所の法雲寺は、もともと氏朝が自己の禅学の師と仰いだ慧極道明が住持となっていた寺院であった。当時法雲寺には檀家がなく、経済的に逼迫していたところを氏朝が大檀那となって元禄一四年（一七〇一）に開山堂や耀先殿・方丈の修築を果たし、以後、狭山藩の菩提寺となる。[14]

この法雲寺に、享和三年（一八〇三）、狭山藩九代藩主北条氏喬が寄進した北条五代画像が伝世している。氏喬自身には今のところ鎌倉北条氏や早雲寺関係の復興事業などの事蹟は認められないが、実父である八代藩主氏昉は鎌倉北条氏の先祖供養に積極的で、鎌倉建長寺の年忌供養に資金援助をしている（本書コラム「狭山藩北条氏の成立と治世」を参照）。氏昉は享和元年（一八〇一）に藩主職を退き隠居しているが、継職したばかりの氏喬も父の支援事業を継承したのであろう。

前章で指摘したように、法雲寺本の五幅について、その像容は早雲寺本の戦国期39早雲像・70氏綱像・71氏康像と一致し、氏政像・氏直像は玉縄北条氏寄進の80氏政像・81氏直像と一致する。また、神歴本の狭山藩当主家伝来の「北条家文書」中に、部分図を含めた下絵類が所収されており、それぞれ早雲寺本の戦国期制作の39早雲像・70氏綱像・71氏康像、そして玉縄北条氏寄進の80氏政像、81氏直像、を忠実に模写している。ゆえに、神歴本の下絵類は先の法雲寺本を制作するために作成されたものであり、その模写の対象となったのが、戦国期制作の三幅と玉縄北条氏制作の五幅のうちの氏政像・氏直像の二幅であった。

氏朝期以降に確立された狭山藩北条氏の系譜認識や由緒は、北条五代の直系というアイデンティティーというものであった。だからこそ、この認識を表象するものとして、菩提寺法雲寺に寄進する先祖画像は、北条五代が揃っていなければ意味がなかった。狭山藩が早雲寺本のうち、戦国期の三幅だけでなく、わざわざ玉縄北条氏制作のうち氏政像・氏直像の二幅を加えて下絵を作成した事情は、如上のものだったのだろう。

もう一歩踏み込んで法雲寺本を理解するならば、法雲寺本の北条五代画像に賛文がない理由として、早雲寺本の戦国期制作の早雲像・氏綱像・氏康像（いずれも賛文はない）を踏襲するためだったのではないだろうか。もともと玉縄北条氏制作の北条五代画像（賛文あり）のうちにあった氏政像・氏直像を選び、この二幅を先の三幅に加えて北条五代画像として仕立てる際、狭山藩側として新たに制作した旨の賛文を付すよりも、むしろあえて賛文を付さないことで戦国期早雲像以来の北条五代画像として位置づけることに意義があったのではないか。つまり、法雲寺本の北条五代画像は単なる早雲寺本の模倣ではなく、狭山藩の系譜認識を支える宝物として、同藩によって新たに制作されたものだったと推測される。そのことは、畢竟、法雲寺本の北条五代画像が、狭山藩の〝物語〟を体現する〝レガリア〟でもあったことを意味しよう。

おわりに

近世早雲寺の復興は、当初は早雲寺住持の菊径宗存や琢玄宗璋、そして玉縄北条氏・狭山藩北条氏によってなされ、寛文年間の北条五代画像の制作や墓石再建に結実する。その実態は、玉縄北条氏の氏長の追善供養に合わせた形で実施された可能性が高く、同一族によって早雲寺復興が主導されたと考えられる。それゆえに、早雲寺住持・玉縄北条氏ともに、早雲寺より流出した早雲寺本の三幅（早雲像・氏綱像・氏康像）の存在を知らなかった。また復興事業に参加した狭山藩北条氏においても、いまだ小田原北条五代の直系という系譜認識は醸成されていなかった。寛文年間に制作された北条五代画像の制作背景には如上の事情があったと推察される。

しかし、狭山藩主氏朝の時期になると、彼自身が先代藩主氏治と同様に養子として藩主を継職しているため、決して安定した地位を確立していたわけではなかった。そこで、先代による早雲寺復興事業を継承しつつ、活発な系譜編纂事業により北条五代の直系認識が形成され、かかる認識が狭山藩のアイデンティティーとなり、近世の由緒世界のなかでその存立を支えていく。それゆえ、氏朝期では早雲寺に対し、経済援助に加え宝物寄進が積極的にされ、そのなかで狭山藩に流入していた早雲寺本三幅が同寺に戻される結果となったのである。そして、氏朝期に作られた系譜認識は、以後の藩主にも継承されていくこととなる。氏朝期に狭山藩の菩提所となった法雲寺では、藩主氏喬により早雲寺本三幅と玉縄北条氏制作の氏政像・氏直像の二幅を模倣した北条五代画像が制作され享和三年に同寺へ寄進される。これに対し、一方の近世旗本として存続した玉縄北条氏は、氏長・氏平期に活発な早雲寺への援助が窺えるも、以後の動向は詳らかではなく、その後、同寺への関与は狭山藩北条氏が中心的な役割を果たしていく。

近世社会のなかで、自己のアイデンティティーを北条五代の直系であることに拠る狭山藩北条氏にとって、法雲寺に伝世する北条五代画像こそ、かかる〝物語〟を支える〝レガリア〟であったといえよう。それは玉縄北条氏制作の五代画像としてではなく、戦国期制作の早雲像・氏綱像・氏康像に連なるものでなければならず、そうした意図のもとで玉縄北条氏制作の氏政像・氏直像が追加され、狭山藩北条氏にとっての五代画像として仕立て上げられたのであろう。

【註】

(1) 山本英二「日本中近世史における由緒論の総括と展望」（歴史学研究会編『由緒の比較史』青木書店、二〇一〇年）などを参照。

(2) 近世狭山藩の成立過程については、大阪狭山市史編さん委員会編『大阪狭山市史　第一巻　本文編　通史』（大阪狭山市役所、二〇一四年）、および大阪狭山市・大阪狭山市立郷土資料館『狭山藩北条氏―戦国大名小田原北条五代の末裔―』二〇一六年などを参照。

(3) 狭山藩による早雲寺の復興事業については、岩崎宗純「江戸時代の早雲寺」（『三浦古文化』一七、一九七五年）、早雲寺史研究会『早雲寺―小田原北条氏菩提所の歴史と文化―』（神奈川新聞社、一九九〇年）にて部分的に触れられ、後に吉井克信「狭山藩北条氏十二代の足跡をたどる」（大阪狭山市・大阪狭山市立郷土資料館『狭山藩北条氏―戦国大名小田原北条五代の末裔―』二〇一六年）にて四代氏治・五代氏朝の事業が概観されている。系譜編纂事業については、前掲註（2）書『大阪狭山市史』および橋上猛雄「北条家の系譜について」（大阪狭山市・大阪狭山市教育委員会『さやまのお殿様―藩主北条氏の軌跡―』二〇一九年）に詳しい。

（4）本来、レガリアとは王権を象徴する宝物として使用されるが、本稿では後述するように戦国大名北条氏の直系であるという系譜認識・家祖認識に基づき、かつその言説を支える根拠としての宝物として、この用語を使用する。

（5）そうした研究状況のなかで、四代藩主氏治・五代藩主氏朝の早雲寺復興を一連のものとして取り上げた吉井前掲註（3）論文の成果は重要であり、本稿でも多くの示唆を受けている。

（6）栃木県立博物館・神奈川県立歴史博物館『関東水墨画の二〇〇年』一九九八年。

（7）鳥居和郎「北条氏綱像の改変について―北条早雲像、氏康像、時長像などとの比較から―」『神奈川県立博物館研究報告（人文科学）』四三、二〇一六年。

（8）北条氏綱像に関して、『北条五代記』（元和年間成立）に旧北条氏家臣の三浦浄心が「さかみの国金湯山早雲寺において、氏綱の画像をくらう（愚老）拝見せしに」とあるため、小田原合戦後も早雲寺に所蔵されていた可能性がある。この記述を信頼するならば、浄心が実見した時期の詳細は不明だが、早雲寺の復興がされる以前であることは間違いない。氏綱像が戦乱のなかで難をのがれたことが想像されるとともに、本稿の考察を踏まえるに、寛文年間の早雲寺復興以前にはすでに寺外へ流出していたと考えられる。ただしその場合に、早雲像・氏康像も同時期であったかは定かではない。ゆえに本稿では三幅の寺外流出を小田原合戦前後とひとまずは想定している。

（9）岩崎前掲註（3）論文、および前掲註（3）書『早雲寺』など。

（10）当館所蔵「北条家文書」所収の下絵群・肖像群については『神奈川県立博物館人文部門資料目録（3）　北条家資料目録』神奈川県立博物館、一九九一年、にて員数と若干の解説が付されている。

（11）ただし、寛文年間の早雲寺復興には狭山藩主北条氏治が参加しているため、仮にすでに狭山藩側に早雲寺本の三幅が伝世した場合、なぜこの復興段階に早雲寺へ三幅を寄進しなかったのか疑問が残る。あるいは、早雲寺から流出後に、同寺や狭山藩北条氏とゆかりのある大徳寺や高野山などを経て狭山藩主氏治・氏朝期に同藩へ流入したのだろうか。上記は傍証を欠くため想像の域を出ないが、いずれにしても、早雲寺流出後の三幅の移動状況については今後の検討が俟たれよう。

（12）吉井前掲註（3）論文。

（13）橋上前掲註（3）論文。

（14）北条氏朝と法雲寺の関わりについては、前掲註（2）書『大阪狭山市史　第一巻　本文編　通史』および大阪狭山市史編さん委員会『大阪狭山市史　第三巻　史料編　近世』（大阪狭山市役所、二〇一〇年）を参照。

北条早雲像をはじめとする北条五代画像の転写と伝来について
―神奈川県立歴史博物館所蔵狭山藩北条家伝来の下絵類の描写をめぐって―

橋本遼太

はじめに

狭山藩北条家に伝来し現在は神奈川県立歴史博物館が所蔵する総数およそ二四〇点の北条家文書群には肖像画が数点含まれる。いずれも軸装あるいは巻子装となっており、本展出品に際して与えられた資料名称はそれぞれ次のとおりである。

90北条早雲像下絵
91北条氏康像下絵
92北条氏政像下絵
93北条早雲・氏綱・氏直像下絵
94北条先祖画像下絵
95北条早雲半身像
96北条先祖画像

これらは線質の差や彩色の有無により下絵類（90〜94）と本画（95・96）に大別できるが、本稿ではとくに白描の下絵類に注目し、描かれる像主の顔貌の特徴および線や色や模様に関する注記などを確認することにより白描画像が基にした画像の特定を試み、あわせて、現存する小田原北条氏の肖像画との関連を考察する。

一、各下絵の概要と転写元

各下絵類の概要を以下に記す。法量を示す数字の単位は㎝である。

90北条早雲像下絵　紙本墨画　軸装　本紙　縦五三・〇　横五一・二

四枚の紙を継いで一図を成す。一紙の最大高が二六・〇、最大幅が三五・〇である。墨線は紙継ぎを跨いで途切れることなく連続しており、紙を継いでから描かれたと考えられる。像主は胸前に小さな方形の袈裟（掛絡）を着け墨染めの法衣を着し斜め左を向いて安座する。頭部の上方の左右には、転写の際の見当かと思しき鍵形の目印が書かれる。目印の下、左眼の向かって右横には「クヽリ朱スミ」の注記がある。右耳の向かって左横には像主の右耳と同形の耳の部分図を、筆の打ち込みや線の肥瘦をより明確にして描く。耳の部分図のさらに左横には像主が右手に持つ末広扇の部分図を描く。扇の柄の部分は一部が描かれないが、この空白部分は像主が柄を握る箇所に対応する。扇の各部分に対して線を伸ばし、「金」、「スミノグ」、「金スミガキヲ出ス」との注記を添える。像主の右腕付近の左横には「ケサ／タイシヤスミ／二度トキ／ニカワツヨク」と袈裟の色についての注記がある。画面左端には、線の肥瘦や始終点を明確にして右腕の輪郭線のみを描く。右肘付近の左横、ちょうど掛絡が描かれる高さの真横に「クワラ墨クマ」の注記がある。その下には掛絡を吊る環部分を描き「シラフ／タン／クチバ／クヽリ」の注記を付す。像主の右膝付近には上げ畳の縁の模様を描き「地白／筋描／ウス墨」と注記し、さらに模様の一部分を取り出して描き

「地クロ／筋白」と書き添える。以上のように像主の周囲には各箇所の描写を詳細に示す部分図や注記があって、このほかにも像主が着る内衣の打ち合わせ部分には「白」、法衣の打ち合わせ部分の縁には「岩コン青ウスク」、掛絡には「トビ色　スミクマ」、畳の上面にあたる箇所には「青」などの注記が入れられる。

像主を象る線を仔細に観察すると、濃墨の細い線が最下層に確認でき、それよりは薄い墨色でやや太い線をそのうえに施している。これはすなわち、細線で図像の概形を写し取り、その細線をなぞって転写元の図像の線の太さの再現を試みていると解釈でき、この白描図像を描いた画家が、転写元の図像の形はもちろんのこと、その線の太さまでを忠実に写そうとした証拠であると考える。見た目の色について、そしてその色を再現するために取り得る技法について、図像に添えられた注記は詳細である。左膝付近の袈裟のわずかな隙間に覗く畳に「青」とする注記も、誤りなく転写元の図像の形と色を写し取ろうとした結果の記載であろう。要するに、この白描図像からは、ある特定の画像の色や形を忠実に写す意識が強く感じられる。

転写元と考えられる画像は何か。この白描図像に写し留められる形態および注記される色と同様の形態と色を示す作例がある。ほかならぬ、早雲寺所蔵の39北条早雲像である。色や形だけでなく、早雲の顔の大きさや肩幅など像主早雲の体躯の全体がほとんど同寸である。早雲寺の北条早雲像そのものを写すことに意義があったと評価できる白描画像である。

91北条氏康像下絵　紙本墨画　軸装　本紙 縦七六・六　横六三・〇

六枚の紙を継いで一図を成す（挿図1）。一紙の最大高が二五・七、最大幅が三四・七である。さきの北条早雲像下絵と同様に白描で像主を描き出し、身体や着衣や装身具の形や色について詳細な注記を施す。衣の全体については「地アサギクマ／一躰ニ浅黄ヲアビセル／其上／アイニテクヽル」と説明する。折烏帽子にはその右横に「薄墨ニテ墨カキ／濃墨ニテほりぬり／筋かきハ墨のぐ」と注記があり、さらに補助線を引いて紐に「白」「黄土」と色注を付す。顔の横には内衣の打ち合わせ部分にみえる花文を抜粋し「金」と注記する。さらに直垂に施される鶴と亀の模様のうち、鶴については頭頂部と嘴のみを抜粋して描き、脇に「鶴　地ゴフン／羽クチバシ足□／鶴／アイニテ出起ス」と注記を添える。亀については頭部と尾の部分を抜粋し、頭部に対して「亀／エンシグ／エンシ出起」、尾に対して「ロク青／艸ノシルクマ」「濃艸ノシル／筋出」と注記する。その下方には笄の一部を描き起こして「笄／金フンニテ／出起／ナシヂ」と記し、さらに下方には上畳の上下端の線を描いて、縁の模様を写したうえで「地白／薄墨」と注記する。直垂に鶴は合計八羽あらわされるが、うち左肩付近の一羽については羽根を一枚ずつ詳細に描き、残りの七羽については羽根の一部のみあるいは外形を象るのみとするなどやや簡略に描かれる。

色や模様についての詳細な注記の存在は北条早雲像下絵と共通するものだが、この北条氏康像下絵において、右肩上にある「墨此位」との注記は特筆すべきであろう。この注記の文言からは補助線が伸ばされ、補助線の先には一見何を意味するのか判然としない図形が描かれる。この白描図像のこれまで確認してきた種々の注記は、実は早雲寺所蔵の北条氏康像のうち戦国期に制作された一本の描写内容に悉く符合するのだが、この「墨此位」と注記された図形もまた早雲寺所蔵北条氏康像の右肩付近の墨線の太さや角度に寸分違わず一致する（挿図2）。すなわち北条氏康像下絵は一本の線で像主の概形を捉えつつ、右肩部分の抜粋箇所で「墨此位」とその墨線の太さを示しているのである。こうした墨線の肥瘦や入筆の角度まで写し取ろうとする態度は他の部分にも指摘することができる。具体的には、鋭い打ち込みでかつ払いを伴う短線を線の終点に重ねるように施す箇所が早雲寺所蔵北条氏康像の右腹前や左膝、袴の下の左腹前などに確認でき氏康を象る描線の特徴となっているが、北条氏康像下絵においてもこれらの鋭い返しの描線をもれなく写している。早雲寺所蔵北条氏康像の制作時期および筆者についてはいまだ定説をみないが、早雲寺所蔵北条氏康像は、下絵の絵師をして、往時の絵師が氏康その人を前にして描いたものと認識せしめるものだったのではないか。転写元の絵の絵師の運筆まで忠実に写す下絵の描写態度からは、絵師の筆の動きを通して、かの絵師の目前に座っていたかもしれない氏康の真に迫ろうとする様子が感じられる。

なお、早雲寺所蔵北条氏康像には腹前で結ばれる栗色の紐や直垂の鶴の位置など下書き段階から完成作に至る間に――左右の対称性を強調するためか――微調整を施したことが浅葱色の顔料の剥落により確認できるが、下絵はいずれの箇所においても彩色が施された完成版と思しき線を写し取っている。

92北条氏政像下絵　紙本墨画　軸装　本紙 縦六九・〇　横六二・三

七枚の紙を複雑に継いで一図を成す。一紙の最大高は三三・六、最大幅が二五・七であり、北条早雲像下絵や北条氏康像下絵と同規格の紙を縦に置いて継いだものと思われる。束帯姿で坐す人物像である。顔の右横には「御面／朱ノキコフン□／朱ノキニクマ」の注記があり、冠には「スミ」「ウズミニテ筋出」と添えられる。精緻な描線の顔面に比べて、体部を象る描線は辿々しく、装束の一辺を描くにあたり何本か線を繋いで成形していて、その技量には差があるように見受けられる。身体や装束、装身具に対する注記は、北条早雲像下絵や北条氏康像下絵と同様に詳細である。とくに平緒の表裏の模様について、部分拡大図を併記しつつ形と色を忠実に写し取ろうとしている。体部の下には袍に施される模様を何度も描き、また輪郭をなぞっている。

以上の注記と描写内容の一致をみる作例が、早雲寺所蔵土佐光起筆の北条氏政像である。像主の造形を、大きさそのもの、そして細部の描写に至るまでそのまま写している。ただし、下絵の袍には早雲寺所蔵土佐光起筆北条氏政像にみられる花紋ではなく、小田原北条家の家紋である三鱗紋が描かれている点が特異である。この相違を理解するには、狭山藩北条家の菩提寺である法雲寺に伝来する北条氏政像の存在が重要となる。法雲寺所蔵北条氏政像の袍には、北条氏政像下絵に描かれる形態の三鱗紋が、その位置や大きさまで一致して描かれているからである。要するに、北条氏政像下絵は、形態や文様などを早雲寺所蔵土佐光起筆北条氏政像を忠実に写しながら、法雲寺所蔵北条氏政像との関連を示唆するものである。この下絵と本画作例との転写関係については後段で触れる。

93北条早雲・氏綱・氏直像下絵　紙本墨画（一部彩色）　巻子装　本紙縦三五・六　横一二三〇・〇

束帯姿の坐像を巻頭に配し、袈裟を着た人物の腹部分、人物の頭部（計四点）、虎皮に坐す人物の脚部（本書未掲載）を貼り継いで調巻する巻子装の下絵。およそ縦三五・一×横二五・六程度の紙を基本に、描写対象に応じて用いられたさまざまな法量の紙が確認できる。紙質や描線の質、注記の書体、そして転写元を忠実に写し取ろうとする態度はこれまでに確認した軸装の下絵類と共通しており、一連の下絵類のうち軸装するに至らなかった部分の下絵をひとつにまとめたものだろう。巻頭の束帯姿の坐像に関しては上半身を欠くが、平緒に対する詳細な色注と笏を持つ手の位置から判断して、早雲寺所蔵北条氏直像が転写元であると考えられる。細部の形態や色が転写元と一致することは軸装の下絵類とやはり同様であるが、早雲寺所蔵北条氏直像にはない、袍に描かれる三角形の模様が特徴である。この三角形の模様は三鱗紋の輪郭を表すものと思われるが、さきの北条氏政像下絵と同様、法雲寺所蔵北条氏直像の氏直が着す袍に施される三鱗紋に形と位置が一致する。

続いて、縦三三・八×横二五・二の一紙には袈裟を着た人物の腹部分のみが描かれる。頭部方向が巻頭側になる向きで調巻されている。人物の下端には画面を区切る墨線が引かれており、転写元の絵の描写がこの位置まであったと考えられる。袈裟の蓮華唐草文の一部を詳細に描き、残りの部分には蓮華唐草文を意味すると思われる「レン」との注記を入れる。衣文線の近辺には薄墨の細線あるいは点線が施され、「クマ」と注記される。衣文線に沿う隈取りの位置と範囲を示す注記であろう。この袈裟を着る人物像に形態が一致する作例が、95北条早雲半身像である。隈取りの位置や範囲まで北条早雲半身像に寸分違わず一致する。なお、左腕の横の注記は、紙の継ぎ目で上部が途切れているため、もとは上半身を描く部分も存在したと想像される。

続く一紙とその次に貼り継がれる小片には同一人物の頭部が二点描かれるが、その形態は、口角や目尻、首の皺の位置や角度にいたるまで北条早雲半身像に一致する。二点の頭部のうち小片に描かれた一点がより整理された筆線を示していて、そのためか「上」との注記がある。

早雲の二点の頭部の間には扇の部分図、その前後に頭部二点と頭部を含む胸より上の半身が描かれており、この扇の形や梅花文様、都合三点の頭部はいずれも早雲寺所蔵北条氏綱像に一致する。なお下絵に描かれる三点の氏綱の顔貌のうち二点には髭と鬚を描き、上半身を描く一点には髭・鬚ともに描かない。氏綱の上半身を描く下絵は、早雲寺所蔵北条氏綱像の描き直しの時期や理由を考えるうえで重要である。早雲寺所蔵北条氏綱像には両肩、左袖、足先、そして服制について、かつてあった線を塗り込めるなどして消して新たに書き直している痕跡が確認できるのだが、本下絵は修正後の、現状見えている線や形を写している。下絵を制作した段階で少なくとも修正がされていたと考えられ、描き直しの下限が推定できることとなる。

この巻子装の下絵の巻末には虎革に座る人物の脚部が彩色を施して描かれるが、腹より上は欠いており全容は不明で、像主の特定は難しい。なお脚部の衣文線に沿って金泥線が引かれるが、この技法は法雲寺所蔵本の各本に近い表現が確認できる。

94北条先祖画像下絵　紙本墨画　軸装　本紙 縦五九・四　横五四・六

最大高二〇・五×最大幅二七・四の紙を六枚継いで一図を成し、折烏帽子を被り直垂を着して正座のような姿勢を取る人物を描く。直垂に三鱗紋が描かれていることから、像主は北条氏のひとりであろう。色や形についての注記はないが、像主の右肩横の余白に「寛政七乙卯年八月／野中正容謹画」と記される。転写元の絵ではなくこの下絵を寛政七年（一七九五）に野中正容なる人物が描いたという意味ととれる。野中正容はあるいは狭山藩の御用絵師かとも思われるが詳細は不明。これまでに確認してきた下絵類と比べると料紙の法量が一回り小さく、また描線はやや平板で硬質な印象を受けるため、北条五代を描く下絵類は寛政七年を遡る時期に描かれたかと思われる。この下絵に一致する本画作例は管見では存在しない。

二、下絵と本画作例との関係

前節では北条家文書に含まれる下絵の、像主の形態や注記の存在について詳述した。個々の下絵を紹介する中で転写元と考えられる作例について若干言及したが、本節で改めて整理する。小田原北条氏歴代の肖像画の本画には次のような作例がある。

A　早雲寺所蔵本

1北条早雲像　絹本著色　戦国時代　縦九三・四　横五〇・五
早雲寺所蔵　国指定重要文化財

2北条氏綱像　紙本著色　戦国時代　縦九一・五　横六一・三
早雲寺所蔵　神奈川県指定重要文化財

3北条氏康像　紙本著色　戦国時代　縦九二・一　横六一・二
早雲寺所蔵　神奈川県指定重要文化財

B　土佐光起本

1北条早雲像　紙本著色　江戸時代　縦一三〇・五　横五七・五
土佐光起筆　早雲寺所蔵

2北条氏綱像　紙本著色　江戸時代　縦一三〇・六　横五七・六

土佐光起筆　早雲寺所蔵
3北条氏康像　紙本著色　江戸時代　縦一三〇・五　横五七・七
土佐光起筆　早雲寺所蔵
4北条氏政像　紙本著色　江戸時代　縦一三〇・六　横五七・七
土佐光起筆　早雲寺所蔵
5北条氏直像　紙本著色　江戸時代　縦一三〇・五　横五七・五
土佐光起筆　早雲寺所蔵
6北条氏長像　紙本著色　江戸時代　縦一二七・二　横五六・四
土佐光起筆　デトロイト美術館所蔵

C　法雲寺所蔵本
1北条早雲像　絹本著色　江戸時代　縦一一一・二　横六一・〇
法雲寺所蔵
2北条氏綱像　絹本著色　江戸時代　縦一一一・三　横六一・一
法雲寺所蔵
3北条氏康像　絹本著色　江戸時代　縦一一一・三　横六一・〇
法雲寺所蔵
4北条氏政像　絹本著色　江戸時代　縦一一一・五　横六一・〇
法雲寺所蔵
5北条氏直像　絹本著色　江戸時代　縦一一一・三　横六一・〇
法雲寺所蔵

これら本画諸作例の相互の関係を考えるうえで、本稿で取り上げる狭山藩北条家伝来の下絵類は重要な役割を果たす。この下絵の描写を詳細に観察することにより、何が何を写したのかが明らかになるからだ。各下絵の概要を述べる際も簡潔に言及したが、総合して結論を述べると、狭山藩北条家伝来の下絵類は、早雲寺所蔵本のうち北条早雲像（A1）、北条氏綱像（A2）、北条氏康像（A3）と、土佐光起本のうち北条氏政像（B4）、北条氏直像（B5）を忠実に写している。北条氏康像（A3）を写したと思われる北条氏康像下絵では、顔貌を寸分違わず写しながらも画面下方になるほどわずかに下方へ線がずれたり、北条早雲像（A1）を写した北条早雲像下絵では、最終的に採用したであろう線のやや下方に並行して引かれた線に、取り消し線が付されていたりするなど、わずかにずれる箇所はあるも

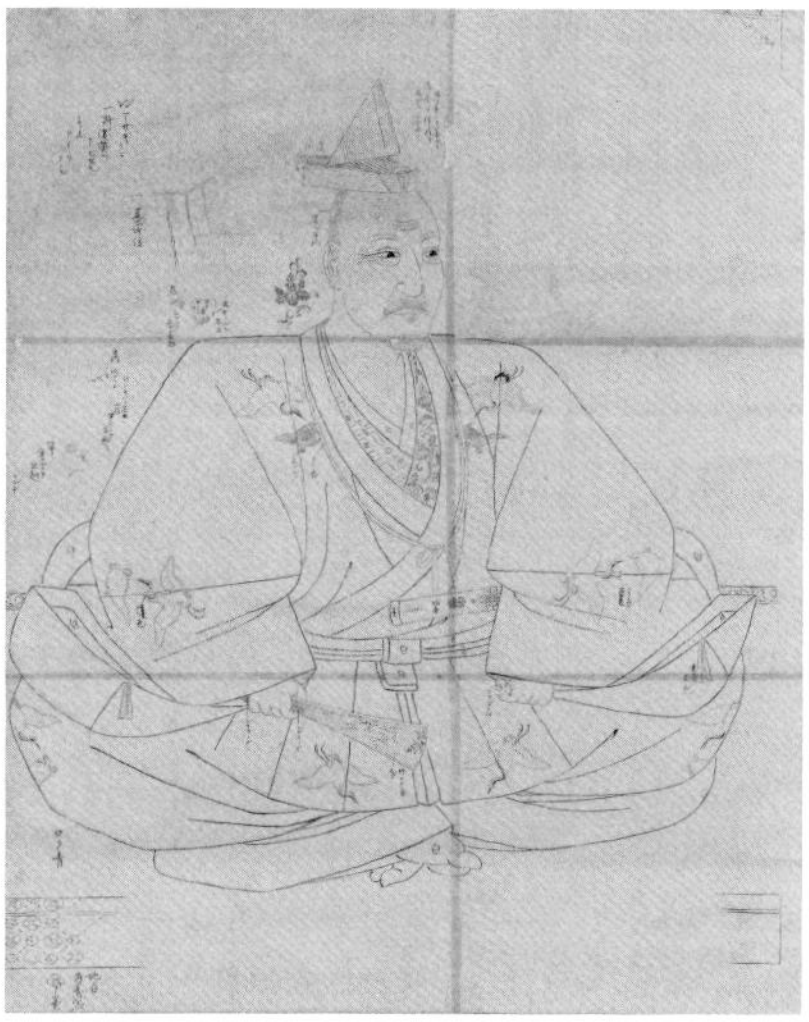
挿図1　北条氏康像下絵

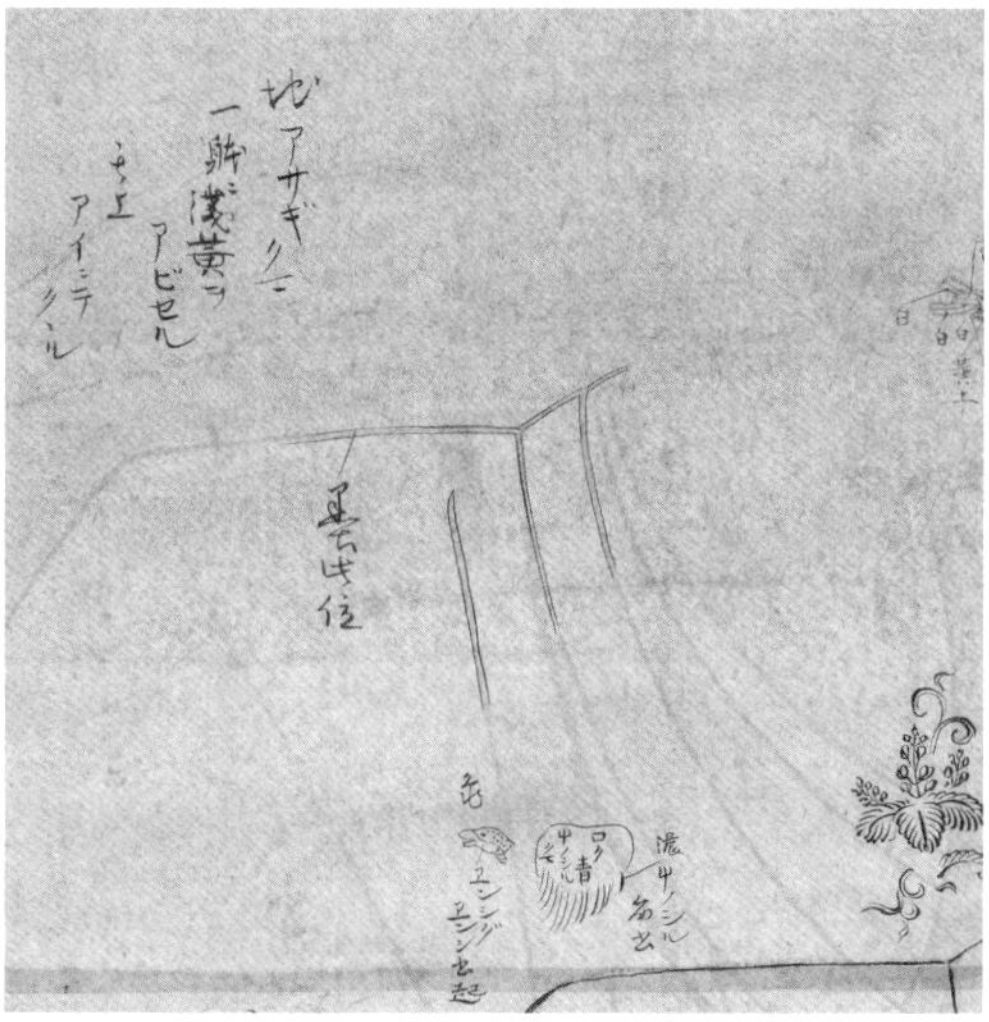
挿図2　北条氏康像下絵　部分
「墨此位」の注記（北条氏康像（早雲寺）に不透明度70%の北条氏康像下絵を重ねた画像）

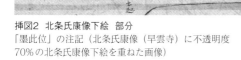

のの、ほぼ同寸で転写元となった絵を写している。写したのは形態だけではなく、詳細な注記から判断するに、顔貌や装身具の細部描写、そして色の見た目にまで至っており、転写元をそのまま写し取る意識が強く感じられる。たとえば、北条氏康像下絵に記された「地アサギクマ／一躰ニ淺黄ヲアビセル／其上／アイニテクヽル」との注記は、北条氏康像（A3）の描写技法をつぶさに観察することなしには至ることのできない境地である。

忠実に転写元を写す一方で、転写元の作例とは異なる描写の箇所もある。具体的には北条氏政像下絵の袍や平緒に描かれる三鱗紋は早雲寺所蔵北条氏政像にはなく、この三鱗紋の大きさや位置に一致する作例が法雲寺所蔵北条氏政像（C4）である。要するに、北条氏政像下絵は、形態は早雲寺所蔵北条氏政像を忠実に写し取りながら、服の文様については改変して法雲寺所蔵北条氏政像との関連を示唆するものとなっている。では下絵と法雲寺本との関連はどう評価すべきだろうか――。下絵と法雲寺本の図像がほとんどすべて一致すること、下絵が狭山藩北条氏に伝来したこと、法雲寺本は法雲寺を菩提寺とする狭山藩北条氏が寄進したものであると箱書から判明することなどから推測して、本稿で扱う下絵類は法雲寺本制作に至るあいだの成果物であると考えられる。すなわち、これらの下絵は、早雲寺本の忠実な模本であり、かつ法雲寺本の下絵であると位置づけられる。

早雲寺所蔵北条早雲像と同北条氏康像の描写内容が、北条早雲像下絵と北条氏康像下絵を介して、法雲寺所蔵北条早雲像と同北条氏康像に忠実に再生産されたのに比べると、法雲寺所蔵北条氏政像と同北条氏直像の服の文様が三鱗紋に改変されたり、同北条氏綱像の衣文線が簡略に整理されたりする点は、法雲寺本の絵師が、転写元の早雲寺本の各本ごとに異なる規範性の強さを感じていたことの反映かもしれない。

三、早雲寺所蔵本の移動と下絵の転写時期

狭山藩北条氏伝来の下絵類は、法雲寺本制作に際しての下絵と考えられ、その転写元は早雲寺所蔵の二組の北条五代像であった。二組とは、早雲寺所蔵本（A）と土佐光起本（B）で、下絵は、早雲寺所蔵本から早雲、氏綱、氏康を写し、土佐光起本から氏政と氏直を写し、これらが享和三年（一八〇三）に「狭山侯」（北条氏喬か）が納めたと箱に墨書される法雲寺本に結実した。それでは下絵はいつどこで早雲寺所蔵本と土佐光起本を写したのだろうか。

土佐光起本は上畳に坐す歴代小田原北条氏の肖像を描くもので、各幅上部に大徳寺一八三世琢玄宗璋（一五九六～一六八五）が賛を書く。北条早雲のみ右を向き、北条氏綱以下がこれに対面するように左向きに描かれるなど、早雲の存在を強く意識した構成となっている。賛者琢玄は氏康像の賛文で「前大徳」ではなく「前龍寶」と名乗るなど、玉縄北条氏の菩提寺龍寶寺住持を務めた事蹟を打ち出している。早雲寺の光起本と同様の法量で、かつ同じく琢玄賛光起筆の北条氏長像がデトロイト美術館に所蔵されている。北条氏長像も身体が左向き、すなわち光起本早雲像と対面する向きで描かれている。北条氏長（一六〇九～一六七〇）は玉縄北条氏の系譜に位置する人物。**117**早雲寺宝物古器物古文書目録には光起本を指すと思われる肖像画が登場し、「天和二年北条氏平寄附」と記される。北条氏平（一六三七～一七〇四）は氏長の子で、寄附をおこなった天和二年（一六八二）は父氏長の一三回忌の年にあたる。光起本では、早雲寺の実質的な開祖にあたる北条氏綱がひときわ目を惹く朱色の衣を着す様子で描かれるが、氏長も同種の色の衣を着て描かれる。氏長を氏綱の系譜に連なる人物として見せようとした結果ではなかろうか。以上の通り、北条氏長像は早雲寺の光起本五幅と法量や構図が酷似しており、また氏長の一三回忌の年の奉納という経緯をふまえると、これらは氏長の忌日に際して誂えられた一連の作でもと一具と考えられる。光起本の制作期は、年紀のとおり氏長の没した寛文一〇年（一六七〇）から奉納された天和二年（一六八二）までに絞られることになる。「早雲寺宝物古器物古文書目録」には「五幅」と記されるため、当初より氏長像は寄附されなかったか、あるいは目録作成時までに早雲寺を離れていたと考えられる。現存する光起本六幅の像主のなかで、絵師光起が対

面し対看照写しえた人物は生没年を考慮すると氏長のみである。早雲以外の人物の顔貌に大きな差がなく、互いによく似た風貌をしているのは、あるいは氏長の肖像を、彼にとっての先祖の肖像に転用したためとも考えられる。先祖の肖像画の不在は、氏綱や氏康の真に迫るうえでは不都合ではあっただろうが、彼らの系譜を引く人物として自らを位置づけようとしたであろう氏長にとっては、氏長像と先祖の風貌を似せて描くことはかえって好都合であったかもしれない。

ここでひとつ疑問が生じる。土佐光起が肖像画を描き琢玄宗璋が賛を書いて早雲寺に奉納したとき、なぜ早雲寺が所蔵し戦国期の制作になる早雲、氏綱、氏康の肖像を参考にしなかったのか。この問いについては、その存在を知らずに参考にできなかったか、あるいはあえて参考にしなかったとの解答が想定しうる。先にもふれたが「早雲寺宝物古器物古文書目録」と内題に記される資料が早雲寺に所蔵される。早雲寺に伝来した「詩」「書」「画」「経典」「額」「木像」「札」「梵鐘」などについて、その名称、員数、法量、筆者、寄進者等を列記し、帖末を「右調査通相違無き候也」と締める文書で、年紀がなく正確な書写年は不明だが、記載の項目から判断して、明治二八年四月五日付の内務省訓令第三号（官報第三五二六）に基づく什物の調査に関わるものかもしれない。この目録には土佐光起本と並んで、「同　三幅／絹地表装絹〈彩色絵〉北条長氏氏綱氏康之像画工／不詳　立三尺／横二尺／年月不詳／北条氏朝寄附」と三幅の絵画の存在が記される。光起本とは別の長氏（早雲）・氏綱・氏康の絵といえば早雲寺所蔵本の三幅がまず想起される。早雲寺所蔵本のたとえば北条氏康像の法量は縦九一・一×横六一・二であり、目録に記される法量と大きな差は無い。早雲寺所蔵本の北条氏綱像と北条氏康像は紙本であって、目録が「絹〈彩色絵〉」とのみ記すのは不審であるが、員数や法量の一致から目録の記述は早雲寺所蔵本を指すものと考えられる。注目すべきは年月不詳ながら狭山藩北条家の北条氏朝（一六六九〜一七三五）による寄附とされる点である。目録の記載の信憑性について、たとえば早雲寺に伝来する119宗祇法師像の箱の蓋表に「宗祇法師像　　早雲寺常住」、蓋裏に「此像画工土佐光起也賛語宗祇之自詠里村昌陸昌純寫之／青木主計寄附／元禄第六癸酉年仲夏望表褙之置金山早雲禅寺常住」とあるのに対して、目録では「同　　壱幅〈竪二尺七寸五卜／横一尺三寸〉／宗祇法師之像／絹地表装絹彩色画土佐光起筆賛宗祇之詠歌里村昌陸昌純筆／元禄六年五月青木主計寄附」と箱書とほぼ同じ内容を記しており、つまり目録は箱書など何らかの拠るべき情報に基づいていると推測される。そのような性質の目録が早雲寺所蔵本三幅を北条氏朝の寄附と書き残したのは何らかの根拠があってのことだろう。要するに光起本六幅が制作された寛文一〇年（一六七〇）〜天和二年（一六八二）のころには戦国期制作の早雲寺所蔵本は早雲寺には存在しなかったのではないか。

早雲寺所蔵本が狭山藩主北条氏朝の寄附とすれば、寄附の下限はその没年の享保二〇年（一七三五）になる。次の疑問は、下絵はいつどこで早雲寺所蔵本を写したかである。すでに述べたように、下絵類は法雲寺所蔵本制作に直結する、前段階にあるものであった。決して、かつて転写しておいた白描図像を都合良く見出して採用した類いのものではないと思われる。そうとするならば、法雲寺所蔵本が奉納された享和三年（一八〇三）、そして下絵類の一図に注記される「寛政七乙卯年八月／野中正容謹画」すなわち寛政七年（一七九五）というふたつの年号は下絵の制作時期を推測する手がかりになるだろう。つまり下絵類の制作は寛政七年（一七九五）をやや遡る時期で、北条氏朝によりすでに早雲寺に寄附されていた早雲寺所蔵本は早雲寺において転写されたのではなかろうか。法雲寺本の制作が念頭にあったはずであるから、絵師は狭山藩から派遣され早雲寺に出向いたのかもしれない。

四、法雲寺所蔵本の構想

下絵が早雲寺所蔵本を忠実に写しながらも、法雲寺所蔵本には下絵と一部異なる描写が見られる。その差の理由を考えることで、法雲寺所蔵本の制作者が早雲寺所蔵本の各本をどのように認識していたかを推定してみる。法雲寺所蔵本五幅のうち北条早雲像については、早雲寺所蔵本との差異はほとんど認められない。北条氏康像についても同様に、着衣の鶴文様の位置に若干の変更はあるものの早雲寺所蔵本を基にして忠実に描いている。これに対して、北条氏綱、氏政、氏直の三幅はやや状況が異なると考える。早雲寺所蔵本の氏綱像についてはとくに衣文の描写に後世の加筆による改変の痕跡が認められる一方で、法雲寺所蔵本の氏綱像は、衣の皺の不自然に思える箇所については踏襲せず衣文を整理して描いている（早雲寺所蔵本の北条氏綱像の改変の下限は法雲寺本奉納の享和三年となるだろう）。また氏政像と氏直像については、衣や平緒に三鱗紋を描いて、像主が小田原北条氏であることを強調する表現をとる。加えて、土佐光起本に存在する琢玄宗璋の賛文を法雲寺本はまったく写さない。こうした違いから推測できることは、北条氏康像下絵の項目ですこし触れたが、北条早雲像や北条氏康像がほとんど改変を加えられない、法雲寺本制作者の立場からいえば、忠実に転写することに重要な意味があり改変を加える余地のない肖像であると認識していたのに対して、氏綱像はおそらくその改変の痕跡ゆえ、また氏政像と氏直像は両者の在世から隔たる時期の玉縄北条氏の制作であったがゆえ、改変にためらいなく、むしろ加筆の痕跡や玉縄北条氏の存在を感じさせないよう浄写することに重きが置かれたものと考えられる。こうして、制作時期の異なる二組の肖像画をもとに法雲寺本が狭山藩北条氏によって制作され、狭山藩北条氏の系譜を視覚化する新たな小田原北条氏歴代画像として法雲寺に寄附された。

ちなみに、法雲寺本各幅の八双裏には「中」「東一」「西一」「東二」などと墨書があるため、北条早雲をおそらく堂宇の北面中央に掛け、氏綱を東壁の早雲よりに、氏康を西壁の早雲よりに懸けて用いたことがあったと思われる。この懸用法についても、北条早雲に対面する子孫たちという構図を採用した土佐光起本とは異なっているようであり、法雲寺本が写し取ったのはあくまでも像主の詳細な形であったと推測される。

おわりに

本稿では狭山藩北条家に伝来した肖像画の下絵の描写内容を確認することにより、その転写元となった画像が早雲寺所蔵本であり、その下絵作成の目的は法雲寺本の制作にあったと推定した。転写元の図像に価値を見出して忠実に写す要素、あるいは改変を加える要素を吟味することで、類似の肖像画各本の特徴、とくに法雲寺本作者が各本をどのように捉えていたのかが多少とも明確となった。

軸装された絵画はその可搬性ゆえ贈答や寄進の対象となることも多い。伝来不詳の什物も制作の契機や寄進の理由はかならずあるはずで、什物調査の記録等により各時代の什物の所在を追跡し、その移動の理由を考えることは重要であろう。ある什物がそこに存在する理由を丁寧に考えることで明らかになる事実を受け止め、什物や寺院の歴史を考えたい。

早雲寺記録　釈文

※朱書挿入と訓読点等は省略した。明らかな小字についてはそのまま表記した。

（表紙オ）

早雲寺記録

元禄十四年（一七〇一）辛巳仲冬

住持柏州貞誌之

（表紙ウ）

當山之旧記、天正乱後紛失、委細雖難別（判カ）、古老傳来之趣記之、先年蒲岸所記之古記一冊在之、其中所記除之、然詳畧同異在之処、再記之、

元禄十四年辛巳仲冬

金湯山早雲寺住山柏州記之

（一オ）

一、早雲寺之儀、元来ハ春閣寺ノ舊跡ニテ観音堂一宇残リ候テ在之由、北條早雲公観音堂御再興、観音堂ノ旧跡ハ、今ノ方丈ノ後等（ママ）山之上、

○永正十六己卯年、早雲公御逝去、依テ御遺言ニ北條氏綱公当寺御建立、大永元巳ノ年、山門・佛殿・方丈・経藏・鐘楼・書院・庫院等、不残成就ス、金湯山早雲寺ト号ス、其外寺内諸塔頭・寮舎等ハ連々御代□（々カ）御建立、

一、湯本之温泉之儀ハ、浄定菩薩越ノ泰澄ノ弟子、天平宝字年中、依テ　勅定ニ、為疱瘡祈禱ノ、此所ニ白山権現ヲ勧請シ、十一面観音ノ像ヲ彫刻シ、十一面ノ法ヲ

（一ウ）

被修セ、其時温泉忽チ岩窟之間ニ湧出、依之疱瘡疫病忽止ミ、祈願成就ス、關東ノ温泉ノ根源、故里ヲ湯本ト云、山ヲ湯坂ト云、自尓九百年餘歟、於于今　白山権現ノ社、当寺境内ニ在之、

○右ノ浄定ノ作ノ観音、近比四十年已前迄在之処、當寺先住灯外和尚廣徳寺ト公判、退院之節紛失之由、

然レハ早雲公御建立ノ観音堂ノ本尊ハ、右ノ浄定ノ作ノ像ニテアルヘシ、

一、永禄年中、上杉輝虎小田原乱入之時、風祭・湯本兵火、依之当寺焼失、住持明叟和尚歎之ヲ、自身佛殿ノ内ニ入リ、焼ケ死ヌヘキ旨ニテ、諌レトモ不出、其時北條

（二オ）

陸奥守氏輝公馳来リ玉テ、件ノ義御聞被成、則御自身馬上ニテ烟中ヲ凌キ、佛殿ヘ入リ玉テ、明叟和尚ヲ引立、御出被成之由、其後氏政公当寺御再興、寔前ノ伽藍ヨリモ、造営被尽美ヲ、

○北條御一家并關東ノ諸士、材木已下被致寄進ヲ、北條氏勝公檜柱三百本寄進之由、被披露之、時ノ人皆怪之、其時氏勝公甲州ヘ出張、信吉《玄》對陣、氏勝公出張ノ内、甲州山ノ檜木三百本伐リ取、当寺ヘ寄進之由、

○其後天正十八年、秀吉乱入之時、不残焼失、

○当寺ノ撞鐘、乱後小田原ノ城中ニ在之、時ノ鐘トナル、

（二ウ）

近藤石見守殿御城番之節、其鐘ヲ当寺ヘ被返、豆州玉沢ノ鐘、藤沢道場ノ鐘モ城中ニ在之処、当寺ノ鐘返却之儀聞及ヒ、兩寺ヨリ訴訟ス、藤沢

ヨリ新鐘ヲ鑄テ、城中へ遣シ、古キ鐘請取之ヲ、
一、開山以天宗清和尚ハ、大徳寺東海和尚嗣法ノ弟子
也、元来ハ京都泉涌寺ノ僧ニテ、十九ノ年ゟ一切経一覧、
別ニ開山傳記アリ、畧之、
○早雲公御在京之節、以天和尚ニ就テ、参禅問法、
早雲公東國へ御下向之節、以天和尚ヨリ、送行之
詩アリ、〽欲メ遂功名ヲ出帝畿ヲ、預メ知ル塞外ニ振リ全
威ヲ、君他日復セハ海東ノ地ヲ、分テ我ニ一簑烟雨ノ磯ヲ、
（三オ）
其以後、早雲公豆州・相州御治國、豆州韮山へ御
隠居之節、以天和尚ヲ京都ヨリ御請待ニテ、豆州
香山寺ニ暫ク居住、其後早雲公御逝去、御遺言ニテ、
氏綱公当寺御建立、以天和尚ヲ開山ト被レ成サ、
後奈良院　勅号ヲ賜テ、正宗大隆禅師ト号ス、于今
禅師号ノ　綸旨在之、
○以天和尚ヲ小田原へ御招請ノ時ハ、氏綱公御自身御
城門迄迎ニ御出被成、依之ニ御代々被帯其例ヲ
由、關東御分國ノ諸士ハ、諸出家ニ對シ、馬上乗打在
間敷旨被仰付、　別ニ以天和尚傳記并法語・自讃ノ影
像并木像・諸墨跡等在之、
（三ウ）
一、当寺ヲ勅願所ニ被成儀ハ
後奈良院御即位之節、氏綱公ヨリ金子等献上、御
依之、睿感ニテ官位加階、　勅許可在之由之処、氏
綱公御辞退ニテ、当時　勅願所之綸旨、御願被
成故、　勅願ノ綸旨并早雲寺ノ勅額賜之ヲ、
于今　勅願ノ綸旨在之、　勅額ハ兵火ニ焼失、
○当寺依為　勅願所、被レ準大徳寺ニ、關東派ノ僧ハ、
大徳寺へノボラス、直ニ当寺ニテ、僧官・僧位ノ儀式相
勤ム之ヲ、於于今、末寺之僧徒ハ当寺ニテ知客・侍者・
蔵主・首座・単寮等ノ判紙授与之ヲ、禅宗ノ
勅願所ハ關東ニテ当寺之外無之由、下馬之札、
（四オ）
氏綱公ヨリ被下置、
○氏綱公御室ハ、近衛關白殿ノ御息女之由、此内縁在
之故、御即位之節、御忠勤在之歟、其上　勅願之
綸旨勅額等被下之歟、
氏綱公御室ノ御法名、養珠院殿春苑宗栄大
禅定尼、小田原香林寺ニ御位牌アリ、
一、当寺捴門ノ前ノ橋ヲ三峡橋ト云、俗ニ湯本ノ三枚橋ト云フ、今ハ二枚アリ、
小田原御分國ニテ、殺害・盗賊之重罪ノ者ト雖モ、
此橋マテノカレ来レハ、御赦免在之由、軍陣之節、其
者召出サレ、軍役勤之、木村・斎藤　當寺ノ代官、支配ス
之ヲ、当寺ヨリ軍僧十人ツヽ、毎度出ス之ヲ、軍中物書
（四ウ）
之御用、
一、当寺諸塔頭・諸寮舎、天正之一乱焼失、
春松院、氏綱公御牌所也、氏康公御建立、以天和尚隠居所、
大聖院、氏康公御牌所也、氏政公御建立、于今御證文在之、
明叟和尚開基、
黄梅院、氏直公ノ御老母御牌所也、御法名ハ黄梅院殿春林宗芳
大姉、五月十七日、萬仭和尚開基、
南陽院、南陽院花渓宗智大姉、七月十八日、
圓通院、北條左衛門佐御牌所也、法名圓通院殿花岳白公
大居士、四月八日、
天用院、天用院殿
○雄岳英公大居士、天文十九庚戌十一月十七日、

三玄院、
正覚院、　正覚院殿大圓忠公大禅定門、
（五オ）
栖泉菴、
正眼寺、　於今在之、
推枕軒、　大室和尚ノ寮舎、
右書付之外、塔頭・寮舎之旧跡雖在之不
分明、畧之、
一、当寺諸末寺、　於于今在之分、
宝泉寺、　相州風祭村、北條時長公御法名宝泉寺殿大年
用公大禅定門、御影アリ、氏政公御状等アリ、
早雲寺ノ第二代大室和尚ノ開基、
廣徳寺、　武州江戸下谷、古来ハ相州小田原御城内ニアリ、
太田十郎氏房公、武州岩付ノ城主、法名廣徳寺殿
功林勲公大禅定門、明叟和尚開基、

（貼紙）
廣徳寺ノ旧記ニ、廣徳寺殿ト申ハ岩付源五郎殿ノ法名也、十郎殿ノ
兄也、寺ハ十郎殿ノ建立、

種徳寺、　武州江戸赤坂、古来ハ相州小田原城外欄干橋ニ在之、
本光寺ト云、江戸へ移リ今ノ名ニ改之、
（五ウ）

（貼紙）
髙野山高室院ノ古代ノ過去帳ヲ考ルニ、
本光寺殿龍渕紹鉄(宗哲カ)、俗名北條彦五(九カ)郎
氏康ノ弟ト在之、

北條氏康公ノ御弟法名本光寺殿龍渕鉄公
大禅定門、大室和尚開基、
萬満寺、　総州小金、開山謹甫和尚、
願修寺、　相州小田原城中、大岫和尚開基、
傳心菴、　車地蔵ト云、相州小田原、
感修菴　同所
昌福院、　相州山王原、
呑海菴、　相州一色、
浄光院、　相州塔之沢、
鎖雲菴、　相州須雲川、
祐泉寺、　豆州三嶋、江間右京祐(佐)、法名來《ライ》雲宗泉大禅
定門、
曹源寺、　豆州小坂、
龍泉寺、　豆州長瀬、
（六オ）
鑑照菴、　相州中郡田中、　成修菴、　相州小田原、
東渓院、　相州鎌倉、
大隆寺、　豊前小倉、
法性寺、　同中津、但シ大隆寺・法性寺ハ遠国故、当寺
へ不致出仕ヲ、京都龍泉菴へ相勤、
正眼寺、　当寺境内ニ在之塔頭、
右十九箇寺ハ於于今在来分也、
○栖徳寺、　相州久野、幻菴公御老母法名栖徳寺殿花
岩信公大禅定尼、天文廿三甲寅四月五日、
北條幻菴公御建立、明叟和尚開基、
今ハ栖徳山京福寺ト号ス、曹洞宗トナル、
育王寺、　相州熱海、今ハ妙心寺派トナル、
温泉寺、　同所、今ハ妙心寺派トナル、
（六ウ）

右三ヶ寺、改派ノ分也、此外改派并破滅之末
寺、關東ニ数多雖在之、委細難知、故畧之、
一、当寺境内ノ名、古来ハ東ハ宝泉寺山界、西ハ箱根山界迄、南ハ南屏ノ麓ノ大道切北ハ小朶ノ川切、
南屏山、方丈ノ前、　小朶峰、方丈ノ後、
双乳峯、箱根ノフタゴ、　飽雲峰、塔之嶺、
冨士岩、小朶ノ内ニアリ、　三峡橋、湯本三枚橋也、古来ハ此所ニ当寺ノ惣門アリ、
放光堂、地蔵堂、　龍鼻岩、南屏ノ内、
雷鳴松、南屏ノ内、　涌泉嶺、湯坂、
右ハ当寺ノ十境也、古来ヨリ口傳之通リ書付之、
此外ニ渓声岩アリ、屏風岩ノ事、
一、当寺先住蒲岸記置ル、内ニ、
（七オ）
聞流亭、寛水ノ上、　温泉宮、湯峯、
獨木橋、湯本入口、　飛雲岩、独木橋ノ下石飛、
右ノ内ニ聞流亭、寛水ノ上、是不審、今察スルニ、古
来繁昌之節ハ、今ノ茶屋村ノ山ヨリ落ル水ヲ、伏
樋ニテ引之、寺中ノ用水ニ取之、当寺ノ泉水ヘモ
引ノ之由、然レハ其所ニ亭在之歟、渓聲岩モ
其向ニ見ル也、
温泉宮、宮ノ字不審、室ノ字歟、当寺浴室也、
獨木橋、當寺ヨリ大聖院ヘ通ヒ路ノ、湯本入口ノ橋、
近比ニテ石ノ橋柱残リ在之由、
飛雲岩、同所、
惣〆百年以前ハ、今ノ湯本ノ三枚橋ヘハカ、ラス、今ノ塔
（七ウ）
沢道ヘカ、リ、湯本ノ湯ヘ下リ、此所ニ古来海道ノ橋アリ、
湯ノ上ヨリ湯坂越ニ通ル、今ノ往還ノ海道ハ新道也、

古来ハ当寺ノ境内也、
一、天正乱後当寺滅亡、菊径和尚平僧之時、宝
泉寺ノ寺領武州箕輪ノ奥ヘ遁レ閑居、当寺ノ
開山ノ影像、勅願ノ綸旨、北條家御位牌等ヲ取認、
時節ヲ被相待、其後宝泉寺ノ旧跡ヲ取立、古ル井ノ
跡ヲホリ、埋ミ置ク什物・撞鐘唐物之由、掘出シ、沽却之、
依之、今ノ宝泉寺建立也、宝泉寺ハ大室和尚開基、
輝虎兵火ノ後、梅隠和尚中興ス之、菊径和尚ハ梅
隠和尚ノ嗣法ノ弟子タルニ依テ、先ツ宝泉寺ヲ建立歟、
（八オ）
其以後、菊径和尚早雲寺ノ旧跡ヲ被取立、山ノ中ニ
小屋ノ焼ケ残リタルヲ引キ、佛像・開山ノ像・北條家ノ
御位牌ヲ置キ、幽カナル体ニテ居住セラル、今ノ庫裡是也、
其後遂年修復イタサル、元和ノ初比、有馬中務
殿御帰依ニテ出世ノ料御寄進ニ而、大徳寺ニテ出世
イタサル、也、有馬殿仰ラル、ハ、当寺貧地無縁之地、
居住可シ為難儀、國本ヘ可被witnessラ旨、仰ラル、処ニ、菊
径和尚点頭イタサレス、当寺之儀ハ以天和尚開基
之道場一派ノ本寺、北條家担（檀）恩ノ地ニテ在之処、乱
後滅亡ヲ歎キ、不顧苦労、如此取立ツ之、シカレトモ
一宇ノ殿堂モ無之処ニ、只今見捨ル事、非ス本願ニ、若シ
（八ウ）
小シノ客殿ニテモ建立シ、後住ノ僧ヘ相渡シ候者、其
節ハ一月ニテモ御國本ヘ可罷越旨、返答之由、
○其以後有馬殿、近藤石見守殿御助力ニテ、今ノ
客殿建立、近藤殿ゟ永代八木拾三表ツ、御寄進可
在之旨、菊径和尚ヨリ御頼ニテ御点頭也、于今近藤殿
担（檀）那ノ分也、乱後当寺ノ境内儀、今ニ在来ル通リハ、

近藤殿御城番之節御返却ノ分也、

○〔寛永四丁卯年六月十九日当寺棟上ケ、〕今ノ客殿棟上ケ之日暮方、菊径和尚絶死、ソレヨリ病氣、三日相煩逝去、別ニ傳記在之、辞世ノ偈・墨跡数多在之、

（九オ）

大徳開山大灯国師ヨリ七世ノ法孫、

陽峯和尚 龍泉菴開山也、春浦ノ弟子、 ―― 東海和尚

以天和尚 早雲寺開山也、嗣法ノ弟子多シ、畧之、 ―― 大室和尚

明叟和尚 嗣法ノ弟子多シ畧之、

梅隠和尚 宝泉寺中興、 ―― 菊径和尚 早雲寺中興、

琢玄和尚 早雲寺・廣徳寺住持、東海寺輪住・桂香院開山、

灯外和尚

諯獣座元

鉄舟和尚 廣徳寺住持、早雲寺住持、

説叟和尚

瑞岩座元

別源和尚 廣徳寺住持、今清心菴ニ住ス、

海印 今圓照院ニ住ス、

雲岩 桂香院ニ住ス、今ノ廣徳寺現住、

柏州 今ノ早雲寺現住、

（九ウ）

一、今大徳寺所在之之五百罗羅漢百幅、閻次平《エンスピン》ノ筆元来ハ建長寺ノ什物、一説ニ壽福寺ノ什物、運菴、虚堂、大應自讃ノ像三幅ハ、元来天源菴ノ什物、陸信仲十王ノ繪、

右ハ古来当山之什物ニテアリシヲ、秀吉京都御持ＸＸ、五百罗漢ヲ天瑞寺へ御寄進、其後天瑞寺ゟ大徳ノ方丈へ寄進也、運ｌ、虚ｌ、大ｌノ三幅ニ白地ノ金襴ノ陣羽織ヲ添テ、大徳寺へ御寄進、十王ノ繪同断、

（裏表紙オ）

（裏表紙ウ）

（表紙オ）

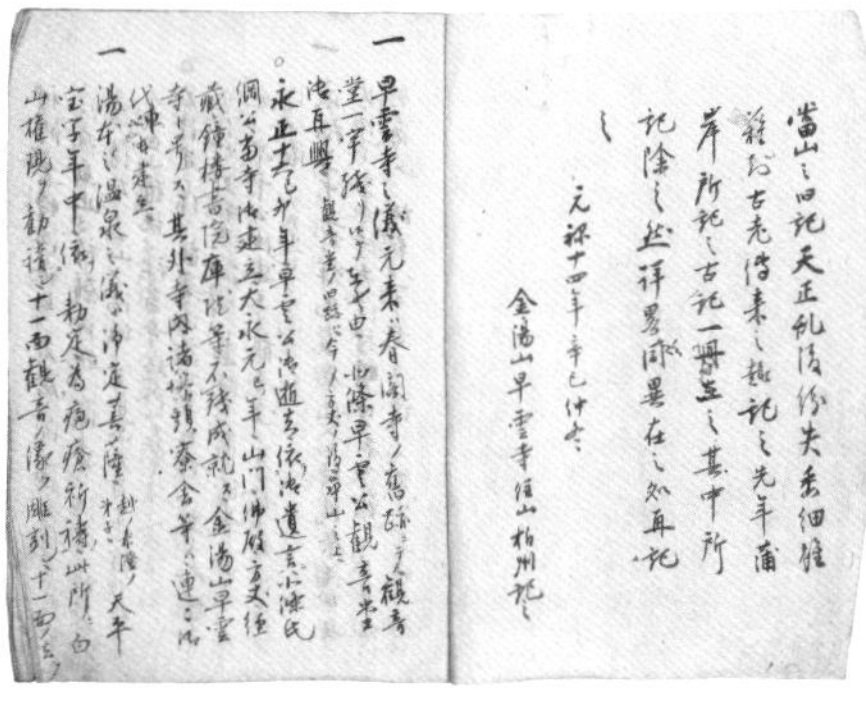
（表紙ウ・一オ）

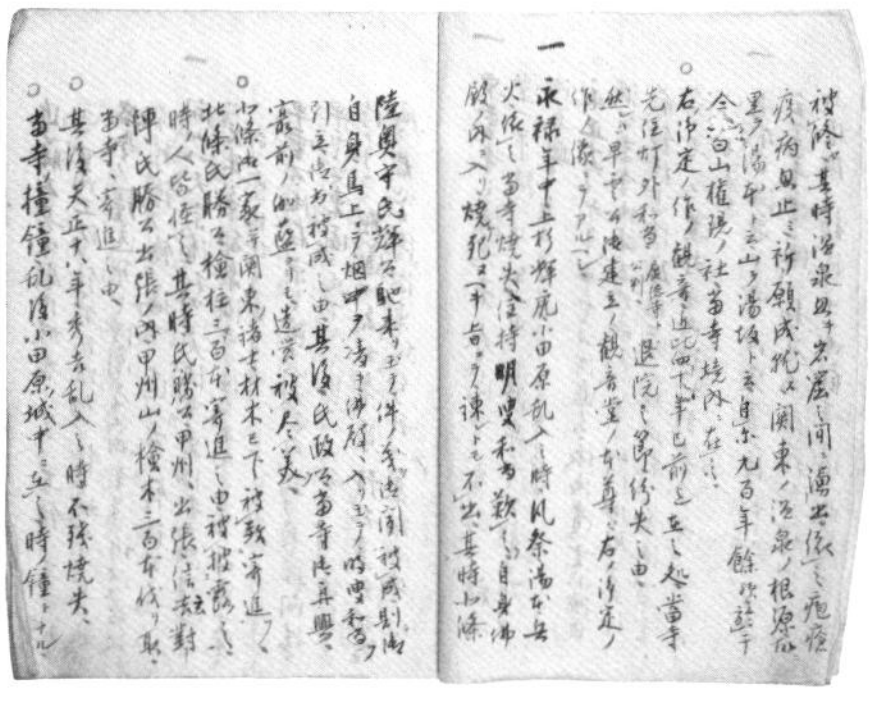
（一ウ・二オ）

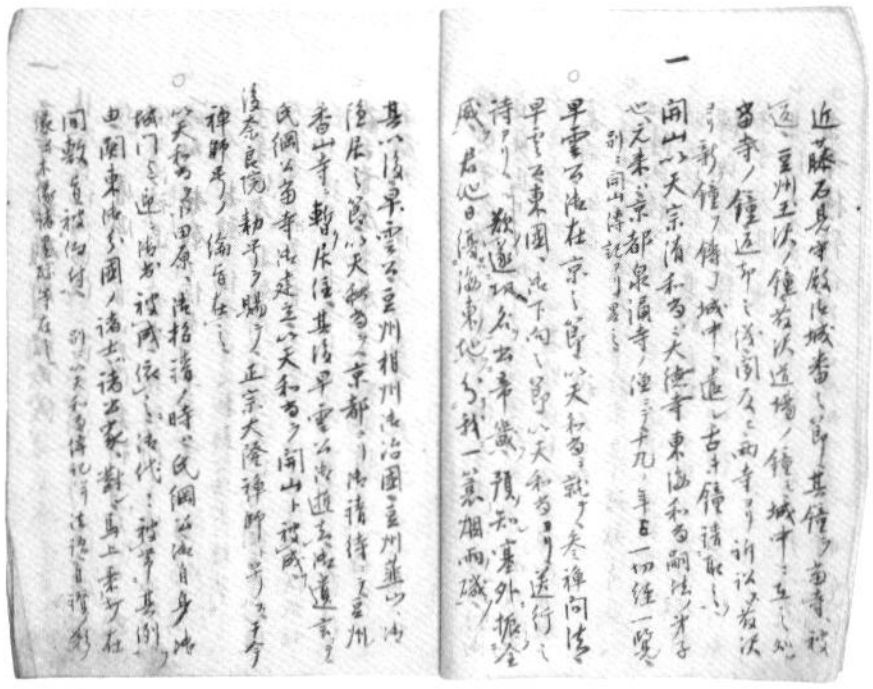

（二ウ・三オ）

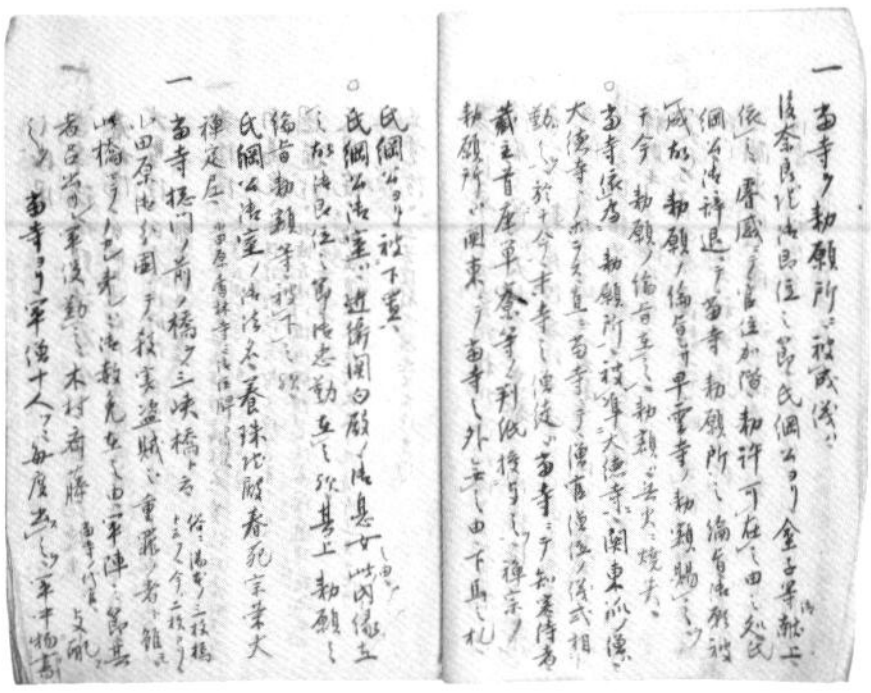

（三ウ・四オ）

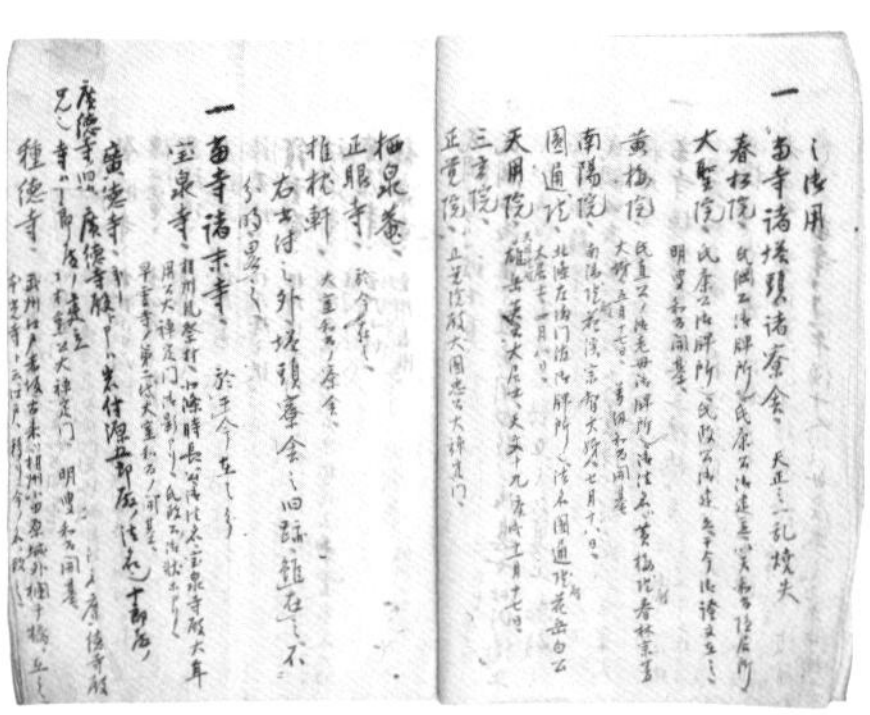

（四ウ・五オ）

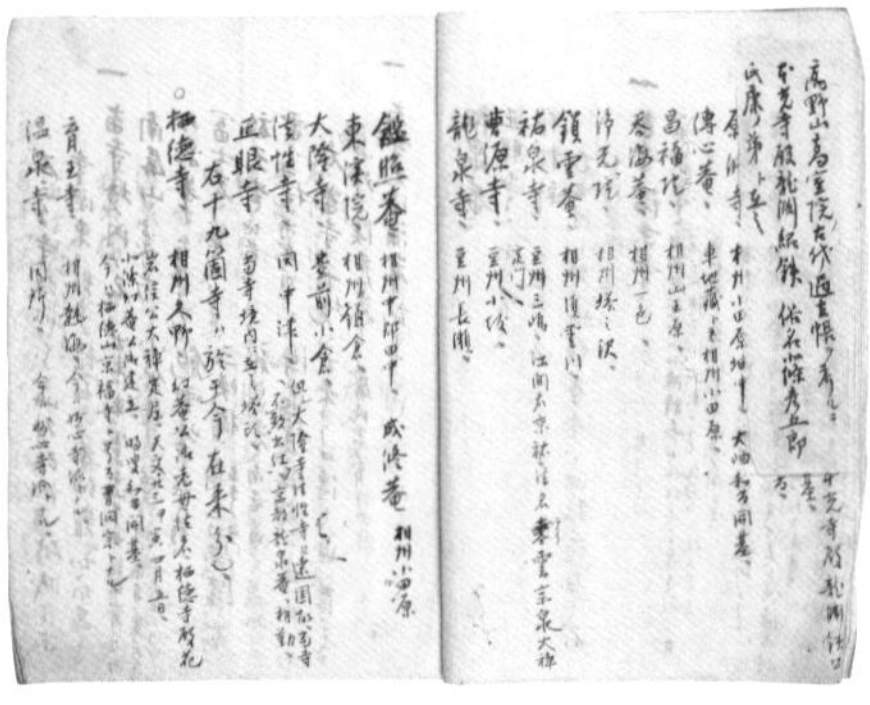

（五ウ・六オ）

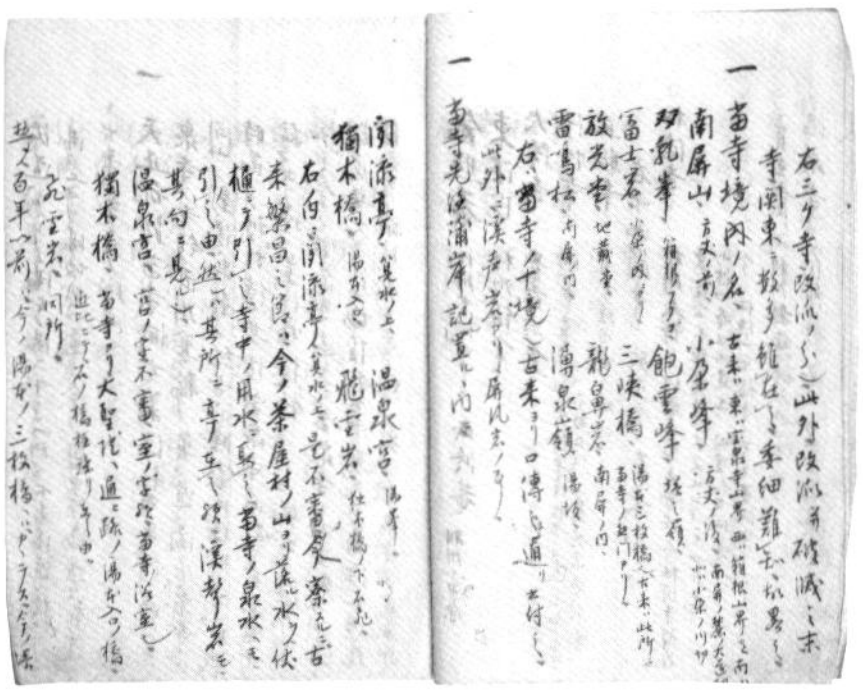

（六ウ・七オ）

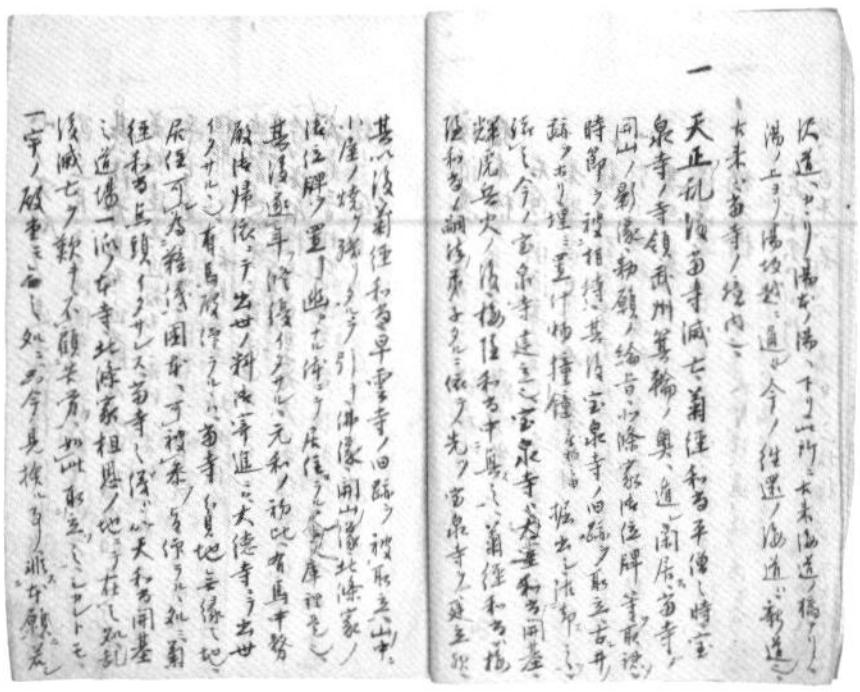

（七ウ・八オ）

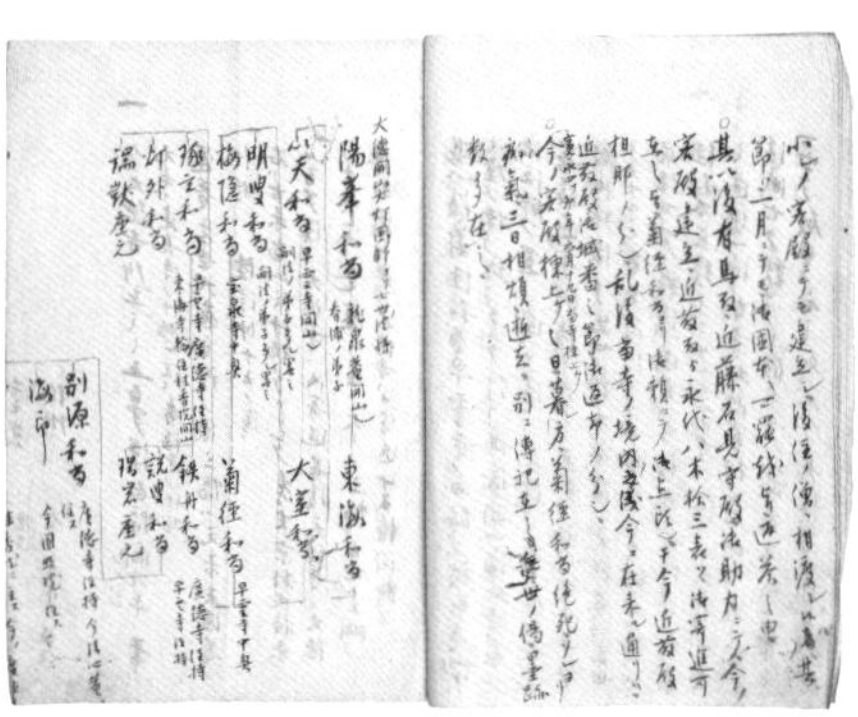

（八ウ・九オ）

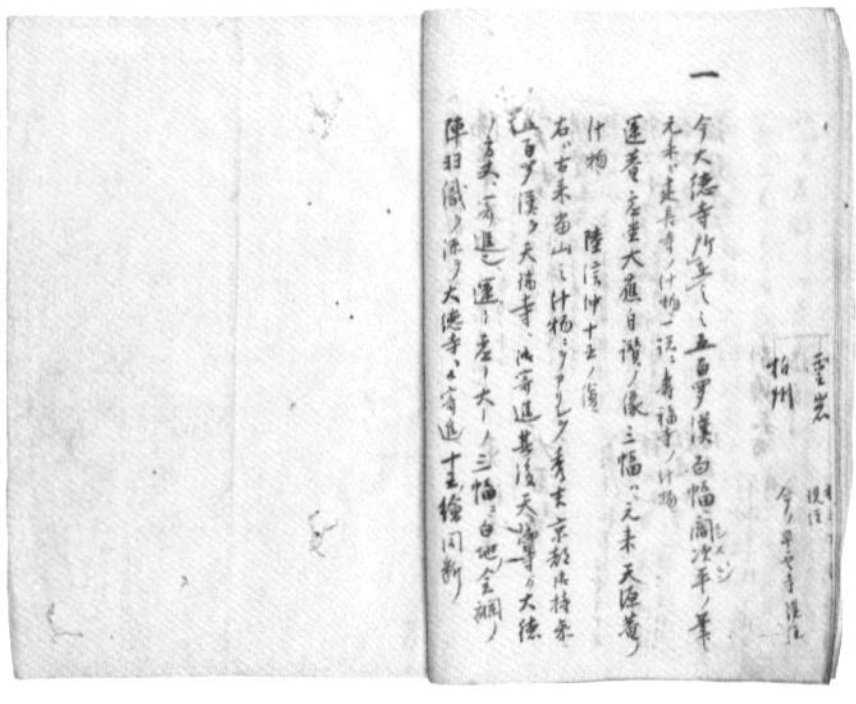

（九ウ・裏表紙オ）

早雲寺関連年表

凡例　〈 〉内表記は、典拠史料を示す。ゴチック表記は、本展出品資料を示す。

西暦	和暦	月	北条氏一族の事項	月	早雲寺の事項	月	そのほかの事項
一四五六	康正二年		この年、伊勢宗瑞（北条早雲）生まれる（永享四年の説もあり）				
一四五七	長禄元年					一二月	足利義政、弟政知を関東に下す（堀越公方）
一四六七	応仁元年					五月	応仁の乱が起こる
一四六八	応仁二年		宗瑞、この頃に駿河へ下るか				
一四七六	文明八年	二月	駿河守護今川義忠の急死により、宗瑞、氏親を助ける〈宗長手記〉				
一四八二	文明一四年					一一月	幕府と足利成氏の和睦が成立する〈喜連川文書〉
一四八三	文明一五年	一〇月	宗瑞、幕府の申次になる〈長禄二年以来申次記〉				
一四八六	文明一八年		この年、氏綱生まれる				
一四八七	長享元年	一一月	宗瑞、今川範満を討ち、今川氏親を家督につける〈宗長手記〉				
一四九三	明応二年		この年、宗瑞、伊豆に討ち入り、足利茶々丸を敗走させる〈勝山記〉			四月	明応の政変起こる
一四九五	明応四年	九月	宗瑞、小田原から大森藤頼を追う〈鎌倉大日記〉				
一四九六	明応五年	七月	上杉顕定、相模西郡へ侵攻、伊勢弥次郎敗死する　**3 山内上杉顕定書状**				
一四九七	明応六年	九月	古河公方足利成氏没する				
一四九八	明応七年	八月	宗瑞、伊豆を平定する、足利茶々丸は自害			八月	明応の東海地震、津波発生
一五〇一	文亀元年					九月	宗祇、三条西実隆に古今伝授を行う
一五〇二	永正元年	九月	宗瑞、江の島に禁制を下す〈岩本文書〉				
		九月	今川氏親、鶴岡八幡宮に禁制を下す〈鶴岡八幡宮文書〉				
		九月	宗瑞・今川氏親、扇谷上杉朝良、武蔵立河原にて山内上杉顕定を破る〈宗長手記、勝山記〉				
一五〇五	永正二年			三月	東渓宗牧、大徳寺住持となる〈龍寶山大徳禅寺世譜〉		
一五〇六	永正三年	九月	一九日、宗瑞、今川氏親とともに三河今橋城を攻める　**4 伊勢宗瑞書状／早雲寺文書**				
			この年、宗瑞、相模西郡に検地を行う　**123・124 北条氏所領役帳**				
一五〇八	永正五年	一〇月	宗瑞・今川氏親、三河に出兵し、斯波氏の軍に敗れる〈実隆公記〉	一一月	東渓宗牧、宗瑞に「天岳」の道号を贈る〈東渓宗牧語録〉	二月	東海宗朝、大徳寺七三世住持となる
一五一〇	永正七年	七月	扇谷上杉朝良、宗瑞に応じて武蔵権現山にて挙兵した上田氏を鎮圧する〈武家事記〉			六月	山内上杉顕定、長尾為景と戦い敗死
一五一一	永正八年	一一月	宗瑞、扇谷上杉朝良と和睦する〈飯尾文書〉				
一五一二	永正九年	八月	宗瑞、相模岡崎城に三浦義同を攻め、これを追う〈相州文書〉			七月	陽峰宗韶、示寂する
		八月	宗瑞、鎌倉に入る〈快元僧都記〉				
一五一五	永正一二年		この年、氏康生まれる				

一五一六	永正一三年	七月	宗瑞、三崎新井城に三浦義同・義意父子を滅ぼす〈秋田藩採集文書〉	一一月	東海宗朝、以天宗清の求めに応じて頂相に着賛する 43東海宗朝像 この頃、以天宗清関東へ下向、宗瑞と韮山・湯本で接触か		
一五一七	永正一四年					四月	東渓宗牧、示寂する
一五一八	永正一五年	一〇月	八日、伊豆木負に虎朱印状を下す（虎朱印状の初見）〈大川文書〉			四月	扇谷上杉朝良没する〈快元僧都記〉
一五一九	永正一六年	四月	二八日、宗瑞、菊寿丸に知行を与える 14伊勢菊寿丸所領注文 この年、伊勢宗瑞没する〈北条家過去帳〉		この年の春、以天宗清、大徳寺八三世住持となる〈龍寶山大徳禅寺世譜〉		
一五二〇	永正一七年		この年、氏綱、小田原・鎌倉において検地を行う 123・124北条氏所領役帳				
一五二一	大永元年	四月 六月	氏綱、長尾為景に牧渓の絵を贈る〈上杉文書〉 近衛尚通、氏綱の求めに応じ「酒呑童子絵巻」の詞書を執筆する〈後法成寺関白記〉 この年、島田鍛冶義助、小田原にて作刀をはじめる〈銘文〉	一二月	氏綱、早雲寺を建立する 116早雲寺記録 柏州記		
一五二二	大永二年	九月	二一日、虎朱印状における奏者の初見文書下される〈三島神社文書〉				
一五二三	大永三年	六月	氏綱、箱根権現宝殿を再建する 15伊勢氏綱社殿造営棟札 この年、氏綱、伊勢から北条に改姓する〈後法成寺関白記〉				この頃、連歌師宗長、大徳寺山門造営料足を募る
一五二四	大永四年	一月	氏綱、扇谷上杉朝興と高縄原に戦う、朝興、川越へ敗走する〈石川忠総留書〉				
一五二五	大永五年	四月 七月	氏綱、当麻の宿に伝馬の法を下す〈関山家文書〉 飛鳥井雅綱、小田原に下向し、伊勢新九郎（北条氏綱）に蹴鞠扇を与える				
一五二六	大永六年	一二月	鎌倉、里見軍に焼かれる			四月 六月	今川氏親、『今川仮名目録』を制定する 今川氏親、没する
一五二七	大永七	七月	氏綱室、養珠院没する〈北条家過去帳〉				
一五二八	享禄元年	七月	氏綱、夫人の一周忌に称名寺に経典を奉納する、また各地に六六部の経筒を埋納する	一二月	以天宗清、大室宗碩の求めに応じて頂相に着讃する 40以天宗清像		
一五三一	享禄四年	閏五月	三条西実隆、氏綱の求めに応じ「酒呑童子絵巻」の奥書を書く〈実隆公記〉			七月	足利政氏、武蔵久喜で没する
一五三二	天文元年	五月 一〇月	鶴岡八幡宮再建工事の為、古木の調査はじまる〈快元僧都記〉 氏綱、鶴岡八幡宮に社参、工事の大概を定める〈快元僧都記〉				
一五三三	天文二年	三月	冷泉為和、小田原に来訪、氏綱館にて藤見の宴が開かれる〈為和集〉 この年、氏綱、伊豆の禁裏御料所の貢租を進上〈御湯殿上日記〉				
一五三四	天文三年					三月	河内鋳物師の山田二郎左衛門、小田原に来住か〈新編相模風土記稿〉
一五三五	天文四年	八月 一〇月	氏綱、今川氏輝を助け武田信虎の兵を甲斐で破る〈快元僧都記〉 氏綱、扇谷上杉朝興を河越城に攻める〈快元僧都記〉	一一月	一一日、氏綱、早雲寺へ寺領を寄進する 49北条氏綱寺領寄進状／早雲寺文書		

一五三六	天文五年						この年、冷泉為和が小田原へ再訪する〈為和集〉
一五三七	天文六年	二月	武田信虎娘、今川義元に嫁ぐ、氏綱、駿河に出陣する〈勝山記〉	四月	以天宗清、弟子宗佺の道号を与える〈以天宗清道号頌〉	四月	扇谷上杉朝興、没する〈快元僧都記〉
		七月	氏綱、河越城、松山城を攻める〈快元僧都記〉				
一五三八	天文七年	二月	氏綱、葛西城を攻略し、ついで岩付城を攻撃する〈快元僧都記〉	一一月	大室宗碩、大徳寺九五世住持となる〈龍寳山大徳禅寺世譜〉		
		八月	氏綱の命により、鍛冶綱広・綱家・康国、鶴岡八幡宮奉納の太刀を作る				
		一〇月	氏綱・氏康、下総国府台に足利義明・里見義堯を破る〈快元僧都記〉				
			この年、氏政生まれる				
一五四〇	天文九年	八月	氏綱娘、古河公方足利晴氏に嫁ぐ〈快元僧都記〉				
		一一月	鶴岡八幡宮再建なる〈快元僧都記〉				
一五四一	天文一〇年	七月	氏綱没する〈快元僧都記〉			六月	武田信玄、武田信虎を追放する
一五四二	天文一一年	六月	山内上杉憲政、鹿島神宮に北条氏滅亡を祈る〈鹿島神宮文書〉	二月	後奈良天皇、以天宗清へ「正宗大隆禅師」の号を贈る **47後奈良天皇徽号勅書／早雲寺文書**		
			この年、相模・武蔵にて検地を行う **123・124北条氏所領役帳**	六月	早雲寺、勅願寺となる **48後奈良天皇綸旨／早雲寺文書**		
一五四三	天文一二年		この年、相模・武蔵・伊豆にて検地を行う **123・124北条氏所領役帳**				
一五四五	天文一四年	八月	氏康、駿河狐橋に今川義元と戦う、武田信玄、義元を支援する〈勝山記〉	九月	松裔宗佺、大徳寺九九世住持となる〈龍寳山大徳禅寺世譜〉	二月	連歌師宗牧、小田原の幻庵屋敷を訪れる〈東国紀行〉
		一〇月	足利晴氏、氏康と関係を絶ち、山内上杉憲政の河越城包囲に加わる〈喜連川判鑑〉				
			この年、氏規生まれる				
一五四六	天文一五年	四月	氏康、河越城を救援し、足利晴氏、扇谷・山内両上杉氏を破る〈太田資武状ほか〉				
一五四七	天文一六年	七月	氏康、下総相馬口に出陣〈桜井家文書〉	九月	氏康、為昌菩提供養のため、下中村百貫文の貫高の土地を寄進、小田原城下に本光寺を建立する〈本光寺文書〉	六月	武田信玄、『甲州法度之次第』を制定
		一二月	氏康、岩付城に太田資正を攻める〈年代記配合抄〉				
一五四八	天文一七年	一月	氏康、太田資正と和睦する〈年代記配合抄〉			一月	錦小路盛直、小田原にて没する〈公卿補任〉
						一二月	上杉謙信、家督を継承する
一五四九	天文一八年	一〇月	飛鳥井正綱、小田原に下向し北条一門に蹴鞠を伝授する				雪村周継、この頃小田原へ来訪か
一五五〇	天文一九年	四月	氏康、分国中の百姓退転につき、税制を改め、百姓の借米・借銭を破棄する〈陶山文書〉	四月	雪村周継、以天宗清の頂相を描き、以天自讃する〈龍泉庵所蔵以天宗清像〉		
一五五一	天文二〇年		この年の冬、氏康、北武蔵へ出陣する〈仁王経科註見聞私〉	七月	松裔宗佺、建長寺末清徳寺の再興記を記す〈清徳寺文書〉	四月	東嶺智旺、小田原を訪れる〈明叔録〉
一五五二	天文二一年	一月	関東管領上杉憲政、氏康に逐われ、越後国守護代長尾景虎（上杉謙信）を頼る〈年代記配合抄〉	五月	松裔宗佺、示寂する〈龍寳山大徳禅寺世譜〉	八月	半井明英、小田原より帰京する〈言継卿記〉
			この年、北条氏規、今川氏の人質として駿府に赴き、同じく人質であった徳川家康と懇意になる				
一五五三	天文二二年	六月	氏康、安房に出陣する〈妙本寺文書〉			二月	今川義元、『今川仮名目録追加』を制定
							この年秋、上杉謙信、上洛する

一五五四	天文二三年	七月 氏康娘(早川殿)、今川氏真に嫁ぐ〈勝山記〉 一一月 氏康、古河城を攻略し足利晴氏・藤氏父子を波多野に幽閉する〈年代記配合抄〉	一月 以天宗清、示寂する〈龍寳山大徳禅寺世譜〉	
一五五五	弘治元年	一二月 武田信玄娘(黄梅院)氏政に嫁ぐ〈勝山記〉 この年、北武蔵方面に検地を行う 123・124**北条氏所領役帳**	一一月 二日、北条氏、本光寺領において年内の年貢皆済を命じる 56**北条家朱印状／早雲寺文書**	
一五五六	弘治二年	四月 氏康、結城政勝を助け、常陸海老ヶ島に小田氏治を破る〈大藤文書〉 八月 幻庵嫡子三郎、氏康より飲酒や陣中の行動の遵守を告げられる〈北条家文書〉		
一五五八	永禄元年		七月 氏康、本光寺住持職の輪番制を定める 62**北条氏康判物／本光寺文書**	
一五五九	永禄二年	二月 123・124**北条氏所領役帳**が成立する この年、氏康、家督を氏政に譲る		二月 織田信長、上洛し、足利義輝に拝謁 三月 織田信長、尾張を統一 四月 上杉謙信、上洛し、足利義輝に拝謁
一五六〇	永禄三年	九月 上杉謙信、関東へ出陣する、氏康、応戦のために河越城に入城する〈那須文書、真壁文書〉 一〇月 武田信玄、氏康支援のため出陣する〈前田文書〉 この年、氏政、分国中に徳政令を施行する〈網代文書〉 (この年ヵ)一二月一六日、幻庵、覚書を娘に与える 72**北条幻庵覚書**	一月 大室宗碩、示寂する〈龍寳山大徳禅寺世譜〉	五月 桶狭間の戦い、今川義元敗死
一五六一	永禄四年	三月 上杉軍、小田原城を包囲する 一一月 北条軍、武蔵生山に上杉軍を破る〈桜井家文書〉		九月 川中島の合戦(第四次)
一五六二	永禄五年	この年、氏直生まれる		
一五六三	永禄六年	二月 氏康・武田信玄、松山城を攻略する〈白川文書〉		一〇月 甲斐『恵林寺領検地帳』作成される
一五六四	永禄七年	一月 氏康・氏政、里見義弘を下総国府台に破る		
一五六五	永禄八年		四月 正親町天皇、大室宗碩へ「東光智燈禅師」の号を贈る〈本光寺文章〉 六月 南岑宗菊、大徳寺百十世住持となる〈龍寳山大徳禅寺世譜〉	
一五六六	永禄九年	九月 上野金山城の由良成繁・国繁父子、北条氏に属する〈由良文書〉		九月 明船、三浦に織物・陶磁器などの商売のために来る〈北条記〉
一五六七	永禄一〇年	八月 氏政、上総三船台において里見軍に敗れる〈平林寺文書〉		八月 織田信長、稲葉山城を攻略し、岐阜と改名する
一五六八	永禄一一年	一二月 武田信玄、駿河に侵攻する、今川氏真、掛川に退く〈別本歴代古案〉 一二月 氏照、越相一和を画策する〈春日文書〉	六月 南岑宗菊、示寂する〈龍寳山大徳禅寺世譜〉 七月 六日、氏政、早雲寺住持職の輪番制を定める 51**北条氏政判物／早雲寺文書** 八月 大室宗碩の頂相に明叟宗普が着讃する 41**大室宗碩像**	九月 織田信長、足利義昭を奉じて上洛する
一五六九	永禄一二年	一月 氏政、駿河薩埵山に布陣する〈上杉文書〉 四月 越相両国の使者、上野新田で会う〈上杉文書〉 一〇月 武田信玄、小田原城を攻める〈上杉家文書〉 一〇月 氏照・氏邦、三増峠で武田信玄に敗れる〈上杉文書〉	二月 北条氏使僧天用院、越相一和のため、越後に出立する〈上杉文書〉	

		一二月	氏政、武田軍侵入に備えて分国中の人改めを行う〈陶山文書〉				
一五七〇	元亀元年	二月 四月	氏康・氏政、佐野在陣中の謙信に起請文を送る〈上杉文書〉 氏康子息三郎、上杉謙信の養子となる〈上杉文書〉			六月 一一月	姉川の戦い 長島一向一揆、織田信興を討つ
一五七一	元亀二年	一〇月	氏康没する〈北条家過去帳〉 この年、甲相同盟成立〈清浄光寺文書〉	六月	二〇日、明叟宗普、大徳寺百十三世住持となる 66正親町天皇綸旨	九月	織田信長、比叡山を焼き討ちする
一五七二	元亀三年	一月	氏政、着到の改定を行う〈道祖土文書ほか〉	三月 三月 九月	大岫宗初、大徳寺百十四世住持となる〈龍寶山大徳禅寺世譜〉 正親町天皇、明叟宗普へ「真如広照禅師」の号を贈る〈正親町天皇徽号勅書〉 三日、氏政、氏康菩提所大聖寺建立のため飯泉郷百貫文の貫高の土地を寄進する 52北条氏政判物／早雲寺文書 この年、万仭宗松、大徳寺百十六世住持となる〈龍寶山大徳禅寺世譜〉	八月 一二月	上杉謙信、越中の一向一揆を攻撃 三方ヶ原の戦い
一五七三	天正元年	八月	氏政、上野に出陣する〈志賀氏所蔵文書〉	一〇月	梅隠宗香、大徳寺百十八世住持となる〈龍寶山大徳禅寺世譜〉	四月 七月 八月	武田信玄、没する 織田信長、足利義昭を追放する 織田信長、朝倉・浅井氏を滅ぼす
一五七四	天正二年	閏一一月	氏政、関宿城を攻略する〈賜蘆文庫文書〉	一二月	大岫宗初、示寂する〈龍寶山大徳禅寺世譜〉	三月 九月	織田信長、蘭奢待を切り取る 織田信長、長島一向一揆を滅ぼす
一五七五	天正三年	一月	北条氏、小山城を攻略する〈佐竹文書〉	七月	一〇日、氏政、黄梅院住持・寺領につき、養珠院住持へ依頼する 53北条氏政判物／早雲寺文書	五月 八月	長篠の戦い 織田信長、越前一向一揆を鎮圧
一五七六	天正四年		この年、土気・東金の両酒井氏、北条氏に帰属する〈吉川氏所蔵文書〉 この年、北条繁広生まれる〈寛政重修諸家譜〉			二月	織田信長、安土城へ移る この年、飛鳥井重雅、小田原玉伝寺に滞在し、蹴鞠の奥義を伝授する〈玉伝寺文書〉
一五七七	天正五年	一月	氏政、妹を武田勝頼に嫁がせる〈小田原編年録〉 この年、氏盛生まれる〈寛政重修諸家譜〉	六月	万仭宗松、示寂する〈龍寶山大徳禅寺世譜〉 (この年カ)一月一四日、氏政、黄梅院・養珠院住持を哲首座・運首座に定める 54北条氏政書状／早雲寺文書	六月	織田信長、安土城下を楽市とする
一五七八	天正六年	五月	上杉景虎(北条三郎)、景勝と家督を争い、御館城に移る〈歴代古案〉			三月 一〇月	上杉謙信没する 荒木村重、織田信長から離反する
一五七九	天正七年	三月 八月 九月	上杉景虎、景勝に敗れる〈上杉文書〉 武田勝頼、駿河に出陣し、沼津に築城する〈渡辺文書〉 氏政、伊豆に出陣する〈慈雲寺文書〉				
一五八〇	天正八年	八月	一九日、氏政、氏直へ109・110軍配団扇を伝授する 102北条氏政判物／北条家文書			閏三月	織田信長、本願寺顕如と和睦する
一五八二	天正一〇年	六月 八月 一〇月 一〇月	氏直、神流川にて滝川一益を破る〈武州文書〉 氏直、徳川家康と若神子で対陣する〈家忠日記〉 二四日、氏規、徳川家康から起請文を受け取る 103徳川家康起請文／北条家文書 北条氏、徳川家康と同盟を結ぶ〈家忠日記〉			三月 六月 一〇月	織田信長、武田勝頼を攻め滅ぼす 本能寺の変 豊臣秀吉、織田信長の葬儀を大徳寺で営む
一五八三	天正一一年	八月	家康の娘(督姫)氏直に嫁ぐ〈名将之消息録〉			四月	賤ヶ岳の戦い

		一一月	家康、氏政へ関東惣無事に関する秀吉の通達を伝える〈武州文書〉			一〇月	豊臣秀吉、織田信長一周忌に大徳寺へ詣でる
一五八四	天正一二年	四月	氏直、小山に佐竹義重と戦う〈小山文書〉			四月	小牧・長久手の戦い
		六月	氏直、藤岡に佐竹義重と対陣する〈伊佐早文書〉				
一五八五	天正一三年	一月	氏照、金山・館林両城を攻略する〈阿久沢文書〉	三月	準叟宗範、大徳寺百二十七世住持となる〈龍寶山大徳禅寺世譜〉	七月	豊臣秀吉、関白となる
		九月	氏直、沼田城を攻める〈東京国立博物館所蔵文書〉			八月	豊臣秀吉、四国を平定する
			この年、壬生氏、北条氏へ帰属する〈白川文書〉				
一五八六	天正一四年	二月	氏直、伊達政宗と親交を結ぶ〈伊達文書〉			一〇月	徳川家康、大坂城で豊臣秀吉に臣従する
		七月	桜井武兵衛、上野国新田領内で知行を宛行われる〈桜井家文書〉			一二月	豊臣秀吉、太政大臣となる
		一一月	氏直、秀吉の関東出陣の風聞により、陣触を出す〈桜井家文書〉				この年、豊臣秀吉、家康に関東奥惣無事令を申し付ける〈秋田藩採集文書〉
一五八七	天正一五年	五月	徳川家康、氏直に起請文を送り氏政などの上洛を促す〈鰐淵寺文書〉			五月	豊臣秀吉、島津氏を降す
		七月	秀吉の侵攻に備え、分国中の人改めを命じる〈小野氏所蔵文書ほか〉				
		一二月	氏直、秀吉の関東出陣の風聞により、陣触を出す〈大道寺文書ほか〉				
一五八八	天正一六年	八月	氏規、聚楽第で秀吉に謁見する〈輝元公上洛日記〉	九月	錬叔宗鉄、大徳寺百三十一世住持となる〈龍寶山大徳禅寺世譜〉	四月	御陽成天皇、聚楽第に行幸
				一一月	二六日、北条氏、早雲寺薬師堂へ制札を下す〈箱根七湯志一〉	一二月	豊臣秀吉、母の菩提所として大徳寺境内に天瑞寺を建立する
							この年、山上宗二、小田原へ来る〈山上宗二記〉
一五八九	天正一七	七月	豊臣秀吉、沼田領有問題に対する裁定を伝える〈家忠日記〉	一一月	希叟宗罕、大徳寺百三十二世住持となる〈龍寶山大徳禅寺世譜〉		この年、千利休の援助により、大徳寺山門の修復なる
		一〇月	猪俣邦憲、名胡桃城を攻略する〈真田文書〉	一一月	梅隠宗香、示寂する〈龍寶山大徳禅寺世譜〉		
		一一月	氏盛、北条氏直から一字を拝領し、元服する〈北条家文書〉	一二月	泰翁宗安、大徳寺百三十三世住持となる〈龍寶山大徳禅寺世譜〉		
		一一月	秀吉、氏直に宣戦布告状を送る〈毛利文書ほか〉		この年、梅隠宗香の頂相が描かれる **42梅隠宗香像**		
		一二月	氏直、諸将より人質を徴し籠城を準備させる〈桜井家文書〉				
一五九〇	天正一八	四月	豊臣秀吉、小田原城を包囲する〈毛利文書〉	四月	豊臣秀吉、早雲寺に本陣をおく〈家忠日記〉	三月	豊臣秀吉が京を出発する
		六月	八王寺城落城する〈松平氏所蔵文書〉	四月	山上宗二、早雲寺で豊臣秀吉によって殺される〈長闇堂記〉	四月	徳川軍、小田原に到着する〈家忠日記〉
		七月	氏直・氏房、小田原城を出て降伏する〈浅野文書〉	四月	明叟宗普、和睦を勧めるが容れられず小田原城中にて自害する〈廣徳寺誌〉	四月	豊臣秀吉、早雲寺にて遍照心院への書状を記す〈大通寺文書〉
		七月	氏直、桜井武兵衛にこれまでの籠城をねぎらう〈桜井家文書〉	六月	石垣山一夜城が完成し、豊臣秀吉早雲寺より本陣を移す〈家忠日記〉		
		七月	氏政・氏照ら、自刃する〈家忠日記〉				
		七月	氏直、高野山に向かう〈家忠日記〉				
一五九一	天正一九年	二月	七日、氏直、豊臣秀吉より赦され関東・近江で一万石が与えられる **104豊臣秀吉朱印状／北条家文書**	一一月	泰翁宗安、示寂する〈平林寺過去帳〉	二月	千利休、豊臣秀吉の怒りに触れて自害する
		八月	九日、氏規、河内の丹南郡に二千石が与えられる **105豊臣秀吉朱印状／北条家文書**				
		一二月	氏盛、氏直の後継者と認められ、下野国の遺領四千石を拝領する〈高室院文書、寛政重修諸家譜〉				

一五九二	文禄元年		この年、氏規・氏盛、肥前名護屋城に駐屯する〈奈古屋陣場の次第〉			三月 七月	朝鮮出兵(文禄の役)始まる 豊臣秀吉、母の葬儀を大徳寺で営む
一五九三	文禄二年				この年、廣徳寺、江戸神田へ移転再興〈廣徳寺誌〉		
一五九四	文禄三年	一二月	二日、氏規、河内国で六九八八石を与えられる 106豊臣秀吉朱印状／北条家文書		この年、種徳寺(旧本光寺)江戸麹町移転〈新編武蔵風土記稿〉		
一五九八	慶長三年			一一月	準叟宗範、示寂する〈龍寶山大徳禅寺世譜〉 この頃、東福寺の文英清韓、早雲寺を訪れ、断絶の体と記す〈早雲寺文書〉	八月	豊臣秀吉、没する
一六〇〇	慶長五年	二月 一〇月	氏規、大阪で没する、氏盛、氏規の遺領を継承する〈寛政重修諸家譜〉 氏盛、関が原の戦いに東軍として参加し、本領を安堵される〈寛政重修諸家譜〉			一〇月	関が原の戦い
一六〇一	慶長六年		この年、氏信が生まれる〈寛政重修諸家譜〉				
一六〇三	慶長八年					二月	徳川家康、征夷大将軍となり江戸幕府を開く
一六〇五	慶長一〇年					四月	徳川秀忠、将軍となる
一六〇八	慶長一三年	五月	氏盛没し、氏信家督を継ぐ〈寛政重修諸家譜〉				
一六〇九	慶長一四年	一一月	狭山池の改修に際し、藩領岩室村の一部が土取場となり、代替え地として彼方村を拝領する〈北条家文書〉 この年、繁広の子氏長生まれる〈寛政重修諸家譜〉				
一五一〇	慶長一五年			九月	希叟宗罕、示寂する〈龍寶山大徳禅寺世譜〉		
一六一二	慶長一七年	六月	繁広、没する〈寛政重修諸家譜〉 この年、氏信、駿府で徳川家康に拝謁する〈寛政重修諸家譜〉	二月 九月	錬叔宗鉄、示寂する〈龍寶山大徳禅寺世譜〉 小田原藩より早雲寺へ境内地安堵状出される〈大久保右京亮証状・早雲寺文書〉		
一六一四	慶長一九年	一〇月	氏信、大坂冬の陣の際、江戸城門番を務める 112北条氏朝家譜／北條尚氏所蔵文書	一〇月	湯本正眼寺地蔵堂の除地安堵される〈代官中川勘介証状・早雲寺文書〉		
一六一五	元和元年	四月	この年、氏長、家督を継承する〈寛政重修諸家譜〉 氏信、大阪夏の陣の際、江戸城門番を務める 112北条氏朝家譜／北條尚氏所蔵文書			七月	江戸幕府、大徳寺法度を定める
一六一六	元和二年		この年、氏信、狭山藩陣屋の構築に着手する 112北条氏朝家譜／北條尚氏所蔵文書			四月	徳川家康、没する
一六一九	元和五年		この年、氏宗、生まれる〈寛政重修諸家譜〉				
一六二一	元和七年			一〇月	菊径宗存、大徳寺百六十五世住持の綸旨下る〈龍寶山大徳禅寺世譜〉		
一六二五	寛永二年	一〇月	氏信没し、氏宗家督を継ぐ〈寛政重修諸家譜〉				
一六二七	寛永四年			六月	早雲寺客殿(方丈)の上棟成る 116早雲寺記録柏州記	五月	幕府、法度制定以降の大徳寺・妙心寺僧へ勅許された紫衣をはく奪する
				六月	菊径宗存、示寂する〈龍寶山大徳禅寺世譜〉		
一六二九	寛永六年					六月 一一月	紫衣はく奪に抗議する沢庵宗彭・玉室宗珀、流罪となる 御水尾天皇、幕府へ抗議のため退位する
	寛永六年か九年				この頃、大徳寺の玉室宗珀、早雲寺を訪れる		

一六三二	寛永九年					七月	沢庵宗彭・玉室宗珀、流罪を赦される
一六三五	寛永一二年				この年、琢玄宗璋、廣徳寺五世住持となり、下谷移転事業を完遂する〈廣徳寺誌〉		
一六三六	寛永一三年		この年、氏宗、初めて狭山へ赴き、池尻孫左衛門宅に滞在する 112**北条氏朝家譜／北條尚氏所蔵文書**				
一六三七	寛永一四年		この年、氏長の子、氏平生まれる〈寛政重修諸家譜〉				
一六三八	寛永一五年						この年、徳川家光、品川に東海寺を建立する
一六三九	寛永一六年		この年、氏治、氏利の次男として生まれる〈寛政重修諸家譜〉				
一六四三	寛永二〇年		この年、狭山藩陣屋上屋敷が完成する 112**北条氏朝家譜／北條尚氏所蔵文書**		朝鮮通信使写字官雪峰(金義信)、早雲寺山門・方丈の扁額を書く(あるいは明暦元年) この頃、早雲寺末寺の再建相次ぐ		
一六四八	慶安元年		この年、氏治、氏宗の養子となる〈寛政重修諸家譜〉	三月 八月	琢玄宗璋、大徳寺百八十三世住持となる〈龍寶山大徳禅寺世譜〉 稲葉正則の尽力で早雲寺へ朱印状下付〈早雲寺文書〉、この頃早雲寺伽藍再興なるか		
一六五二	承応元年			三月	嵩外宗丘、示寂する〈早雲寺回向文〉		
一六五三	承応二年			一一月	燈外宗伝、大徳寺百八十八世住持となる〈龍寶山大徳禅寺世譜〉		
一六五五	明暦元年	九月	氏長、大目付に任じられる〈寛政重修諸家譜〉	九月	鉄舟宗鈍、廣徳寺住持となる〈廣徳寺誌〉		
一六六三	寛文三年			八月	早雲寺末一二ヶ寺、江戸へ訴訟にあがる(早雲寺住職後任問題か)〈早雲寺文書〉		
一六六五	寛文五年			三月	鉄舟宗鈍、大徳寺二百七世住持となる〈龍寶山大徳禅寺世譜〉 この年、小田原藩より早雲寺に本末統制の「條々」下付される		
一六六九	寛文九年		この年、氏朝、氏利の五男として生まれる〈寛政重修諸家譜〉				
一六七〇	寛文一〇年	五月 一〇月	氏長、没する〈寛政重修諸家譜〉 氏宗、氏治へ家督を譲る〈寛政重修諸家譜〉				
一六七二	寛文一二年			八月	氏治、早雲寺境内に北条五代の墓を建立する〈墓碑銘〉		
一六七五	延宝三年			四月	蒲巌宗睦、示寂する〈早雲寺回向文〉		
一六七六	延宝四年			一月 六月	説叟宗演、大徳寺二百二十一世住持となる〈龍寶山大徳禅寺世譜〉 燈外宗伝、示寂する〈龍寶山大徳禅寺世譜〉		
一六八三	天和三年	三月	氏朝、氏治の養子となる〈寛政重修諸家譜〉				
一六八五	貞享二年	五月	氏宗没し、氏治家督を継ぐ〈寛政重修諸家譜〉	四月	琢玄宗璋、示寂する〈龍寶山大徳禅寺世譜〉		
一六八六	貞享三年			四月 一二月	鉄舟宗鈍、示寂する〈龍寶山大徳禅寺世譜〉 廣徳寺七世住持説叟宗演、早雲寺に入寺〈廣徳寺誌〉 この年、瑞巌宗應、示寂する〈早雲寺回向文〉		
一六九三	元禄六年				この年、青木主計、土佐光起筆宗祇像奉納する 119**宗祇法師像**		

一六九四	元禄七年				この年、柏州宗貞、早雲寺二十三世住持となる **116早雲寺記録　柏州記**
一六九六	元禄九年	五月	氏治没し、氏朝家督を継ぐ〈寛政重修諸家譜〉		
一六九七	元禄一〇年	八月	氏朝、法雲寺に詣で、慧極道明和尚に対面する **111北条氏朝公日記／北條尚氏所蔵文書**		
一六九八	元禄一一年		この年、氏朝、専念寺の氏規・氏盛の墓石を再建する〈墓碑銘〉		
一七〇一	元禄一四年			一一月	柏州宗貞、**116早雲寺記録　柏州記**を記す
一七〇三	元禄一六年	二月	氏貞、氏朝の子として生まれる **111北条氏朝公日記／北條尚氏所蔵文書**		
一七〇四	宝永元年	五月	氏平、没する〈寛政重修諸家譜〉		
一七〇七	宝永四年			四月	説叟宗演、示寂する〈龍寶山大徳禅寺世譜〉
一七一〇	宝永七年			五月	中御門天皇、琢玄宗璋へ「法梁隆徳禅師」の号を贈る〈龍寶山大徳禅寺世譜〉
一七一二	正徳二年			一二月	中御門天皇、説叟宗演へ「法海普融禅師」の号を贈る〈龍寶山大徳禅寺世譜〉
一七一四	正徳四年				この年、稲津祇空、宗祇墓前で剃髪する
一七一五	正徳五年		この年、北条氏朝、家臣に命じて北条氏ゆかりの寺院の調査をさせる **98北条時政より鎌倉代々法名・位牌・墳墓之地書付／江馬家文書**		
一七一七	享保二年			四月	柏州宗貞、大徳寺二百九十七世住持となる〈龍寶山大徳禅寺世譜〉
一七二一	享保六年	二月	狭山池と狭山新宿の支配が狭山藩に許される〈北条家文書〉		
一七三二	享保一七年	八月	氏朝、系譜及び日記の整理・浄書をはじめる **111北条氏朝公日記／北條尚氏所蔵文書**		
一七三三	享保一八年			六月	柏州宗貞、示寂する〈龍寶山大徳禅寺世譜〉 この年、稲津祇空、早雲寺境内に石霜庵を結ぶ
一七三四	享保一九年	一〇月	氏朝、御奏者番兼寺社奉行を命ぜられる〈寛政重修諸家譜〉		
一七三五	享保二〇年	七月 九月	氏朝、御奏者番兼寺社奉行を免ぜられる〈寛政重修諸家譜〉 氏朝没し、氏貞家督を継ぐ〈寛政重修諸家譜〉		
一七三六	享保二一年			一月	早雲寺派の「掟」成る
一七四二	寛保二年		この年、氏彦生まれる〈寛政重修諸家譜〉		
一七四八	寛延元年	二月	狭山池と狭山新宿の支配が幕府に戻る〈池尻田中家文書〉		
一七五三	宝暦三年		氏貞、願成就院の修復に関わる **100願成就院修治記写／願成就院文書**		
一七五八	宝暦八年	四月	氏貞没し、氏彦家督を継ぐ〈寛政重修諸家譜〉		この年、早雲寺の伽藍焼失、寛政初年復旧か
一七六〇	宝暦一〇年		この年、狭山騒動(御家騒動)起こる〈三鱗実政記〉		
一七六二	宝暦一二年		この年、氏昉生まれる〈寛政重修諸家譜〉		
一七六八	明和五年		氏彦、早雲寺殿二百五十年忌弔を催す〈北條尚家文書〉		
一七六九	明和六年	四月	氏彦没し、氏昉家督を継ぐ〈北條尚家文書〉		
一七七九	安永八年			五月	大英宗方、示寂する〈早雲寺回向文〉
一七八五	天明五年		この年、氏喬生まれる〈北條尚家文書〉		

一七九一	寛政三年		この年、氏昉、寛政重修諸家譜編纂に際し、幕府に家系を提出する〈北條尚家文書〉			
一八〇一	享和元年		この年、氏昉隠居し、氏喬家督を継ぐ〈北條尚家文書〉			
一八一一	文化八年	一月	氏昉没する〈北條尚家文書〉			
一八一六	文化一三年		この年、氏久、大垣藩主戸田氏庸の四男として生まれる〈北條尚家文書〉			
一八三〇	天保元年		氏燕、氏喬の弟である氏迪の次男として生まれる〈北條尚家文書〉			
一八三七	天保八年	二月	氏喬、大塩平八郎の乱に際し、大阪城を守備する			
一八四〇	天保一一年	一二月	氏久、氏喬の養子となる〈北條尚家文書〉			
一八四二	天保一三年		氏喬隠居し、氏久家督を継ぐ〈北條尚家文書〉			
一八四五	弘化二年		この年、氏恭、下野佐野藩主堀田正衡の三男として生まれる〈北條尚家文書〉			
一八四六	弘化三年	七月	氏喬、没する〈北條尚家文書〉			
一八五二	嘉永五年	五月	氏燕、氏久の養子となり家督を継ぐ〈北條尚家文書〉			
		五月	氏久没する〈北條尚家文書〉			
一八六〇	万延元年	九月	氏恭、氏燕の養子となる〈北條尚家文書〉			
一八六一	文久元年	一〇月	氏恭、家督を継ぐ〈北條尚家文書〉			
一八六三	文久三年	九月	氏恭、藩士・農兵を率いて天誅組討伐に参加する〈官武通紀〉			
一八六九	明治二年	六月	版籍奉還を仰せつけられ、氏恭が狭山藩知事に任命される **115狭山藩知事任命書／北条家文書**			
		一二月	氏恭の知藩事辞退が許可され、狭山藩が廃藩となる〈北條尚家文書〉			
一八七一	明治四年	八月	氏恭、明治天皇侍従となる〈北條尚家文書〉			
一八八〇	明治一三年				この年、福住正兄、早雲寺境内に遊撃隊碑を建立する	
一八八九	明治二二年				この年、福住正兄、**9早雲寺芹椀之記**を記す	
一八九一	明治二四年	一二月	氏燕没する〈北條尚家文書〉			
一九一九	大正八年	一〇月	氏恭没する〈北條尚家文書〉			

引用・参考文献

大阪狭山市・大阪狭山市郷土資料館『狭山藩北条氏―戦国大名小田原北条五代の末裔―』大阪狭山市郷土資料館、二〇一六年
大阪狭山市・大阪狭山市教育委員会『さやまのお殿さま―藩主北条氏の足跡―』大阪狭山市郷土資料館、二〇一九年
神奈川県立博物館『後北条氏と東国文化』神奈川県立博物館、一九八九年
神奈川県立歴史博物館『戦国大名北条氏とその文書―文書が教えてくれるさまざまなこと―』神奈川県立歴史博物館、二〇〇八年
早雲寺史研究会『早雲寺―小田原北条氏菩提所の歴史と文化―』神奈川新聞社、一九九〇年

資料解説

・寸法の単位はすべて㎝である。
・資料の時代区分は主に歴史資料での表記に準拠する。本展では伊勢宗瑞が相模へ侵攻を開始する契機となった明応の政変（明応二年（一四九三））以後の資料について、「戦国時代」と表記する。ただし、時期の判断が必ずしも明確でない美術資料については、南北朝時代以降かつ安土・桃山時代以前のものを「室町時代」と表記する。
・肖像画の年代は年紀表記に準拠する。
・釈文は、解説本文に関わる場合のみ掲載しており、必ずしもすべての資料に釈文を付しているわけではない。
・【参考文献】の表記は、本書巻末「主要参考文献」に記載のあるものについては適宜省略した。

1 織物張文台及硯箱

重要文化財

一具　【文台】縦三五・一、横五六・四、高一二・〇　【硯箱】縦二一・三、横一八・三、高四・二

木製織物張　室町時代

神奈川　早雲寺

戦国大名北条氏政（四代当主）の遺愛の品と伝わる文台と硯箱。一般的に文台とは歌会・連歌・俳諧などの席上で使用され、書物・短冊・懐紙などを置く小さな台を指す。会席では象徴的かつ中心的な役割を担い、詠まれた句を認《したた》めた懐紙や短冊を載せて披露する。

文台の制作技法には髹漆《きゅうしつ》・蒔絵《まきえ》・螺鈿《らでん》などがあり、現存する中世の文台のうち、そのほとんどは蒔絵仕上げとなっている。一方、本資料をみるに、文台・硯箱ともに織物が全面に張られ、銀襴《ぎんらん》地に緑・葡萄茶《えびちゃ》・薄紅色・萌黄など彩色豊かに糸で紡がれ、撫子・桔梗の小花と唐草の文様を表すという、非常に珍しい仕上がりとなっている。この銀襴の織物地は、中国明代中期の江南地域での製作で、室町期に伝来したものと考えられている。中国の宋・元・明より舶載された染織品である「名物裂《めいぶつぎれ》」の一つ「早雲寺裂」として知られ、室町期の東アジア交易の一端を示す遺品でもある。また文台内部の素地は、桐材の小板片を核接法という技法を用いて接がれ、一枚の板のように作られる。一種の寄木細工のような接合となっており、さらに織物を表面に張ることで亀裂や反りを防止した頑丈な作りとなっている。硯箱も文台と同様の構造である。

唐物への嗜好を窺わせる絢爛な表面の織物と、細部まで技巧が凝らされた素地。この二つの調和がなされた、室町期文台の優品といえよう。戦国大名北条氏の菩提寺早雲寺における唐物趣味や文芸活動を示し、同寺を代表する宝物の一つである。（渡邊）

【参考文献】『箱根の文化財三　早雲寺』箱根町教育委員会、一九六八年。

2 韮山城跡出土品

戦国時代

静岡　伊豆の国市教育委員会

2-1 白磁皿（中国産）　一点　陶製

2-2 青磁椀（中国産）　一点　陶製

2-3 染付椀　一点　陶製

2-4 染付小杯　一点　陶製

2-5 染付皿　一点　陶製

2-6 青磁皿（中国産）　一点　陶製

2-7 天目茶碗（瀬戸美濃産）　一点　陶製

2-8 瓶子（瀬戸美濃産）　一点　陶製

2-9 腰折皿（瀬戸美濃産）　一点　陶製

2-10 かわらけ　三点　土製

韮山城は伊勢宗瑞（北条早雲）が伊豆国に侵攻し堀越御所を滅亡させた後、当地の拠点として構えた城である。また相模国へ進出する足掛かりとして構えた城である。その後、約一〇〇年にわたり伊豆国内の政治・経済の中心であり、また北条氏領国境界に位置することから防衛拠点としても重要な城であった。

韮山城は、本城である龍城山、尾根続きに連なる標高一二八ｍの天ヶ岳、本城を取り囲む低地部の三つの区域から構成される。龍城山は細尾根に五つの曲輪が直線的に配置されている。天ヶ岳では山頂と北東・南西尾根先端に土塁と堀で区画された遺構が確認され、さらにそれぞれの尾根は大規模な堀切で遮断されている。低地部では発掘調査によって、堀、屋敷、園池などの遺構が明らかになっている。

伊勢宗瑞が構えた最初の韮山城の姿は、丘陵部で本格的な発掘調査が行われていないため明らかではない。しかし、低地部の芳池地点や無量寺地点で一五世紀末まで遡る宗瑞在城期の遺物が確認されている。とくに、天ヶ岳西麓に位置する芳池地点では、水路で区画された複数の屋敷跡が検出され、古い段階における城下の拠点と想定されている。宗瑞の法名「早雲殿天岳宗瑞」にある天ヶ岳は、宗瑞にとって象徴的な山であり、その麓に屋敷があった可能性は高い。

芳池地点から出土する主な遺物は、貿易陶磁器や

瀬戸美濃産陶器、かわらけなどで、宗瑞在城以前の他の遺跡から出土する遺物と大きく変わることはない。また、日用品である碗・皿・擂鉢が中心であり、城の格を誇示するような威信財などはない。とくに城の宴や儀式で使われるかわらけは、堀越御所で使われたものと同じ系譜上にあることから、在地のかわらけ工人が引き続き製作していたと推測できる。京都の奉公衆であり、今川氏の客将であった宗瑞であるが、現在までのところ、それらの影響を出土遺物に見ることはできない。（池谷）

3 山内上杉顕定書状

一通　縦二一・〇×横一一六・七
紙本墨書　明応五年（一四九六）カ
神奈川　小田原城天守閣

越後国守護代長尾景能《かげよし》に宛てた関東管領山内上杉顕定《あきさだ》の書状。現状は折本装丁が施され、もとの文書を折本に合わせて横幅各五㎝程で一四枚に切断し貼り付ける。竪紙《たてがみ》としてはやや本紙横幅の法量が長く、本来は二紙ほどに継いでいたか。しかし、かつての状態は失われ、紙継目も確認できず不明である。顕定花押の墨色が、文書を畳んだ際に右側の本紙に写っているため、折式の観点から竪紙形式であったことは間違いなかろう。もともと本史料の写本が知られていたが、近年原本にあたる本史料が見つかった。

本史料は、明応五年（一四九六）に年代比定され、伊勢宗瑞の西相模進出や、のちの戦国大名北条氏の本拠となる小田原城の存在を匂わせるなど、興味深い内容が記される。まず発給される以前の政治情勢を確認しておこう。明応二年（一四九三）に京都の室町幕府で明応の政変が勃発し、東国で対立する関東管領山内・扇谷《おうぎがやつ》の両上杉氏による抗争にも影響を及ぼす。この政変に呼応した伊勢宗瑞は、伊豆国の堀《ほり》越《ごえ》公方足利茶々丸を攻撃したため、同国を守護分国としていた関東管領山内上杉顕定と対立関係となる。さらに宗瑞は、相模・武蔵へも侵攻しており、山内上杉氏と対立する扇谷上杉氏は宗瑞と結ぶこととなる。以後、伊勢宗瑞を加えた両上杉氏の抗争が激化していく。

さて、本史料には西相模における山内上杉方の戦況報告が綴られており、扇谷上杉方の大森氏・上杉朝昌・三浦氏・太田氏・上田氏、そして伊勢宗瑞の弟弥次郎等を要害より没落させている。史料では「要害自落、西郡一変」とあり、この要害攻略により相模西郡の情勢が変化したという。この要害が小田原城を示すと考えられており、当該期、扇谷上杉方として大森氏が小田原城主にあり、同城に宗瑞弟の弥次郎や三浦道寸等が在城していた。西相模の重要な軍事拠点として小田原城が機能していた様子が窺える。この戦闘で弥次郎は討死している。なお宗瑞による小田原城攻略の時期については様々な見解が出されており、最近は明応七年（一四九八）の堀越公方足利茶々丸の滅亡後、のちに山内上杉方に与同した大森氏を、今度は宗瑞が扇谷上杉方として攻めたことによるという指摘もある。本史料は、伊勢宗瑞による相模進出を考える上で重要な内容を含む。（渡邊）

【参考文献】家永遵嗣「北条早雲の小田原城奪取の背景事情―全国的な政治情勢との関わりから―」（『おだわら』九、一九九五年）。森幸夫「北条早雲の相模侵攻―永正六年の「乱入」に至る過程―」（『おだわら』九、一九九五年）。森田真一『中世武士選書二四　上杉顕定』戎光祥出版、二〇一四年。小田原城天守閣『伊勢宗瑞の時代』二〇一九年。

4 伊勢宗瑞書状（早雲寺文書）

箱根町指定重要文化財
一通　縦一八・八×横三八・六
紙本墨書　永正三年（一五〇六）
神奈川　早雲寺

5 伊勢宗瑞書状（早雲寺文書）

箱根町指定重要文化財
一通　縦一六・五×横三一・二
紙本墨書　永正三年（一五〇六）
神奈川　早雲寺

4〜7は早雲寺に伝来する伊勢宗瑞書状。もともとは松尾小笠原家に伝来し、その後同家が越前勝山藩主となったために、『小笠原文書』として東京大学史料編纂所に文書の大半が所蔵されている。そのうちの一部が同寺に伝わっている。いずれも宗瑞による相模攻略の最中に発給されており、みな信濃国松尾城主小笠原定基に宛てたもの。

4・5は「霊光」と記される貼紙の画帖に納められ、ともに永正三年（一五〇六）に比定される。同年八月、松平長親が西三河の田原城（愛知県田原市）に侵攻し、同城主戸田憲光が今川氏親に救援要請を打診する。氏親は伯父である伊勢宗瑞（宗瑞は氏親の生母北川殿の兄にあたる）とともに出兵し、松平長親勢力下の今橋（同豊橋市）などを陥れる。今川氏親とその配下伊勢宗瑞による松平長親への攻囲戦が進むなか、本史料4・5は出されたこととなる。「雖未申入候」と冒頭に記されるあたり、宗瑞と小笠原定基との間に直接的な面識はこれまでなかったようだが、戦略上、同じく松平長親と対立関係にある信濃国松尾（長野県飯田市）の城主である定基を味方に引き入れるため、本書状により接触が図られたことになろう。本文では、小笠原氏家臣の関右馬亮について、「名字我等一躰ニ候、伊勢国関与申所依在国、関与名乗候、根本従兄弟相分名字ニ候」と、宗瑞自身と同じ伊勢国関の出身であることを強調した上で援助の要請と太刀一腰を贈る。伊勢宗瑞について、室町幕府政所執事伊勢氏の一族である備中伊勢氏を出自とする点は現在の研究で大方の一致をみる。本史料でも伊勢氏という姓名を用いて、小笠原氏家臣関氏との昵懇ぶりを記すなど、宗瑞の姓名が伊勢氏であることを裏付けよう。また、宛所の信濃小笠原定基は、在京し室町幕府奉公衆を勤めた京都小笠原氏と同族関係にあり、さらに京都小笠原氏の政清の娘は宗瑞に嫁いでいる。信濃小笠原氏と伊勢宗瑞との間に直接的な交流はなかったが、こうした一族の婚姻関係などが背景となって援軍先として選ばれた可能性もあろう。なお、4については、宗瑞家臣伊奈盛泰の副状が発給されている。盛泰は当時宗瑞の有力家臣と目され、かつ小笠原氏と同じく室町幕府奉公衆の出身者である可能性も指摘されている。伊勢宗瑞の勢力や政治活動が、室町幕府が置かれる京都政界で培われた人的関係を背景とし、あるいは連動しながら展開した様子が窺えよう。なお5にある通り、この援助要請は奏功しており、「横林へ御手遣、千秋万歳目出度存候」と、小笠原方が横林まで軍勢を進めたことが分かる。「当地」とあるのは、4で攻撃を仕掛ける今橋城のことで、陥落間近であることが報告される。（渡邊）

【参考文献】『箱根の文化財五　早雲寺文書』箱根町教育委員会、一九七〇年。和氣俊行「伊勢宗瑞家臣伊奈弾正忠盛泰の出自に関する一考察」（『法政史論』二七、二〇〇〇年）。黒田基樹「伊勢宗瑞論」（同編『中世関東武士の研究第一〇巻　伊勢宗瑞』戎光祥出版、二〇一三年）。小田原城天守閣『伊勢宗瑞』二〇一九年。

6 伊勢宗瑞書状（早雲寺文書）

箱根町指定重要文化財
一通　縦一八・九×横三四・四
紙本墨書　永正四年～八年（一五〇七～一五一一）カ
神奈川　早雲寺

7 伊勢宗瑞書状（早雲寺文書）

箱根町指定重要文化財
一通　縦一七・六×横三五・〇
紙本墨書　永正七年（一五一〇）
神奈川　早雲寺

6・7はいずれも宗瑞による年頭の挨拶。三月九日付けとなったことについて、6では「依雪相延候」と深雪のため遅延した旨が記され、また「其後如何御座候哉、無御心元存候」と小笠原方の戦況を案じている。三月二六日付けの7は永正七年（一五一〇）に比定され、これも遅い年始の挨拶となっている。その理由に「今月始比迄関東候、就三河儀駿州へ罷越、一両日以前当国罷帰候」と、関東や駿河を往来してようやく韮山城のある伊豆に帰参したとの理由が認められる。すでに宗瑞は、相模小田原城の大森氏を攻め滅ぼしており、前年の永正六年には山内・扇谷両上杉氏と敵対し、相模・武蔵方面まで侵攻を果たす。当該期の宗瑞は、次第に主家今川氏から自立した戦国大名として歩み始めていた。なお本史料の袖に貼り継がれる封紙には「早雲庵宗瑞」とあり、この「早雲庵」を箱根湯本にある早雲寺の前身とする見解もある。（渡邊）

【参考文献】『箱根の文化財五　早雲寺文書』箱根町教育委員会、一九七〇年。

8 芹椀

箱根町指定重要文化財
七点　飯椀　[身]　径一四・二、高七・五
[蓋]　径一三・〇、高四・六
汁椀　[身]　径一三・四、高五・六
[蓋]　径一二・一、高三・六
平椀　径一四・八、高五・三
壺椀　径一〇・六、高七・五
盃①　径一一・七、高四・一
盃②　径一一・七、高四・〇
盃③　径一一・五、高四・〇
木製漆塗　戦国～江戸時代
神奈川　早雲寺

「会席椀十具」として「朱塗にて芹草の模様を金にて押す、狩野元信の下図なりと云、古は百人前ありしが、次第に失へり、其製古色なり」（『新編相模国風土記稿』）と記されるほど著名な早雲寺の宝物。四代当主北条氏政が百人前を制作依頼して同寺に寄進したものと今に伝えられる。器形は轆轤《ろくろ》製法で作られ、表面に紅柄漆塗りとした後に、水面に浮かぶ芹の文様を優美に描き金粉で平蒔絵として仕上げる。極めて豪華な作りとなっており、完形で遺る戦国期の古作の組椀《くみわん》として貴重であろう。戦国大名北条氏が用いた生活用具の漆器としても、また贈答儀礼などでの使用も窺われ、興味深い。当初は、飯椀・汁椀・平・壺・盃の五種が一組となる形式として製作され、その後に散逸や補充を繰り返しながら現在に至ったものと考えられる。なお、本品のほかに東京藝術大学にも同様の芹椀（一組五種）が遺っている。（渡邊）

9 早雲寺芹椀之記

一通　縦一八・八×横七八・一
紙本墨書　明治二二年（一八八九）
神奈川　早雲寺

8芹椀について、明治二二年（一八八九）に、その由緒や伝来を尋ね記した「早雲寺芹椀之記」が知られる。本史料は、二宮尊徳の門弟で、箱根湯本に住した福住正兄《ふくずみまさえ》（一八二四～九二）の手による。彼は湯

本報徳社の設立をはじめ報徳運動の指導者として箱根・小田原で活動した人物であった。

その記録を繙くと、芹椀は永禄三年（一五六〇）頃の製作であることは疑いなく、もともと湯本村には塗師・蒔絵師などの職人はいないため、戦国大名北条氏によって移住させられたとの由来から書き起こす。その根拠として、『新編相模国風土記稿』に書写される（元亀元年）庚申卯月九日「北条家朱印状写」を掲げ、この「庚申」を福住は永禄三年と年代比定する。なお、同年はすでに氏政が当主となっており、芹椀の所伝を北条氏政の寄進とする由緒の形成は、こうした福住による考証の結果が反映しているのかもしれない。この芹椀のその後の伝来について、福住は以下のように調べ記す。

（前略）百人前ありしを、氏直の君、高野山に移られし時、其半を分ちて持せられたるか高室院にありといへハ、おのれ高野に詣てし時、同院にやとりて此事を問ひしに、今猶所蔵せりと云り、永禄三年より今まて八三百三十年になれり、古代の湯本細工の今の世に残れるハ、此器の外にハあらさるへくなん思はるれは、此里にしてハ此上なき尊き器といふへし、

本芹椀は、最後の五代当主氏直が高野山へ配流となった際に、半分の五〇器を持参し、それが高野山高室院の所蔵となっているという。福住による実踏調査の結果を踏まえての考証であり、芹椀の伝来関係をみる上で重要な記録といえよう。最後に福住は「此寺の宝のみにハあらて、此里の宝にしあられハ遠永に保存あらん事を切々願ふになん」と記録を結ぶ。芹椀が、明治期の報徳思想家に再びその歴史的意義を見出され、その由緒や伝来が記録されたことは、早雲寺寺宝が今日まで大切に遺されてきた営為を考えるに、重要な契機であったといえよう。（渡邊）

【参考文献】『箱根の文化財三　早雲寺』箱根町教育委員会、一九六八年。神奈川県立博物館『後北条氏と東国文化』一九八九年。

10　箱根権現縁起

重要文化財
一巻　縦三四・二
紙本著色　鎌倉末〜南北朝時代
神奈川　箱根神社

箱根神社に伝わる縁起絵巻で、もと個人蔵であったものが江戸期に同社の所蔵となった。現状は前半部と末尾部を欠き、詞書・絵ともに全一一段で構成される。制作年代は、絵画表現の分析から、大海原を渡る場面での海水や他の山水描写に窺える巧緻な筆致から大和絵様式を基調とする点、また詞書内容の観点より、『神道集』（南北朝期成立）所収の「二所権現事」との内容の近似性から、一四世紀の成立とされる。さらに、登場する人物形態の描写や力強い樹木の描線から、鎌倉地方での制作とも解されている。

本絵巻は、箱根や伊豆の神々の由来について、神が人であったときの前生譚から説き起こす本地物語で、継子《ままこ》いじめという一般に親しみやすい説話に仮託して語られる。内容は大略以下の通り。

かつて箱根・伊豆の両権現は、天竺斯羅奈国《てんじくしらないこく》の中将の娘常在《りょうざい》御前と霊鷲《りょうじゅ》御前の美しい姉妹であった。美貌ゆえに継母から憎まれた二人の姉妹は、島に流されるなど彼女からの執拗な迫害を受ける。しかし、檀特山《だんとくせん》で出会った波羅奈国《はらないこく》の太郎王子と次郎王子に救われ、彼らの国へ赴き后となる。それでも、継母の祟りから姉妹は逃れることはできず、父中将と波羅奈国で再会した姉妹は、継母の祟りを怖れて仏法弘通《こうつう》の地である日本へ渡る。その結果、大磯の高麗寺より姉の常在御前と太郎王子は伊豆山に垂迹《すいじゃく》して二所権現となり、父の中将と妹の霊鷲御前・次郎王子は箱根山に垂迹して三所権現となる。

本絵巻では、継子いじめによる姉妹の受難と救済が強調され、絵画場面もこうした制作側の意図を受けて描写される（とくに常在御前の島流し場面など）。姉妹たち前生の神々の受難や苦行が鮮明に描かれるほど、やがて神となって垂迹し顕れる物語の結末をより劇的に、そして印象深いものとしている。最後の場面にある、他の建築物と一線を画する様に描かれた箱根三所権現の社殿の姿は、まさに神々の利生《りしょう》を象《かたど》ったものと考えられよう。

縁起絵巻の類いは、とりわけ社会の変動期にあたる一四世紀に多く制作された。箱根権現は伊豆山権現とともに源頼朝の二所詣が行われるなど、鎌倉初期より鎌倉幕府の篤い崇敬と保護を受ける。また鎌倉後期以降には、永仁三年（一二九五）の焼亡と復興の過程で霊場化が幕府の援助により推進されている。南北朝内乱期には、箱根自体が東海道上の交通の要衝にあるため戦場にもなっている。絵巻制作の背景には、こうした時代の変化もあって、箱根周辺地域のなかで再び箱根権現の功徳や利生をひろく社会へ喧伝し、信仰を涵養する必要があったと推測される。一四世紀に新たな要素を付加されて再生した箱根権現の縁起は、次代の戦国大名北条氏のもとで、改変と新たな意味が上書きされて流布していく。（渡邊）

【参考文献】相澤正彦「逸翁美術館本「大江山絵詞」の画風をめぐって」（『MUSEUM』四七七、一九九〇年）。松原茂「「箱根権現縁起」の再検討」（小松茂美編『続々日本絵巻大成七　箱根権現縁起　誉田宗廟縁起』中央公論社、一九九五年）。岡田清一「鎌倉幕府と二所詣」（同『鎌倉幕府と東国』続群書類従完成会、二〇〇六年）。阿部美香「本地物語の変貌―箱根権現縁起絵巻をめぐって―」

『中世文学』四九、二〇〇四年。

11 箱根権現縁起絵巻

山北町指定重要文化財
二巻　縦二九・二
紙本著色　天正一〇年（一五八二）
個人

神奈川県足柄下郡山北町の個人宅より発見された、上下二巻本の箱根権現の縁起絵巻。所蔵者は、江戸期に箱根山別当寺金剛王院の下で箱根修験の拠点の一つであった正覚院の末裔にあたり、本絵巻は同宅境内不動堂内の厨子に納められていた。先の10**箱根権現縁起**が前半部と末尾部を欠くのに対し、本絵巻では詞書・絵ともに完形で伝存しているため、縁起絵巻の全容を知る上で貴重な資料である。とくに注目されるのは、下巻奥書より制作関係者や制作年が判明することである。

［下巻奥書］

下巻
相州小田原新宿
天正十年壬午十二月五日　荻野玉月斎書
持主清陽坊　政家（花押）

相模国小田原城下の新宿に居住する「荻野玉月斎政家」が詞書全体を書したことが分かり、「清陽坊」は注文主ないし当初持主であろう。絵画表現については、岩肌の表面や人物の衣文の皴《しわ》などでの輪郭線を強調し陰影を際立たせる描き方は、初期狩野派の手による作品にみられる特徴的な描法と相通じる。本絵巻が制作された天正一〇年（一五八二）は、五代当主北条氏直の時期にあたる。前当主氏政期の小田原城下では、狩野元信（北条氏綱が制作依頼した「酒呑童子絵巻」の絵師）の弟子狩野玉楽の活動をはじめ、画史伝類には金玉僊や狩野宗陳などの狩野派絵師の名がみえる。彼らの動向については未詳な部分も多いが、戦国大名北条氏の本拠である小田原城下および周辺域で小田原文化圏とも呼べるような文芸活動を想定することは可能であろう。また奥書に登場する「小田原新宿」は、城南の旧東海道沿いの山王口の西側にかつて立地した宿で、鋳物師や芸能者の居住もみえるという。「新宿」は小田原城に来訪する種々の職工が住した空間であったと推測されよう。

また本絵巻（便宜的に以下「正覚院本」）の内容や表現をみると、10の箱根神社所蔵本（以下「箱根本」）との差異は明白である。まず箱根本では、人物・建物すべて和様であるが、正覚院本では唐様で色彩鮮やかな奈良絵本風な作風がみえ、かつ人物の面貌も御伽草子的な柔和でやや剽軽な表情となっている。そして本作の主題である本地物語の部分も、箱根本では伊豆山・箱根山の二所権現の霊地が登場する一方で、正覚院本では両権現に加えて三島大明神を加えた二所三島の本地物語へと作り替えられ、大磯高麗山・伊豆山走湯大権現・箱根大権現・三島大明神の順に霊地が描かれる。絵画場面も、継子譚での受難や苦行の強調ではなく、むしろ参詣曼荼羅に近い図像となっており、箱根権現の箇所では、本宮・金剛王院箱根山東福寺の社殿など、箱根の宗教景観が強調される。

そして、これらの景観は、初代伊勢宗瑞と続く二代北条氏綱による復興・再建により作られたものである点が重要である。箱根権現は後掲の14・15で語るように、北条氏による宗教秩序の再編過程で地位を上昇させ、北条氏領国内において頂点の位置を占めていく。本絵巻には、北条氏の信仰と庇護のもとで展開した戦国期箱根神社の歩みをも映しているのである。（渡邉）

【参考文献】阿部美香「本地物語の変貌―箱根権現縁起絵巻をめぐって―」（『中世文学』四九、二〇〇四年）。阿部美香「『箱根権現縁起絵巻』の再創造―描かれた霊地」（『アジア遊学　文化創造の図像学―日本の宗教空間と身体』勉誠出版、二〇一二年）。古川元也「山北町指定重要文化財「箱根権現縁起絵巻」について」（『神奈川県立博物館研究報告（人文科学）』三〇、二〇〇四年）。『山北町文化財調査報告書　箱根権現縁起絵巻』山北町教育委員会、二〇〇四年。

12 菩薩像頭部

神奈川県指定重要文化財
一点　総高四〇・〇
木造　平安時代
神奈川　興福院

左眼の半ばより右耳にかけての正面半分のみを残す菩薩像の頭部残欠。大ぶりの髻が結われ、地髪を含めその髪筋は精細に彫り現される。また天冠台の連珠文は丁寧に彫られ、像内をみると髻の部分まで内刳《うちぐ》りが施される。

興福院（箱根町）は、もともと箱根権現の別当寺金剛王院東福寺の子院であった。寺伝では金剛王院四一世融山の開基とされており、天文一九年（一五五〇）の「松原明神遷宮記」（『相州古文書』）に「前別当僧正融山」とあるため、融山の箱根別当在職期間にあたる天文年間頃には創建されていた。天正一八年（一五九〇）の豊臣秀吉による小田原攻めでは断絶状態となるも、慶長年間には月堂を再興開山に、板橋香林寺（小田原市板橋）の法流に属する曹洞宗寺院として再建され現在にいたる。

伝来の背景には、明治初期の神仏分離によって東福寺が廃寺となった結果、同寺什宝群が子院である興福院へ移されたものと考えられている。箱根神社の平安後期とされる男神坐像・女神坐像に匹敵する

遺品といえよう。　（渡邊）

【参考文献】『箱根の文化財一三　興福院』箱根町教育委員会、一九七八年。

13 普賢菩薩坐像

神奈川県指定重要文化財
一軀　像高五〇・三
木造　永仁五年（一二九七）
神奈川　興福院

旧東福寺の什宝で現在は興福院に安置される普賢菩薩坐像。右手に宝剣、左手に経巻を執る。また、本像には朱書銘が像底に残される。

［像底朱書］
奉造立
能善御本地普賢菩薩像
右志者、為天地長久・関東繁昌・我山安穏・諸人快楽、敬白、
永仁五年丁酉十二月十五日
別当法印大和尚位尊実

銘記より本像が箱根別当尊実の発願による造立であること、本像が箱根山別社の能善明神の本地仏とされたことが分かる。能善明神は、「能善権現守護の山神、八大金剛童子これなり、本地は普賢菩薩なり」（「二所権現事」『神道集』）とあり、箱根権現の本地仏中に普賢菩薩が存在する。

さらに、紀年銘の永仁五年（一二九七）に着目すると、箱根権現における復興事業との関連も窺える。永仁三年、同権現は火災により焼亡し（『鎌倉年代記裏書』）、翌年五月に宝篋印塔（通称多田満仲の墓）や筥根山梵鐘（東福寺所蔵）が相次いで造立される。前者の石塔銘文に記載される結縁者名には、得宗被官一族の名がみえており鎌倉期の北条得宗家の影響が想定され、石塔造立には極楽寺の忍性も関わっている。箱根権現の復興は、鎌倉幕府および北条得宗家による一大事業として実施された。その結果、以後、箱根権現には六道地蔵をはじめ多くの石造仏群が造立され、霊山としての性格を一層強めていった。本像は、鎌倉後期における箱根権現と鎌倉幕府の密接な関わりを示す貴重な歴史資料と評価できる。（渡邊）

【参考文献】『箱根の文化財一三　興福院』箱根町教育委員会、一九七八年。『日本彫刻史基礎資料集成　鎌倉時代　造像銘記篇』一五、中央公論美術出版、二〇一九年。

14 伊勢菊寿丸所領注文

一通　縦二七・〇×横一七五・八
紙本墨書　永正一六年（一五一九）
神奈川　箱根神社

伊勢宗瑞が菊寿丸に対して、箱根権現領別当堪忍分・箱根権現領菊寿丸知行分・宗瑞からの譲与分の三区分の所領の相続を認めた所領注文。四紙にわたり継がれ、各紙継目に割印が捺される。宛所「菊寿丸」は、伊勢宗瑞の末子と考えられており、幼名を菊寿丸、法名を宗哲（宗瑞と同様の臨済宗大徳寺派の法名）・長綱（箱根権現別当就任時に使用した真言密教系の法名）の二つを有し、法号を幻庵と称した。一般的に北条幻庵として知られ、宗哲とその子孫たちが小田原城北西部の久野《くの》に住したため、久野北条氏とも呼称される一族である。本史料でも菊寿丸分の所領に「十五貫文　久野道場分」がみえ、その後も幻庵分に「拾八貫九百文　西郡久野道場分」（「小田原衆所領役帳」）と登場するなど、久野を拠点としていたことは明らかである。

幻庵宗哲は、北条家の御一家衆として武蔵小机領の継承など領国支配や軍事行動の一端を担っていたが、とりわけ宗教面での活動が注目される。宗哲は大永二年（一五二二）に近江国の三井寺上光院（滋賀県大津市）に住院し、同四年に出家を遂げ、天文三年（一五三四）から同七年にかけ箱根権現別当に在職していたことが知られる。戦国期の同別当職は、北条氏一族の長綱のほかに融山・亮山が就き、両者とも権僧正に任じられる。その結果、戦国期箱根権現は、北条氏の宗教秩序における枢要な位置を占める（氏康期には「国家御祈願」を実施する）。こうした北条氏による宗教政策の端緒となったのが、長綱の別当就任であった。

本所領注文の知行高は合計約四四〇〇貫文を記し、そのうち菊寿丸分の知行高が約三五〇〇貫文と箱根権現領の大部分を占める。別当堪忍分も菊寿丸分所領へ編入されているため、この段階ですでに菊寿丸が箱根権現を実質的に支配していたとの指摘がある。本史料が作成された前年の永正一五年（一五一八）九月、宗瑞は家督を氏綱に譲っている。菊寿丸の箱根権現領の継承および別当就任も、自身の死後を見据え、子息に宗教拠点の中枢を担わせることが目的であったと考えられよう。本史料が作成された四ヶ月後、宗瑞は韮山城にて病没する。（渡邊）

【参考文献】黒田基樹「久野北条氏に関する一考察」（同『戦国大名北条氏の領国支配』岩田書院、一九九五年）。森幸夫「鎌倉・室町期の箱根権現別当」（二木謙一編『戦国織豊期の社会と儀礼』吉川弘文館、二〇〇六年）。

15 伊勢氏綱社殿造営棟札

一点　縦一一四・〇×横四五・〇
木製　大永三年（一五二三）
神奈川　箱根神社

二代目当主の伊勢（北条）氏綱が箱根権現宝殿を再建した際の棟札《むなふだ》で、氏綱自身は「大檀那伊勢平氏綱」と墨書される。戦国大名北条氏は、氏綱の代に「伊勢」から「北条」へ改姓を果たし、代々相模国司に就

いた鎌倉幕府の執権北条氏の名跡を継承し、権威付けを行った。本棟札は北条氏が伊勢姓を名乗った最後の資料にあたる。

　まずは棟札の墨書銘に注目してみよう。棟札に名を連ねる人物に、例えば左上部に「別当僧正海実」と「菊寿丸」がみえる。海実は駿河国の在地領主でかつ鎌倉府奉公衆であった大森氏出身の箱根別当である。大森氏は室町期より証実・実雄などの箱根別当を輩出し、鎌倉府の影響下で箱根周辺地域に大きな影響力を持った武士勢力であった。海実は大森氏頼の子息で、大森氏出身最後の箱根別当でもある。また菊寿丸（のちの北条幻庵）の署名箇所で花押が認められないのは、すでに大永二年（一五二二）に近江国の三井寺上光院に住院しており不在であったためと考えられる。なお、棟札側面には追筆で「自大永三年癸未六月十二日至慶長十二丁未八十五年也」と墨書されている。これは、慶長一七年（一六一二）に徳川家康が同権現の社殿等を再建したことを受けての記述である（「徳川家康社殿造営棟札」）。

　また棟札下部の願文に着目すると、冒頭には「当時酒最明寺殿再建以来凡三百歳廃壊久哉」と述べられ、かつて「最明寺殿（北条時頼）」による社殿再建があったことが語られる。それに続き、文中には亡父宗瑞を「相州故太守早雲寺殿」、氏綱自身を「太守伊勢平氏綱」とし、相模守を強調することで宗瑞以来より当国の正当な支配者であることを喧伝するのである。当該期、氏綱は、古河公方足利高基・関東管領山内上杉憲房と対立関係にあり、相模国の守護職を有す扇谷上杉氏に対抗する必要があった。それゆえ、氏綱の代に、相模支配の根拠として、鎌倉幕府北条氏の権威が持ち出されたのである。本願文から、鎌倉北条氏の事蹟を自身の社殿復興に擬《なぞら》えることで支配の正当性を強調するなど、氏綱による系譜認識の一端を窺い知ることができよう。（渡邊）

【参考文献】箱根神社『箱根の宝物』二〇〇六年。森幸夫「鎌倉・室町期の箱根権現別当」（二木謙一編『戦国織豊期の社会と儀礼』吉川弘文館、二〇〇六年）。

16 地蔵菩薩立像

神奈川県指定重要文化財
一軀　像高一六三・五
木造　鎌倉時代
神奈川　正眼寺

正眼寺（箱根町）境内の曽我堂に、17地蔵菩薩立像とともにいまも安置される。二軀は『曽我物語』に登場する曽我兄弟の五郎時致（弟）・十郎祐成（兄）にそれぞれ擬され、本像は五郎像として親しまれる。右手に錫杖を、左手に宝珠を執る。

　本像について、明治一四年（一八八一）五月二三日付の「正眼寺住持宗賢届書案（小田原郡役所郡長内山寛次郎宛）」（正眼寺文書）に記される通り、16本資料から印仏《いんぶつ》などの多数の像内納入品が発見された。その印仏中、康元元年（一二五六）一二月一〇日の年紀を持つ18-1武蔵法橋康信願文はかねてより彫刻史で注目されてきた。願主康信が本像制作の仏師と目され、本像の衣文表現に窺える慶派仏師と思しき技法と相まって、「康」の字を用いる点より、鎌倉で活躍した慶派仏師に属する人物と考えられているのである。印仏全体の十分な書誌分析がされないまま、本像の仏師を康信とする点にはやや躊躇するものの、先の「届書案」では「其後チ康元元年十二月十日曽我堂ヲ造立シ、祐成・時宗之為ニ地蔵両（「尊」脱カ）ヲ安置ス」とあるため、本像制作が曽我堂建立と関わるものと認識されていたらしい。ただし、この正眼寺側の認識が、かつて本願文を参照したことを受けて形成された由緒であるのか、像内文書発見以前よりすでに伝承され本願文により補完されうるものであるのかは、立証する素材がない。ただ、同寺に伝世する木札の墨書によると、本像が寛文一一年（一六七一）と享和三年（一八〇三）に修理されている。だが、延享二年（一七四二）の由緒書「相州足柄下郡湯本村正眼禅寺記」（正眼寺文書）に曽我堂の由来は記されていない。本像の仏師を康信とするかの当否は措くにしても、明治期における本願文の発見が、結果的に地蔵像と曽我堂建立を強力に結びつける資料として認識された可能性は高かろう。本像については、印仏のみならず近世・近代正眼寺の由緒形成という観点からも再考する必要があると考える。

　しかしながら、本像が箱根霊場における地蔵信仰の様相を語る遺品であることは間違いない。鎌倉幕府でも建長五年（一二五三）に北条時頼により建長寺に丈六地蔵菩薩像と千体地蔵像が祀られ落慶供養がなされ、鎌倉期における地蔵信仰の拡がりが認められる。箱根の地では、既存の箱根権現・伊豆権現の神話世界に加え、民衆の救済として広範に受容された地蔵信仰なども加わり豊かな宗教的世界が形作られていたのである。（渡邊）

【参考文献】『箱根の文化財一四　正眼寺』箱根町教育委員会、一九七九年。『日本彫刻史基礎資料集成　鎌倉時代　造像銘記篇』七、中央公論美術出版、二〇〇九年。塩澤寛樹『鎌倉時代造像論—幕府と仏師』吉川弘文館、二〇〇九年。

17 地蔵菩薩立像

箱根町指定重要文化財
一軀　像高一六六・六
木造　室町時代
神奈川　正眼寺

正眼寺内曽我堂に16とともに納められる地蔵菩薩

立像。曽我十郎祐成を擬し、十郎像と呼ばれる。形姿など五郎像によく似せて制作されているものの、衣文などの彫りは浅く全体的に平滑な印象を受ける。制作年代は下って室町期のものと解される。

本像を所蔵する正眼寺は、延享二年（一七四二）の「相州足柄下郡湯本村正眼禅寺記」（正眼寺文書）で開闢年暦不詳とされているが、その前身は「湯本地蔵堂」（別称・放光地蔵堂）の名で南北朝期の史料に登場する（「足利尊氏関東下向宿次・合戦注文」、正眼寺についてはコラム1参照）。鎌倉中期制作とされる16地蔵菩薩立像の存在から、文献史料での裏付けは得られないものの、地蔵堂に相当する堂舎があったと考えられよう。鎌倉末期では東海道の宿場町として湯本宿が置かれており、湯治場として利用されるなど人々の活発な往来も想定される。

さて、正眼寺境内には応永二年（一三九五）の紀年銘を刻む「勝源寺灯籠」が存在する。銘文には「別当□厳」とあり、室町初期に湯本地蔵堂の別当寺として勝源寺が建立されていたと推測される。この勝源寺は現在の正眼寺の寺号と名称は異なるものの、「しょうげん」と発音する点は共通しており、江戸時代以前での正眼寺の呼称が勝源寺であったのであろう。そうなると、本像の制作契機に、湯本地蔵堂の別当寺勝源寺の建立があったのではないだろうか。検討すべき課題を多く孕むが、造像背景として上記の仮説を提示したい。

（渡邉）

【参考文献】岩崎宗純「中世箱根地方における地蔵信仰の展開」『箱根町文化財研究紀要』八、一九七七年。『箱根の文化財一四　正眼寺』箱根町教育委員会、一九七九年。『日本彫刻史基礎資料集成　鎌倉時代　造像銘記篇』七、中央公論美術出版、二〇〇九年。

18 地蔵菩薩立像　像内納入品

箱根町指定重要文化財
神奈川　正眼寺

18-1 武蔵法橋康信願文
一紙　縦二八・二×横四四・〇
紙本墨書　康元元年（一二五六）

18-2 藤原家信願文
一紙　縦一一・二×横二四・八
紙本墨書　建長八年（一二五六）

18-3 藤原氏武者御前願文
一紙　縦一三・二×横二五・五
絹本墨書　建仁元年（一二〇一）

18-4 某仮名願文
一紙　縦二九・〇×横三九・六
紙本墨書　鎌倉時代

18-5 沙弥永長署名
一紙　縦二七・二×横三五・〇
紙本墨書　鎌倉時代

18-6 某願文断簡
一紙　縦二八・五×横一二・九
紙本墨書　鎌倉時代

18-7 修造記録断簡
二紙　［図版右］縦二八・〇×横三・〇
［図版左］縦一八・〇×横二・七
紙本墨書　鎌倉時代

明治一四年（一八八一）に正眼寺の16鎌倉期地蔵菩薩立像内より発見された像内納入品の印仏（「正眼寺住持宗賢届書案（小田原郡役所郡長内山寛次郎宛）」（正眼寺文書））。その後、軸装され二巻本として伝来するが（表具装過程で料紙の天地など切断）、現在はマット装が施される。現存する印仏は一七紙＋断簡三紙で、絹本に墨書された18-3以外はすべて楮紙であり、全ての料紙には雲母《きら》が鏤《ちりば》められ典雅な風合いに仕上げられる。

印仏・摺仏《すりぶつ》とは、同一の仏菩薩を多量に製作・図示するために、その像を印章のごとく形木に刻み、押印あるいは版木で摺刷する宗教的行為のこと。仏像を一々模本に則り肉筆で作画する代替として、多量に捺印・摺刷できるよう行われた。仏像の像内に納入される場合が多く、製作目的には、現世利益や故人の追善供養・勧進・縁日供養などがある。印仏・摺仏された尊像は多種にわたり、二種以上による混印もよくみられた。

18本納入品のうち、最古の紀年銘である建仁元年（一二〇一）を墨書するのが18-3藤原氏武者御前願文である。絹地に文字が墨書された上で、地蔵菩薩印仏一〇体（料紙奥側は切断）が捺印されている。建長八年（一二五六）一二月一〇日付の18-2藤原家信願文と半世紀ほど開くことや、同じ藤原姓であることを踏まえると、家信と同一の系譜関係にある人物であろうか。この断簡一点が絹地であるため、武者御前本人ないし親しい人物と関連する由緒ある遺品かと思われる。

前述の18-2は、家信により地蔵菩薩・阿弥陀如来・観音菩薩の三尊が混印されたことを墨書するが、本紙には不動明王印仏が上下三段にわたり押印される。不動明王を印仏するのは本紙のみで、像内文書中の他の印仏はすべて同版とみられる。また本紙と同年にあたる康元元年（一二五六）一二月一〇日付の18-1武蔵法橋康信願文には、料紙上下の三分の二にわたり阿弥陀如来・観音菩薩・地蔵菩薩の印仏三種が押印され、料紙下段に康信自筆の願文が添えられる。印仏と願文の箇所が截然と区分けされている点は特徴的である。16で述べたように、願主康信については、像内文書が納入された地蔵菩薩立像の制作者で、「康」を通字とした鎌倉の慶派仏師とする見解もある。なお年紀について、「康元」への改元は建長八年十月であるため、月日《がっぴ》を同一としながら、18-1・2で年号が異なるのは注意される。

同版の印仏は、18-4某仮名願文や18-5沙弥永長署名でも捺されており、これらが一連の作善活動であったことが窺える。前者では、上段・下段横一列に阿弥陀如来印仏が各一二体並び、中段は空白となって紙背に墨書がされる。文意不詳の箇所もあるが、冒頭には「たのくちのうちひまつり（日奉）」「ちゝはゝ（父母）・うはおゝち又ことものために」などと記され、武蔵武士の西党日奉氏関係者であることが窺える。「三七日」が三七日忌を指すならば、この法要に合わせて日奉氏一族の後生を弔う作善がされたか。墨書部分を避けて印仏が捺されている点から、18-1・2などと同時期に作成されたものだろうか。また阿弥陀如来・観音菩薩・地蔵菩薩の三尊を混印する18-5では、その紙背に「沙弥永長作」と六カ所に墨書され、これら同版の印仏作者であろうか。検討すべき課題を多く残すも、湯本地蔵堂の地蔵菩薩立像に武士勢力など様々な人々が結縁したことを想像させる。

18-6・7の断簡類でみられる墨書は、これまでみた18-1・2などとやや筆跡が異なり、墨色・字体や料紙の古色具合などから、もう少し下った時期のものと思われる。18-6には「父母聖霊出離生死」と父母の後生が弔われ、18-7には「大檀那修造記録明徳禅尼」とみえ、修造の大檀那に明徳禅尼なる女性の名が知られる。この修造が何を指すかは不明だが、例えば延享二年（一七四二）の「相州足柄下郡湯本村正眼禅寺記」（正眼寺文書）や明治一四年（一八八一）の「正眼寺住持宗賢届書案（小田原郡役所郡長内山寛次郎宛）」（正眼寺文書）には、曽我堂ではなく地蔵堂（放光堂）に地蔵菩薩坐像が安置され、鎌倉末期の元徳二年（一三三〇）に再修補された旨が記される。本断簡との関わりは未詳ながら、16地蔵菩薩立像が制作された鎌倉中期以降の修補や、堂舎の修築なども想定できよう。

像内納入品には、このほか鎌倉期作とされる小彫像の地蔵菩薩立像二躯と千手観音立像一躯、そして遺骨・遺髪・爪などが一緒に納められていた。16地蔵菩薩像の像内文書は、当初の印仏や他の納入品に加え、それ以前の遺物（18-3が相当するか）や後世に加えられた様々な資料とともに重層的に積み重なりながら今に伝来したものと考えられる。鎌倉期の東国でこれほどまでに多彩な納入品に恵まれた事例は珍しく、正眼寺周辺地域での深遠な信仰世界を垣間見ることができる。（渡邊）

【参考文献】成田俊治「摺仏・印仏攷」（『鷹陵史学』三・四、一九七七年）。『箱根の文化財　正眼寺』箱根町教育委員会、一九七九年。『日本彫刻史基礎資料集成　鎌倉時代　造像銘記篇』第七巻、中央公論美術出版、二〇〇九年。町田市立国際版画美術館『救いのほとけ―観音と地蔵の美術―』二〇一〇年。内田啓一『日本仏教版画史論考』法藏館、二〇一一年。

19　雪嶺斎図　僊可筆

重要美術品
一幅　縦：九七・〇×横：一七・〇
紙本墨画淡彩　天文七年（一五三八）
東京　五島美術館

本図は、書・詩・画の三要素全てが画面上に表現された詩画軸であり、そのなかでも書斎図と称される。本図上部に関東公方（古河公方）足利晴氏の題辞「雪嶺斎」と花押が据えられ、その下に建長寺僧の鱗仲祖祥（建長寺一七二世）・貞芳昌忠《ていほうしょうちゅう》（同一七〇世）・九成僧菊《きゅうせいそうきく》（同一七五世）の題賛が並ぶ。本図下部には、関東水墨画人である「僊可」（生没年等未詳）の印文が捺され、近景・中景・遠景を巧みに描き分けた雪景山水図が配される。鱗仲祖祥の序文によれば本資料の作成の経緯は、禅僧の玉典蔵が、すでに足利晴氏の三大字「雪嶺斎」と僊可の山水図が描かれた本幅を建長寺の祖祥の許へ持ち込み着賛を申し出たため、祖祥は昌忠・僧菊を誘い三名で建長寺聴松軒にて絶句を記したという。

本図で一際大きく記された墨蹟の筆者足利晴氏は、古河公方足利高基の子で、母は宇都宮成綱の娘、童名は亀王丸と称し、享禄元年（一五二八）一二月に元服して一二代将軍足利義晴の偏諱を請うて「晴氏」と名乗った。当該期東国の政治状況をみるに、これまで分裂した関東公方家の古河公方足利高基と小弓公方足利義明との間で内紛が続けられており、この対立関係は次代の古河公方晴氏にも継承される。結果、天文七年（一五三八）一〇月の第一次国府台合戦で古河公方が小弓公方に勝利し小弓公方は事実上滅亡することとなり、古河公方足利晴氏の許で関東公方家が統合されていく。古河公方高基以来、その軍事基盤は南関東への進出を展開していた伊勢宗瑞・北条氏綱に依存しており、実際に先の国府台合戦では氏綱の軍事支援により勝利を果たしていたのである。戦後は、氏綱が関東管領職に就任し、従来の公方・管領による関東の政治秩序を踏襲しつつ、北条氏の勢力伸長が図られ、古河公方は次第にその勢力を削がれていくこととなる。

かかる政治状況であっても、本図をみるに、古河公方周辺での活発な文芸活動の様子が窺えよう。関東公方足利氏の文芸活動は、鎌倉公方時代のみならず、古河移座後の古河公方時代以降も成氏期に、玉隠英璵《ぎょくいんえいよ》らの鎌倉五山僧の文化人や画僧賢江祥啓《けんこうしょうけい》など、鎌倉を通じた文化サロンを形成していたことが知られている。詩画軸については、室町幕府将軍足利義持が描かせた「瓢鮎図《ひょうねんず》」（応永一六年（一四〇九）作、妙心寺退蔵院所蔵）に代表されるように、もともとは応永年間から室町幕府将軍周辺で多く制作され、主に山水図が画題として選ばれ愛好されていた。この詩画軸が制作されたころ、関東で活躍した先述の玉隠英璵・賢江祥啓らはすでに没している。本図をみるに、絵師の僊可は「巣雪」と号し、「不知何處人、似等揚、墨畫山水」（『古畫備考』）と記録される。未詳人物ながらも、その技法は賢江祥啓の系譜を引くとの指摘もあり、成氏・政氏期と比べても優るとも劣らない作品といえよう。と同時に、まだ関東公方を権威とする政治体制が存続していた頃の最後の書斎図とも言える。本図が制作された後の国府台合戦の結果、晴氏は北条氏綱の娘（芳春院）を娶り、北条家は関東公方家の外戚、そして権威ある足利氏の御一家となる。以後、北条氏は関東公方足利氏の軍事的庇護者かつ外戚として権勢を振るい、晴氏を圧迫していく。この一四年後の天文二一年（一五五二）、晴氏は北条氏康の圧力の下で、北条家との間に生まれた義氏に家督を譲る。

（渡邊）

【参考文献】熊谷宣夫「図版解説　僊可筆雪嶺斎図」（『美術研究』一九、一九三三年）。佐藤博信『古河公方足利氏の研究』校倉書房、一九八九年。五島美術館『五島美術館の名品【絵画と書】』一九九八年。栃木県立博物館・神奈川県立歴史博物館『関東水墨画の二〇〇年―中世にみる型とイメージの系譜』一九九八年。

20 伝貞巖和尚像　一色直朝筆

重要文化財
一幅　縦九一・〇×横四六・四
紙本著色　戦国時代
埼玉　甘棠院

永安山甘棠院（埼玉県久喜市）は、第二代古河公方足利政氏が、永正一六年（一五一九）に隠居地であった久喜館を寺に改め建立した臨済宗円覚寺派の寺院。開山には政氏の弟（あるいは息子）の貞巖昌永《じょうがんしょうえい》（生年未詳～一五七二）を招請したと伝わる。本図の像主は甘棠院開山の貞巖昌永と伝えられ、法被を掛けて曲彔《きょくろく》に坐し、右手には払子を持つ頂相である。現状では顔料がやや剥落し、下書きの描線や彩色の指示の墨書が散見されるも、全体に細線で詳細な書き込みがなされ、顔貌には細筆で丁寧に描くなど、大和絵の技法に則った絵画であるといえよう。本図の右下には署名「月菴作」と朱文壺印「源」、朱文方印「直朝」がみえ、一色直朝の手によるものと判明する。

その他、同院には建立に深く関わった人物である参考 足利政氏像（絹本著色、戦国時代）と参考 伝足利政氏夫人像（紙本着色、戦国時代）も伝来する。とくに後者は伝貞巖和尚像とは異なり、角張ったやや太い墨線による輪郭や衣文表現から狩野派を窺わせる技法が用いられている。小田原狩野派を擁した戦国大名北条氏の影響も想像される。

本図を制作した一色直朝は古河公方家臣の幸手《さって》一色氏の出身で、晴氏・義氏にわたり古河公方家の相伴衆として仕えた。直朝は足利晴氏期に奏者として近侍し、京都聖護院門跡と古河公方家を取次ぎ、義氏期にも側近として御座所の移転の際に付き従っている。

直朝は、古河公方家の重臣という立場だけでなく、文人としても重要な位置を占めており、歌人としては自選和歌集『桂林集』や自注本『桂林集注』を、また教養人としても雑学書の『月庵酔醒記』などを記している。絵師としても彼の作品は現在七点が知られており、そのなかには参考 白鷹図（絹本著色、栃木県立博物館所蔵）などがある。後に「又作畫、筆法學雪舟、又慕玉澗、畫墨山水」（『古畫備考』）と、雪舟に筆法を学んだ武人絵師として記録されるほど、高い技法を有していたことが分かる（雪舟との関わりは伝承の域を出ない）。直朝が古河公方足利義氏の移座に伴い、鎌倉や小田原を転々とした政治背景を踏まえるならば、関東画壇絵師たちが集う鎌倉や小田原狩野派の絵師との交流も想定でき、さらに聖護院門跡や三条西家など京都一流文化人との接触も政治活動より判明している。直朝の絵画作品に窺える大和絵の技法も、こうした人物たちとの交流のなかから会得されていったものと考えられよう。古河公方家が構成する文化サロンのなかでも筆頭格に位置する東国文人と評価される。

古河公方の側近として政治・文化の両方で活躍した直朝であったが、その活動も公方家の動向と軌を一にしたようで、戦国大名北条氏の台頭と古河公方の衰退のなかで次第に見えなくなっていく。（渡邊）

【参考文献】幸手市教育委員会『幸手一色氏』二〇〇〇年。四宮美帆子「北条氏繁と一色直朝の鷹図」（『美術史研究』四八、二〇一〇年）。新井浩文『関東の戦国期領主と流通―岩付・幸手・関宿―』岩田書院、二〇一一年。

21 富嶽図　伝祥啓筆

一幅　縦六七・四×横三〇・四
紙本墨画淡彩　室町時代
東京　東京国立博物館

冠雪の富士山を幾筋かの山脈越しに望む視覚で描く一図。富嶽図の上部の同一紙上に建長寺一五九世を務めた仏光派の禅僧子純得么による序文と七言絶句があって、末尾の年紀により延徳二年（一四九〇）に書かれた賛であると知られる。山型の線を、位置をずらしながら複数描くことで山脈を形作り、山型の線に沿って並び立つ樹木の樹叢には藍を賦して樹幹を濃墨で描く。山肌は淡墨を基調にわずかに代赭を差して陽の光の存在を連想させる。富士の山頂は三峯に描き白色絵具を少々用いて冠雪の様子を表す。峰の周囲にはその輪郭線に並行する淡墨線を交えながら墨隈を施すことで白い山肌との対比を明瞭にする。富士をこの絵のような角度で望む地点が実際にあるかは不明だが、これ以前に描かれたであろう聖徳太子絵伝に登場する富士や仲安真康が描く富嶽図（根津美術館）などに比べて本図は実景に即した描写であるとの印象を強く抱かせる。たとえば相模国側から丹沢山地越しに富士を見るかのような視点ではなかろうか。賛者の子純得么は、根拠資料は不明なれど、祥啓が名乗った貧楽斎の斎号についての題詩を与えたことが『古画備考』に記されるなど、祥啓との関わりが示唆される人物である。建長寺書記職の祥啓は文明一〇年（一四七八）に京に上り藝阿弥について三年にわたって画を学んでいる。日頃鎌倉から富士山を遠望することもあっただろうし、鎌倉と京の往復の途次には富士山を間近にみることもあっただろう。本図には落款も印章も伴わないが、賛の時期や賛者との関係、そして画の描写から判断して、筆者の最有力候補は祥啓であろう。

賛は序文の前半において富士の名山たることを詳述し、なかほどで「東藩大都督相公賢嗣源君」が、画工に命じて富士を描かせて軸装したこと、そして画軸を子純得么に寄せて賛を作るよう命じたことを記す。絵の発願者である大都督相公（すなわち鎌倉公方）のすぐれた跡継ぎである源君とは足利政氏（一四六二～一五三一）であると推定される。子純は大都督相公と源君を記す際にはもれなく闕字を施しており彼らに敬意を表していることが読み取れる。賛は縦三六・三cm、一行あたりの幅二・一cmほどの間隔で、界線を紙の裏面から押したうえで整然と書かれており、制作にあたっては周到な準備がなされたものと思われる。絵師の落款や印章がないこともあるいは本図特有の制作事情によるためかもしれない。

序文では比類無き名山である富士に足利政氏を擬えて、彼が太平の将軍となることの必然を説いている。これは政氏への賛辞であり期待の言葉でもあると思われるが、残念ながら混乱の続く乱を平定するのは政氏ではなく伊勢宗瑞（北条早雲）であった。

（橋本）

22 山水図　祥啓筆

一幅　縦九九・八×横四〇・〇
紙本墨画淡彩　室町時代
栃木　栃木県立博物館

小さな湖水の風景を眼前にする小庵で高士がくつろぐ様子の書斎図。左肘をついて湖水を眺める高士の視線の先には帰帆する一艘の小舟。小庵に続く岸辺の小道には庵を訪ねるのであろうか、別の高士と童子が歩く。画面左隅の小道を遮る位置に大きな岩が描かれ、二本の樹木が庵に涼やかな陰をもたらすように覆い被さる。小舟の向かう先には州浜と靄に煙る松林が広がる。屹立する大きな岩山で湖水の小景を演出する一方で、墨調を抑えつつ二重に重なる遠山の描写で空間の奥への広がりを担保する構図を取る。小庵が立つ岸辺の下辺や童子の衣服、庵の帷、人物の顔などには代赭、樹叢や点苔には藍を施し、清新な趣の一図に仕上げる。手前の岩や中ほどに屹立する岩山に施される皴法はあっさりしていて、淡彩と相俟って清澄な画面を作っている。左隅の岩の上に「祥啓」白文重郭方印を捺す。

（橋本）

23 春景山水図　祥啓筆

一幅　縦八一・九×横四六・〇
紙本墨画淡彩　室町時代
神奈川　神奈川県立歴史博物館

穏やかな水面が広がる湖水の景観に、岸辺に座り友と語りながら水上の茅屋を見遣る人、茅屋の中から湖水を眺める人、小舟での周遊から戻る人などを描き込む祥啓の山水図。人々の視線は直接交わることなくまた小道を歩く人もいないためか、湖水に遊ぶ人々はそれぞれ思い思いに過ごしているように思われ、ゆったりと流れる時間の存在を感じることができる。大きな岩山を右手前に寄せて茅屋を配置し、なかほどに張り出す細長い地面を中継地として左上方の小舟、そして靄に煙る樹叢と遠山へ、景物の大小あるいは墨の濃淡や硬軟を描き分けて広々とした空間を作り上げ、加えて画面の重心の均衡を保つかのように左下隅に岸辺を配して赤い花実をつける樹木と高士を描く。

岩の皴法や輪郭線、樹葉の描法などは芸阿弥に学んだ夏珪様の楷体山水を踏襲し、そこに祥啓独自の要素として、藍や代赭の清澄な色彩を加えて一幅を完成させる。樹々の樹叢が複雑に重なり合う箇所では墨の階調の変化に加えて、筆を縦に動かすか横に動かすか、あるいは線で描くか点で描くかの違いを使い分けて、樹々の微妙な前後関係を描き出す。

画面右上に「祥啓」白文方印を捺す。印を捺す位置や、印のやや上付近を境に上部が別の紙に置き換わっている点は不審であるが、画材や表現の特徴からして祥啓真筆である可能性は高い。本図とよく似た構図で描かれる啓孫筆の山水図（栃木県立博物館）の存在は本図のような山水図が祥啓の次世代により描き継がれたことを示しており、同時に本図が祥啓に仮託して後世に描かれたものではないだろうことをも示している。外箱の蓋の表面に「山水圖　祥啓筆」、内箱の蓋の表面に「啓書記筆　山水画」の墨書がある。

（橋本）

24

山水図 興悦筆

一幅 縦八三・六×横三一・八
紙本墨画淡彩 室町時代
神奈川 神奈川県立歴史博物館

祥啓の画風を継承する興悦が描く山水図。湖の畔の岩塊に囲まれた地に一宇の庵が建ち、そこから伸びて水辺を渡る橋の上に三人の人物。右の一人が庵主で、訪ねてきた高士と童子を迎えるところであろうか。中央の岩塊やそこから伸びる樹々、庵の奥の草叢、側面を顕わにする地面、小舟付近に描かれる平面の州浜、靄に煙る樹叢など、祥啓の山水図によくみられる景物を描くものの、その描写は煩瑣で、各景物の配置も洗練されない。たとえば岩塊の上の樹叢については代赭や藍を置きその上から樹々の茂みを墨で描くが、爽やかな印象を与えるはずの淡彩に墨を煩雑に重ねるためか、表現が、現実の樹々の質感の再現に向かわず、祥啓画の形態や描法の形式的な模倣に終始している。おそらくそれゆえに祥啓の画に比べると清澄な雰囲気が少なく感じられるのだろう。

やや古い時代の内箱の蓋の表面には「山水 啓書記筆」とあるが、対して新しい外箱の蓋の表面には「紙本淡彩山水図 興悦筆」、裏面には「昭和卅五年七月日 隆章識」の墨書と「松下」朱文円印、「隆章」朱文方印がある。啓書記の作と考えられてきた作品の絵師に関して、近代以降の美術史研究のなかでその比定が改められる事例の一例を、この箱書に見ることができる。

(橋本)

25

機婦図 狩野派筆

神奈川県指定重要文化財
二幅 各縦一〇三・二×横六七・三
紙本墨画淡彩 室町時代
神奈川 早雲寺

耕作と機織を四季の巡回にのせて描く耕織図の一部と思われる現状二幅対の機織図。縦一〇三・二×横六七・三の画面は上から順に縦三四・八、縦三五・五、縦三二・九の紙を計三枚継いで構成されることから、本来は壁貼付か屏風の形状であったかと思われる。図様は絹糸を巻いて緯糸を準備する場面と織機で布を織る場面である。もとは養蚕の場面などを描く部分もあったことだろう。

旧箱の蓋が保管されており、表面には「機婦圖 二幅 古法眼元信筆/碁書圖 二幅 法眼松栄筆/早雲寺常什」との墨書がある。裏面の墨書は随分薄れてしまっており全文を読み取ることは困難であるが、明和七年（一七七〇）五月に記されたもので、機婦図二幅と碁書図二幅は往古より反故の中に埋もれて絵具が半ば失せようとしており見るに忍びない状態にあったこと、また機婦図は玉楽筆との口伝があることなどを記している。反故のなかに埋もれていたとのことで明和七年にはすでにもとの装幀ではなかったようで、おそらく明和七年の段階で「機婦」と「碁書」の四幅に仕立てられたのだろう。現状では機婦の二幅しか伝わらないが、琴棋書画を扱う二幅もあったようである。117早雲寺宝物古器物古文書目録に「同 竪三尺三寸七ト/横二尺一寸九ト/二幅/紙地表装絹〈彩色〉機婦之圖古法眼元信之筆/伝来不詳」と載る作例に該当すると思われる。

(橋本)

26

枇杷小禽図

神奈川県指定重要文化財
一幅 縦八九・五×横三八・〇
紙本著色 室町時代
神奈川 早雲寺

画面右方より伸びる枝には枇杷が実を付け、右下方から伸びる萱草には一輪の花が咲く。萱草の花が開くのは一輪のみ、他はまだ蕾の状態で、また枇杷の実は白味が強く柑子色に色づく前の様子である。季節は春から初夏にかけてであろうか。羽根に赤い小点がみられる紅紋揚羽蝶かと思われる蝶が枇杷に向けて舞い降り、さらにその上方では赤啄木鳥の雄とみられる小禽が小さい昆虫を捕食しようと口を開けながら飛ぶ。枇杷の鋸歯状の葉、枝から伸びる柄に生える柔らかそうな薄毛、萱草の葉や蕾など、植物の特徴をよく捉えて描いている。萱草にも枇杷にも青葉に混じって病葉が描かれる。萱草は憂いを忘れさせる草あるいは男子を産むまじない草とみなされ、そして枇杷は四時の気を備える植物として珍重され、しばしば花鳥画を構成する景物となる。

画面左下には狩野派絵師が用いることの多い壺形印の痕跡が認められるが、紙が切り取られたうえに補紙が施されている状態のため印面は不明。また画面上部五分の一ほどは、もとは余白であったか何らかの賛文が伴っていたのか不詳だが、補紙に置き換わっている。印面の不明たることは残念であるが、おそらくは元信の次世代の周辺で描かれた本図のような花鳥図が、狩野玉楽などが活躍したと考えられる小田原の文化圏に伝来したことの意義は大きい。

本図は117早雲寺宝物古器物古文書目録に「同 一幅/紙地表装絹彩色枇杷小禽之圖顔輝之筆/伝来不詳/竪二尺九寸一ト/横一尺二寸四ト」とある絵に該当すると思われる。

(橋本)

27

羅漢図

神奈川県指定重要文化財
三幅 縦一〇六・〇×横五三・二
縦一〇六・六×横五三・五
縦一一五・八×横五三・四

紙本墨画　室町時代
神奈川　早雲寺

早雲寺に伝来する三幅の羅漢図。奇怪な顔貌を特徴とするその図様は唐末五代の僧禅月大師貫休（八三二～九一二）が描いたと伝わるいわゆる禅月様羅漢図のなかでも宮内庁三の丸尚蔵館が所蔵する一六幅の羅漢図に近似する。本図ももとは一六幅で一組だったものがいつの頃か零本となったものだろう。図様が宮内庁三の丸尚蔵館の羅漢図に近似する一方で、本図が無彩色である点、衣文線が太く描かれる点などは根津美術館などが所蔵する別系統の禅月様羅漢に近似する。

117早雲寺宝物古器物古文書目録には「同　羅漢之圖　三對／紙地表装絹墨画雪村之筆　竪三尺八寸／横一尺七寸五ト」と記される什物に該当すると思われる。雪村の「村」字の左側には「舟」と併記されており雪舟の筆との伝もあったようである。（橋本）

28 達磨図　式部輝忠筆

一幅　縦九二・〇×横四二・六
紙本著色　室町時代
神奈川　早雲寺

朱色の衣を着る達磨の半身像。身体を右に向けながら、目線は正面よりやや左に向ける。顔や身体には淡い代赭色を施して血色の良い肉身をあらわし、眼の下や目元には墨で暗い隈取りを施す。柔らかな曲線を主体にして対象を描き出すなか、左眼の目頭に用いる鋭角に折れる線が目を惹く。引き結ぶ口や鼻孔、目の輪郭、耳の一部に濃墨を用いて達磨の表情を引き締める。眉や髭、胸毛、頭髪は淡墨を引いたうえに細線を引き揃えてあらわす。毛の流れる方向を操り、また密度を調整して身体に立体感を与える。身体を象る線が軟質であるのに対して衣を形作る線は濃い墨色で太い中にも肥痩があり、角張り、そしてかすれる。首元や胸元、手首に覗く内衣の白地にわずかに藍をかけて軽やかさを加味している。

画面右下端の本紙がやや荒れた箇所の内側に朱文重郭長方印「輝忠」と白文文重郭方印「式部」を縦に並べて捺しており、本図が式部輝忠の作と伝わることを示す。

なお、明治時代にまとめられたと思われる117早雲寺宝物古器物古文書目録には「半身之達磨　一幅　竪三尺三寸五ト／横一尺三寸九ト／紙地表装絹彩色啓書記之筆／洛西龍泉庵寄附」との記載がある。式部印を捺す本図との関連は不明だが、祥啓の達磨図といえば南禅寺所蔵の達磨図が想起される。著色と墨画との違いはあるものの、式部印の本達磨図と、図像、法量ともよく似た半身像である。（橋本）

29 足利義晴書状（喜連川文書）

さくら市指定有形文化財
一通　縦一九・四×横五二・五
紙本墨書　天文一八年（一五四九）
栃木　さくら市ミュージアム―荒井寛方記念館―

第一二代室町幕府将軍の足利義晴が、近衛稙家（一五〇三～六六）に対し、古河公方足利晴氏の左兵衛督昇叙に際しての晴氏への伝言を依頼した文書。料紙には雁皮紙が用いられる。義晴は晴氏の昇進について周旋したため、太刀以下の進物を晴氏から受取り、その返礼にあたっての伝言を稙家に言付けている。宛所の近衛稙家は関白・太政大臣を歴任し、祖父政家や父尚通にわたり足利将軍から偏諱を拝領するなど将軍家との関わりは非常に深い。とくに稙家の妹（慶寿院）は義晴に嫁して将軍義輝を生み、さらに稙家の娘も義輝に嫁しているため、稙家は将軍と行動をともにし近江への動座にも同行する。本史料でも、稙家は古河公方足利氏への取次的役割を担っている。（渡邊）

【参考文献】さくら市『喜連川町史　第五巻　資料編五　喜連川文書上』二〇〇七年。

30 足利義輝書状（喜連川文書）

さくら市指定有形文化財
一通　縦三五・四×横五一・八
紙本墨書　天文二四年（一五五五）
栃木　さくら市ミュージアム―荒井寛方記念館―

第一三代室町幕府将軍足利義輝が近衛稙家に対し、足利義氏から所望のあった将軍家の通字「義」を与える件を了承した旨、義氏に伝言するよう言付けた文書。料紙には楮紙が使われ、文書袖には切封と墨引の痕跡が残る略儀の封式が用いられる。歴代の古河公方のなかで、義氏だけが室町幕府将軍家の通字「義」を拝領しており、さらに花押の形式も従来の台形型の関東足利様ではなく、将軍義輝の花押を模倣するようになるなど、室町幕府将軍家に近似しようとする義氏の指向性が窺える。その動向の背後には、当然ながら北条氏の意図があろう。北条氏の血をひく古河公方義氏が、東国における将軍に擬され、室町幕府将軍家との間に緊密な関係を構築することで、その権威の上昇を狙ったという指摘もある。（渡邊）

【参考文献】佐藤博信『古河公方足利氏の研究』校倉書房、一九八九年。さくら市『喜連川町史　第五巻　資料編五　喜連川文書上』二〇〇七年。

31 足利晴氏書状写（喜連川文書）

さくら市指定有形文化財
一通　縦二〇・八×横四九・八
紙本墨書　戦国時代
栃木　さくら市ミュージアム―荒井寛方記念館―

楮紙が用いられる本史料は、写ながらも文書袖の切封までも再現される。袖には「晴氏様よりの甘棠院・千光院へ之写」と墨書されるため、文書の内容について、古河公方足利晴氏が、甘棠院（埼玉県久喜市）と千光院西堂に対し、禅興寺あるいは瑞泉寺の住持職を許したものと分かる。禅興寺・瑞泉寺ともに関東十刹の一つであり、前者は十刹中の筆頭格で、現在は鎌倉明月院として残る。北条氏に推戴されつつも、その政治権力は削がれていた古河公方家であったが、鎌倉五山・関東十刹への住持の推挙・補任権（公帖《こうじょう》の発給権など）は公方家が保有していた。それゆえ、公方による関東禅院支配は存続し、関東の禅僧たちのあいだで権威として君臨し続けた。一方で、公方が有す補任権は、昇進を目指す関東禅僧たちにも利用され、多額の出資金によってやりとりされていった。

（渡邊）

【参考文献】阿部能久『戦国期関東公方の研究』思文閣出版、二〇〇六年。さくら市『喜連川町史　第五巻　資料編五　喜連川文書上』二〇〇七年。

32　足利晴氏書状案（喜連川文書）

さくら市指定有形文化財

一通　縦三二・九×横四六・四

紙本墨書　天文二一年（一五五二）カ

栃木　さくら市ミュージアム―荒井寛方記念館―

楮紙を用いた案文で、内容は、古河公方足利晴氏が聖護院門跡道増からの面会の申し出に対し、歓迎する旨を返答したもの。本山派修験を統括する聖護院門跡の道増（一五〇八～五二）が古河に来訪したことが分かり、その対応窓口は晴氏側近の一色直朝が勤めていた。相模国の修験道場であった八菅山《はすげさん》（愛川町）には、木造の碑伝《ひで》がのこり、墨書で「唵／大峯葛嶺先達熊野三山検校役君末葉八菅山順禮／天台園城傳法智證正嫡聖護院准三宮道増　臈三十八　歳四十五／天文廿一年／三月廿九日」とあるため、天文二一年（一五五二）に同地を訪れた後、古河に赴いたと推測される。なお『新編相模国風土記稿』によれば、八菅山集落の神酒園内にある御殿屋敷の由来に「天文二十二年、聖護院道増親王順行の時、仮殿を建し跡なり」と記すなど、同地と聖護院道増の関わりが深い様子が見て取れる。道増は北条氏綱後室の兄弟でもあり、この度の八菅山・古河への来訪は、戦国大名北条氏・関東公方足利氏と接触していく政治的要因を含んだ可能性があろう。

（渡邊）

【参考文献】城川隆生「丹沢山麓の中世の修験とその関連史料」（『郷土神奈川』四七、二〇〇九年）。さくら市『喜連川町史　第五巻　資料編五　喜連川文書上』二〇〇七年。

33　足利義氏吉書（喜連川文書）

さくら市指定有形文化財

一通　縦三五・四×横五一・六

紙本墨書　天文二四年（一五五五）

栃木　さくら市ミュージアム―荒井寛方記念館―

古河公方足利義氏による代始の吉書。吉書とは、武家の場合では年始や将軍襲職・官位昇進・新所移徙・改元・元服などの際に作成され、これを吉書始と呼ぶ。室町幕府将軍の吉書では「神事・農桑・乃貢の三ヶ条を書き立て、将軍の御判をすへ、関東の国々へ下さるゝが旧例なり」（『武家名目抄』）とあり、古河公方家でも室町幕府将軍家のそれを踏襲する形で実施したもの。

「喜連川文書」中には同日付でほぼ同文の吉書がもう一通残され、これらの吉書は、義氏（幼名梅千代王丸）の元服という吉事に際して作成されたもので、父晴氏より義氏が公方家の家督を継承したことになる。第一次国府台合戦後、晴氏は嫡子藤氏を後継と定め、さらに引付衆や評定衆の再設置など、古河公方家の権力機構を再建しようと試みていた。しかし、合戦後に足利氏御一家となった北条氏の軍事・政治的影響力が増し、北条氏の圧力の下で天文二一年（一五五二）一一月に判物形式による譲状をなして、芳春院（北条氏綱娘）を母とする末子義氏に家督相続することとなる。その結果、北条氏の政治的思惑を背景としつつ、30にある通り、室町幕府将軍義輝から将軍家の通字「義」を拝領するなど、公方義氏の権威化が図られるようになっていくのである。後に、義氏は自身の花押を義輝の様式に模倣していくが、元服当初の本史料では、その袖判に初めて義氏の花押が据えられ、その形式は従来の関東足利様である台形型の花押が用いられている。

（渡邊）

【参考文献】佐藤博信『古河公方足利氏の研究』校倉書房、一九八九年。さくら市『喜連川町史　第五巻　資料編五　喜連川文書上』二〇〇七年。

34　北条氏照条書（喜連川文書）

さくら市指定有形文化財

一通　縦二九・六×横四三・〇

紙本墨書　戦国時代

栃木　さくら市ミュージアム―荒井寛方記念館―

北条氏照（四代当主北条氏政の弟、武蔵国滝山（後に八王子）城主）が、古河公方家奉行人の芳春院（松嶺昌寿）に宛てて、古河公方足利義氏の命令に対して氏照自身が参上すること、また当主氏政の出馬が三日以内に実行されることなどを記した条書。料紙は楮紙。付けたりで、同じく古河公方家奉行人の一色氏・簗田氏のことが挙げられているが詳細は不明。氏照は下総栗橋城（茨城県猿島郡五霞町）の城主を務めており、義氏の後見者的役割も担っていた。本条書には、古河公方義氏による北条氏への軍事要請を

含み、北条氏の軍事的庇護の下、最後の古河公方義氏が存続していたことを示していよう。（渡邊）

【参考文献】さくら市『喜連川町史　第五巻　資料編五　喜連川文書下』二〇〇七年。

35　北条氏政書状（喜連川文書）

さくら市指定有形文化財
一通　縦三一・八×横四四・五
紙本墨書　天正一一年（一五八三）
栃木　さくら市ミュージアム―荒井寛方記念館―

最後の古河公方足利義氏は、天正一〇年（一五八二）閏一二月に没する。それを受けて、本史料を通じて四代当主北条氏政は、古河公方家奉行人の芳春院（松嶺昌寿）・一色氏久・町野義俊・小笠原氏長・高大和守・簗田助実・徳蔭軒（三伯昌伊）の七名に宛てて、義氏の葬礼について氏照より追って指示があると通達している。料紙には雁皮紙が用いられる。

書状冒頭に「四日之芳墨今六日到来」とあるため、本史料は古河公方家奉行人から正月四日付で氏政に宛てて出された書状の返答となっている。奉行人側の書状内容は、本史料で「然者御葬礼之儀」とあるため義氏の死去を報じるとともに、その葬礼の執り行いについて氏政に伺うものだったと考えられよう。氏政は現在出陣中であったために（「於境目加様之取成」）、葬儀については「一端之愚意」と断りつつ、「畢竟於当城成共無異儀」と古河城で執り行われても異議なき旨を返答する。34でみたように、北条氏照（「陸奥守」）は、義氏の後見として古河公方家内の政治運営にも介入していた。本件の義氏死去においても、公方家との窓口として氏照が活動していることが窺える。（渡邊）

【参考文献】阿部能久『戦国期関東公方の研究』思文閣出版、二〇〇六年。さくら市『喜連川町史　第五巻　資料編五　喜連川文書下』二〇〇七年。

36　北条氏照書状（喜連川文書）

さくら市指定有形文化財
一通　縦三五・五×横八四・三
紙本墨書　天正一一年（一五八三）
栃木　さくら市ミュージアム―荒井寛方記念館―

35に引き続き、義氏の葬礼について北条氏照から古河公方家奉行人たちに宛てて出された書状で、同様に雁皮紙が用いられる。

内容は、北条氏政による義氏葬礼の詳細な指示が氏照によって通達される。まず35の返書でいったんは公方在城の古河で行うことを容認していたが、同地が「境目」であることを理由に先代の晴氏の葬礼の先例に従い、久喜（甘棠院）で行うことが指示される。また、葬儀では「此度円覚寺被請之由、先段も如被仰届」と、義氏の葬礼が鎌倉円覚寺の担当とすることが伝えられる。当該期の円覚寺は寺院復興を通じて北条氏の庇護下にあった。さらに「大細御用等候者、時々刻々可蒙仰候」と、葬儀の大小様々な案件をすべて北条氏へ報告するようにも命じる。以上のように、35の氏政書状とは内容が一変し、義氏の葬礼を北条氏主導で実施しようとする政治的意図が如実に表れているのである。それは費用面でも明らかで、北条氏直より銭三万疋という巨額の香典料が進上されている。北条氏の血をひき、同氏の軍事・政治的援助により推戴された最後の古河公方義氏は、その最期も北条氏の庇護により終焉を迎えたのである。義氏には北条氏康の娘（浄光院）との間に生まれた梅千代王丸がいたがすでに早世したために男子はなく、義氏の娘（氏姫）が後継者となる。以後は北条氏の強い政治的影響力の下で古河公方奉行人たちによる集団指導体制が存続し、古河公方家の正統な後継者が定められないままの状態となっていく。（渡邊）

【参考文献】阿部能久『戦国期関東公方の研究』思文閣出版、二〇〇六年。さくら市『喜連川町史　第五巻　資料編五　喜連川文書下』二〇〇七年。

37　足利義氏和歌短冊

一葉　縦三五・一×横五・一
紙本墨書　戦国時代
栃木　栃木県立博物館

古河公方足利義氏自作自詠の和歌短冊で、題名「水上夏月」とし、「水の面に夏ハありともしら浪のよるとハなにそ山のはの月」と詠む。料紙は、雁皮紙の天地に雲がたなびくように藍と紫の繊維を漉きかけた打曇《うちぐもり》紙を用い、さらに金銀泥がひかれ、雲霞や流水などの模様が現される。

関東歌壇は、室町期まで都市鎌倉に集中していたが、古河公方の移座に象徴される下総古河・武蔵五十子・武蔵河越・相模糟屋・伊豆堀越への政治拠点の分散・多角化に伴い、太田道灌の江戸歌壇を中心としつつ、古河・鎌倉などの地域でサロンが形成されていった。古河公方足利義氏のもとでも、側近かつ古河公方の文化サロンを主導した一色直朝は、京都の飛鳥井重雅や聖護院道増・三条西実枝・冷泉明融たちと和歌による交流が認められる。また、直朝を介した歌道師範家飛鳥井氏の一族と思しき飛鳥井自庵という人物の関東下向と義氏との対面も果たされているが、飛鳥井氏と古河公方義氏との間で和歌会が催されたか否かは未詳である。本資料の和歌短冊は、古河公方義氏周辺での詠歌の様相を伝える貴重な遺品であり、古河公方家最末期の文芸活動を示すものである。（渡邊）

【参考文献】佐藤博信「古河公方周辺の文化的諸相―古河公方研究の深化のために―」（『三浦古文化』四九、一九九一年）。小川剛生『武士はなぜ歌を詠むか—鎌倉将軍から戦国大名まで—』角川学芸出版、二〇〇八年。

38 伝北条氏和歌短冊（北条家文書）

紙本墨書　戦国時代
神奈川　神奈川県立歴史博物館

38-1 伝北条氏政和歌短冊
38-2 伝北条氏直和歌短冊
38-3 伝北条氏康和歌短冊
38-4 伝北条氏政和歌短冊
38-5 伝北条氏直和歌短冊

五葉　［38-1］縦三五・三×横五・二
［38-2］縦三六・〇×横五・二
［38-3］縦三三・五×横五・一
［38-4］縦三五・五×横五・三
［38-5］縦三五・七×横五・三

いずれも小田原北条氏末裔の狭山藩北条氏に伝来した五葉の和歌短冊で、当館所蔵の「北条家文書」に所収される。38-1・38-2は掛幅装で、各短冊の脇に「北条左京大夫氏政」「北条左京大夫氏直」の極《きわめ》札《ふだ》が貼られる。38-3・38-4・38-5は「短冊三葉氏康公・氏政公・氏直公御筆」と墨書された包紙に同封された状態で残る。極札・包紙ともに後世の筆であるため、本短冊が当人たちの詠歌であるかは明確でないものの、後者の三葉には氏康・氏政・氏直の自筆で署名がされており、書体から当人の作である可能性が高い。いずれにせよ墨蹟・料紙より五葉が戦国期の作であることに疑いなかろう。それぞれ優美な料紙短冊に詠まれ、38-1は「里鶯」の題名で「あられずよね覚の里の梅が香に　鶯きゐる月のあけぼの」（『為尹千首』）と詠まれ、38-2は「すまの海士のまとをの衣よや寒き　浦かぜながら月もたまらず」（『壬二集』）とあり、二首は古歌を記したもので、自作のものではない。一方で、例えば38-4の氏政による「見恋」の題名で「いかにせむ心ひとつに月日へて　つゐにあハての浦のみるめを」や、38-5の氏直による「蚊遣火」の題名で「なかめつる月日のひかりに影そへて　草の庵りに蚊遣たくらむ」は自作の和歌であろう。

北条氏の本拠・小田原では多くの和歌が詠まれ、二代当主氏綱期には京都の連歌師冷泉為和が小田原に下向し当座和歌にて題詠を行っている。また為和は、室町幕府奉公衆出身で北条氏家臣となっていた伊勢貞辰《さだとき》・貞就《さだなる》や大和晴統《はるむね》とも小田原で和歌の交流をしている。京下の奉公衆たちの活動をみるに、京都社会で培われた関係性が、地域での文芸活動の交際に結びついている様子が読み取れ、興味深い。また三代当主氏康は、『詠十五首和歌』に三条西実澄とともに一五首の氏康自作和歌が載り、また近世軍書『北条五代記』には氏康の和歌愛好が記される。四代当主氏政も、彼の自筆自詠について「今の能筆衆是を披覧有て、筆勢のいつくしさ、たぐひあらじと、皆人感ぜり」（『北条五代記』）と評され、また氏康・氏政父子は「合戦毎に狂哥を記し侍る」（同）とも記録される。五葉の和歌短冊は、歴代北条氏当主たちが愛好した和歌と、小田原で培われた文芸を今に伝える歴史資料である。（渡邊）

【参考文献】小川剛生『武士はなぜ歌を詠むか—鎌倉将軍から戦国大名まで—』角川学芸出版、二〇〇八年。神奈川県立歴史博物館『戦国大名北条氏とその文書—文書が教えてくれるさまざまなこと—』二〇〇八年。森暁子「戦国の和歌から近世の軍書へ—北条氏康『詠十五首和歌』の背景と享受をめぐって—」（『人文科学研究』一〇、二〇一四年）。

39 北条早雲像

重要文化財
一幅　縦九三・四×横五〇・五
絹本著色　戦国時代
神奈川　早雲寺

早雲寺に伝世する戦国大名北条氏初代伊勢宗瑞（北条早雲）の肖像。指定名称は「北条早雲像」であるが、名字を「北条」と名乗るのは二代当主の伊勢氏綱からであり、宗瑞自身の通称は「伊勢新九郎入道」、本人は「早雲庵宗瑞」「宗瑞」と名乗った。本図は、法体姿のため入道した早雲庵宗瑞の坐像を描く。白い下衣を内に着し、その上に鈍色《にびいろ》の法衣を纏い茶色の袈絡《から》を懸ける。右手には中啓《ちゅうけい》を持ち、高麗縁の青畳上に坐す。像全体に細密な描線が重ねられており、生前の寿像か、死後間もない頃の図像とされる。戦国期を代表する武将法体像であろう。

早雲寺と宗瑞の関わりは、同寺開山の以天宗清との関係から明瞭に窺える。若年の宗瑞が京都で活動中、大徳寺四〇世の春浦宗熙に参禅し、また春浦の法流に属する東渓宗牧から「天山」の道号を授けられている。また開山の以天宗清はその法流を遡ると、春浦の法嗣で大徳寺七〇世陽峰宗韶より龍泉派が始まり、同七三世東海宗朝で関東龍泉派が成立する。以天宗清は東海宗朝の法嗣で大徳寺八三世住持となった。ゆえに、宗瑞と以天はともに同じ法流に連なる存在であったと言えよう。以天宗清は、宗瑞の死後、二代当主氏綱により小田原に招聘され早雲寺開山となる。京都活動時代に培われた宗瑞の人脈が背景にあったと考えられる。

近年の研究により、伊勢宗瑞の出自については、室町幕府政所執事を務めた京都伊勢氏一族で、伊勢盛定の息子、盛時に比定することで大方の一致をみている。宗瑞の動向を諸研究に基づき辿ると、青年期から壮年期にかけて宗瑞は、備中国荏原荘（岡山県井原市）での活動が認められ、将軍足利義尚・義植の申次衆や奉公衆として行動していることが明らかとなっている。宗瑞は、文明八年（一四七六）に発生した今川氏家督争いに関わり、今川氏親（宗瑞の甥、宗瑞姉北川殿と今川義忠との間の子）の擁立を援助し家督を継承させる。この過程で宗瑞は駿河下向を果たし、後に興国寺城主となる。明応二年（一四九三）に室町幕府で明応の政変が起き、連動して宗瑞も伊豆に侵攻して堀越公方足利茶々丸を追い落とす。その後、伊豆経略は着実に進み、明応四年（一四九五）には韮山城に入城し同七年に茶々丸が自害し伊豆全域を掌中に収める。さらに相模進出もうかがい、明応年間までに小田原城を奪取すると東進を継続し、永正一〇年（一五一三）には鎌倉入りを果たし、同一三年には三浦道寸を討ち滅ぼし三浦半島も支配することで相模制圧を達成する。永正一五年には子息氏綱に家督を譲り、同一六年に没する。　（渡邊）

【参考文献】家永遵嗣「伊勢宗瑞（北条早雲）の出自について」（『成蹊大学短期大学部紀要』二九、一九九八年）。岩崎宗純「北条早雲と以天宗清」（『おだわら―歴史と文化―』九、一九九五年）。黒田基樹「伊勢宗瑞論」（同編『中世関東武士の研究第一〇巻　伊勢宗瑞』戎光祥出版、二〇一三年）。

40 以天宗清像

箱根町指定重要文化財
一幅　縦九六・一×横四九・五
絹本著色　享禄元年（一五二八）
神奈川　早雲寺

早雲寺開山で初代住持以天宗清（一四七一～一五五四）を描いた頂相。後世の修補が著しいものの、法衣は紫衣を羽織り、袈裟は白地に花紋を散らす金襴で豪奢に仕上げ、以天は恰幅の良い姿で描かれる。賛文には「宗碩首座需賛、自許以充之、享禄初元歳舎戊子、蜡月下澣日」とあり、享禄元年（一五二八）一二月に、早雲寺二世大室宗碩の求めに応じて以天が着賛した旨が記される。以天像には、他に天文一九年（一五五〇）着賛の雪村筆以天像（大徳寺龍泉庵所蔵）や、66の天文一二年（一五四三）着賛の以天円相像（廣徳寺所蔵）が現存するが、そのなかでも本像は最も早い時期のものとなる。

以天は、山城国の生まれで、伊勢氏被官の蜷川氏出身。はじめは南禅寺帰雲院の僧として五山禅を学び（『明叔録』）、建仁寺・泉涌寺との伝もある（『以天和尚語録』）、その後大徳寺に入寺して大徳寺七三世東海宗朝の法嗣となる（『龍寶山大徳禅寺世譜』）。

宗瑞と以天の交流について、伊勢氏とその被官蜷川氏という関係が指摘されているが、その他、宗瑞は在京期間中に大徳寺四〇世春浦宗熙に参禅し、以天も春浦の法流（大徳寺七〇世陽峰宗韶以降の大徳寺龍泉派）に属す。大徳寺龍泉派を介した繋がりが京都社会で形成されていたのであろう。

早雲寺開山となった後、大永二年（一五二二）に以天は再度大徳寺住持となり出世する。本像は、大徳寺住持退任後のもので、賛文に「前大徳以天衲宗清書于春松退欄」とあって、すでに以天は早雲寺住持を大室宗碩に譲り、大徳寺塔頭春松院を名乗っていた。　（渡邊）

【参考文献】玉村竹二「大徳寺の歴史」（『秘宝一一　大徳寺』講談社、一九六八年）。岩崎宗純「後北条氏と宗教―大徳寺関東竜泉派の成立とその展開―」（『小田原地方史研究』五、一九七三年）。岩崎宗純「北条早雲と以天宗清」（『おだわら―歴史と文化―』九、一九九五年）。『箱根町誌　第二巻』箱根町誌編纂委員会、一九七一年。

41 大室宗碩像

箱根町指定重要文化財
一幅　縦九八・二×横四九・八
絹本著色　永禄一一年（一五六八）
神奈川　早雲寺

早雲寺二世・大徳寺九五世の大室宗碩（一四九三～一五六〇）を描いた頂相。大室は但馬国出身。天文七年（一五三八）、大徳寺住持に出世し永禄三年（一五六〇）に示寂した（『龍寶山大徳禅寺世譜』）。本図の大室は、淡紫の紫衣に袈裟を着け、法被を掛けた曲彔に坐す姿で描かれる。顔貌の描写は濃淡を書き分けた墨線を用い写実的に仕上げる一方で、曲彔の表現や像容には形式的な印象も受ける。面部をはじめ全体に彩色の剥落が目立ち、また賛部で顕著にみられる画絹の断爛が惜しまれる。

賛文では剥落箇所もあるが、「前大徳早雲第一世東光智燈／禅師碩大室之遺像、付法之弟子梅隠香公座元、於／余見需□□一語」「永禄戊辰仲秋上澣日／前霊山嗣法的子明叟宗普稽首拝賛」とみえる。これより本像が、大室の七回忌にあたる永禄一一年（一五六八）八月に制作された遺像で、大室の法嗣である早雲寺八世梅隠宗香の求めによって、同じく大室の法嗣明叟宗普が着賛したことが分かる。この約一ヶ月前の同年七月六日に、明叟は早雲寺五世住持に就いている（51北条氏政判物）。早雲寺では、以天宗清の没後、住持職を一年輪番制としており明叟はその初住でもあった。以後、住持職は早雲寺二世大室の法嗣の系統と、同寺四世南岑宗菊の法嗣の系統とで継承されていく。この背景に、戦国大名北条氏の外護のもと、関東龍泉派の規模拡大が考えられる。以天宗清以来の法嗣が系統分化し、多くの禅僧を生み出した結果、かかる輪番制が採用されたのであろう。早雲寺における関東龍泉派内部での政治関係の変化、という背景もあって、本像は大室宗碩の系統に属する梅隠・明叟により、その法脈の正統性を明らかにする象徴として制作されたと推測される。（渡邊）

【参考文献】『箱根町誌　第二巻』箱根町誌編纂委員会、一九七一年。

42 梅隠宗香像

箱根町指定重要文化財
一幅　縦一〇六・六×横四九・五
紙本著色　天正一七年（一五八九）
神奈川　早雲寺

早雲寺八世・大徳寺一一八世の梅隠宗香（一五二四～八九）を描いた頂相。梅隠は但馬国出身で、大室宗碩の法嗣。元亀三年（一五七二）頃に早雲寺八世住持に就いたとみられ、天正元年（一五七三）に大徳寺住持に出世し、天正一七年一一月二六日に示寂した（『龍寶山大徳禅寺世譜』）。早雲寺末寺の宝泉寺二世や祐泉寺（静岡県三島市）の開山となる。本像では右手に警策を持ち、像容は典型的な頂相形式を取るが、法衣の皺にみられる極端な濃淡の表現などは小田原狩野派絵師の作風に近似しており、同絵師らの作と推測される。

本図の賛文には「需讃、則述拙偈二級、以應其儀云、／天正十七歳舎己丑仲秋日／前大徳禄山第一梅隠宗香叟書」とあり、梅隠が死の直前である八月に自ら着賛し、弟子たちの求めに応じて二偈を記している。その冒頭には「續智燈」（「智燈」とは「東光智燈禅師大室和尚」をさす）と始まり、早雲寺二世大室宗碩の法燈を継いだ法嗣であることを明記している。41に記した、早雲寺五世明叟宗普から開始された住持職の輪番制による関東龍泉派の分化が影響していよう。自らを、大室――明叟――梅隠という系譜に位置づけることが、法脈に対する彼の意図することだったのだろう。なお、梅隠の法嗣には近世早雲寺の中興開山となる一七世住持菊径宗存がおり、梅隠派とも称される梅隠――菊径の系統の法脈が早雲寺住持を歴任していくこととなる。（渡邊）

【参考文献】『箱根町誌　第二巻』箱根町誌編纂委員会、一九七一年。

43 東海宗朝像

一幅　縦九八・四×横四九・七
絹本著色　永正一三年（一五一六）
神奈川　早雲寺

早雲寺開山以天宗清の本師で大徳寺七三世東海宗朝の頂相。賛文には「永正龍集丙子冬十一月清首座／需讃語／前大徳寺東海宗朝／六世子孫宗璋焼香謹写」とあり、もともとは宗朝が以天宗清の求めに応じて着賛したものを、後に早雲寺一八世琢玄宗璋（一五七九～一六八五）が本図を修復し賛文を書写したことが分かる。現状では胡粉下地に絵具を重ね塗る修補が施されているが、下地には本来の図像の枠線などが透かしみえる。住持琢玄の頃に、絵師土佐光起（一六一七～九一）によって北条五代の肖像が制作されており（79～83）、おそらくその時期の修復であろうか。

東海は淡路国出身で、大徳寺七〇世陽峰宗韶の法を嗣ぎ、永正一五年（一五一八）に没す。ゆえに本像は、晩年の東海を描いた寿像と考えられる。東海の師僧陽峰宗韶（一四三〇～一五一二）は永正九年に示寂して龍泉庵に塔が設けられる。これが大徳寺龍泉派の始まりとされ、陽峰――東海――以天へと継承されていく。東海の法嗣には、戦国大名北条氏の外護を受けた以天宗清や大室宗碩がいるため、東海が関東龍泉派の始まりとされている。早雲寺の建立、そして関東龍泉派の展開や京都文化の波及を考える上で、起点となる人物である。（渡邊）

44 以天宗清遺偈

箱根町指定重要文化財
一通　縦三三・六×横四〇・四
紙本墨書　戦国時代
神奈川　早雲寺

遺偈《ゆいげ》とは、禅僧が臨終に際して自分の子弟たちに遺す辞世の言葉である。生涯の修禅によって会得した真理が吐露される場合が多く、貴重な遺言として子弟間で大切にされた。以天は天文二三年（一五五四）正月一九日に示寂しており、本史料はその臨終の間際に遺されたものと考えられる。内容は自分の死後に、「卵塔」（禅僧の墓）を立ててはならないことを遺言している。これは大徳寺の関東龍泉派として、東国に教線を拡大した早雲寺が、以天の墓所を立塔することにより、本山大徳寺とは別個の宗教教団を形成してはならないことを遺戒する。なお、以天の遺偈は、もう一つ「激松源流、東漂西泊、末期一句、秦時輾轢」（『龍寶山大徳禅寺世譜』）が遺されている。（渡邊）

［釈文］
老僧没後、不可立卵
塔、遺偈曰、
刹界三千一塔婆
骨頭切々也由他
那須設利發光彩
月在青天影在波
以天宗清書（朱文壺印・白文方印）

45 鴉図　以天宗清筆

一幅　縦五三・〇×横三一・一
紙本墨画　室町時代

個人

先端が折れた枝に留まる二羽の鴉の図。左の一羽は嘴を閉じて俯き、右の一羽は嘴を開いて右上を仰ぐ。鴉の頭上には車輪松と松に絡まる蔓植物が描かれる。鴉の背景にはわずかに淡墨を刷いて鴉の存在感を引き立てる。

上部には以天宗清による七言絶句が書かれる。保管箱の蓋の表面には「大隆禅師　鳥画賛　一軸」、裏面には「以天和尚鳥画賛／大順和尚證書／同筆注脚／同北條長氏由来書／葛山宗谷（花押）」の墨書がある。（橋本）

46 杜子美図 以天宗清賛

一幅　縦六四・八×横二六・〇
紙本墨画　室町時代
神奈川　神奈川県立歴史博物館

水牛に乗り道をゆく人物図。高士は虚ろな目をしてなぜか陰鬱。握った手綱は心許ないほどに細い。対して牛は鼻息荒く上空を見遣る。牛の角には二本の巻物が結わえられていて、これは牛の角に水瓶や鉢をつけて市中を徘徊したという北宋の禅僧政黄牛が像主であることを示す表現かと思われる。神奈川県の備品台帳には「杜子美図」と載り所蔵館でもその名称で扱ってきたが、保管箱や八双には墨書はなんら認められず、ゆえに杜子美図とする根拠はなく、図様から判断するとむしろ政黄牛図とすべきだろうか。水牛の身体や人物の頭部は淡墨を広げて描き、目鼻や口、着衣の輪郭、水牛の蹄そして巻物の輪郭を濃墨で描き出す。図上には早雲寺開山の以天宗清による賛を伴う。（橋本）

参考　祖師図　以天宗清筆（早雲寺所蔵）

参考　驢上人物図　以天宗清自画賛（早雲寺所蔵）

47 後奈良天皇徽号勅書（早雲寺文書）

箱根町指定重要文化財
一通　縦三〇・一×横四四・二
紙本墨書　天文一一年（一五四二）
神奈川　早雲寺

48 後奈良天皇綸旨（早雲寺文書）

箱根町指定重要文化財
一通　縦三二・二×横四四・二
紙本墨書　天文一一年（一五四二）
神奈川　早雲寺

47は、天文一一年（一五四二）二月、後奈良天皇（一四九六～一五五七）から早雲寺住持以天宗清に対して、禅師号「正宗《しょうじゅう》大隆禅師」を授けたことを記す。朝廷から禅師号・大師号を賜る際に、高僧が生前に賜った場合は「徽号」、死後に賜った場合は「諡号」と呼ばれた。本文には、早雲寺を「赫々精藍之聲華」「天上衆星拱北、益見列位焉、世間諸水趣東、又貴朝宗矣、禁闕達聴、金湯躍名」と表現し、赫々たる評価を得た早雲寺が繁栄し、天上の星の如くいる大勢の僧侶はみな以天宗清を崇敬し、僧侶たちはまるで流水の如く早雲寺を訪ねて教えを乞う有様だという。その様子は朝廷の知ることとなり、金湯山の名は一躍高まる、と述べる。二代当主北条氏綱期にあたる早雲寺は、まさに最盛期を迎えており、以天宗清の法嗣には二世住持大室宗碩・三世住持松裔宗佺・四世住持南岑宗菊が登場し、大徳寺関東龍泉派の教線と教団の拡大がされていく。先の記述は単なる文飾表現ではなく、当該期の早雲寺の隆盛振りを伝えるものと考えられよう。

48は前号の徽号勅書を受け、同年六月に早雲寺が後奈良天皇の勅願寺となったことを伝える。綸旨とは天皇の命令を蔵人が奉じて伝達する奉書様式の文書で、料紙には薄墨色の漉返し和紙の宿紙《しゅくし》が使用された。

勅願寺となった早雲寺について、近世早雲寺の記録では「一、当寺ヲ勅願所ニハ被成儀ハ、後奈良院御即位之節、氏綱公ヨリ、金子等御献上、依之、睿感ニテ官位加階、勅許可在之由之処、氏綱公、御辞退ニテ、当時　勅願所之綸旨、御願被成故、　勅願ノ綸旨幷早雲寺ノ勅額賜之ヲ、于今　勅願ノ綸旨在之、勅額ハ、兵火ニ焼失」（「早雲寺記録」）と、かつて同寺には勅額が下賜されたことも記される。この扁額は戦乱により失われてしまったが、早雲寺の勅願寺化は、47徽号勅書内での早雲寺表現とあわせ、まさに建立以来の同寺の絶頂を伝えるものであろう。（渡邊）

49 北条氏綱寺領寄進状（早雲寺文書）

箱根町指定重要文化財
一通　縦二九・四×横四〇・三
紙本墨書　天文四年（一五三五）
神奈川　早雲寺

50 北条氏綱寺領寄進状（早雲寺文書）

箱根町指定重要文化財
一通　縦二九・四×横四〇・二
紙本墨書　戦国時代
神奈川　早雲寺

早雲寺には戦国大名の北条氏発給文書のうち一二通が、題簽《だいせん》「早雲寺古文章」とある折本に貼り継がれ伝世する。以下、折本所収文書（49〜60）を貼り継ぎ順に取り上げ紹介していく。

49・50は二代当主北条氏綱（一四八七〜一五四一）による早雲寺への寺領寄進状。49の天文四年（一五三五）一一月一一日付「北条氏綱寺領寄進状」では氏綱から、相模国中郡の土屋郷惣領分（神奈川県平塚市）一六八貫六〇〇文と同所夏成（畠作による年貢）一〇貫文、また相模国西郡の長塚村（同県小田原市）三二貫三一九文と同所夏成五貫文の合計二一四貫九一九文分の貫高がある土地が早雲寺へ寺領として寄進される。早雲寺の開基の年は、早雲寺寺伝では大永元年（一五二一）とし、開山を以天宗清とするが（「早雲寺記録」）、宗瑞は生前より「早雲庵」を称し、また寺伝では「早雲寺之儀、元来ハ春閣寺ノ舊跡ニテ観音堂一宇残リ候テ在之由、北條早雲公観音堂御再興、観音堂ノ旧跡ハ今ノ方丈ノ後筭山之上」（同）とあり、早雲寺の前身となる寺庵や小堂のようなものが存在していたようで、早雲寺の成立を大永元年より遡らせて理解する指摘もある。宗瑞は永正一六年（一五一九）に没しており、寺領寄進がされた天文四年（一五三五）は宗瑞の一七回忌にあたる。宗瑞遠忌のため、その嫡子氏綱から菩提寺早雲寺への寺領寄進がされたのである。

50年未詳九月一三日付「北条氏綱寺領寄進状」は、「湯本之事、御門前ニ候上、早雲寺へ寄進申候」とあり、氏綱から早雲寺へ「湯本」が寄進される。湯本の寄進という文言に着目すれば、本史料をもって早雲寺の建立とする見方も成り立ちうるが、「御門前」と本文中にある以上、すでに早雲寺は建立されていたとみるべきであろう。また先の寄進状に比してあまりにも簡略に過ぎる文書であり、本史料の内容だけで早雲寺の建立を論ずるには情報が乏しい。本史料が49より以前の文書とする指摘を踏まえるならば、早雲寺創建後に氏綱が同寺門前の湯本の地を寺領として寄進したこととなるか。その当否は現時点で判断できないが、本史料をもって直截に早雲寺開基の年と結びつけるには躊躇する。ただ、はじめて早雲寺と湯本の地が明確に結びつく史料として注目される。

（渡邊）

【参考文献】
岩崎宗純「後北条氏と宗教―大徳寺関東竜泉派の成立とその展開―」（『小田原地方史研究』五、一九七三年）。佐脇栄智「一通の早雲寺文書への疑問」（『戦国史研究』一五、一九八八年）。黒田基樹「北条氏綱論」（同編『中世関東武士の研究第二一巻 北条氏綱』（戎光祥出版、二〇一六年）。

51 北条氏政判物（早雲寺文書）

箱根町指定重要文化財
一通　縦三三・二×横五一・六
紙本墨書　永禄一一年（一五六八）
神奈川　早雲寺

四代当主北条氏政（一五三八〜九〇）が、後の早雲寺七世万伋宗松に対し、早雲寺住持職を一年毎の輪番制に定めることを通達する文書。永禄一一年（一五六八）八月朔日より明叟宗普が早雲寺五世住持に就くこととなり、その一年後に明叟から万伋へ住持職が譲られる旨が記される。

さて、本史料で住持とある明叟宗普は、早雲寺二世大室宗碩の法嗣である。一方の次期住持となる万伋宗松は、同寺四世南岑宗菊の法嗣である（『龍寶山大徳禅寺世譜』）。大室・南岑はともに開山以天宗清の法嗣であるため、以天の後の住職は、彼の法脈を受け継ぐ大室の系統と、南岑の系統とに大きく二つに分かれていたことになる（他に早雲寺三世の松裔宗佺（同寺塔頭天用院開山）もいるがその法脈は住持職を継承していない）。明叟の住持職就任後、早雲寺では住持職輪番制が採られ、両系統から住持が輩出されていく。早雲寺側の記録では、五世住持明叟の後には、同じく大室の法嗣である太岫宗初が六世住持となり、七世に万伋宗松（早雲寺塔頭黄梅院開山）の名を載せる（「金湯山早雲寺世譜」ほか）。

輪番制採用の要因には、以天宗清の招聘以後、天文一一年（一五四二）に勅願寺化してその勢力を一層拡大膨張させていった大徳寺関東龍泉派の成長が考えられよう。早雲寺建立以後、北条氏綱菩提所の春松院や北条為昌菩提所の本光寺などが次々と建立されていった。以天宗清以後、大室・南岑に系統分化していったことはこうした早雲寺の成熟を表すとともに、北条家側による輪番制の指示は、北条家による早雲寺教団の統制をも示そう。なお、かかる輪番制採用の背景について、先行研究では大室・南岑の両系統の対立関係を前提とする両派間交互の住持職輪番とする指摘もあるが、住持職の就任は必ずしも交互ではなく（早雲寺歴代住持の法系では明叟の次は同じく大室の法嗣大岫宗初が就いている）、むしろ大室――明叟――梅隠関係の法脈からの就任が圧倒的であり、とくに明叟の法嗣は多い。後掲の55北条氏政書状とも関わり、教団間の対立関係を強調するよりも、むしろ北条氏による同寺への関与の強まりと同寺運営の組織的な成熟を想定できないだろうか。

（渡邊）

【釈文】
（封紙ウハ書）

「万仭座元禅師　　氏政」
早雲寺住持職之事
右輪番一廻持ニ相定畢、任先輩、
従当年八月朔日、明叟座元為
初住間、来年八月朔日被請取、
寺中之掟等無相違様ニ可致
申付状、如件、
永禄十一年戊辰七月六日　氏政（花押）
万仭座元禅師

【参考文献】岩崎宗純「後北条氏と宗教―大徳寺関東竜泉派の成立とその展開―」（『小田原地方史研究』五、一九七三年）。『箱根町誌　第二巻』箱根町誌編纂委員会、一九七一年。早雲寺史研究会『早雲寺』神奈川新聞社、一九九〇年。

52 北条氏政判物（早雲寺文書）

箱根町指定重要文化財
一通　縦三三・二×横五一・〇
紙本墨書　元亀三年（一五七二）
神奈川　早雲寺

北条氏政が、早雲寺五世住持明叟宗普に対し、早雲寺塔頭の大聖院住持職の選定を明叟に任せること、またその寺領として相模西郡の飯泉郷肥田分（神奈川県小田原市）の一〇〇貫文分の地を寄進することを伝えたもの。三代当主北条氏康は元亀二年（一五七一）一〇月三日に没しており、大聖院は氏康の菩提所として建立されている（氏康法名は「大聖寺殿東陽宗岱大居士」）。本史料により、大聖院の建立に明叟が大きく関わっていたことが窺えよう。なお大聖院は廃寺となっており、旧場所については諸説あり一致しない。近世の「早雲寺記録」では「大聖院　氏康公御牌所也、氏政公御建立、于今御證文在之、明叟和尚開基」とし、開基を明叟とする。

明叟は、本史料が出される前年の元亀二年、大徳寺住持職に任じられ出世を果たし（66正親町天皇綸旨）、関東龍泉派を代表する大和尚となっている。こうした明叟の事蹟が反映しているのであろう、明叟の名を記す宛所は、事実書・年月日よりも文書の天に近いより上部に据えられる。書札礼の観点からも、明叟が氏政から厚礼をもって遇されている様子が分かる。（渡邊）

［釈文］
（封紙ウハ書）
「明叟和尚侍衣閣下　平氏政」
為大聖院菩提所一院建立、
住持職之事、奉任候、并
相州西郡飯泉郷肥田分
百貫文地、令寄進候、諸役
令停止候、於後代不可有
相違者也、仍状如件、
元亀三年九月三日　平氏政（花押）
明叟和尚
侍衣閣下

【参考文献】『小田原市史　史料編　中世Ⅲ』小田原市、一九九三年。

53 北条氏政判物（早雲寺文書）

箱根町指定重要文化財
一通　縦三三・三×横五〇・八
紙本墨書　天正三年（一五七五）
神奈川　早雲寺

54 北条氏政書状（早雲寺文書）

箱根町指定重要文化財
一通　縦二九・五×横四一・一
紙本墨書　天正五年（一五七七）カ
神奈川　早雲寺

53は、氏政が、早雲寺塔頭の養珠院住持を同寺塔頭の黄梅院住持に任じ、さらに寺領を安堵したもの。この結果、養珠院住持は黄梅院住持も兼帯することになったか。養珠院は、大永七年（一五二七）に没した北条氏綱室の菩提所で、開山は以天宗清。同八年に追善供養が営まれ、天文九年（一五四〇）には養珠院の一七回忌が行われている。また黄梅院は、永禄一二年（一五六九）に没した北条氏政室（武田信玄女）の菩提所で、開山は万仭宗松。両塔頭はすでに廃絶しており旧場所は不明である。

54は、氏政の花押形式から天正五年（一五七七）に比定される。内容は、氏政が黄梅院住持に対し、黄梅院・養珠院住持をそれぞれ哲首座・運首座に任じることについて異儀なく承認すること、また「南陽院事者、各別之儀候間、右衛門佐ニ被仰合肝要候」と早雲寺塔頭の南陽院のこと（住持職の選定か）については各別の事柄であるため、北条氏光（氏康の子）と相談すること、の二点を記す。南陽院は伊勢宗瑞室を開基とする早雲寺塔頭で、現在は廃されている。早雲寺塔頭が続々と建立され、寺僧等によって運営されていたことを伝える史料である。（渡邊）

【参考文献】『小田原市史　史料編　中世Ⅲ』小田原市、一九九三年。

55 北条氏政書状（早雲寺文書）

箱根町指定重要文化財
一通　縦二九・五×横四二・一
紙本墨書　戦国時代
神奈川　早雲寺

早雲寺・大聖寺住持から提出された北条氏綱・氏康期に定められた制札の改訂要求に対し、氏政が変更しない旨を返答した文書。文書冒頭によれば、早雲寺にはすでに氏綱・氏康による掟が定められていたが（掟書などこれらすべて現存せず）、以前では「先年文字消失之砌、可書直由承候間」とあるように、経年劣化し摩耗した掟書の修復要求を叶えたことが氏政により述べられる。ただし、今回については「制札一枚此度可改旨、蒙仰候歟」と、菩提寺側から制札の内容改変の要求が出されており、これに対して氏政は「祖父・亡父掟、氏政於一代者、異儀存間敷候条」と受け入れられない旨が回答される。そして代々の掟書への遵守とその確認が改めて強調され、違反者は氏政へ注進するよう命じる。

本史料は年未詳であるが、大聖寺の創建が52より元亀三年（一五七二）頃であるため、それ以降の時期となる。制札の内容改変要求が、どのような理由で早雲寺・大聖寺から出されたのか未詳ではあるが、早雲寺末寺・塔頭の創建が進み、関東龍泉派として教団の拡大がされた結果、外護者北条氏との間で、従来との関係に微妙な変化を来したことを示すのかもしれない。（渡邊）

【参考文献】『小田原市史　史料編　中世Ⅲ』小田原市、一九九三年。

56 北条家朱印状（早雲寺文書）

箱根町指定重要文化財
一通　縦二九・七×横三九・六
紙本墨書　弘治元年（一五五五）
神奈川　早雲寺

北条家当主が捺す朱印で、いわゆる虎の印判（印文「禄寿応穏」）として知られる。本史料は、本光寺領の下中村上町（小田原市）の地の年貢反銭について、年内までの皆済を命じたもの。本光寺は、享禄四年（一五三一）に没した北条為昌（氏康の弟、法名「本光寺殿龍淵宗鉄大居士」）を開基に、開山を大室宗碩として創建された早雲寺の末寺である。

本光寺については、中世文書の江戸～明治期頃の写しが「本光寺文章」（一綴）として早雲寺に所蔵され、また当館に原本である「本光寺文書」が収蔵されているため、同寺の歴史を窺い知ることができる。「本光寺文書」は基本的に同寺の利権に関わる文書群として伝来するが、本史料のように一部早雲寺に流入した文書も認められる。天文一六年（一五四七）、本光寺建立に際して、相模西郡下中村上町分を寺領として寄進されているので創建はこの頃と考えられる。永禄元年（一五五八）では、開山大室宗碩以後に徒弟衆による輪番制が採られたことも分かる。

本光寺は小田原城内に創建されたが、寺伝によれば「種徳寺　武州江戸赤坂、古来ハ相州小田原城外欄干橋ニ在之、本光寺ト云、江戸へ移リ今ノ名ニ改之」（『早雲寺記録』）とあり、現在は東京都赤坂に移転し、寺号も種徳寺に改めている。（渡邊）

【参考文献】『小田原市史　史料編　中世Ⅲ』小田原市、一九九三年。

57 北条氏規書状（早雲寺文書）

箱根町指定重要文化財
一通　縦二八・六×横六五・〇
紙本墨書　戦国時代
神奈川　早雲寺

58 北条氏規書状（早雲寺文書）

箱根町指定重要文化財
一通　縦二〇・三×横五〇・九
紙本墨書　文禄二年（一五九三）カ
神奈川　早雲寺

57・58は三代当主北条氏康の子・北条氏規（一五四五～一六〇〇）の書状で、ともに京都大徳寺大用院を宛所とする。57は二紙に継がれた楮紙を用い、宛所は裁断されているも、本史料に付随する封紙には「大用庵尊酬　氏規」とある。大用庵（院）は大徳寺塔頭で大徳寺二〇世養叟宗頤（一三七九～一四五八）による創建。応仁の乱で焼失するも再興されている。養叟の法嗣は春浦宗熙―陽峰宗韶―東海宗朝―以天宗清に連なっており、早雲寺ともゆかりのある寺院であったのであろう。内容をみるに「就中来廿四日、房州可有参寺由候哉、其砌迄令在京候者、尤以参可申候」とあり、来る四月二四日に北条氏邦が大用庵へ参ることが決まっており、氏規も在京していたことが分かる。氏規は、北条氏の外交のなかで、室町幕府や徳川・武田など西国方面勢力との交渉を担当し、豊臣政権との交渉窓口にもなっていた。本史料は、氏規の花押の形姿などから小田原合戦後のものと推定されている。

58も、同じく大徳寺大用庵（院）に宛てた氏規書状であるが、その料紙は斐紙を用いており北条氏のなかでは珍しい。内容に「夏中ニ者大閤様必可為御帰朝候」とあるため、朝鮮侵略において小早川隆景軍らが明軍を破った文禄二年（一五九三）に比定される。氏規も秀吉の朝鮮侵略に従軍しており、在陣中からの書状となる。「御喝食御経成就申由」とあるが、これは天正一九年（一五九一）に没した北条氏直の三回忌法要に関する内容であろうか。氏規は後に狭山藩北条氏の藩祖とされ、同藩は小田原合戦で焼失した菩提寺早雲寺の復興に尽力する。戦国大名北条氏滅亡後における氏規と大徳寺大用庵の交流を示す史料であるとともに、かかる史料が早雲寺の所蔵となっている点も興味深い。（渡邊）

59 北条氏盛書状（早雲寺文書）

箱根町指定重要文化財
一通　縦二〇・四×横四五・九
紙本墨書　文禄二年（一五九三）

神奈川　早雲寺

60 北条氏盛書状（早雲寺文書）

箱根町指定重要文化財
一通　縦二〇・〇×横四〇・二
紙本墨書　戦国時代
神奈川　早雲寺

59・60発給者の北条氏盛（一五七七～一六〇八）は、北条氏規の嫡子で、狭山藩北条氏の初代藩主。五代当主北条氏直に男子が生まれていなかったため、氏直の養子となっていた。ともに料紙は斐紙を用い、宛所も大徳寺大用庵（院）。59では、「仍松岩院殿三年之儀、執行ニ付而可罷登由」と記され、天正一九年（一五九一）一一月四日に大坂で病没した北条氏直（法名「松巌院太円宗徹大居士」）の三回忌が大徳寺大用庵で営まれたことが窺える。早雲寺はすでに小田原合戦で焼亡していた。氏盛は文禄元年（一五九二）に父氏規とともに秀吉の朝鮮侵略に従軍し、肥前名護屋（佐賀県唐津市）に在陣していた。58と合わせ、養父氏直の三回忌法要に関する史料である。ただ、氏盛は病気を患っていたようで、来月に迫った三回忌には欠席し使僧を代参させる旨が返答されている。

60は氏盛による年頭の挨拶。年未詳だが59よりも時期の下ったものか。57～60の四通はすべて大徳寺大用庵宛の文書であるため、後年になって何らかの契機で早雲寺所蔵となったと推定される。とくに後の狭山藩北条氏となる氏規・氏盛が、大徳寺大用庵にて氏直の法要を営む点は興味深い。江戸期に同藩が焼失した早雲寺とその寺宝の復興を支援する歴史を予感させるものがある。（渡邊）

61 北条氏康判物（本光寺文書）

一通　縦二八・八×横四二・二
紙本墨書　永禄元年（一五五八）
神奈川　神奈川県立歴史博物館

62 北条氏康判物（本光寺文書）

一通　縦三一・八×横五〇・三
紙本墨書　永禄元年（一五五八）
神奈川　神奈川県立歴史博物館

61は三代当主北条氏康が早雲寺末寺の本光寺住持職について、本寺早雲寺の判断に委ねることを伝え、62は氏康が本光寺開山大室宗碩以後の住持を輪番とする旨、早雲寺四世南岑宗菊に伝えたもの。いずれも折紙形式の文書である。本光寺は北条為昌（氏康の弟、法名「本光寺殿龍淵宗鉄大居士」）を開基とし、開山を大室宗碩として天文一六年（一五四七）頃には小田原城内に建立されていた。62が発給される以前の61永禄元年（一五五八）七月一二日「北条氏康判物」（本光寺文書）では、早雲寺四世南岑宗菊に対し、大室以後の本光寺住持職について、早雲寺現住職の判断（「貴意」）による決定とするように、と命じる。その結果、62では「於大室和尚以後、徒弟衆可為輪番持之由、任尊意候、寺領等之儀、不可有相違之状、如件」とされている。早雲寺現住の南岑の判断としては、十日前の通達を受けて大室和尚の徒弟衆による輪番制を採用することを当主北条氏康へ申し出ており、その結果として本史料でかかる南岑の「尊意」が認められたこととなる。

さて、本光寺文書中において、早雲寺住持を宛所とするものは本光寺住持職を取り決めた61・62永禄元年七月一二日・同二二日「北条氏康判物」の二通である。上記の二通が本光寺に伝来した経緯として、本光寺住持職選定の方法が決定されたことを受け、本寺の早雲寺から末寺の本光寺への通達とともに添えられたものであろう。一連の本光寺に関わる文書が一括伝来していることを踏まえるに、後世の流入は考えづらい（62は江戸～明治期写「本光寺文章」（早雲寺所蔵）にも採録されているため、本光寺で伝来した文書だったと考えられる）。むしろ、末寺本光寺側の意向を受けて、本寺早雲寺側から大室和尚の法系による輪番という申し出がされた可能性も想定できようか。当主北条家と、菩提寺早雲寺とその末寺本光寺の関係が窺える興味深い史料である。（渡邊）

63 北条家朱印状（本光寺文書）

一通　縦三一・八×横五一・一
紙本墨書　永禄三年（一五六〇）
神奈川　神奈川県立歴史博物館

62での輪番制の決定を受け、氏政から出された住持職の任命に関する文書である。本史料では「本光寺住持職之事、任和尚御遺言筋目、初首座可有住」と定められる。62にて大室以後の本光寺住職は、大室の法系を引く徒弟衆による輪番とされ、大室は永禄三年（一五六〇）正月二二日に示寂する（『龍寶山大徳禅寺世譜』）。本史料では、先に決定された輪番制に則り、次期住職を誰とするかについては、大室の遺言に従って彼の法嗣である太岫宗初（初首座）を選定したこととなる。

さて、本史料で注目されるのは、栖徳寺の立場であろう。史料中では大室が定めた内容として「万事栖徳寺可有意見、然者衆中一人も無異議」とあり、宛所にも「本光寺僧衆中」とともに、より文書奥に「栖徳寺」が並ぶ。大室の意思としては、本光寺の運営にあたり、その後見的立場を栖徳寺に定めたこととなろう。この栖徳寺（小田原市）は同じく早雲寺末寺であり開山は大室の法嗣明叟宗普で、本史料が同寺の初見である。この結果、本光寺の運営は基本的に大室の法系に属する徒弟やゆかりの寺院によって担われていき、また本光寺における栖徳寺の立場、ひいては同寺住持明叟の大室徒弟内における位置づけの高さも窺える。この後、明叟は早雲寺現住南岑の次に同寺五世住持職に就く。

なお、本史料で重視される「和尚御遺言筋目」は現存していないが、天正二年（一五七四）一一月一一日「御印判目録」（本光寺文書）には「依開山譲状一通」とあり、かつては存在していた。

（渡邊）

64 北条時長像

小田原市指定有形文化財
一幅　縦五三・二×横四〇・一
絹本著色　戦国時代
神奈川　宝泉寺

早雲寺末寺の永禄山宝泉寺（小田原市）は、永禄三年（一五六〇）に北条時長を開基として建立されたと伝わる（『新編相模国風土記稿』）。本像は、その開基北条時長像と考えられており、烏帽子姿の武家俗体像の若い青年姿で描かれる。宝泉寺について、65「宝泉寺寺領図」で北条宗哲（幻庵、伊勢宗瑞の子）が境界画定を差配していることから、同寺の経営が幻庵の支配のもとで実施されていたことが分かる。また『北条氏所領役帳』にみえる武蔵小机本郷の知行権を有する「三郎殿」は、幻庵の嫡子に比定されており、三郎の没年は永禄三年七月二四日と考えられ、先述の宝泉寺創建年と合致してくる。像主の北条時長は、この幻庵嫡子の三郎に比定される。上畳に胡坐する本像は、北条家の三鱗紋を目貫の腰刀を差し、さらにこの腰刀の笄にも三鱗紋が配されるため、北条家当主に親しい時長の姿を表していようか。なお三郎は夭折したと伝えられており、本像が青年姿で描かれることとも合致しよう。

（渡邊）

65 宝泉寺寺領図

小田原市指定有形文化財
一枚　縦三一・二×横八七・八
紙本墨画淡彩　元亀三年（一五七二）
神奈川　宝泉寺

元亀三年（一五七二）、北条宗哲（幻庵）が宝泉寺の寺領内における制札を立てるべき場所を示した寺領絵図。宝泉寺は早雲寺末寺で小田原市風祭に今も立地する。寺伝では、開基を北条時長（幻庵の嫡子三郎に比定される）とし、開山を早雲寺二世・大徳寺九五世大室宗碩として永禄三年（一五六〇）に建立されたと伝わる。幻庵の嫡子三郎は同年七月に没し、宝泉寺を菩提として弔われるが（『新編相模国風土記稿』）、翌四年には寺領安堵の朱印状が北条氏政から発給されていることから（宝泉寺文書）、三郎没後に宝泉寺が建立されたとみるのが自然だろう。

本図に注目すると、宝泉寺の寺領を濃い墨線で囲い、本絵図で訂正された境界線（かつての寺領境界か）を朱線で記す。裏書には東の境界を大門の籔を限りとする旨が記され、それ以外の四至《しいし》については幻庵の印判「静意」の朱印が捺される。宝泉寺が立地する谷戸田の地形に沿って寺領が定められ、寺側でおそらくは開発が進んだであろう後背山林を「内山」と呼び、開発未着手で寺領外の山林を「外山」と表現している点は興味深い。朱線部分の宝泉寺側にある「西之堀」は、境堀のように境界標識としての役割もあったのであろうか。寺領確定で幻庵が裁量していることから、宝泉寺が幻庵の支配下に置かれていたと考えられる。早雲寺末寺の展開と、戦国大名北条氏一門による庇護の様子が窺える。

（渡邊）

【釈文】

（裏書）
制札可立在所、三所印判を押候、
此以絵面制札ハ可被立候、東之境ハ大門
やふを限候、其後門前之屋敷ハ地子を出御
預リニ候、本光寺も此断望候、依裏書仕候、
定所如件、
元亀三年卯月十二日　幻庵奏者大原丹後守
宗哲（花押）
宝泉寺御代僧
利首座

66 正親町天皇綸旨

一通　縦三二・八×横三七・〇
紙本墨書　元亀二年（一五七一）
東京　廣徳寺

元亀二年（一五七一）に明叟宗普（一五一六～九〇）を京都大徳寺住持職に任じた正親町天皇（一五一七～九三）の綸旨。天皇の意思を伝達するため奉書形式で、日下署判の奉者は勧修寺晴豊。料紙は宿紙を用いる。明叟は但馬国福富氏を出自に持ち、早雲寺二世大室宗碩の法嗣で、永禄一一年（一五六八）に没した早雲寺四世南岑宗菊の後継で同寺五世となり、そして本史料で大徳寺一一三世となる。元亀三年に正親町天皇より「真如広照禅師」の徽号を賜る。また武蔵下谷に早雲寺末寺の円満山廣徳寺を建立し開山となる（以上明叟の略譜については『龍寶山大徳禅寺世譜』）。近世の早雲寺住持柏州が記した「早雲寺記録」には、明叟が開山となった早雲寺末寺はこの外に大聖寺が知られ、先の廣徳寺はもともと小田原城内にあったという。

早雲寺住持時代の明叟について、上杉謙信の小田原攻めに関する左の逸話が伝えられている（「早雲寺記録」）。

永禄年中、上杉輝虎小田原乱入之時、風祭・湯
本兵火、依之当寺焼失、住持明叟和尚歎之ヲ、
自身佛殿ノ内ニ入リ、焼ケ死ヌヘキ旨ニテ、諫
レトモ不出、其時北條陸奥守氏輝公、馳来リ玉
テ、件ノ義ヲ御聞被成、則チ御自身馬上ニテ烟

中ヲ凌キ、佛殿へ入リ玉テ、明叟和尚ヲ引立、
御出被成之由、其後氏政公当寺御再興、寢前ノ
伽藍ヨリモ、造営被尽美ヲ、

永禄四年（一五六一）の上杉方による小田原攻めで早雲寺は一度焼失したと伝承されている。その際に早雲寺住持であった明叟は、焼亡しつつある早雲寺と命運をともにせんと、仏殿に籠もったが、寸でのところで救出されている。早雲寺住持としての矜持を示す逸話であろう。本綸旨はもともと早雲寺の所蔵であったが、箱書には昭和四一年（一九六六）に早雲寺住持千代田純英から廣徳寺に寄贈された旨が記される。（渡邊）

[釈文]

大徳寺住持職之事、早
應　勅請宜奉祈國家
安全　寶祚長久者、
天気如此、仍執達如件、
元亀二年六月廿日　左中辨（勧修寺晴豊）（花押）
明叟上人禅室

67 以天宗清像

一幅　縦七九・九×横三七・七
紙本著色　天文一二年（一五四三）
東京　廣徳寺

早雲寺開山で大徳寺八三世の以天宗清を描いた頂相で、円窓形に像主を半身像で描く。図上の賛文によると、天文一二年（一五四三）に大徳寺僧の宗睦《そうぼく》首座が師僧以天宗清より印可を受けたため、絵師に命じて描かせたという。賛文には「宗睦首座写予幻質求賛語、輒書以塞其請云」とあり、像主の以天本人が弟子宗睦の求めに応じて着賛した旨が記される。墨蹟・印章ともに以天のもので、箱書には「早雲開山特賜宗大隆禅師以天大和尚肖像　自賛」とある。関東大震災後の廣徳寺復興に努めた住持龍端の時期に、早雲寺から寄贈されたものと考えられる。近世以降、早雲寺にかわり廣徳寺は関東龍泉派の中核寺院として成長を遂げる。両寺の交流はその後も継続し、関東大震災復興以後では、早雲寺より、廣徳寺とゆかりの深い宝物が寄贈された。以天宗清像が同寺に贈られたのも、かかる交流の一環であると考えられる。また関東における大徳寺龍泉派の嚆矢となった以天宗清の頂相は、廣徳寺の歴史にとっても重要な意義を持つ什宝となったと考えられる。（渡邊）

68 明叟宗普書状

一通　縦二六・〇×横三九・八
紙本墨書　戦国時代
東京　廣徳寺

明叟宗普が安栖軒に宛てた書状。宛所の「安栖軒」とは、戦国大名北条氏に仕えていた医師の田村長伝のことで、北条氏の御家中衆に属していた。内容は、長伝から「手作納豆」を贈られたことへの礼を述べ、また彼の弟とされる益首座（日新宗益、一五五七～一六二〇）に関することが記される。明叟の交際関係を示す史料でもある。

箱書には、「贈呈明叟和尚消息　昭和丙午初冬　早雲現住純英」とあり、昭和四一年（一九六六）に早雲寺住職千代田純英から寄贈されている。（渡邊）

[釈文]

御手作之納豆投送候、
自毎年一段風味能候、
賞翫無他候、喜悦不少候、
就中益首座事承候、
其身無別心候者、於老拙
者不可有等閑候、可御心安候、
委悉珉子可申候、恐々不備、
仲冬初旬　宗普（花押）
安栖軒
回答

69 明叟宗普遺偈

一幅　縦五一・二×横五三・五
紙本墨書　天正一八年（一五九〇）
東京　廣徳寺

明叟宗普が亡くなる際に書き残した遺偈で、本墨跡は京都大徳寺に伝世した。本史料は、昭和四二年（一九六七）に大徳寺から廣徳寺に寄贈され、現在同寺の所蔵となっている。開山明叟宗普が大衆らに遺した最後の史料で、明叟の法嗣には、広徳寺二世で早雲寺十一世の希叟宗罕や、68で登場した益首座の師僧龍室宗章、早雲寺九世準叟宗範たちがおり、彼らは大徳寺龍泉派のなかでも明叟派を形作っていった。

天正一八年（一五九〇）より開始された豊臣秀吉による小田原攻めは、四月二日に秀吉が箱根峠を越え、同五日に湯本の早雲寺に入る。戦国大名北条氏の菩提寺はすでに秀吉側に落ち、小田原城は秀吉軍により完全に包囲されつつあった。当時明叟は小田原に住していたが、その動向について史料では詳らかでない。近世の軍記物や寺誌などで当時の明叟の記載をみると、明叟は秀吉方との和平交渉をかねてより主張し氏政・氏直へ諫言していたが容れられず（「廣徳寺書上」）、小田原城包囲後は「秀吉公湯本着陣の砌、小田原の城中に入、側に閑居せられけるが、城兵日遂て色を失し分野を見及び、愁に鉾を振、弓を握るべき身にあらず、左ありとて大檀那の滅却を睥睨してにげ、佗山へ移去んも由なしとて歎息せられけるが、竟に飲水を留め断食して四月十五日遷化せられけるこそ傷しける」（「関八州古戦録」）と、断食の上、壮絶な最期を遂げる。勿論、虚実綯い交ぜの軍

記物の記述に全幅の信を置くことはできないが、遺偈の「天正十八庚寅／四月十又五日」という明叟遷化の日付をみるに、明叟が小田原城攻囲戦の最中にその生涯を閉じたことは事実である。遺偈には「踏殺佛祖、一生風顛、末後把杖、跳出梵天」と自身の生涯と死後、杖を持ち梵天を超越した存在になると記され、斜陽の主家北条氏の滅亡を予感しつつ明叟は亡くなる。七五歳であった（『龍寶山大德禅寺世譜』）。明叟遷化の数日後、玉縄城など北条方諸城は次々と陥落し、小田原城は秀吉軍の包囲下で孤立していく。（渡邊）

【参考文献】岩崎宗純「太田氏資菩提所広徳寺と開山明叟宗普」（『大田区史研究　史誌』二八、一九八八年）。福富以清『廣徳寺誌』廣徳会、一九五六年。

70 北条氏綱像

神奈川県指定重要文化財
一幅　縦九一・五×横六一・三
紙本著色　戦国時代
神奈川　早雲寺

二代当主北条氏綱を像主とする肖像。氏綱は、以天宗清を請じて父伊勢宗瑞の菩提寺として早雲寺を建立しており、早雲寺の歴史を語る上で欠くことのできない人物である。氏綱は本拠地を小田原に定め、既存の室町期的秩序である関東公方足利氏と関東管領を中核とする政治体制に依拠しつつ、北条姓への改姓や、鶴岡八幡宮寺をはじめ戦乱により荒廃した都市鎌倉の寺社を復興させ、東国社会における支配者としての正当性を確立し始めた人物である。文化面でも、氏綱は京都から絵師や仏師・鍛冶師など多くの職能民を招請した結果、早雲寺や都市小田原には京都文化が導入され、東国一の小田原文化が形作られることとなった。

本像の形姿は、折烏帽子を被り、中啓を手に群青色無地の直垂姿で正座する。中世武士像で胡坐ではなく正座の座法で描かれるものは非常に珍しく、さらにやや前屈みで如何にも何かを語ろうとする姿勢となっているところも特異な点であろう。そのため、本像については江戸期作の可能性も提出されている。近年では、本像に後世の入墨が多く認められ、さらに座法についても、本来は胡坐であったものを江戸期に正座へ改変したという指摘もされる。

賛文もなく他に傍証資料を持たない肖像画ゆえに、さまざまな指摘がされる本像であるが、当館で実施した資料調査での調書を踏まえ、再度特徴的な箇所について改めて見てみよう。まず後世の入墨の部分については、基本的に衣文部分を中心になされており、顔貌などには認められず当初のものと判断され、頭髪の生え際や顎髭、目尻の皺などが細筆で精緻に書き分けられている。入墨は、まずは両肩に本来のなで肩よりも大きく、やや角張ったように上書きされ、直垂の輪郭線や皺は、後背部で折り返される素襖を除いて入墨される。小ぶりに描かれる脇差と、左袖より突き出た柄の箇所は齟齬が見られ後筆となる。また座法については、たしかに袴中央部に入墨がされたことが認められるも、以前の座法を胡坐と断定するには判断材料に乏しく留保したい。入墨の墨線は洗練されておらず幅も不均一で、畳縁の表現も稚拙である。ゆえに本像が制作された後に入墨がされたことは間違いない。ただし、当初の作をみるに、面貌の細密な技法や、両指の間に朱を入れ写実的に表現する点、持物の中啓の柄には梅をあしらうなど、戦国期狩野派絵師の作風を彷彿とさせる。また当初の両肩は、現状よりもひとまわり小さいものの、右方が上部につき上がる点は同様で、乗り出すような姿勢であったことは変わらない。本像は、旧北条氏家臣の三浦浄心が早雲寺を訪れた際に「氏綱の画像をくらう（愚老）拝見せしに、俗体にして白衣の上に掛羅をかけ、顔相にくてい（憎体）に書り、物すさましく有て、てきめん（覿面）にむかひかたし」（『北条五代記』、元和年間頃成立）と記録される。現存する氏綱像の直垂の服制とは異なり、右の記録では白衣で法体の者が着す掛羅で描かれる。先述した氏綱像における衣文部分の改変を踏まえるに、右の記録が本来の氏綱像の姿であったのだろう。この理解を前提とすると、三浦浄心が氏綱像に対峙した際、「てきめん（覿面）にむかひかたし」と感想を記したのは、乗り出したような氏綱の姿を受けてのものかもしれない。本像については、法雲寺（大阪府堺市）伝来の氏綱像との比較も含め、今後の研究が俟たれる。（渡邊）

【参考文献】宮島新一「武家の肖像」（『日本の美術』三八五、至文堂、一九九八年）。鳥居和郎「北条氏綱像の改変について―北条早雲像、氏康像、時長像などとの比較から―」（『神奈川県立博物館研究報告（人文科学）』四三、二〇一六年）。

71 北条氏康像

神奈川県指定重要文化財
一幅　縦九二・一×横六一・二
紙本著色　戦国時代
神奈川　早雲寺

像主は三代当主北条氏康（一五一五～七一）。氏綱期までの北条氏は、関東公方足利氏と関東管領を中心とする政治体制を基調としつつ、公方足利氏の軍事的庇護者でありかつ外戚としての地位に就いていた。氏康期になると、天文一五年（一五四六）の河越合戦において、かねてより軍事的に対立していた公方足利晴氏や、関東管領上杉憲政、上杉朝定らの連合軍を破り、これまでの室町期的な関東公方・関東管領を軸とする政治体制は解体を迎える。結果、北条氏領国の版図は武蔵北部までに拡張し、公方の地位を自身の甥にあたる足利義氏に継がせると、室町幕府との連携を図る施策を採る。また甲斐の武田氏、駿河の今川氏と同盟を結ぶなど、氏康が外交面で果たした成果は大きい。内政面では、領国内の税制や訴訟制度を整え、伝馬制を導入するなど、支配機構の整備に尽力した。

さて本像は上畳に胡坐する俗体姿で描かれ、頭には編目を細密に描き分けた折烏帽子を被る。直垂《ひたたれ》には鶴と亀の一対となった模様が全体に配され、亀甲や翼なども細やかに表現される。襟元から覗く下衣は、朱色地に金泥が表されるなど華美な印象を受けよう。手の部分をみると、金地が鮮やかな中啓を右手に持ち、指先の爪にはハイライトが表現され、これもまた非常に精緻に描かれる。だが、直垂の紐や紋様の鶴には下書きの墨線がみえるなど、やや剥離も認められる。直垂などの豪奢な加飾、堂々とした佇まいの本像から、像主を戦国大名北条氏の内政・外政での絶頂期にあたる当主氏康その人にあてることに疑問はない。

本像の作者については、すでに北条早雲像との明瞭な差異、また「佐野昌綱像（狩野松栄筆）」（栃木・大庵寺）との像容の一致から、狩野元信・直信、あるいはその周辺の狩野派絵師であることが指摘されている。描かれ方に着目すると、各部位での筆跡の相違から、像主の顔貌や手指といった体に関係する部分は熟達した絵師が描き、衣文の紋様などはそれにやや劣る別人の絵師ないしは弟子が描いたように見受けられる。その当否は推測の域を出ないものの、本像のなかに認められる巧拙相混じる有様は、むしろ小田原を拠点に工房を構え、多数の絵師を擁した狩野派絵師の広がりを示すものかもしれない。狩野派絵師の作が確実視される氏康像は、小田原を中心に形成された関東画壇を代表する武将像と言える。（渡邊）

【参考文献】栃木県立博物館・神奈川県立歴史博物館『関東水墨画の二〇〇年』一九九八年。鳥居和郎「北条氏綱像の改変について―北条早雲像、氏康像、時長像などとの比較から―」（『神奈川県立博物館研究報告（人文科学）』四三、二〇一六年）。

72 北条幻庵覚書

世田谷区指定有形文化財
一通　縦二八・八×横一五二・八
紙本墨書　永禄三年（一五六〇）カ
東京　世田谷区立郷土資料館

本史料は、北条家御一家衆の幻庵宗哲が、吉良家へ嫁ぐ北条氏子女の鶴松院《かくしょういん》に対して、奥方としての心得を記した覚書である。全二四ヶ条に及ぶその内容は、輿入れ先である吉良家の夫・氏朝や姑である氏朝養父頼康の正室の呼び方、婚礼での作法や諸人への対応、節句の式法、日常の振る舞い、など多岐にわたって詳細に綴られ、漢字仮名交じりの平易な文体を用いる。戦国大名家の子女に求められた奥向きの作法や教養を伺い知ることのできる史料である。なお、送り先の鶴松院については、北条氏康娘と幻庵宗哲娘の両説が提出されているが、後に宗哲が氏朝へ武蔵大井郷を譲与していることから、両者の間に姻戚関係が生じたことが推測される。となれば、この鶴松院は宗哲の娘に比定されようか。

輿入れ先の吉良氏は、武蔵世田谷郷（東京都世田谷区）を本拠とする室町幕府将軍足利氏の御一家である。北条氏の関東進出が展開されるなか、既存の室町幕府権威を纏う吉良氏との姻戚関係が結ばれるようになり、二代目の北条氏綱娘（山木大方）が生んだ氏朝を吉良頼康の養子とし、さらにこの氏朝に北条氏の娘が嫁したこととなる。既存の政治秩序を利用しながら版図拡大を行った北条氏の施策が、足利氏御一家との姻戚関係にも表れていると考えられよう。

宗哲は、三井寺上光院や箱根権現別当金剛王院との関わりから京都文化と接触する機会が多く、北条氏一門のなかでも文化教養に優れた人物として著名である。その素養は有職故実に限らず、和歌・連歌の芸能や古典・細工・作庭にまで及ぶ。宗哲の文化的素養の背景には、京都の教養人との交流が大きく関わっていたようで、例えば覚書の二十三条目にある玄猪の節句については、その式法を京都の三条西実澄に尋ねており、また三井寺入寺の際には、連歌師宗長・宗牧との親交が認められる。宗哲は、北条氏康期には一門の長老格として政治的に重きをなすとともに、寺社を通じた京都文化との関わりから、文化的にも重要な役割を担っていたのである。（渡邊）

【参考文献】『世田谷往古来今』世田谷区政策経営部政策企画課区史編さん、二〇一七年。黒田基樹『戦国北条家一族事典』戎光祥出版、二〇一八年。

73 謡本「錦木」（伝北条氏直自筆）

一冊　縦一八・〇×横一三・〇
紙本墨書　戦国時代
神奈川　神奈川県立歴史博物館

戦国大名北条氏の末裔である狭山藩北条氏に伝来した謡本「錦木」の写本。装丁は粘葉装《でっちょうそう》で、本冊に付属する包紙には「氏直公筆謡曲写本壱巻／右者先代ヨリ持傳ヘ居候処、今度献上仕候間、御取次之程願上候也／明治卅二年九月／齋藤虎次／北條家執事御中」とあって、明治三二年（一八九九）に齋藤虎次という人物から、現当主北條氏恭《うじゆき》（旧狭山藩主）へ寄贈されたことが分かる。本謡本が、由緒通りに北条氏直の自筆かどうかは未詳であるものの、字体や本紙の退色具合より戦国期のものと考えてよいだろう。

謡《うたい》とは能に付随する歌謡のことをさし、舞や囃子を伴って演じられる。室町末期頃になると、謡だけで演奏や鑑賞の対象として広く愛好されるようになる。戦国期の小田原でも、能楽師の下向を何例か確認することができ、観世長俊・宝生新次の名を見出せる。北条氏も能楽を愛好したことが窺えよう。謡曲の「錦木」は世阿弥の作と伝わる四番目物で、男女の悲恋を題材とする。（渡邊）

74 刀 銘相州住綱廣（赤羽刀No.四二九九）

一振 刃長七五・五、反り一・七
天文二四年（一五五五）
神奈川 神奈川県立歴史博物館

戦国期相模国で活躍した刀工三代綱広の作で、表に倶利伽羅剣、裏に「八幡大菩薩」の文字を刻み、茎《なかご》には「天文二十四年乙卯二月日」「相州住綱廣」と陰刻される。相模国では鎌倉時代中期から作刀が開始され、とくに鎌倉鍛冶の祖となる新藤五国光は独自の技法・作風を確立し、その系統は「相州伝」と呼ばれるようになる。以後、正宗や貞宗などの刀工が輩出され、戦国期になると小田原北条氏の庇護を受けた刀工が出現し小田原で鍛刀する。北条氏が抱えた刀工のなかでも綱広は著名で、前名を広正（正広とも）と称していたが、北条氏綱より「綱」の一字を拝して綱広と名乗ったとされる。以後、彼の子孫は代々綱広と名乗り、「北条氏所領役帳」の職人衆のなかにも「綱広鍛冶」の名を見出すことができ、鎌倉内にも甘縄周辺の谷戸に「綱広谷」の地名が江戸期に存在していたことが知られる。刀工相州綱広をはじめ、戦国大名北条氏の膝下である小田原には多くの職能民が集い、独自の文化が形成されつつあったのである。

さて、本資料を含む「赤羽刀」については以下の経緯がある。戦後、連合国軍最高司令官総司令部（GHQ）は、日本国の武装解除とともに一般国民の所有する一切の兵器を収集し引き渡すよう日本国政府に命じ、接収された膨大な刀剣類が東京都北区赤羽にあった米第八軍兵器補給廠に集められた。昭和二二年（一九四七）に東京国立博物館に大部分が移管されることとなり、これらの刀剣類は「赤羽刀」と通称された。平成七年（一九九五）に「接収刀剣類の処理に関する法律」が成立し、所有者不在の赤羽刀が公立博物館等へ無償譲与され、公開・活用が促進されている。神奈川県立歴史博物館でも赤羽刀の譲与を受け、現在も修理事業を継続して行っている。（渡邊）

75 鉄黒漆塗四十八間筋兜鉢

一頭 鉢高一六・一
戦国時代
神奈川 神奈川県立歴史博物館

鉢裏に「相州住家次」の銘を刻み、古風な形姿を残す典型的な戦国期の小田原鉢である。形状をみるに、四八枚の鉄板を矧ぎ合わせた筋兜鉢であり、八《はち》幡座《まんざ》（兜の頭頂部のこと）が窪む阿古陀形《あこだなり》（阿古陀瓜に形が似ているため）の風合いを匂わせるが、後頭部がやや膨らみを持つ。この阿古陀形は室町期の兜鉢にみられるもので、その後に前頭部が後頭部よりも膨らみが強い後藤山、その逆で後頭部が膨らむ前勝山へと形状は変化していく。現状、本兜鉢の鍬形と立物は失われているものの、一見して分かるように、装飾性に富む仕上がりになっている。黒漆塗りを基調としつつ、各筋の覆輪は金銅で飾り、各間の下部は斎垣《いがき》をめぐらせる。さらに正面にある金具の鍬形台には精緻な透彫りが施され、角本には「八幡大菩薩」の文字が表される。質実でありながら、華やかで優美な印象を持つ。

戦国期の東国では、厚めの鉄板を数十枚（後に六二間（枚）で定式化）に及んで矧《は》ぎ合わせた防御性の高い筋兜が主流で、所謂「関東筋兜」と称される。一方の西国では、本作と同様の「阿古陀形筋兜」が代表的で、関東筋兜よりも半分以下の鉄板で矧ぎ合わせ、表面は鍍金の金物で加飾する。戦国大名北条氏では京都文化の摂取が盛んに行われており、当主家でも「阿古陀形総覆輪筋兜」が使用され、一族や家臣の間でも関東筋兜を基本としつつ加飾した「小田原鉢」が愛用されていた。小田原北条氏では、奈良甲冑師の左近士や春田などの職人を抱えており、畿内より小田原に来住した兜鍛冶に制作させていたのであろう。彼ら兜鍛冶は「小田原相州」と称され、装飾面で他の関東筋兜と異なる作例を残している。本兜鉢は鉄板四十八間と枚数は多く、制作技法として関東筋兜に倣いつつ、その形姿は京都風の阿古陀形風を纏い、鍍金により加飾される。小田原北条氏の文化のなかで、京都風の完全なる模倣ではなく、その形姿を真似るところに、文化を受容する北条氏側の姿勢や態度が垣間見えており興味深い。（渡邊）

【参考文献】竹村雅夫「関東型筋兜からうかがう甲冑の東西—戦国、桃山の実戦期を中心として—」（『甲冑武具研究』一九六、二〇一六年）。竹村雅夫「戦国・桃山期における甲冑の東西」（福岡市立博物館『侍—もののふの美の系譜—』二〇一九年）。

76 小田原城跡出土品

戦国時代
神奈川 小田原市教育委員会

76-1 青磁浮牡丹壺（中国産）
一点　陶製

76-2 白磁皿（中国産）
九点　陶製

76-3 白磁皿（中国福建省産）
一点　陶製

76-4 手づくねかわらけ（伊勢産）
一点　土製

76-5 ロクロかわらけ
三点　土製

76-6 手づくねかわらけ
三点　土製

76-7 金箔かわらけ
五点　土製

76-8 ガラス製小玉
一点（一二粒）　ガラス製

76-9 水滴（瀬戸美濃産）
二点　陶製

76-10 漆器椀
二点　木製漆塗

小田原城は神奈川県西部に位置し、箱根外輪山から足柄平野に向かって延びる丘陵先端部に位置している。いつ小田原に城が築かれたのかは定かではないが、『鎌倉大草紙』には康正二年（一四五六）頃に「大森安楽斎父子は竹の下（静岡県小山町）より起て、小田原の城をとり立、近郷を押領」とある。この記述をもって、小田原城の歴史上の初見と評価しているが、史料で確認できる中先代の乱における足利尊氏の宿営地からも、小田原城が立地する場所が古くから要害の地として利用されていたことは間違いない。

小田原城を取り立てた大森氏は、扇谷上杉氏の勢力として小田原城に拠っており、明応五年（一四九六）には同じ扇谷上杉氏に与する伊勢弥次郎も小田原城に籠城している。しかし、大森氏が山内上杉氏へと転じたため、文亀元年（一五〇一）三月までに弥次郎の兄である伊勢宗瑞の進出を招くこととなった。

宗瑞は、小田原進出後も韮山城を本城とし、小田原城には嫡子氏綱を置いた。そして、氏綱の家督継承と前後して小田原は伊勢（小田原北条）氏の本拠と位置づけられることになる。

小田原を本拠とした氏綱は、小田原の都市整備を進めるとともに妻の実家である関白近衛家や三条西家との繋がりを活かし、京上方・西国から最新の文物・技術の移入に努めている。その結果、小田原の文化的な発展をも育み、小田原北条氏の礎を築いていく。

発掘調査による考古学的な調査成果からは、氏綱により整備されたモノに溢れる豊かな小田原の様子が垣間見える。76-1・2は中国産の磁器であり、博多などを窓口に日本へともたらされ、小田原へと持ち込まれたものと考えられている。その一方、76-3は中国南部の福建省周辺で焼成された白磁皿であり、八重山諸島や琉球（沖縄）などを経て南方からもたらされたものである。76-8のガラス製小玉も関東地方では出土事例の少ない資料であり、これらの出土品から小田原には様々な地域の文物がもたらされていたことがわかる。

また、76-9の可愛らしいふくら雀型の瀬戸美濃産の水滴や76-10の漆器椀に描かれた蓬莱文様の鶴・亀などは、当時の人々の文化度、美術性や感性を感じさせる資料である。

76-6は、伝統的にロクロでかわらけを成形する関東地方において、手づくね成形で製作されたかわらけである。かわらけを手づくねで成形する手法は、京都における伝統的な成形技法であることから、京都の技術が持ち込まれていることがわかる。手づくね成形のかわらけなどには金箔（金泥）が施される資料があり（76-7）、後陽成天皇が聚楽第に行幸した際に饗応で用いられた「かわらけ金」「輪金」に相当する特殊品と考えられる。その技術系譜から京都系とも評される手づくね成形のかわらけが小田原に登場するのは一六世紀前葉であり、氏綱段階での導入を想定することができる。

また、76-4は関東地方では見かけない内弯薄手のかわらけである。手づくね成形であり、一六世紀初頭に南伊勢地方にみられるかわらけと同等の資料であることから、伊勢国より小田原へと持ち込まれた可能性がある。一六世紀中葉になると、それまでの小田原周辺では前例のない、これと器形を同じくする内弯かわらけ76-5が出土するようになることから、畿内近国から小田原への技術伝播を想定することもできる。

（佐々木）

【参考文献】佐々木健策「小田原北条氏の威信―文化の移入と創造―」（橋本澄朗ほか編『東国の中世遺跡―遺跡と遺物の様相』随想舎、二〇〇九年）。佐々木健策「小田原のかわらけと漆器」（葛飾区郷土と天文の博物館編『葛西城と古河公方足利義氏』雄山閣、二〇一〇年）。服部実喜「戦国都市小田原と北条領国の土師質土器」（『中世土器の基礎研究XIV』日本中世土器研究会、一九九九年）。

77 八王子城跡出土品

戦国時代
東京　八王子市郷土資料館

77-1 金箔かわらけ
六点　土製

77-2 手づくねかわらけ
二点　土製

77-3 レースガラス瓶（ヴェネチア産）

一点　ガラス製

77-4 白磁皿（中国産）

三点　陶製

77-5 五彩皿（中国産）

六点　陶製

77-6 青磁香炉（中国産）

一点　陶製

77-7 青釉小皿（中国産）

一点　陶製

77-8 茶臼

一点　石製

八王子城は、関東山地が東へと派生する位置にある深沢山とその周辺に築かれた山城である。天正一〇年（一五八二）二月以前から四代当主北条氏政の弟北条氏照により築かれ始めたとされ、氏照は同一五年三月までに滝山城より八王子へと居城を移している。

氏照は、小田原北条家において氏政や五代当主氏直に次ぐ立場にあり、有力な「御一家衆」であった。八王子城も甲斐国や武蔵国から小田原へと向かう重要なルート上にあり、ここで紹介する出土資料の優品は、そのような氏照と八王子城の立場と存在感を示していよう。

77-3はレースガラスの瓶である。レースガラスは一五世紀にヴェネチアで創り出された製法によるもので、ヨーロッパでも人気を博していた。関東地方にもこのようなヨーロッパ製のガラス製品が存在する点は、小田原北条氏の力を示している。

同様に、中国からの舶来製品も多く出土しており、77-4〜7は中国産の磁器である。77-4は白磁皿、77-5は五彩皿、77-7は青釉の小皿で、いずれも揃いの皿であることから、使用状況を考え得る資料でもある。77-6は青磁の香炉であり、氏照の趣向性や威信を示す資料のひとつと言える。

77-1・2はかわらけ。77-2は手づくね成形のかわらけで、小田原で出土しているもの（76-6）と同じ土・同じ技法で作られている。77-8の茶臼も箱根火山中央火口丘の安山岩で作られている。小田原城下では石製品の製作工房遺跡が確認されていることから、この茶臼も小田原から持ち込まれたものである可能性が高い。なお、上臼の上部、蓮華座には漆が塗布された痕跡が残る。絵画資料には同様に漆が塗られた茶臼が描かれているものがあり、漆を塗布した茶臼は上等品と考えられている。

八王子城は、小田原合戦に伴い天正一八年六月二三日に前田利家・上杉景勝などにより攻められて落城した。ここで示した資料は、八王子城御主殿跡で出土した七万点にも及ぶ出土品の一部であるが、被熱し、変色・変形している様子が確認できる。これらの資料から合戦の激しさを知ることができ、落城により遺棄された資料であるからこそ現在の我々に当時の暮らしの一部を教えてくれる。（佐々木）

【参考文献】黒田基樹『北条氏政』ミネルヴァ日本評伝選一七九、ミネルヴァ書房、二〇一八年。佐々木健策『戦国・江戸時代を支えた石　小田原の石切と生産遺跡』シリーズ「遺跡を学ぶ」一三二、新泉社、二〇一九年。村山修「陸奥守氏照の居城　八王子城〜東京都八王子市〜」（『小田原北条氏の絆〜小田原城とその支城〜』小田原城天守閣特別展、小田原城天守閣、二〇一七年）。

78 菊径宗存像

一幅　縦一一〇・二×横四九・三

絹本著色　延宝三年（一六七五）

神奈川　早雲寺

早雲寺一七世・大徳寺一六五世で早雲寺中興開祖に位置づけられる菊径宗存（一五五八〜一六二七）を描いた頂相。賛文は菊径の法嗣・琢玄宗璋が記す。菊径は駿河国出身で、早雲寺八世梅隠宗香の法嗣で、正眼寺の中興開祖でもある（『龍寶山大徳禅寺世譜』）。早雲寺末寺の宝泉寺で梅隠より得度を受け、早雲寺五世の明叟宗普にも学ぶ。菊径は早雲寺の復興をはじめ末寺の宝泉寺・正眼寺・呑海寺・昌福院の復興にも関わっている。

天正一八年（一五九〇）、豊臣秀吉による小田原攻めにて北条氏は滅亡し、その菩提寺早雲寺も甚大な被害を蒙った。その有様は「如此の霊寺たりと雖も末代に至て破却し、なきが如し、皆此昔となり、今は早雲の寺号ばかりぞ残ける」（『北条五代記』）と記されるほどで、東福寺僧の文英清韓が、慶長年間頃に大徳寺大用庵へ伝えた「文英清韓書状」（早雲寺所蔵）にも、「早雲寺断絶之躰」とありその惨状を物語っている。そうした戦国の争乱で荒廃した早雲寺を再建したのが本図の人物・菊径宗存であった。元禄一四年（一七〇一）に早雲寺二三世の柏州宗貞が記した早雲寺記録で彼による復興の様子が詳細に記される。

これによれば、小田原攻めの戦乱の最中、菊径が「當寺ノ開山ノ影像」など早雲寺什宝をいち早く持ち出して宝泉寺領のあった武蔵国箕輪に隠れたことを書き記す。今日、以天宗清像などの資料群が遺るのは、彼の功績によるところが大きい。

戦乱後、菊径は末寺宝泉寺の再建を果たし、早雲寺についても、その旧跡を訪ね焼け残った小屋に什宝を安置する。そして、個人的に菊径へ帰依していた三代久留米藩主有馬忠頼と小田原城番の近藤秀《ひで》用《もち》の支援がされ、客殿の再建が果たされる。また、記録には有馬忠頼の支援で菊径の大徳寺出世がされたとあり、実際に菊径は元和七年（一六二一）に綸旨を受けている（『龍寶山大徳禅寺世譜』）。早雲寺居成《いなり》の出世であり、菊径の早雲寺再建事業は本山大徳寺から公認を受けて実施されたと考えられる。また「乱後当寺ノ境内之儀」「近藤殿御城番之節、御返却ノ分也」とあって、すでに早雲寺境内地は小田原藩から返却され同寺は寺領安堵を度々受けている。早雲寺復興は同寺のある小田原藩の公認も得ていたと考えられよう。早雲寺は「寛永四丁卯年六月十九日當寺棟上ケ」を果たし、これを見届けるように上棟日の暮れに菊径は没している（『早雲寺記録』）。

菊径の復興事業は、小田原藩の許可を得て寺領を整備するとともに近藤秀用・有馬忠頼ら庇護者の援助によって進められた。彼の没後は、事業を継承した琢玄宗璋・燈外宗伝ら歴代住持によって着手され、さらに戦国大名北条氏末裔の狭山藩北条氏・玉縄北条氏一族の援助を得て脈々と継続されていく。寛永四年（一六二七）に方丈が建立されたことは、菊径による諸活動の帰結でもあり、以後長く続けられる早雲寺復興事業のはじまりでもあった。（渡邊）

【参考文献】岩崎宗純「江戸時代の早雲寺」（『三浦古文化』一七、一九七五年）。

79 説叟宗演像

一幅　縦九九・〇×横四五・五
絹本著色　元禄四年（一六九一）
神奈川　早雲寺

大徳寺二二一世・廣徳寺七世の説叟宗演（一六二六〜一七〇七）を描いた頂相。賛文は説叟の法嗣・柏州宗貞が記す。着賛が元禄四年（一六九一）であるため、本図は存生の説叟を描いたもので、彼の晩年の姿を表していよう。説叟は早雲寺一八世・廣徳寺五世の琢玄宗璋の法嗣で、廣徳寺六世鉄舟宗鈍を継ぎ同寺七世となる。延宝四年（一六七六）に大徳寺出世、同六年に東海寺輪番職に就く（『龍寶山大徳禅寺世譜』）。本山・大徳寺塔頭の清心庵の復興や、廣徳寺塔頭真空院を建立する。

早雲寺には狩野永納（一六三一〜九六）筆とされる「宗祇騎馬像」が所蔵される。同様の図柄はボストン美術館所蔵「宗祇騎馬像」（狩野元信筆（正信筆とも））と酷似する。早雲寺所蔵の騎馬像には「紫野痴黙叟書」とあるため大徳寺住持説叟の賛文と分かり、説叟は延宝四年から同六年の期間に同職にあったため、その頃に着賛したと考えられる。近世狩野派絵師と早雲寺住持説叟との関わりを示し興味深い。なお説叟は早雲寺の世代記録には名前を残していないが、「日課表」（早雲寺所蔵）には貞享三年（一六八六）に同寺入院を果たしている。実際に早雲寺入院した住持の廣徳寺六世鉄舟宗鈍も記録されない。その理由に、近世早雲寺と廣徳寺の間で本末相論が当該期発生していたことが挙げられる。寛文三年（一六六三）の早雲寺住持燈外と廣徳寺住持鉄舟との間で起きた出入事件は幕府への訴訟にまで発展している。こうした早雲寺と廣徳寺の微妙な関係の時期にあたっていたため、鉄舟宗鈍と説叟宗演は早雲寺歴代住持には数えられていないのであろう。（渡邊）

【参考文献】早雲寺史研究会『早雲寺』神奈川新聞社、一九九〇年。

80 北条氏政像　土佐光起筆

一幅　縦一三〇・六×横五七・七
絹本著色　寛文一〇年（一六七〇）頃
神奈川　早雲寺

81 北条氏直像　土佐光起筆

一幅　縦一三〇・六×横五七・七
絹本著色　寛文一〇年（一六七〇）頃
神奈川　早雲寺

寛文年間の早雲寺復興期、早雲寺では新たに五幅の北条五代の肖像が制作される。五幅ともに京都で活躍した土佐光起の手によるもので、80は四代北条氏政を、81は五代氏直を、それぞれ束帯の坐像の形姿で表す。杓の持つ姿勢や手の位置、また氏直の面貌を若く描くなどの書き分けがみられるが、両者の図様は極めて近似する（後掲の83氏綱・84氏康像も同様の図様である）。五幅ともに光起の官途名に「左近将監」と記しており、その叙任は承応三年（一六五四）であるため制作上限期が判明する。また賛者は早雲寺一八世の琢玄宗璋（一五七九〜一六八五）である。琢玄は相模国出身で、先代住持菊径宗存の法を嗣ぐ。寛永一二年（一六三五）に廣徳寺五世、慶安元年（一六四八）に大徳寺一八三世に出世し、明暦元年（一六五五）に東海寺輪番職に就き、のちに早雲寺桂香庵に住した（『龍寶山大徳禅寺世譜』）。80氏政像の賛文の年紀には、天正一八年七月一一日と像主氏政が小田原落城後に豊臣秀吉に切腹を命ぜられた日付を、81氏直像の賛文には天正一九年一一月四日と、高野山高室院への配流後の命日を載せる。さらに氏直像には「北条英孫」が早雲寺へ「曩祖五世肖像寄附」したことを記す。この「北条英孫」は玉縄城主北条綱成の系譜を引く玉縄北条氏末裔の北条氏平（一六三七〜一七〇四）と考えられており、氏平の父氏長（正房とも、一六〇九〜七〇）については土佐光起筆の「北条氏長像」（ボストン美術館所蔵）があり、寛文一〇年（一六七〇）五月二九日の年紀に賛者は琢玄宗璋である。北条五代の図様と同じであるため、同時期に五幅とともに制作された可能性が高いだろう。

本資料より、玉縄北条氏末裔による早雲寺復興への関与は明白である。また北条氏長には万治四年（一六六一）六月八日の紀年銘を刻む「早雲寺鉄鉢」（当館所蔵）があり、銘文に「鉢九枚之内、為先考泰清院殿慧雲常智大居士五十年忌／命良治而令打焉以寄附／金湯山早雲禅寺」と、祖父北条氏繁五〇年忌に鋳造した鉄鉢を早雲寺に寄進している。玉縄北条

氏末裔たちは、後掲で紹介する狭山藩北条氏とともに、近世早雲寺の復興に多大な貢献を果たしていった。（渡邊）

【参考文献】岩崎宗純「江戸時代の早雲寺」（『三浦古文化』一七、一九七五年）。早雲寺史研究会『早雲寺』神奈川新聞社、一九九〇年。

82 北条早雲像 土佐光起筆

一幅　縦一三〇・五×横五七・五
絹本著色　寛文一〇年（一六七〇）頃
神奈川　早雲寺

83 北条氏綱像 土佐光起筆

一幅　縦一三〇・六×横五七・六
絹本著色　寛文一〇年（一六七〇）頃
神奈川　早雲寺

84 北条氏康像 土佐光起筆

一幅　縦一三〇・五×横五七・七
絹本著色　寛文一〇年（一六七〇）頃
神奈川　早雲寺

江戸時代前期に活動した絵師土佐光起が描く北条五代画像のうちの三幅。本展覧会の展示構成上、ここでは三幅をまとめて紹介するが、同じく土佐光起の描く北条氏政像と北条氏直像とともに、五幅一組で早雲寺に伝来する肖像画。北条早雲のみ法衣に袈裟を付け、他の人物は束帯姿で、いずれも上畳のうえに坐す姿勢で描かれる。全員が同様の姿勢で描かれるため懸け並べた際に像主の目線の高さが揃うこととなる。早雲のみ右を向き、氏綱以下の人物が左を向く構図で描かれており、小田原北条氏の歴代が、早雲寺の寺名にもなった早雲に対面するようにみせる意図が伺える。いずれの幅にも像主の背中側の下方に「土佐左近将監光起筆」の落款と「光起之印」白文方印があり、絵所預の土佐光起の筆と判明する。早雲以外の像主の顔貌が互いによく似ている点は、いくら彼らが親子関係にあるといっても度を過ぎているように思われ、像主それぞれの顔貌を知りうる資料を光起が手にできなかったことが推定される。

絵の上部には大徳寺一八三世琢玄宗璋（一五九六～一六八五）が賛を書く。氏康像以外の幅で「前大徳」と款記に記す琢玄は、北条氏康像の画賛の款記では「前龍寶」と、玉縄北条氏にゆかりの龍寶寺の住持である立場を表明しており、光起本が玉縄北条氏に関連する品であることを示唆する。画賛はそれぞれの像主の伝記を書き上げ末尾に命日を記す内容。氏政像の画賛には「北条ノ英孫命丹青圖畫」と併記されており、北条ノ英孫とはすなわち玉縄北条氏の系譜にある北条氏平（一六三七～一七〇四）であると推定される。氏平の父である北条氏長についてはその肖像画が近年デトロイト美術館の所蔵に帰しており、土佐光起筆の北条五代像五幅と同寸同形式のこの肖像画は光起筆で早雲寺に伝来する五幅ともと一具であったと考えられる。氏長像の款記には彼が没した寛文一〇年（一六七〇）の年紀があり、かつ117早雲寺宝物古器物古文書目録には光起本について「天和二年北条氏平寄附」と記される。北条氏平が寄附をおこなった天和二年（一六八二）は父氏長の一三回忌の年にあたる。ゆえに光起本は氏長像を含む少なくとも六幅一組の作として玉縄北条氏が制作を企図し、寛文一〇年～天和二年の間に土佐光起により描かれたと考えられる。（橋本）

85 北条早雲像

一幅　縦一一一・二×横六一・〇
絹本著色　享和三年（一八〇三）
大阪　法雲寺

86 北条氏綱像

一幅　縦一一一・三×横六一・一
絹本著色　享和三年（一八〇三）
大阪　法雲寺

87 北条氏康像

一幅　縦一一一・三×横六一・〇
絹本著色　享和三年（一八〇三）
大阪　法雲寺

88 北条氏政像

一幅　縦一一一・五×横六一・〇
絹本著色　享和三年（一八〇三）
大阪　法雲寺

89 北条氏直像

一幅　縦一一一・三×横六一・〇
絹本著色　享和三年（一八〇三）
大阪　法雲寺

狭山藩北条家の菩提寺である法雲寺に伝来する小田原北条氏の五幅の肖像画。早雲、氏綱、氏康、氏政、氏直の五名を各一幅に描く。図様は早雲寺に伝来する室町～桃山時代制作の早雲像、氏綱像、氏康像と、同じく早雲寺に伝来する土佐光起筆の五幅のうち氏政像、氏直像に類似しており、要するに法雲寺本は、制作の時期や事情の異なる二組の小田原北条氏の肖像画を写し、組み合わせて一具を成している。

狭山藩北条家に伝来し現在は神奈川県立歴史博物館が所蔵する肖像画の下絵類の描写を分析することにより、法雲寺本は、早雲寺所蔵の各本を相当忠実に転写していることが判明する。ただし、その忠実の度合いに高低あり、早雲像と氏康像は早雲寺所蔵本をまったくそのまま写し取るのに対して、氏綱像、氏政像、氏直像については衣服の文様を部分的に改変している。

蓋の表には「小田原歴代御影　五幅　三十七代新

添」、裏には「享和三年癸亥三月　従狭山候納焉」とあって、本図が小田原歴代の御影として、享和三年（一八〇三）に狭山藩により五幅一組で納められたことが判明する。（橋本）

90 北条早雲像下絵（北条家文書）

一幅　縦五三・〇×横五一・二
紙本墨画　江戸時代
神奈川　神奈川県立歴史博物館

91 北条氏康像下絵（北条家文書）

一幅　縦七六・六×横六三・〇
紙本墨画　江戸時代
神奈川　神奈川県立歴史博物館

92 北条氏政像下絵（北条家文書）

一幅　縦六九・〇×横六三・三
紙本墨画　江戸時代
神奈川　神奈川県立歴史博物館

93 北条早雲・氏綱・氏直像下絵（北条家文書）

一巻　縦三五・六×横一三〇・〇
紙本墨画　江戸時代
神奈川　神奈川県立歴史博物館

94 北条先祖画像下絵（北条家文書）

一幅　縦五九・四×横五四・六
紙本墨画　寛政七年（一七九五）
神奈川　神奈川県立歴史博物館

95 北条早雲半身像（北条家文書）

一幅　縦八二・五×横三一・四
紙本著色　江戸時代
神奈川　神奈川県立歴史博物館

96 北条先祖画像（北条家文書）

一幅　縦八〇・〇×横五六・〇
紙本著色　江戸時代
神奈川　神奈川県立歴史博物館

狭山藩北条氏に伝来し神奈川県立歴史博物館が所蔵する北条家文書に含まれる肖像画の下絵群。彩色を伴う本画作例と見做すべき図も数点含まれる。転写元の絵の概形を忠実に写したうえ、色や形に関する注釈を文字で併記する。下絵の大部分は早雲寺に伝来する室町～桃山期制作の早雲像、氏綱像、氏康像と、土佐光起制作の氏政像、氏直像の図像であり、その描写内容、およびこの下絵が狭山藩北条氏に伝来したことをふまえると、この下絵群は法雲寺本制作のための下絵であり、かつその転写元は早雲寺所蔵の肖像画であると考えられる。

三鱗紋をあらわす衣服を着す人物像などは狭山藩の藩主のひとりだろうか、像主不明の肖像画も含まれ、また下絵の一図に名を残す野中正容なる人物についても不詳である。野中正容の来歴等が判明すれば下絵群の制作事情をより深く知ることが可能となるかもしれず、下絵群の調査研究はこれからも継続する必要がある。（橋本）

97 折敷

五点　縦三三・五×横三三・〇×高二・五
木製漆塗　寛文一二年（一六七二）
個人

それぞれの底裏に「寛文十二壬子年　五十枚之内　早雲公用」の墨書がされる折敷で、もともとは早雲寺所用であったことが分かる。折敷とは饗応用の食膳の一種で、飲食具などを載せる道具。一般に、方形四隅を裁ち切り、縁を折り曲げて付けた角切《すみきり》折敷を常用とし、本品でも底板を方形角切りに立ち上がりを付け、全体に透漆《すきうるし》をかける。早雲寺の復興は、狭山藩北条氏・玉縄北条氏の助力を得て、寛文年間（一六六一～七三）に進められ、早雲寺境内の北条五代墓には寛文一二年（一六七二）に四代狭山藩主氏治が建立した旨の銘文が記される。また先の81北条氏直像は、寛文一〇年に玉縄北条氏の末裔である北条氏平が絵師土佐光起に描かせたものである。こうした復興の時期に、早雲寺の食膳器も整えられていったのであろう。（渡邊）

98 北条時政より鎌倉代々法名・位牌・墳墓之地書付（江馬家文書）

一冊　縦二八・三×横二〇・五
紙本墨書　正徳五年（一七一五）
大阪　大阪狭山市教育委員会

本史料は、五代狭山藩主北条氏朝が、北条時政五〇〇回忌にあたる正徳五年（一七一五）に際し、家臣永田治大夫に命じて鎌倉北条氏ゆかりの寺院等を訪ねさせ、位牌・過去帳などを調査し提出させた報告書。氏朝の名代として永田治大夫は、狭山藩の系図や「東鑑」「九代記」「王代一覧」「鎌倉志」「和漢年代記」の書抜きを携えて鎌倉・伊豆の時政墓所・位牌の地を歴訪し、各地で焼香していく。なかには位牌の残らない場合があり、その際には仮の位牌を立てて焼香を遂げている。北条氏関係寺院の住持から聞き取り調査も行っており、その記録は、例えば北条時政が檀越となった伊豆国願成就院に関して、住持般誉の証言を受けて本尊阿弥陀如来坐像の由来を「時政公御息女ヒカリ姫と申候、入水ニ而御果被成候、御菩提之為ニ建立之仏之由」と記述する。また鎌倉北条氏の館についても「願成就院之北狩野川之端ニ、北条屋鋪之旧地との申伝御座候」などの記述から、近世文化財調査としても、また近世地誌としても本史料は高く評価される。

鎌倉調査で北条時政の墓所・位牌を見つけ出せなかった永田は、伊豆国に向かうこととし、その途上箱根湯本の早雲寺に立ち寄って住持柏州宗貞から情報提供を受けている。最終的に伊豆国三嶋社にて北条村願成就院に時政の墓所・位牌が存在することを聞きつけ、永田は同寺に赴く。

名代永田は北条時政・政子・泰時など鎌倉北条氏や源頼朝ゆかりの寺々を歴訪し、位牌・過去帳・墓所などを丹念に調査し記録していく。狭山藩による本調査は、鎌倉北条氏を自らの出自と位置づけ、それを再確認するための行為であるとともに、この調査を契機に鎌倉北条氏や小田原北条氏ゆかりの寺院との交流も生まれていく。この調査旅行を通じて、早雲寺住持柏州より、永田を通じて藩主氏朝へ小田原所在の北条氏政・氏照墓所の援助が依頼されている。そして伊豆国調査でその荒廃ぶりを報告された願成就院は、宝暦三年（一七五三）に次代藩主氏貞によって堂舎の再建などの復興が果たされるのである。（渡邊）

【参考文献】大阪狭山市史編さん委員会ほか『大阪狭山市史　第三巻　史料編近世』大阪狭山市役所、二〇一〇年。

99 北条氏康・氏政連署書状写（江馬家文書）

一通　縦二七・九×横七二・八

紙本墨書　江戸時代

大阪　大阪狭山市教育委員会

本史料は狭山藩家老職にあった江馬家に伝世した永禄七年（一五六四）正月八日付「北条氏康・氏政連署書状」の江戸時代の写である。「八日一戦勝利」の書出から始まる本史料の内容は、第二次国府台合戦において鴻台（千葉県市川市）の安房里見氏に軍事的に勝利したことを、北条氏康・氏政父子の連名で小田原城を守る北条宗哲（幻庵）・松田盛秀・石巻家貞へ伝えるものである。70で認められる狭山藩の家祖意識・系譜認識は家臣にも共有され、本史料の写が制作されたように、家老職の江馬家でも戦国期関東での合戦に関心が寄せられたのであろう。（渡邊）

【参考文献】大阪狭山市・大阪狭山市郷土資料館『狭山藩北条氏―戦国大名小田原北条五代の末裔―』二〇一六年

100 願成就院修治記写（願成就院文書）

一巻　縦二三・〇×横一二九・二

紙本墨書　宝暦三年（一七五三）

静岡　願成就院

伊豆国にある願成就院（静岡県伊豆の国市）は北条時政を檀越とし、鎌倉幕府や鎌倉北条氏一族の崇敬を集めた古刹。高野山真言宗に属し、鎌倉末期には定額寺となる。同寺に伝わる阿弥陀如来坐像・不動明王及び二童子・毘沙門天立像は運慶作であり、また隣接する鎌倉期の北条氏館遺跡からは多くの貿易陶磁器が出土し、その豪奢な暮らしぶりが垣間見える。室町期には付近に堀越公方足利茶々丸館が置かれ、戦国大名北条氏では、何度か荒廃した伽藍整備に着手されるもかつての偉容を取り戻すことはできず、豊臣秀吉の天正一八年（一五九〇）の韮山城侵攻では、願成就院が焦土と化した旨を伝える（『増訂豆州志稿』）。

本史料は狭山藩北条氏による願成就院の復興記録で、同文の修治記三通が願成就院に伝世している。奥書には「寶暦三年五月三日／檀越末裔河内狭山邑主／朝散大夫北條美濃守平朝臣氏貞記」とあり、宝暦三年（一七五三）に六代狭山藩主北条氏貞（一七〇三～五八）が修繕事業を行い、そのあらましを記録する。原本は金泥を施した経紙で、本史料はその原本を近世期に写したものである。先代の五代狭山藩主北条氏朝が記録させた98北条時政より鎌倉代々法名・位牌・墳墓之地書付（江馬家文書）には、すでに願成就院のことが記録される。報告書作成の際には丹念な聞書がされたようで、当時の願成就院住持より「中古殊之外衰微仕、無住之事も有之」との話を載せる。

氏朝の文化事業を継承した六代藩主氏貞は、狭山藩北条氏の始祖である鎌倉北条氏の北条時政ゆかりの寺院・願成就院の修理に着手したこととなる。この修治記は、願成就院に原本一通と写本二通が残り、写本には後世に訓点などが振られており、同寺院のなかでいかに大切に保管され継承されてきたかを窺い知ることができる。鎌倉期に隆盛を極めた同寺院の復興において、近世狭山藩が果たした役割の大きさも知られよう。（渡邊）

【参考文献】韮山町史編纂委員会ほか『韮山町史　第三巻上』韮山町史刊行委員会、一九八五年。

101 本小札紫糸素懸威腹巻《ほんこざねむらさきいとすがけおどしはらまき》（狭山北条家伝来）

一両　高六五・〇×幅四〇・〇

戦国時代

神奈川　小田原城天守閣

狭山藩北条氏に伝世した戦国期の腹巻。狭山藩にはこの他に紅裾濃縅腹巻《くれないすそごおどしはらまき》（個人所蔵）や二代藩主氏信所用とされる戦国期の紺糸威黒塗桶側胴具足《こんいとおどしくろぬりおけがわどうぐそく》（大阪城天守閣所蔵）などがのこり、前者は狭山藩とゆかりの深い葛西神社（廃藩された狭山藩主北条氏顕彰を目的に建立）に伝わったことが知られている（明治二九年（一八九六）付「葛西神社御宝物預姓名調印簿」）。

本腹巻については、狭山藩北条氏家祖・北条氏規の着用品との所伝であるが、その真偽は詳らかでない。伝来について、戦前には本腹巻が「北条子爵家蔵」として紹介されており、本来は狭山藩北条氏の伝世品であったものが、戦後に北条家から離れ、林原美術館を経て小田原城天守閣の所蔵となっている。

本腹巻には戦国期の特徴がよく見られる。胴の前立拳は二段で、室町・戦国期の形態を示す長側四段、胸板・脇坂、肩上は革を重ね合わせる弦肩上の特徴を示す。そして、本小札でありながら縅毛は素懸縅とし、胸板に使用される金具廻や弦肩上・杏葉を黒漆塗の鮫皮貼で装飾する点は戦国期の技法を如実に表す。これらの材質・技法より、本腹巻が戦国期の制作であると考えられる。

本腹巻は幕末頃の補修の跡が認められており、また明治初期頃の「北条氏恭」の貼札が付随する。氏恭は一二代狭山藩主で最後の当主でもあった人物で、明治維新期、氏恭が家祖伝来とされる腹巻を着領用に仕立て直したものとみられる。狭山藩北条氏を象徴する武具である。（渡邊）

【参考文献】末永雅雄『日本武器概説』桑名文星堂、一九四三年。

102 北条氏政判物（北条家文書）

一通　縦一六・〇×横一〇・七
紙本墨書　天正八年（一五八〇）
神奈川　神奈川県立歴史博物館

四代当主北条氏政が、嫡子氏直に軍配団扇を授けたことを記す小切紙。軍配団扇は軍事指揮権の象徴でもあり、その譲渡は実質的な家督譲与に相当するため、本史料をもって氏政の隠居と氏直への家督譲与がなされたと考えられている。以後、北条氏領国支配の政務はすべて氏直に継承されるが、氏直側近家臣の多くは氏政期の人材が登用された。また、隠居後の氏政も自身の家臣団支配や江戸領などの特定地域支配が認められるなど、氏直の政務にも一定の影響力を有していたとみなされる。

本史料は、狭山藩北条氏当主家伝世の文書群「北条家文書」（当館所蔵）のなかに所収され、狭山藩四代当主北条氏治の書付が付随する。それによると、本紙は小切紙であるため、虫干しの際での紛失防止を目的に、「氏政公御自書」とある上包に氏治の書付とともに納める旨が記される。戦国大名北条氏当主を象徴する一種のレガリアでもある軍配団扇が、その末裔である狭山藩北条氏によっていかに大切に管理・保管されてきたかを示すものであろう。そして本史料にとともに譲渡された軍配団扇の現品は、109・110として狭山藩北条氏に伝世し、今は東京国立博物館の所蔵となっている。同藩の宝物曝書記録である122御宝物改帳（江馬家文書）によると、「御軍配團（早雲公以来御伝来）一箱」のなかには「御軍配團幷氏政公ヨリ氏直公江右御渡之節御書附一枚」とあり、本史料と軍配団扇が一緒に管理・保管されていた様子も窺える。（渡邊）

［釈文］
天正八年庚辰八月
十九日、氏直江直ニ相
渡者也、仍如件、
天正八年八月十九日　截流斎（氏政）

［書付］
（端裏）
「氏政公御隠居之時、
氏直公江御直ニ御団御渡被成時御自筆也」
御書付小キ紙故、六月
虫干之時無分失様ニ
昔ノ上包江帳付置也、
従五位下伊勢守氏治記之、

【参考文献】佐脇栄智『後北条氏と領国経営』吉川弘文館、一九九七年。黒田基樹編『中世関東武士の研究第二四巻 北条氏政』戎光祥出版、二〇一九年。

103 徳川家康起請文（北条家文書）

一通　縦二七・〇×横四一・〇
紙本墨書　天正一〇年（一五八二）
神奈川　神奈川県立歴史博物館

徳川家康が北条氏規に宛てて彼の身命の保証を行った起請文。一般に起請文とは、寺社が発行する牛玉宝印《ごおうほういん》紙の裏面に、ある物事の実行を神仏に誓約する契約文書のことで、本文には誓約内容と罰文が記載される。また本史料の料紙には美濃国長瀧寺の「白山瀧宝印紙」が使用される。本史料は家康自筆で、その花押部分には家康の血判が捺される。また本紙の袖には同じく血判の移りが認められるため、本紙の封式は竪ノ内折であることも分かる（本紙を縦半分で内折した後、左側から折り畳むこと）。

本史料は、天正一〇年（一五八二）の本能寺の変後に勃発した北条氏と徳川氏の抗争において、同年一〇月に両者で和睦が成立した際のもの。北条氏規（氏康の子息）は母に今川氏親女（瑞渓院）を持ち、幼少期より今川氏への人質として預けられて駿府に居住し、元服も今川義元のもとで行われたとみられている。小田原帰還後は兄である氏政の領国支配を補佐し、三浦郡支配や伊豆韮山城を拠点に武田氏との軍事緊張に備えるなど、主に西方の軍事・外交面を担っていた。また、駿府居住期には、同じく人質であった徳川家康とも知己を得ており、徳川氏との外交交渉も担当した。本史料で徳川家康との和睦交渉で氏規が窓口となっているのもかかる事情が反映している。そのほか、氏規は室町幕府相伴衆にもなっており、「北条家文書」中には氏規宛の「足利義昭御内書」にて、北条氏と武田氏・上杉氏の三者和睦が勧められている。室町幕府や今川氏、徳川氏との個人的な交流を背景とした、氏規の外交における役割が垣間見える。

同藩の宝物曝書記録122御宝物改帳（江馬家文書）によれば、本史料は「権現様御誓紙」として桐箱に収められていたとみられる。所伝でも、本史料は小田原落城後の徳川氏による保証文書として認識され、徳川幕府による狭山藩への保護を示すものとされてき

たという。（渡邊）

[釈文]

　きせう文之事
何事においても、氏のり御しん
たいのき、ミはなし申候間敷
候事、
右、此むねそむくにおいてハ、
日本国大中大小の神、ふし・白山・
天満天神・八満大ほさつ・あたこ
の御はつをこむり、来せにてハ、一
こ申ねんふつむになり可申候、
者也、仍如件、
　　三河守
十月廿四日　家康（花押）
ミのゝかミ殿
　参

104 豊臣秀吉朱印状（北条家文書）

一通　縦四六・五×横六五・八
紙本墨書　天正一九年（一五九一）
神奈川　神奈川県立歴史博物館

　本史料は、小田原合戦での北条氏滅亡後、最後の当主氏直が豊臣秀吉によって赦免され、関東で九千石、近江で一千石の合計一万石が与えられたことを記す。この旨は、徳川家康を通じて秀吉から氏直へ伝えられる。氏直は、徳川家康女（督姫）を娶ったため家康とは姻戚関係にあった。本史料が発給された当時、氏直は家康により助命され、氏規ら一族・家臣とともに高野山高室院に蟄居中であった。赦免が正式決定した氏直は、関東と河内（近江分が後に河内に変更）に一万石を有する大名となる。その後大坂久宝寺町の織田信雄旧宅の屋敷に住み、見性斎と名乗り、花押も改めた。大坂滞在中も、氏直は秀吉により大坂城に招かれ対面し、朝鮮侵略の高麗陣へも同行することが約束されていたが、疱瘡を患い一一月四日に三〇歳で没する（弟の氏房も秀吉による朝鮮侵略の肥前唐津陣中で疱瘡に罹り二八歳で没する）。氏直には男子がなく、戦国大名北条氏当主家の直系は絶える。（渡邊）

[釈文]

北条氏直事、
其方御理被申
付而、國を廣被
成赦免之条、被
得其意、知行
於関東九千石、近江
千石、都合壱万石
為合力被遣之可
然と存候、
　二月七日　○（朱印・印文未詳）
　　武蔵大納言殿

【参考文献】座間美都治「北条氏直と高室院文書」（『金沢文庫研究』六・七、一九六五年）。

105 豊臣秀吉朱印状（北条家文書）

一通　縦四六・五×横六六・三
紙本墨書　天正一九年（一五九一）
神奈川　神奈川県立歴史博物館

　天正一九年（一五九一）八月九日付の本史料は、北条氏規が豊臣秀吉により河内国丹南郡檗村《へき》二千石の知行を認められたことを伝える。檗村は旧日置荘域で、近世では大阪狭山市の岩室村・今熊村、堺市の原寺村・北村・丈六村・高松村・西村が含まれた。

　氏規は北条氏の外交のなかで、主に西国方面を担当し、武田氏や徳川氏、さらに豊臣秀吉政権との交渉役を務めた。こうした関係も背景にあって氏直と同じく赦免される。以後、氏規は秀吉の旗本家臣に属し、同年一二月には河内国で加増され総知行高が約七千石に達する。その後、氏規は嫡子の氏盛（氏直の養子）に家督を譲与し氏直遺領の関東所領四千石を相続し、結果、氏規・氏盛父子の総知行高は大名格の一万一千石となる。本史料は、氏規と大阪狭山市との関わりを示す初見であり、以後の近世狭山藩北条氏の起点ともなる史料である。（渡邊）

[釈文]

河内國丹南郡
檗村弐千石
事、令扶助之
畢、全可領知
者也、
天正十九
　八月九日　○（朱印・印文未詳）
　　北条美濃守とのへ

106 豊臣秀吉朱印状（北条家文書）

一通　縦四六・二×横一三〇・九
紙本墨書　文禄三年（一五九四）
神奈川　神奈川県立歴史博物館

　文禄三年（一五九四）一二月二日付で、豊臣秀吉が北条氏規に河内国丹南郡・錦部郡・河内郡内二四ヶ村、合計六九八八石余の知行宛行をしたことが記される。氏規は秀吉の旗本として臣従し、文禄元年（一五九二）では秀吉の朝鮮侵略に嫡子の氏盛とともに従軍し、肥前名護屋に在陣している。こうした氏規の秀吉に対する忠節が認められ、本史料で示される石高が加増されたのである。知行目録内には氏直遺領も含まれており、氏規・氏盛父子の系統が近世大名として北条氏の名跡を継承していく。

　氏規は入道して一睡と号し、慶長五年（一六〇〇）二月に没する。その嫡子氏盛に父氏規の遺領約七千石が相続され、一万一千石の大名に昇格することとなる。氏盛は天正五年（一五七七）に氏規の嫡男として誕生し、同一七年に元服して烏帽子親の五代当主氏直より北条家通字の「氏」と、初代伊勢宗瑞の実名盛時の「盛」を拝領して「氏盛」と名乗るほど、その将来を嘱望された人材で、後に男子のいなかった氏直の養子となっている。北条氏が存続していれば彼こそが六代当主になっていたのかもしれない。

　実父・養父の遺領を継承した氏盛は、関ヶ原合戦で徳川家康方として転戦し戦後には所領を安堵されている。しかし慶長一三年（一六〇八）五月に三二歳で没し、八歳の嫡男氏信が家督を継承する。これまで氏規・氏盛は大坂屋敷に居住していたが、元和二年（一六一六）に氏信が河内国丹南郡池尻村（大阪狭山市）に居所を移し、狭山藩陣屋の建築に着工する。こうして狭山藩北条氏が成立することとなり、氏規は狭山藩の藩祖、氏盛は初代藩主に位置づけられる。この陣屋は寛永一四年（一六三七）に上屋敷が、延宝五年（一六七七）に下屋敷が完成し、藩政務の中枢として機能していく。（渡邉）

【参考文献】大阪狭山市史編さん委員会ほか『大阪狭山市史　第三巻　史料編近世』大阪狭山市役所、二〇一〇年。大阪狭山市・大阪狭山市郷土資料館『狭山藩北条氏―戦国大名小田原北条五代の末裔―』二〇一六年。

107 三鱗紋陣羽織

一点　丈八八・〇
布製　江戸時代
神奈川　神奈川県立歴史博物館

　狭山藩北条氏に伝来した陣羽織。陣羽織は冬季に陣中での防寒具として着用され、裂《きれ》の素材も羅紗《らしゃ》など暖かいものを使用した。表地は猩々緋《しょうじょうひ》の羅紗地を基調とし、さらに白羅紗で竜雲文をあしらい、背面中央には金唐皮《きんからかわ》の三鱗紋を切りはめる。裏地は雲龍紋銀襴を総裏地とし、折返されて垂下する衿《えり》にも続く。表地での際立つ緋色や金泥のハイコントラストや裏地の銀襴など、近世大名家に相応しい豪奢な仕上がりとなっている。

　この陣羽織は狭山藩北条氏伝来の宝物として葛西神社に伝わったものの一つである。葛西神社は、廃藩された狭山藩主北条氏顕彰を目的として、狭山の地に残った旧藩士たちの手で明治七年（一八七四）に建立された神社である。旧藩主である北条氏恭はすでに東京に移住し、狭山藩陣屋も処分されていたが、その陣屋上屋敷の藩主御殿跡地に葛西神社は建てられ、北条家の祖霊を祀った。以後、この同社を通じて旧藩主氏恭と旧藩士たちとの交流は続けられていった。現在、すでに同社は合祀され存在はしていない。（渡邉）

【参考文献】大阪狭山市・大阪狭山市郷土資料館『狭山藩北条氏―戦国大名小田原北条五代の末裔―』二〇一六年。

108 三鱗紋旗指物

一点　縦一〇四・三×横六一・五
布製　江戸時代
神奈川　神奈川県立歴史博物館

　前号107と同様に葛西神社に伝世した狭山藩北条氏ゆかりの旗指物。旗指物とは、戦陣での目印を目的に、具足の背にさす標識のこと。合戦での自己の存在を示すことで後日の恩賞に備えるほか、勢力の誇示や敵味方の識別などで用いられた。

　本資料では、緋色地の布の上に、三角形に整形した白布の練絹を被せて縫い付け、さらに白布が三鱗紋となるように中央を逆三角形に切り抜いて纏縫《まつりぬい》が施される。全体に正方形で裏布と固定され、頑丈かつ装飾性に優れた作りとなっている。また旗の二辺縁に付けられた乳《ち》は革製で金唐皮を用い、紐には文様を施して三隅だけは別の図柄となる。（渡邉）

109 軍配団扇

一本　縦四一・一×横一五・八
革製漆塗　戦国時代
東京　東京国立博物館

110 軍配団扇

一本　縦五二・〇×横二八・三
竹製漆塗　戦国時代
東京　東京国立博物館

　狭山藩北条氏に伝来した軍配団扇。軍配団扇とは、武将が用いた軍団指揮用の持物のこと。箱書には「早雲公御館様傳来之軍配團」と記される。狭山藩の宝物曝書記録である文政一三年（一八三〇）の122御宝物改帳（江馬家文書）には「御軍配團（早雲公以来御伝来）一箱」や「早雲公御軍配團一箱」がみえる。初代伊勢宗瑞以来の二本の軍配団扇が同藩に伝わり、これらは本品のことをさす。狭山藩北条氏では戦陣で指揮を執ってきた戦国大名北条氏の武威の遺風を示す宝物を歴代当主の間で重宝してきたことが分かる。109は、取柄は鉄板を練革で挟み込み、羽にも練革を用いた丈夫な作りとなっている。全体に黒漆塗を施した後にかつては金箔で装飾されていたようである。110は竹網代を羽として、羽と取柄はみな朱漆塗を施す。羽には大小の鱗紋を金箔であしらい北条氏の家紋三鱗を表現している。（渡邉）

111 氏朝公日記（北條尚氏所蔵文書）

一巻　縦三三・四×横二六三八・〇
紙本墨書　享保一七年～享保一九年（一七三二～一七三四）
個人

五代狭山藩主の北条氏朝は、寛文九年（一六六九）に先代氏治の末弟氏利《うじとし》の五男として誕生する。氏治に男子がいなかったために、天和三年（一六八三）に養子として迎えられ、元禄九年（一六九六）に家督を譲与され、藩主を継職した。狭山藩における氏朝の功績は極めて大きく、「中興の英主」とも称される。事蹟としては、藩政では財政難に陥っていた藩財政を倹約励行で再建し、また藩士の統制強化や陣屋の拡充による政務機構の強化が図られた。文芸でも文化振興に心血を注ぎ、氏朝自身も文化人として多くの和歌や歌書を残している。また法雲寺（大阪府堺市）の慧極道明の弟子となり禅学を修め、藩政にも禅学の教えを取り入れている。とりわけ氏朝の活動で特徴的なのは、北条家の先祖供養を通じた家祖認識の醸成があげられる。先代の四代藩主氏治は、戦国大名北条氏五代の菩提寺早雲寺の復興に着手して墓石五基を建立し銘文を刻んでおり、氏朝もその事業を継承して専念寺（大阪市中央区）に藩祖氏規・初代氏盛の墓石二基を再建し、氏治とほぼ同様の銘文を刻む。氏朝による先祖供養事業の継承は、養子として継職した自己の正当性の担保とアイデンティティーの確立に用いられたと考えられよう。

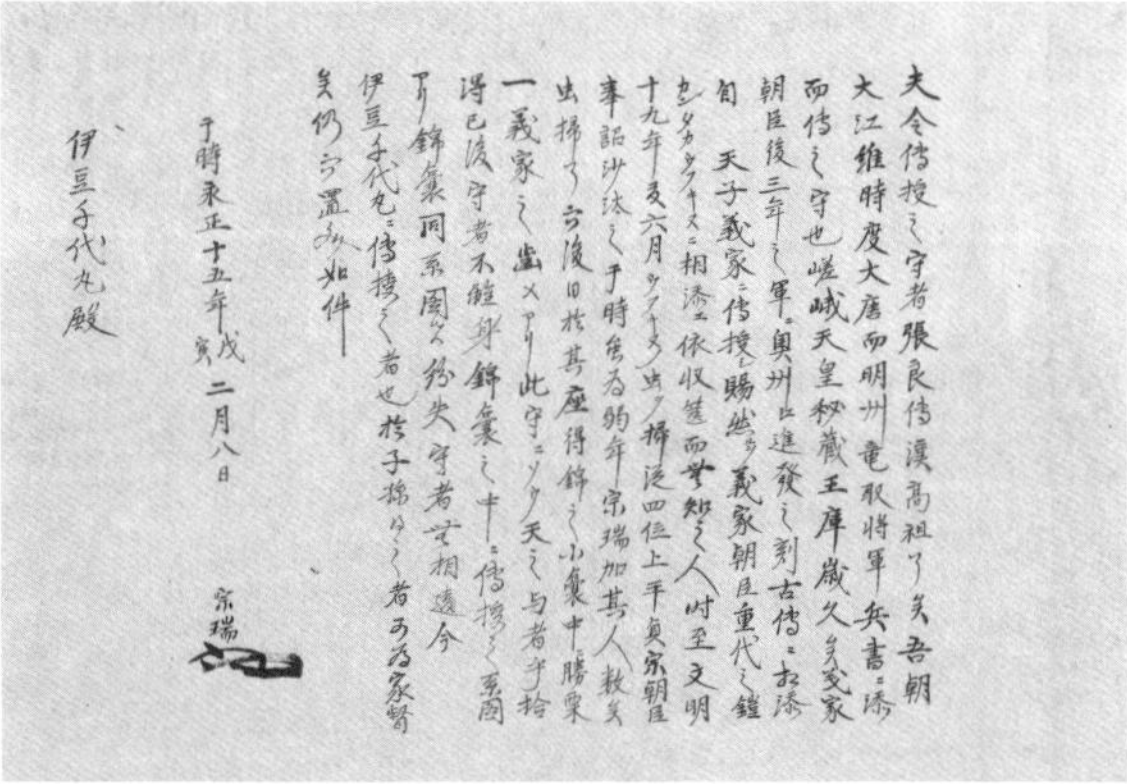
伊勢宗瑞置文写（北条家文書、当館所蔵）

　さて、氏朝が記した「氏朝公日記」は、享保一七年（一七三二）から同一九年に及ぶ狭山藩政から氏朝の私生活にわたる日記で、書き始める以前までの自身の略歴が整理されて記録される。日記中で注目されるのは、自身の家祖を小田原北条氏より遡らせて鎌倉北条氏に定め、詳細に記述している点であろう。江戸幕府に提出された「寛永十九年献上系図扣」には「泰時・時氏・経時・時頼・時宗」と鎌倉北条氏の名前が載る。また「北條家家督所伝三物」として「一、氏直之御書判」「二、多門（聞）天之太刀」「三、漢高祖之御守」の三つが載せられ、一つ目の文書は、氏朝編纂の「家譜略書」（宝永四年（一七〇七））にある「大権現御息女名亀（督）婚儀之御書」をさし、徳川家康と氏直の姻戚関係を示すものである（「北条家文書」（当館所蔵）に原本は伝世せず）。二つ目は家督を象徴する武具の太刀。三つ目に今は失われてしまった高祖・伊勢宗瑞（北条早雲）の縁起物・勝栗を記す。なお、勝栗には「宗瑞公有御書、御書中有之」と初代伊勢宗瑞の文書があったことを記録するが、これは「北条家文書」に収められる伊豆千代丸宛の「伊勢宗瑞置文写」のことである。偽文書の可能性が極めて高い写しではあるが、近世狭山藩の由緒のなかで「家督所伝三物」を語るために必要な文書であり、狭山藩が幕府に提出した「寛永系図」（寛永一九年（一六四二））には早雲から氏綱へ「御太刀ト守リノ両物ヲ持スル者当家惣領タルベキ」と、先の宝物が譲られたことが記される。（渡邊）

【参考文献】大阪狭山市史編さん委員会ほか『大阪狭山市史　第一巻　本文編通史』大阪狭山市役所、二〇一四年。

112 北条氏朝家譜（北條尚氏所蔵文書）

一巻　縦三四・二×横一七四三・四
紙本墨書　享保一七年（一七三二）
個人

五代狭山藩主北条氏朝が著した自撰家譜で、111氏朝公日記と一対をなす史料。年紀には奥書に「享保十七壬子年八月十三日」とある。氏朝は、狭山藩北条氏の家譜編纂に力を入れており、数種類の家譜を制作している。狭山藩北条氏には二九種類の系図類が遺されているが、氏朝は歴代藩主の中でも最も多くの家譜を遺した人物でもあり、北条氏の代数を整序し鎌倉北条氏の系譜の延長線上に同藩北条氏を明確に位置づけたのも彼である。とくに本家譜は、桓武天皇から北条氏一族の事蹟を書き起こし、それぞれ詳細な記述がなされており極めて資料的価値が高い。また藩祖氏規の扱い方でも氏朝の意識が明確に示されており、氏規―氏盛と続く系図ではなく、氏直―氏盛と続く系図で制作される。これは、狭山藩がけっして戦国大名北条氏の傍流から興った家柄ではなく、北条五代直系の血筋を引く家柄である、という氏朝の系譜認識が如実に反映されていよう。（渡邊）

【参考文献】大阪狭山市・大阪狭山市教育委員会『さやまのお殿さま―藩主北条氏の足跡―』二〇一九年。

113 狭山池由緒書（池守田中家文書）

一冊　縦二三・九×横一七・二
紙本墨書　享保七年（一七二二）カ
個人

狭山藩が江戸幕府から狭山池支配を移管されるに

至るまでの経緯を記した由緒書。表紙には「享保七庚寅年五月　狭山池出来、其後樋役人御支配之訳、此方様御支配ニ被蒙仰候、大辻覚書此通相認、御前江一帳上ル扣　狭山池由緒書」とみえ、享保五年（一七二〇）に江戸幕府へ狭山池を藩の預かりとしてもらうための願書を提出している。本資料が伝来する池守田中家は、狭山池のある狭山藩領池尻村庄屋の藩士一族で、陣屋の建設期間中も二代藩主氏信が田中家を仮住まいとするなど藩主と親交が深い。狭山池の現地管理には池守と樋役人がいるが、その池守を田中家が代々勤めていた。

古代から存在する狭山池は、鎌倉期には重源の改修事業や重源堤の存在など中世開発史のなかで注目されてきた巨大溜池である。豊臣政権下では、慶長一三年（一六〇八）、秀頼の命により片桐且元によって大改修が行われ、三つの樋の改修と二つの除の増設がされた。江戸幕府では幕府代官による狭山池支配が行われていたが、氏朝期に、同藩による狭山池支配が申請され、享保六年（一七二一）に正式に移管された。狭山藩による狭山池支配の目的は、樋役人を藩の支配下に治めることで池守・樋役人の池役人を一元的に藩が管轄し、その上で狭山池の灌漑条件の向上を図ることだったと推測される。狭山藩による狭山池支配は、幕領のまま支配権を同藩が得るというものだった。氏朝は、池の中で開発されている池内新開《いけうちしんかい》からの取米を幕府に納め、狭山池普請を公儀普請とするなどの改革を行っていった。（渡邊）

【参考文献】市川秀之『歴史のなかの狭山池』清文堂、二〇〇九年。大阪狭山市史編さん委員会ほか『大阪狭山市史　第一巻　本文編通史』大阪狭山市役所、二〇一四年。

114 狭山池改修控絵図（池守田中家文書）

一枚　縦九五・九×横七九・九
紙本彩色　寛保元年（一七四一）カ
個人

寛保元年（一七四一）、六代狭山藩主北条氏貞の時期に実施された狭山池の大規模な改修に伴う絵図とされる。破損した堤防箇所の修築や西除幅の拡幅工事など、寛保の改修事業は狭山藩の狭山池支配中で最大規模の工事であった。しかし、この七年後の寛延元年（一七四八）に、狭山池と池内新開が幕府代官に引き渡されており、狭山藩による二七年間にわたる狭山池支配は幕を閉じることとなる。

狭山池支配は、あくまでも幕領のまま狭山藩が池の支配権を有したため、幕領や私領が入り乱れる池水掛かりの村々で発生する用水相論に対し、狭山藩が強い指導性を発揮することが困難であったと考えられている。幕領が多くを占め、かつ広範な灌漑範囲を持つ狭山池を、藩自体で支配することは、受益村落からの反発もみられ、両者の対立が先鋭化していく可能性も孕む。藩主氏貞が延享五年（一七四八）に幕府へ提出し却下された願書には、池水掛かりの幕領村々を狭山藩預かりとする内容が記されており、池支配をめぐる構造的な矛盾が反映されていよう。（渡邊）

【参考文献】市川秀之『歴史のなかの狭山池』清文堂、二〇〇九年。大阪狭山市史編さん委員会ほか『大阪狭山市史　第一巻　本文編通史』大阪狭山市役所、二〇一四年。

115 狭山藩知事任命書（北条家文書）

一通　縦四五・五×横六五・五
紙本墨書　明治二年（一八六九）
神奈川　神奈川県立歴史博物館

本史料は、狭山藩最後の藩主北条氏恭（一八五四〜一九一九）が、明治新政府より明治二年（一八六九）六月付で出された知藩事の任命書。しかし、その翌日に氏恭は知藩事就任の辞退願を新政府へ提出し、同年一二月に受理される。その結果、明治四年の廃藩置県よりも前に、狭山藩は廃藩となり堺県と合併する。早期の廃藩がされた理由には、同藩が大坂・京都の交通要衝に立地するために、幕末・明治期にかけ、江戸幕府・明治新政府から度重なる軍事負担が課せられ、それが藩財政を逼迫させていったことが考えられる。一万石ほどの小規模な狭山藩にとっては大坂・京都の防衛戦線での軍事負担は重荷だったのであろう。事実、氏恭期では、高石海岸（大阪府高石市）の砲台築造や海岸警備などの幕府海防政策に動員され、文久三年（一八六三）の天誅組討伐のための大和出兵、淀川筋・大坂城の警備、幕領国分村一揆への派兵、そして慶応四年（一八六八）の戊辰戦争など、多くの軍事活動に従事している。廃藩後、北条氏恭は、士族出身の宮中侍従として明治天皇に仕え、明治三年に次侍従、翌年に侍従となる。天皇の沖縄・台湾への巡幸にも供奉し、明治四五年七月の明治天皇崩御まで勤めた。崩御後は侍従職を辞し、大正八年（一九一九）に七五歳で没した。また、氏恭には、早雲寺住持乾谷宗一から明治一二年五月に124小田原衆所領役帳（北条家文書）が贈呈されている。最後の狭山藩主氏恭と早雲寺の交流を示す史料であり、この前年一二月に氏恭は勲五位に叙されているため、その際の祝品であろうか。氏恭は、廃藩により狭山の地を離れた後も、旧家臣達との交流や狭山への来訪を継続して行っていた。（渡邊）

【参考文献】大阪狭山市・大阪狭山市教育委員会『さやまのお殿さま―藩主北条氏の足跡―』二〇一九年。

116 早雲寺記録　柏州記

一冊　縦二六・五×横一九・二
紙本墨書　元禄一四年（一七〇一）

神奈川　早雲寺

本史料は、早雲寺二三世の住持柏州宗貞が、元禄一四年（一七〇一）に金湯山早雲寺の創建から現在に至るまでの歴史を書き留めた記録。墨付九丁に表紙と裏表紙を加えた全一一丁からなる袋綴冊子で、後世の手による貼紙（異筆）や朱書が付されることから、本記録が同寺のなかで度々参照されてきたことを示す。

冒頭には「當山之旧記、天正乱後紛失、委細難判、古老傳来之趣記之、先年蒲岸所記之古記一冊在之、其中所記除之」とあって、本来は早雲寺の旧記が存在したが、豊臣秀吉による小田原合戦で紛失し、再び古老の証言などを書き留めて早雲寺二一世蒲岸宗睦が古記を成したという。記録を作成した柏州は、この古記との重複を避けつつ「詳畧同異」と断りを入れている。つまり本記録には、古記に対し、柏州が詳らかとした事柄や追加・訂正事項が記されるのである。その内容は、①早雲寺の創建から二度にわたる焼失と復興の歴史、②本尊・撞鐘など早雲寺宝物の由緒、③勅願所となるまでの経緯、④末寺・塔頭・寮舎の所在と由緒、⑤境内の名所・勝景地、⑥柏州までの早雲寺歴代住持、⑦大徳寺所蔵の五百羅漢図の伝来、と時系列毎や項目毎などに整序されることなく列記されている。⑤にある境内の名称については、所在地や名称の字句訂正などがされ、古記の補訂という性格を如実に示していよう。また歴代住持の事蹟については、開山の以天宗清や、五世明叟宗普、中興の一七世菊径宗存がとりわけ詳述される。

早雲寺は、戦国の争乱で二度にわたり堂舎の焼失や宝物の喪失など甚大な被害を蒙ってきた。今日我々が早雲寺の歴史を示す豊富な資料に触れられるのは、こうした早雲寺住持たちによる寺伝の記録と継承という活動に支えられているのである。（渡邊）

117 早雲寺宝物古器物古文書目録

一冊　縦二四・五×横一七・五
紙本墨書　明治時代
神奈川　早雲寺

「早雲寺寶物古器物古文書目録」と題され、墨付一五丁からなる袋綴冊子。朱書による合点や番号も付されており、118と関連する早雲寺寺宝に関する目録。後奈良天皇綸旨など天皇発給文書五通を冒頭に配し、以後は詩歌・書蹟・絵画・経典・扁額・彫刻・仏具・工芸・梵鐘という項目順に七九件一三四点の宝物が記録され、いずれも名称・品質形状・員数・法量・伝来関係を載せる。とくに伝来や由緒の記載箇所は重要で、例えば「芹椀」には、明治期には一五個が伝世し、蒔絵は狩野元信が施したもので年月日は不詳ながらも北条氏政の寄附によって所蔵となった旨がみえ、「機婦図」の絵師を狩野元信とも記す。しかし、本目録をみるに、随所に狭山藩主北条氏朝をはじめとする戦国大名北条氏の末裔や、早雲寺末寺・塔頭等からの宝物寄進があったことは注目される。早雲寺所蔵で戦国期制作の**39北条早雲像70北条氏綱像71北条氏康像**について、北条氏朝の寄進としており、本来早雲寺の寺宝であった戦国期の肖像が、小田原合戦などにより流出し、何らかの契機で狭山藩北条氏の手に渡り、再び復興された近世早雲寺に戻された経緯が想像され興味深い。勿論、本目録の作成過程では、従来からの口伝などに基づきつつ、後世の手による装飾を多分に含んでいよう。本目録から、かつての宝物群の規模を知りうるだけでなく、寺宝にまつわる由来・由緒の喧伝や記録化という歴史過程も垣間見える。（渡邊）

118 早雲寺什宝物目録追加届控

一冊　縦二七・八×横二〇・〇
紙本墨書　明治三六年（一九〇三）
神奈川　早雲寺

袋綴罫線入り用箋六丁に記され、「早雲寺什宝物目録追加届控」と題される目録。冒頭には明治一二年（一八七九）に早雲寺前住職が神奈川県に提出した什宝物目録のうち、遺漏の宝物分を現住職や末寺の正眼寺住職、早雲寺檀那惣代等朱書で書き上げて、明治三六年に神奈川県知事宛に提出したものの控え。目録は墨書の「早雲寺什宝物目録」、朱書の「追加之部」、再び墨書の「早雲寺什寶物目録削除出願之部」で構成され、また「一、早雲公肖像　國寶一幅（明治四十一年中）」や「一、古裂張文台及硯箱　國寶一幅（大正八年三月中）」とも書込まれる。墨書された提出済みの什宝目録の資料に対して、本目録では、「雪村筆羅漢図　参幅」に朱書「二十七号」、「土佐光起筆北条五代肖像　五幅」に朱書「三十七号」、「北条長氏・氏綱・氏康公肖像　参幅」に朱書「三十八号」と番号が振られる。この朱書の番号について、先の**117早雲寺宝物古器物古文書目録**をみてみると、朱書「二十七」と付されるのは以天宗清像であるなど、いずれも番号は一致しない。前号目録では、墨書による合点、さらに朱書による番号と合点が見えるため、宝物調査に際しては台帳として何度か参照されたのであろう。本目録には表紙裏に「従年ノ分／五十七点ノ分／追加分二十八点／合計八十五点ナリ」と朱書されており、117など他の目録と校合した結果、提出済みの「早雲寺什宝物目録」に加除が施されている。（渡邊）

119 宗祇法師像　土佐光起筆

一幅　縦八一・〇×横三八・八
紙本著色　江戸時代
神奈川　早雲寺

宗祇（一四二一～一五〇二）は室町時代の著名な連歌師で、日本各地を歴遊し数多の千句・百韻や、句集・歌集や連歌論書を数多残した。明応九年（一五〇〇）、終世の地と定めた越後への下向を果たすが、「富士をも今ひとたび見侍らん」と宗長に伴って駿河へ赴く。病を患っていた宗祇は途上で重篤な状態になり、文亀二年（一五〇二）七月三〇日に箱根湯本の旅宿に没する。これらの経緯は宗長の『宗祇終焉記』に詳しい。宗祇の遺骸は箱根山を越えて相模・駿河の国境に近く、富士を一望する定輪寺（静岡県裾野市）に埋葬される。宗祇終焉の地である箱根湯本では、早雲寺境内に宗祇供養塔が建立され、同寺は宗祇の菩提所として近世俳人たちの信仰を集めていく。

本像は、絵右下に墨書「土佐法眼常昭寫之」と落款が捺され、近世の京都絵師土佐光起のものと分かる。光起は貞享二年（一六八五）に法眼となっているため、本図は光起最晩年の作といえよう。光起はその他に80～84北条五代像や菊径宗存の頂相を描いており、また北条氏長像（デトロイト美術館所蔵）も光起の筆によるもので、菊径宗存の法嗣で早雲寺十八世の琢玄宗璋が着賛する。早雲寺住持と土佐光起との交流が窺え、こうした関係を軸に早雲寺宝物の絵画が京都土佐派によって復興されたことも想像されよう。宗祇像については、土佐光茂や狩野永納の筆によるものも早雲寺に残される。（渡邊）

【参考文献】奥田勲『宗祇』吉川弘文館、一九九八年。金子金治郎『旅の詩人　宗祇と箱根』神奈川新聞社、一九九三年。箱根町立郷土資料館『没後五百年遠忌―連歌師宗祇』二〇〇一年。

120 永禄山寶泉禅寺格弊記

一巻　縦三一・八×横二九二・六
紙本墨書　元禄九年（一六九六）
神奈川　宝泉寺

巻子装の近世宝泉寺の復興記で、奥書によれば元禄九年（一六九六）五月二日に早雲寺二三世柏州宗貞が書写したもの。冒頭には、柏州が早雲寺現住であった当時、末寺宝泉寺は寺領の田畝は近隣住人に侵食され、什宝も盗難に遭う有様であったという経緯が記される。その後、宝泉寺の由緒が語られ、「相州路風祭邑永禄山寶泉禅寺者、為北條時長公之功徳場、永禄中　勅謚東光智燈禅師大室碩和尚初開之、梅隠老禅師踵而住之、北條氏政公割山林腴田、法席日隆、特賜虎印之寶帖、以鎮山門、其封疆之地圖北條幻庵（十三郎氏清称金龍院殿明岑宗哲居士）印證之」とあって同寺開山の大室宗碩らの事蹟が語られる。小田原合戦による主家北条氏の滅亡後は、宝泉寺も廃れ、後に「菊径和尚来住而興其廃於兵後焉」と中興祖菊径宗存の活躍もみえる。柏州は116早雲寺記録　柏州記を記すなど、早雲寺やゆかりの末寺・塔頭の由緒を記録し、復興にも尽力した人物で、早雲寺一九世燈外紹伝以来久しぶりに大徳寺住持に出世した。（渡邊）

121 御法号牒写（北條尚氏所蔵文書）

一冊　縦二七・四×横一九・八
紙本墨書　文政九年～明治二四年（一八二六～一八九一）
個人

文政九年（一八二六）に狭山藩北条氏によって書写された歴代北条氏の過去帳とも呼べる帳面。月忌・周忌を営むための仏事作善用の帳簿として、月順に死亡した年月日、生前の名前、系譜関係、戒名、石塔の場所、そして筆写された段階で故人が死後何年経過したのかが記され、明治二四年（一八九一）没の故人まで載せる。例えば、伊勢宗瑞については、「永正十六年己卯歳八月十五日」「長氏公」「第十三代中興小田原祖」「早雲寺殿天嶽公大居士」「御塔所湯本早雲寺」「至今同年三百八年」とある。戦国大名北条五代や歴代狭山藩主、そして正室の命日が判明するとともに、藩主の子女や兄弟などの連枝までも記録される。

この帳簿は狭山藩北条氏の系譜認識に依拠して作成されており、北条時政（「至今文政九丙戌年六百十二年」）や北条政子など鎌倉北条氏を一族の祖として位置づける。そのため、先の宗瑞については「第十三代中興小田原祖」と始祖北条時政から数えられている。本史料は、先祖供養の基本台帳であるために、適宜書き加えられ、同様の帳面が高野山高室院にも伝わっている。（渡邊）

【参考文献】大阪狭山市史編さん委員会ほか『大阪狭山市史　第三巻　史料編近世』大阪狭山市役所、二〇一〇年

122 御宝物改帳（江馬家文書）

一冊　縦二六・七×横一九・七
紙本墨書　文政一三年（一八三〇）
個人

狭山藩家老方が狭山北条家所蔵の宝物を曝書する際に作成した目録。目録には、太刀に加え「御系譜」「御朱印」「御家譜」「郷村高帳」といった狭山藩北条氏の家文書や支配関係文書等が記載され、また「早雲公御軍配團」「氏康公御筆」「氏政公御筆」「権現様御誓紙」など戦国大名北条氏ゆかりの宝物も記録される。これらのなかには、狭山藩北条氏当主家の文書群「北条家文書」（当館蔵）に含まれる古文書も多く記録される。（渡邊）

【参考文献】大阪狭山市史編さん委員会ほか『大阪狭山市史　第三巻　史料編近世』大阪狭山市役所、二〇一〇年。

123 北条氏所領役帳（野村家文書）

一冊　縦一六・一×横二四・〇
紙本墨書　元文五年（一七四〇）
大阪　河内長野市立図書館

三代当主北条氏康が永禄二年（一五五九）に作成した「北条氏所領役帳」（以下「役帳」）は、かつて原本は高野山高室院にあったが焼失して現存せず、現在は宥相写本系と狭山本系に大きく二系統に分かれて、多数の写本が残っている。本史料も狭山本系に属する写本の一つで、その奥書には「右此一冊者十ノ物一ナリ、永禄二年小田原古分限帳端本一冊有之処、其前之納リ高永楽貫積ニ付、一貫ヲ現米二石五斗ニ平均永一貫又ハ穀十石ニ当リ、地方ノ以古法十五ノ盛を掛ケ四成トナル、永一貫文ニ六石二斗五升之積リニテ高ニ給フ、此一冊之表、其領分之納リ高ニ直ス而已、全ク本高ニ有ヘカラス、領地之所附等委キ訳ハ古分限本帳ニ有リ、元文五庚申年四月　筆者　中村正信」とある。元文五年（一七四〇）四月に中村正信という人物が他の狭山本系の所領役帳を書写し、それが狭山藩北条氏家臣の野村家に伝わったのが本史料である。

他の所領役帳と異なる点は、家臣団名簿を貫高から石高に換算し直して、石高の多い順に整序して記していることである。当該期の狭山藩では当主氏朝・氏貞の代に家臣団の大幅増員や人材登用が盛んに行われており、あるいは本史料は仕官希望の旧小田原北条氏家臣の系譜を引く人物が作成した可能性も考えられる。（渡邊）

【参考文献】大阪狭山市・大阪狭山市郷土資料館『狭山藩北条氏―戦国大名小田原北条五代の末裔―』二〇一六年。

124 北条氏所領役帳（北条家文書）

二冊　［小田原衆所領役帳］縦一三・六×横一九・八
［小田原分限帳］縦一五・〇×横二一・三
紙本墨書　江戸時代
神奈川　神奈川県立歴史博物館

「北条家文書」は狭山藩北条氏当主家に伝世した文書群である。そのなかに、「北条氏所領役帳」の写本二冊が伝来しており、それぞれ「小田原衆所領役帳」（横半帳）、「小田原分限帳」（竪帳）と表題され、いずれも金輪寺宥相による写本系統に属する。「役帳」の原本は高野山高室院に伝わっており、元禄五年（一六九二）に武蔵豊島郡王子（東京都北区）の金輪寺五世宥相が、高室院で「役帳」原本を書写し金輪寺に所蔵していたが、その後、高室院・金輪寺ともに火災に遭いこれら原本・写本は失われている。

「北条家文書」中には、明治二二年（一八八九）に早雲寺三一世乾谷宗一から狭山藩最後の当主北条氏恭に宛てて、小田原衆所領役帳一冊が献呈された際の書付が残っている。「北条家文書」所収の「役帳」のうち、竪帳装丁で表紙を装飾した「小田原衆所領役帳」は、もともとは早雲寺所蔵であったことを示す。明治期における早雲寺と狭山藩北条氏の交流を象徴する遺品であろう。なお、狭山藩に贈られた時期は未詳だが、「北条家文書」所収の八月一〇日付「北条氏康判物」の添書には「御条目　氏康／早雲寺ゟ給」とあり、同文書が早雲寺所蔵であったことも分かる。（渡邊）

125 宗峰妙超像

一幅　縦八一・〇×横三八・八
絹本著色　室町時代カ
東京　廣徳寺

画賛ともに後筆が加えられており、賛文にある通りに、元徳二年（一三三〇）を制作年とできるかは難しい。全体に絹地の剥落と補修が明瞭で、賛文箇所もおそらく後筆であろう。像主とされる宗峰（一二八二〜一三三七）は鎌倉・南北朝期の僧で大徳寺開山。像主の顔貌は、後筆により平板な印象を受ける稚拙な上塗りが施されるが、細部をみるに本来は細筆で目鼻が描き出される。衣文などの文様も当初の筆で細密に表現されている。後世の改変が多く見られるものの、大徳寺の宗峰妙超像と比較するに、垂れ目で大きな鼻、頭頂部の小高く膨らんだ表現などは近似しており、本図が大徳寺開山宗峰妙超を像主とする可能性は高い。室町期まで遡る由緒ある高僧の頂相であったと想像される。なお、本図は、かつて廣徳寺で早雲寺二二世瑞巌宗應の頂相として伝わっていた。（渡邊）

126 明叟宗普像

一幅　縦一一三・五×横四八・六
絹本著色　戦国時代カ
東京　廣徳寺

早雲寺五世で廣徳寺開山明叟宗普の頂相。右手に警策を執る姿で描かれ着賛・落款等は認められない。本図の伝来は、掛幅が納められる桐箱蓋の墨書に詳しく記載される。下谷（東京都台東区）に移転していた早雲寺末寺の廣徳寺は、大正一二年（一九二三）九月に発生した関東大震災で罹災し、堂舎など殆どが焼失した。震災後の東京市復興事業のなかで、境内地は下谷区役所・下谷小学校・上野警察署の敷地として譲渡することとなり、寺地は現在の練馬に大正一四年より移転を開始した。昭和五年（一九三〇）四月一五日には庫裡・山門・鐘堂が完成し落慶大法要が営まれた。こうした廣徳寺の復興に尽力した同寺二八世龍瑞義門へ開山明叟宗普像が贈られる。戦国期の明叟像という美術的価値のみにとどまらず、早雲寺寺宝の譲渡などを通じ、寺宝群のひろがりと近代早雲寺と末寺廣徳寺の交流をも示す貴重な歴史資料である。（渡邉）

［箱表墨書］

廣徳寺開山特賜真如廣照禅師之頂相

［箱裏墨書］

曩ニ廣徳寺ハ、大正十二年九月一日関東一帯大震災之時、祝融ノ難ニ罹リ龍瑞和尚復興ヲ／計リ、昭和五年工成リ、仝年四月十五日落慶入佛會擧行、依而早雲寺什寶特賜真如廣照禅師肖像ヲ寄贈ス／早雲寺三十五世香庵禎謹誌、

【参考文献】福富以清『廣徳寺誌』廣徳会、一九五六年。

127 希叟宗罕像

一幅　縦八一・〇×横三八・八
紙本墨画淡彩　慶長一四年（一六〇九）
東京　廣徳寺

像主の希叟宗罕《そうかん》は、早雲寺一一世・廣徳寺二世。廣徳寺はもともと小田原城内にあったが（『早雲寺記録』）、小田原合戦後の文禄二年（一五九三）に希叟が江戸に来訪し、神田昌平橋の内で松平伊豆守上屋敷の一部を拝領して移転・建立したと伝えられる（『江戸紀聞』）。廣徳寺の開山は明叟宗普とされるが、戦国期以降の中興祖は希叟宗罕その人である。寛永一二年（一六三五）には、早雲寺一八世・廣徳寺五世の琢玄宗璋が下谷に移転し、加賀藩前田家をはじめとする諸大名の菩提所として隆盛を極め、近世では早雲寺にかわり関東龍泉派の中心たる大寺院となっていった。

本図には像主希叟の自賛が記される。賛文によれば、慶長一四年（一六〇九）、常陸国府中藩主皆川隆《たか》庸《つね》が、絵師に希叟の肖像を描かせ、さらに廣徳寺塔頭徳雲院に隠棲していた希叟本人に賛を求めたことが知られる。（渡邉）

【参考文献】福富以清『廣徳寺誌』廣徳会、一九五六年。

128 花鳥図

一幅　縦一五〇・〇×横八〇・四
紙本著色　文政一一年（一八二八）
東京　廣徳寺

129 虎図

一幅　縦一二五・〇×横六二・三
紙本墨画　江戸時代
東京　廣徳寺

130 這畜生図《このちくしょうず》

一幅　縦三五・六×横五四・六
紙本墨画　江戸時代
東京　廣徳寺

廣徳寺什宝の内、早雲寺との関わりや所伝を有すもの。花鳥図は桐箱蓋裏に「立原任花鳥」と墨書され、本図を一九世紀における関東画壇で活躍した絵師立原杏所（一七八五～一八四〇）の作とする。その真偽は不明だが、図様は四代北条氏政が抱えた狩野派絵師狩野玉楽の「霊猫睡戯図」（徳川黎明会所蔵）を直模したものと考えられる。廣徳寺と、小田原狩野派絵師や早雲寺との何らかの繋がりを窺うことのできる資料である。また、虎図・這畜生図ともに早雲寺旧蔵との所伝を持つ。前者は箱裏墨書に「小柴法眼景山極添」とあり、小柴景山の筆であると伝わる。景山は江戸中期に活躍した絵師で、父は狩野派絵師の探春斎守直である。何かを窺うような上目遣いで描かれた虎は、前足を屈め今にも飛びかかりそうな姿だが、どこか滑稽で愛らしい。後者の箱裏墨書には「仙厓」の作とあり、図様も「此畜生図」（出光美術館所蔵）と近似する。筆致は弱々しく極めて簡素な作風であり、本図に関しては未詳な部分が多い。これらは、早雲寺旧蔵の所伝や小田原狩野派絵師の関わりなどから、先の明叟宗普像と同様、廣徳寺と早雲寺の交流を示す宝物といえよう。（渡邉）

131 金湯山早雲寺古文章

三冊　縦三一・〇×横一九・〇
紙本墨書　江戸時代
神奈川　早雲寺

早雲寺所蔵の近世文書を、三冊本の折本の表裏に貼継いだもの。一冊目には題簽「金湯山早雲寺古文章　江戸篇壱」とあり、残りの二冊はみな題簽が剥がれている。第一冊には二七通、第二冊には一三通、第三冊には一五通が貼られる。折本に装丁された時期は不明だが、折本以外にも七三通の近世・近代文書が過去の自治体史編纂事業の際に整理され茶封筒に入れられ保管される。所載文書は、第一冊目では「早雲寺朱印状目録」「早雲寺寺領目録」など寺社奉行宛文書の控や、「東海寺役者書状」「東海寺宛献上目録」など早雲寺と関わりのある寺院との交流を示す書状などで構成される。貼紙「改訂相州古文書」とある箇所には、二月十二日付「北条氏朱印状写」や永禄五年（「月日」脱）「北条氏朱印状写」といった中世文書の写も一緒に収められている。

また第二冊目・第三冊目になると、早雲寺住持の書状や末寺に由緒書、狭山藩北条氏との交流を示す書状なども見られるようになる。とくに「早雲寺記録」を記した柏州宗貞については、「柏州夢中記」や覚書なども残り、その他に戦国大名北条氏末裔の狭山藩北条氏や玉縄北条氏からの書状や遠忌での資金援助も認められる。折本所載の近世文書を通じ、近世早雲寺の寺領経営や寺宝継承がいかなる関係者によって支えられてきたのかを知ることができる。（渡邉）

主要参考文献

■単著書・自治体史

相澤正彦・橋本慎司『関東水墨画　型とイメージの系譜』国書刊行会、二〇〇七年

浅倉直美編『論集戦国大名と国衆九　玉縄北条氏』岩田書院、二〇一二年

浅倉直美編『シリーズ・中世関東武士の研究第三一巻　北条氏照』戎光祥出版、二〇二一年

阿部能久『戦国期関東公方の研究』思文閣出版、二〇〇六年

新井浩文『関東の戦国期領主と流通―岩付・幸手・関宿―』岩田書院、二〇一一年

市川秀之『歴史のなかの狭山池』清文堂、二〇〇九年

岩崎宗純『中世の箱根山』神奈川新聞社、一九九八年

内田啓一『日本仏教版画史論考』法藏館、二〇一一年

大阪狭山市史編さん委員会『大阪狭山市史　第三巻　史料編近世』大阪狭山市、二〇一〇年

大阪狭山市史編さん委員会『大阪狭山市史　第一巻　本文編通史』大阪狭山市、二〇一四年

小田原市『小田原市史　史料編中世二（小田原北条一）』小田原市、一九九一年

小田原市『小田原市史　史料編中世三（小田原北条二）』小田原市、一九九三年

小田原市『小田原市史　通史編原始・古代・中世』小田原市、一九九八年

黒田基樹編『シリーズ・論集戦国大名と国衆一二　岩付太田氏』岩田書院、二〇一〇年

黒田基樹編『シリーズ・中世関東武士の研究第一〇巻　伊勢宗瑞』戎光祥出版、二〇一三年

黒田基樹編『シリーズ・中世関東武士の研究第二一巻　北条氏綱』戎光祥出版、二〇一六年

黒田基樹編『シリーズ・中世関東武士の研究第二三巻　北条氏康』戎光祥出版、二〇一八年

黒田基樹『戦国北条家一族事典』戎光祥出版、二〇一八年

黒田基樹編『シリーズ・中世関東武士の研究第二四巻　北条氏政』戎光祥出版、二〇一九年

黒田基樹編『シリーズ・中世関東武士の研究第二九巻　北条氏直』戎光祥出版、二〇二〇年

さくら市市史編さん委員会『喜連川町史　第五巻　資料編五　喜連川文書上』さくら市、二〇〇七年

佐々木健策『シリーズ「遺跡を学ぶ」一三二　戦国・江戸時代を支えた石　小田原の石切と生産遺跡』新泉社、二〇一九年

佐藤博信『古河公方足利氏の研究』校倉書房、一九八九年

佐脇栄智『後北条氏と領国経営』吉川弘文館、一九九七年

世田谷区政策経営部政策企画課区史編さん『世田谷往古来今』世田谷区政策経営部政策企画課区史編さん、二〇一七年

早雲寺史研究会『早雲寺―小田原北条氏菩提所の歴史と文化―』神奈川新聞社、一九九〇年

東国中世考古学研究会編『戦国都市の風景―シンポジウム報告―』東国中世考古学研究会、二〇二〇年

韮山町史編纂委員会『韮山町史　第三巻上　古代中世篇』韮山町史刊行委員会、一九八五年

箱根町誌編纂委員会『箱根町誌　第一巻』角川書店、一九六七年

箱根町誌編纂委員会『箱根町誌　第二巻』角川書店、一九七一年

箱根町誌編纂委員会『箱根町誌　第三巻』角川書店、一九八四年

箱根町教育委員会『箱根の文化財三　眼で見る早雲寺の文化財』一九六八年

箱根町教育委員会『箱根の文化財五　早雲寺文書』箱根町教育委員会、一九七〇年

箱根町教育委員会『箱根の文化財一三　興福院』箱根町教育委員会、一九七八年

箱根町教育委員会『箱根の文化財一四　正眼寺』箱根町教育委員会、一九七九年

福富以清『廣徳寺誌』廣徳会、一九五六年

森田真一『中世武士選書二四　上杉顕定―古河公方との対立と関東の大乱』戎光祥出版、二〇一四年

山北町教育委員会『山北町指定重要文化財　箱根権現縁起絵巻　山北町文化財調査報告書』山北町教育委員会、二〇〇四年

■論文

相澤正彦「逸翁美術館本「大江山絵詞」の画風をめぐって」『ＭＵＳＥＵＭ』四七七、一九九〇年

家永遵嗣「北条早雲の小田原城奪取の背景事情―全国的な政治情勢との関わりから―」『おだわら―歴史と文化―』九、一九九五年

家永遵嗣「伊勢宗瑞（北条早雲）の出自について」『成蹊大学短期大学部紀要』二九、一九九八年

家永遵嗣「伊勢宗瑞の伊豆征服（明応の地震津波との関係から）」『伊豆の郷土研究』二四、一九九九年

家永遵嗣「北条早雲研究の最前線　戦国大名北条早雲の生涯」（北条早雲史跡活用研究会編『奔る雲の如く　今よみがえる北条早雲』二〇〇〇年）

岩崎宗純「後北条氏と宗教―大徳寺関東竜泉派の成立とその展開―」『小田原地方史研究』五、一九七三年

岩崎宗純「江戸時代の早雲寺―その断絶と再建過程―」『三浦古文化』一七、一九七五年

岩崎宗純「中世箱根地方における地蔵信仰の展開」『箱根町文化財研究紀要』八、一九七七年

岩崎宗純「太田氏資菩提所広徳寺と開山明叟宗普」『太田区史研究　史誌』二八、一九八八年

岩崎宗純「秀吉の小田原攻めと早雲寺の什物」『おだわら―歴史と文化―』四、一九九〇年

岩崎宗純「北条早雲と以天宗清」『おだわら―歴史と文化―』九、一九九五年

岡田清一「鎌倉幕府と二所詣」（同『鎌倉幕府と東国』続群書類従完成会、二〇〇六年）

黒田基樹「久野北条氏に関する一考察―北条宗哲とその族縁関係を中心として―」（同『戦国大名北条氏の領国支配』岩田書院、一九九五年）

佐々木健策「小田原北条氏の威信―文化の移入と創造―」（橋本澄朗ほか編『東国の中世遺跡―遺跡と遺物の様相』随想舎、二〇〇九年）

佐々木健策「小田原のかわらけと漆器」（葛飾区郷土と天文の博物館編『葛西城と古河公方足利義氏』雄山閣、二〇一〇年）

佐々木健策「小田原北条氏の領国支配―発掘調査からみる本城と支城―」（『平成二八年度シンポジウム　関東の戦国末期を再考する　資料集』埼玉県立嵐山史跡の博物館、二〇一七年）

佐藤博信「古河公方周辺の文化的諸相―古河公方研究の深化のために―」『三浦古文化』四九、一九九一年

座間美都治「北条氏直と高室院文書」（『金沢文庫研究』一一巻六・七、一九六五年）

四宮美帆子「北条氏繁と一色直朝の鷹図」『美術史研究』四八、二〇一〇年

竹村雅夫「関東型筋兜からうかがう甲冑の東西―戦国、桃山の実戦期を中心として―」『甲冑武具研究』一九六、二〇一六年

竹村雅夫「戦国・桃山期における甲冑の東西」（福岡市立博物館『侍―もののふの美の系譜―』二〇一九年）

玉村竹二「大徳寺の歴史」（田山方南『秘宝一一　大徳寺』講談社、一九六八年）

鳥居和郎「北条氏綱像の改変について―北条早雲像、氏康像、時長像などとの比較から―」『神奈川県立博物館研究報告（人文科学）』四三、二〇一六年

古川元也「山北町指定重要文化財「箱根権現縁起絵巻」について」『神奈川県立博物館研究報告（人文科学）』三〇、二〇〇四年

松原茂「「箱根権現縁起」の再検討」（小松茂美編『続々日本絵巻大成七　箱根権現縁起　誉田宗廟縁起』中央公論社、一九九五年）

宮島新一「武家の肖像」（『日本の美術』三八五、至文堂、一九九八年）

森幸夫「北条早雲の相模侵攻―永正六年の「乱入」に至る過程―」『おだわら―歴史と文化―』九　一九九五年

森幸夫「鎌倉・室町期の箱根権現別当」（二木謙一編『戦国織豊期の社会と儀礼』吉川弘文館、二〇〇六年）

和氣俊行「伊勢宗瑞家臣伊奈弾正忠盛泰の出自に関する一考察」『法政史論』二七、二〇〇〇年

■展覧会図録

大阪狭山市教育委員会『狭山藩北条氏―戦国大名小田原北条五代の末裔―』大阪狭山市郷土資料館、二〇一六年

大阪狭山市教育委員会『さやまのお殿さま―藩主北条氏の足跡―』大阪狭山市郷土資料館、二〇一九年

小田原城天守閣『小田原北条氏の絆―小田原城とその支城』小田原城天守閣、二〇一七年

小田原城天守閣『小田原開府五百年―北条氏綱から続くあゆみ―』小田原城天守閣、二〇一八年

小田原城天守閣『伊勢宗瑞の時代』小田原城天守閣、二〇一九年

神奈川県立博物館『後北条氏と東国文化』神奈川県立博物館、一九八九年

神奈川県立歴史博物館『戦国大名北条氏とその文書―文書が教えてくれるさまざまなこと―』神奈川県立歴史博物館、二〇〇八年

五島美術館『五島美術館の名品【絵画と書】』五島美術館、一九九八年

さくら市ミュージアム―荒井寛方記念館―『関東公方・足利氏の遺産　喜連川文書の世界』さくら市ミュージアム―荒井寛方記念館―、二〇一五年

さくら市ミュージアム―荒井寛方記念館―『喜連川のお殿さま』さくら市ミュージアム―荒井寛方記念館―、二〇一七年

さくら市ミュージアム―荒井寛方記念館―『喜連川足利氏誕生の軌跡　古河公方・小弓公方』さくら市ミュージアム―荒井寛方記念館―、二〇二〇年

栃木県立博物館・神奈川県立歴史博物館『関東水墨画の二〇〇年―中世にみる型とイメージの系譜』栃木県立博物館、一九九八年

箱根神社『箱根の宝物』箱根神社、二〇〇六年

箱根神社『二所詣―伊豆箱根二所権現の世界』箱根神社、二〇〇七年

八王子市生涯学習スポーツ部文化財課・八王子市郷土資料館『八王子城』八王子市郷土資料館、二〇一〇年

八王子市生涯学習スポーツ部文化財課・八王子市郷土資料館『八王子城　改訂・増補』八王子市郷土資料館、二〇二〇年

出品目録

特別展　開基五〇〇年記念　早雲寺 ― 戦国大名北条氏の遺産と系譜 ―

文化財指定の略記号は次の通り。◎＝重要文化財　●＝重要美術品　○＝県指定文化財　□＝市区町村指定文化財

No.	指定	名称	品質形状	員数	時代	所蔵者	
		プロローグ　早雲寺の創建と至宝					
1	◎	織物張文台及硯箱	木製織物張	一具	室町時代	神奈川	早雲寺
2		韮山城跡出土品					
2-1		白磁皿（中国産）	陶製	一点	戦国時代	静岡	伊豆の国市教育委員会
2-2		青磁椀（中国産）	陶製	一点	戦国時代	静岡	伊豆の国市教育委員会
2-3		染付椀	陶製	一点	戦国時代	静岡	伊豆の国市教育委員会
2-4		染付小杯	陶製	一点	戦国時代	静岡	伊豆の国市教育委員会
2-5		染付皿	陶製	一点	戦国時代	静岡	伊豆の国市教育委員会
2-6		青磁皿（中国産）	陶製	一点	戦国時代	静岡	伊豆の国市教育委員会
2-7		天目茶碗（瀬戸美濃産）	陶製	一点	戦国時代	静岡	伊豆の国市教育委員会
2-8		瓶子（瀬戸美濃産）	陶製	一点	戦国時代	静岡	伊豆の国市教育委員会
2-9		腰折皿（瀬戸美濃産）	陶製	一点	戦国時代	静岡	伊豆の国市教育委員会
2-10		かわらけ	土製	三点	戦国時代	静岡	伊豆の国市教育委員会
3		山内上杉顕定書状	紙本墨書	一通	明応五年（一四九六）カ	神奈川	小田原城天守閣
4	□	伊勢宗瑞書状（早雲寺文書）	紙本墨書	一通	永正三年（一五〇六）	神奈川	早雲寺
5	□	伊勢宗瑞書状（早雲寺文書）	紙本墨書	一通	永正三年（一五〇六）	神奈川	早雲寺
6	□	伊勢宗瑞書状（早雲寺文書）	紙本墨書	一通	永正四年～永正八年（一五〇七～一五一一）カ	神奈川	早雲寺
7	□	伊勢宗瑞書状（早雲寺文書）	紙本墨書	一通	永正七年（一五一〇）	神奈川	早雲寺
8	□	芹椀	木製漆塗	七点	戦国～江戸時代	神奈川	早雲寺
9		早雲寺芹椀之記	紙本墨書	一通	明治二二年（一八八九）	神奈川	早雲寺
		1章　霊場としての箱根					
10	◎	箱根権現縁起	紙本著色	一巻	鎌倉末～南北朝時代	神奈川	箱根神社
11	□	箱根権現縁起絵巻	紙本著色	二巻	天正一〇年（一五八二）		個人
12	○	菩薩像頭部	木造	一点	平安時代	神奈川	興福院

13	○	普賢菩薩坐像	木造	一軀	永仁五年(一二九七)	神奈川	興福院
14		伊勢菊寿丸所領注文	紙本墨書	一通	永正一六年(一五一九)	神奈川	箱根神社
15		伊勢氏綱社殿造営棟札	木製	一点	大永三年(一五二三)	神奈川	箱根神社
16	○	地蔵菩薩立像	木造	一軀	鎌倉時代	神奈川	正眼寺
17	□	地蔵菩薩立像	木造	一軀	室町時代	神奈川	正眼寺
18		地蔵菩薩立像　像内納入品					
18-1	□	武蔵法橋康信願文	紙本墨書	一紙	康元元年(一二五六)	神奈川	正眼寺
18-2	□	藤原家信願文	紙本墨書	一紙	建長八年(一二五六)	神奈川	正眼寺
18-3	□	藤原氏武者御前願文	絹本墨書	一紙	建仁元年(一二〇一)	神奈川	正眼寺
18-4	□	某仮名願文	紙本墨書	一紙	鎌倉時代	神奈川	正眼寺
18-5	□	沙弥永長署名	紙本墨書	一紙	鎌倉時代	神奈川	正眼寺
18-6	□	某願文断簡	紙本墨書	一紙	鎌倉時代	神奈川	正眼寺
18-7	□	修造記録断簡	紙本墨書	二紙	鎌倉時代	神奈川	正眼寺
2章　関東足利氏の美術と絵師							
19	●	雪嶺斎図　僊可筆	紙本墨画淡彩	一幅	天文七年(一五三八)	東京	五島美術館
20	◎	伝貞巖和尚像　一色直朝筆	紙本著色	一幅	戦国時代	埼玉	甘棠院
21		富嶽図　伝祥啓筆	紙本墨画淡彩	一幅	室町時代	東京	東京国立博物館
22		山水図　祥啓筆	紙本墨画淡彩	一幅	室町時代	栃木	栃木県立博物館
23		春景山水図　祥啓筆	紙本墨画淡彩	一幅	室町時代	神奈川	神奈川県立歴史博物館
24		山水図　興悦筆	紙本墨画淡彩	一幅	室町時代	神奈川	神奈川県立歴史博物館
25	○	機婦図　狩野派筆	紙本墨画淡彩	二幅	室町時代	神奈川	早雲寺
26	○	枇杷小禽図	紙本著色	一幅	室町時代	神奈川	早雲寺
27	○	羅漢図	紙本墨画	三幅	室町時代	神奈川	早雲寺
28		達磨図　式部輝忠筆	紙本墨画淡彩	一幅	室町時代	神奈川	早雲寺
29	□	足利義晴書状(喜連川文書)	紙本墨書	一通	天文一八年(一五四九)	栃木	さくら市ミュージアム—荒井寛方記念館—
30	□	足利義輝書状(喜連川文書)	紙本墨書	一通	天文二四年(一五五五)	栃木	さくら市ミュージアム—荒井寛方記念館—
31	□	足利晴氏書状写(喜連川文書)	紙本墨書	一通	戦国時代	栃木	さくら市ミュージアム—荒井寛方記念館—
32	□	足利晴氏書状案(喜連川文書)	紙本墨書	一通	天文二一年(一五五二)カ	栃木	さくら市ミュージアム—荒井寛方記念館—
33	□	足利義氏吉書(喜連川文書)	紙本墨書	一通	天文二四年(一五五五)	栃木	さくら市ミュージアム—荒井寛方記念館—
34	□	北条氏照条書(喜連川文書)	紙本墨書	一通	戦国時代	栃木	さくら市ミュージアム—荒井寛方記念館—
35	□	北条氏政書状(喜連川文書)	紙本墨書	一通	天正一一年(一五八三)	栃木	さくら市ミュージアム—荒井寛方記念館—
36	□	北条氏照書状(喜連川文書)	紙本墨書	一通	天正一一年(一五八三)	栃木	さくら市ミュージアム—荒井寛方記念館—

37		足利義氏和歌短冊	紙本墨書	一葉	戦国時代	栃木	栃木県立博物館
38		伝北条氏和歌短冊(北条家文書)					
38-1		伝北条氏政和歌短冊	紙本墨書	一葉	戦国時代	神奈川	神奈川県立歴史博物館
38-2		伝北条氏直和歌短冊	紙本墨書	一葉	戦国時代	神奈川	神奈川県立歴史博物館
38-3		伝北条氏康和歌短冊	紙本墨書	一葉	戦国時代	神奈川	神奈川県立歴史博物館
38-4		伝北条氏政和歌短冊	紙本墨書	一葉	戦国時代	神奈川	神奈川県立歴史博物館
38-5		伝北条氏直和歌短冊	紙本墨書	一葉	戦国時代	神奈川	神奈川県立歴史博物館
3章		**戦国大名北条氏と早雲寺住持**					
39	◎	北条早雲像	絹本著色	一幅	戦国時代	神奈川	早雲寺
40	□	以天宗清像	絹本著色	一幅	享禄元年(一五二八)	神奈川	早雲寺
41	□	大室宗碩像	絹本著色	一幅	永禄一一年(一五六八)	神奈川	早雲寺
42	□	梅隠宗香像	紙本著色	一幅	天正一七年(一五八九)	神奈川	早雲寺
43		東海宗朝像	絹本著色	一幅	永正一三年(一五一六)	神奈川	早雲寺
44	□	以天宗清遺偈	紙本墨書	一通	戦国時代	神奈川	早雲寺
45		鴉図　以天宗清筆	紙本墨画	一幅	室町時代		個人
46		杜子美図　以天宗清賛	紙本墨画	一幅	室町時代	神奈川	神奈川県立歴史博物館
47	□	後奈良天皇徽号勅書(早雲寺文書)	紙本墨書	一通	天文一一年(一五四二)	神奈川	早雲寺
48	□	後奈良天皇綸旨(早雲寺文書)	紙本墨書	一通	天文一一年(一五四二)	神奈川	早雲寺
49	□	北条氏綱寺領寄進状(早雲寺文書)	紙本墨書	一通	天文四年(一五三五)	神奈川	早雲寺
50	□	北条氏綱寺領寄進状(早雲寺文書)	紙本墨書	一通	戦国時代	神奈川	早雲寺
51	□	北条氏政判物(早雲寺文書)	紙本墨書	一通	永禄一一年(一五六八)	神奈川	早雲寺
52	□	北条氏政判物(早雲寺文書)	紙本墨書	一通	元亀三年(一五七二)	神奈川	早雲寺
53	□	北条氏政判物(早雲寺文書)	紙本墨書	一通	天正三年(一五七五)	神奈川	早雲寺
54	□	北条氏政書状(早雲寺文書)	紙本墨書	一通	天正五年(一五七七)カ	神奈川	早雲寺
55	□	北条氏政書状(早雲寺文書)	紙本墨書	一通	戦国時代	神奈川	早雲寺
56	□	北条家朱印状(早雲寺文書)	紙本墨書	一通	弘治元年(一五五五)	神奈川	早雲寺
57	□	北条氏規書状(早雲寺文書)	紙本墨書	一通	戦国時代	神奈川	早雲寺
58	□	北条氏規書状(早雲寺文書)	紙本墨書	一通	文禄二年(一五九三)カ	神奈川	早雲寺
59	□	北条氏盛書状(早雲寺文書)	紙本墨書	一通	文禄二年(一五九三)	神奈川	早雲寺
60	□	北条氏盛書状(早雲寺文書)	紙本墨書	一通	戦国時代	神奈川	早雲寺
61		北条氏康判物(本光寺文書)	紙本墨書	一通	永禄元年(一五五八)	神奈川	神奈川県立歴史博物館
62		北条氏康判物(本光寺文書)	紙本墨書	一通	永禄元年(一五五八)	神奈川	神奈川県立歴史博物館

63	北条家朱印状(本光寺文書)	紙本墨書	一通	永禄三年(一五六〇)	神奈川	神奈川県立歴史博物館
64	□ 北条時長像	絹本著色	一幅	戦国時代	神奈川	宝泉寺
65	□ 宝泉寺領図	紙本墨画淡彩	一枚	元亀三年(一五七二)	神奈川	宝泉寺
66	正親町天皇綸旨	紙本墨書	一通	元亀二年(一五七一)	東京	廣徳寺
67	以天宗清像	紙本著色	一幅	天文一二年(一五四三)	東京	廣徳寺
68	明叟宗普書状	紙本墨書	一通	戦国時代	東京	廣徳寺
69	明叟宗普遺偈	紙本墨書	一幅	天正一八年(一五九〇)	東京	廣徳寺
4章	**小田原の政治と文化**					
70	○ 北条氏綱像	紙本著色	一幅	戦国時代	神奈川	早雲寺
71	○ 北条氏康像	紙本著色	一幅	戦国時代	神奈川	早雲寺
72	□ 北条幻庵覚書	紙本墨書	一通	永禄三年(一五六〇)カ	東京	世田谷区立郷土資料館
73	謡本「錦木」(伝北条氏直自筆)	紙本墨書	一冊	戦国時代	神奈川	神奈川県立歴史博物館
74	刀 銘相州住綱廣(赤羽刀No.四二九九)		一振	天文二四年(一五五五)	神奈川	神奈川県立歴史博物館
75	鉄黒漆塗四十八間筋兜鉢		一頭	戦国時代	神奈川	神奈川県立歴史博物館
76	小田原城跡出土品					
76-1	青磁浮牡丹壺(中国産)	陶製	一点	戦国時代	神奈川	小田原市教育委員会
76-2	白磁皿(中国産)	陶製	九点	戦国時代	神奈川	小田原市教育委員会
76-3	白磁皿(中国福建省産)	陶製	一点	戦国時代	神奈川	小田原市教育委員会
76-4	手づくねかわらけ(伊勢産)	土製	一点	戦国時代	神奈川	小田原市教育委員会
76-5	ロクロかわらけ	土製	三点	戦国時代	神奈川	小田原市教育委員会
76-6	手づくねかわらけ	土製	三点	戦国時代	神奈川	小田原市教育委員会
76-7	金箔かわらけ	土製	五点	戦国時代	神奈川	小田原市教育委員会
76-8	ガラス製小玉	ガラス製	一点(一二粒)	戦国時代	神奈川	小田原市教育委員会
76-9	水滴(瀬戸美濃産)	陶製	二点	戦国時代	神奈川	小田原市教育委員会
76-10	漆器椀	木製漆塗	二点	戦国時代	神奈川	小田原市教育委員会
77	八王子城跡出土品					
77-1	金箔かわらけ	土製	六点	戦国時代	東京	八王子市郷土資料館
77-2	手づくねかわらけ	土製	二点	戦国時代	東京	八王子市郷土資料館
77-3	レースガラス瓶(ヴェネチア産)	ガラス製	一点	戦国時代	東京	八王子市郷土資料館
77-4	白磁皿(中国産)	陶製	三点	戦国時代	東京	八王子市郷土資料館
77-5	五彩皿(中国産)	陶製	六点	戦国時代	東京	八王子市郷土資料館
77-6	青磁香炉(中国産)	陶製	一点	戦国時代	東京	八王子市郷土資料館

77-7	青釉小皿(中国産)	陶製	一点	戦国時代	東京	八王子市郷土資料館
77-8	茶臼	石製	一点	戦国時代	東京	八王子市郷土資料館

5章　早雲寺の復興と宝物

78	菊径宗存像	絹本著色	一幅	延宝三年(一六七五)	神奈川	早雲寺
79	説叟宗演像	絹本著色	一幅	元禄四年(一六九一)	神奈川	早雲寺
80	北条氏政像　土佐光起筆	絹本著色	一幅	寛文一〇年(一六七〇)頃	神奈川	早雲寺
81	北条氏直像　土佐光起筆	絹本著色	一幅	寛文一〇年(一六七〇)頃	神奈川	早雲寺
82	北条早雲像　土佐光起筆	絹本著色	一幅	寛文一〇年(一六七〇)頃	神奈川	早雲寺
83	北条氏綱像　土佐光起筆	絹本著色	一幅	寛文一〇年(一六七〇)頃	神奈川	早雲寺
84	北条氏康像　土佐光起筆	絹本著色	一幅	寛文一〇年(一六七〇)頃	神奈川	早雲寺
85	北条早雲像	絹本著色	一幅	享和三年(一八〇三)	大阪	法雲寺
86	北条氏綱像	絹本著色	一幅	享和三年(一八〇三)	大阪	法雲寺
87	北条氏康像	絹本著色	一幅	享和三年(一八〇三)	大阪	法雲寺
88	北条氏政像	絹本著色	一幅	享和三年(一八〇三)	大阪	法雲寺
89	北条氏直像	絹本著色	一幅	享和三年(一八〇三)	大阪	法雲寺
90	北条早雲像下絵(北条家文書)	紙本墨画	一幅	江戸時代	神奈川	神奈川県立歴史博物館
91	北条氏康像下絵(北条家文書)	紙本墨画	一幅	江戸時代	神奈川	神奈川県立歴史博物館
92	北条氏政像下絵(北条家文書)	紙本墨画	一幅	江戸時代	神奈川	神奈川県立歴史博物館
93	北条早雲・氏綱・氏直像下絵(北条家文書)	紙本墨画	一巻	江戸時代	神奈川	神奈川県立歴史博物館
94	北条先祖画像下絵(北条家文書)	紙本墨画	一幅	寛政七年(一七九五)	神奈川	神奈川県立歴史博物館
95	北条早雲半身像(北条家文書)	紙本著色	一幅	江戸時代	神奈川	神奈川県立歴史博物館
96	北条先祖画像(北条家文書)	紙本著色	一幅	江戸時代	神奈川	神奈川県立歴史博物館
97	折敷	木製漆塗	五点	寛文一二年(一六七二)		個人
98	北条時政より鎌倉代々法名・位牌・墳墓之地書付(江馬家文書)	紙本墨書	一冊	正徳五年(一七一五)	大阪	大阪狭山市教育委員会
99	北条氏康・氏政連署書状写(江馬家文書)	紙本墨書	一通	江戸時代	大阪	大阪狭山市教育委員会
100	願成就院修治記写(願成就院文書)	紙本墨書	一巻	宝暦三年(一七五三)	静岡	願成就院

6章　狭山藩北条氏の由緒と治世

101	本小札紫糸素懸威腹巻(狭山北条家伝来)		一領	戦国時代	神奈川	小田原城天守閣
102	北条氏政判物(北条家文書)	紙本墨書	一通	天正八年(一五八〇)	神奈川	神奈川県立歴史博物館
103	徳川家康起請文(北条家文書)	紙本墨書	一通	天正一〇年(一五八二)	神奈川	神奈川県立歴史博物館
104	豊臣秀吉朱印状(北条家文書)	紙本墨書	一通	天正一九年(一五九一)	神奈川	神奈川県立歴史博物館

105	豊臣秀吉朱印状(北条家文書)	紙本墨書	一通	天正一九年(一五九一)	神奈川	神奈川県立歴史博物館
106	豊臣秀吉朱印状(北条家文書)	紙本墨書	一通	文禄三年(一五九四)	神奈川	神奈川県立歴史博物館
107	三鱗紋陣羽織	布製	一点	江戸時代	神奈川	神奈川県立歴史博物館
108	三鱗紋旗指物	布製	一点	江戸時代	神奈川	神奈川県立歴史博物館
109	軍配団扇	革製漆塗	一本	戦国時代	東京	東京国立博物館
110	軍配団扇	竹製漆塗	一本	戦国時代	東京	東京国立博物館
111	氏朝公日記(北條尚氏所蔵文書)	紙本墨書	一巻	享保一七年～享保一九年(一七三二～一七三四)		個人
112	北条氏朝家譜(北條尚氏所蔵文書)	紙本墨書	一巻	享保一七年(一七三二)		個人
113	狭山池由緒書(池守田中家文書)	紙本墨書	一冊	享保七年(一七二二)カ		個人
114	狭山池改修控絵図(池守田中家文書)	紙本彩色	一枚	寛保元年(一七四一)カ		個人
115	狭山藩知事任命書(北条家文書)	紙本墨書	一通	明治二年(一八六九)	神奈川	神奈川県立歴史博物館

エピローグ　まもり、つたえられる早雲寺の寺宝群

116	早雲寺記録　柏州記	紙本墨書	一冊	元禄一四年(一七〇一)	神奈川	早雲寺
117	早雲寺宝物古器物古文書目録	紙本墨書	一冊	明治時代	神奈川	早雲寺
118	早雲寺什宝物目録追加届控	紙本墨書	一冊	明治三六年(一九〇三)	神奈川	早雲寺
119	宗祇法師像　土佐光起筆	紙本著色	一幅	江戸時代	神奈川	早雲寺
120	永禄山寶泉禅寺格弊記	紙本墨書	一巻	元禄九年(一六九六)	神奈川	宝泉寺
121	御法号牒写(北條尚氏所蔵文書)	紙本墨書	一冊	文政九年～明治二四年(一八二六～一八九一)		個人
122	御宝物改帳(江馬家文書)	紙本墨書	一冊	文政一三年(一八三〇)		個人
123	北条氏所領役帳(野村家文書)	紙本墨書	一冊	元文五年(一七四〇)	大阪	河内長野市立図書館
124	北条氏所領役帳(北条家文書)	紙本墨書	二冊	江戸時代	神奈川	神奈川県立歴史博物館
125	宗峰妙超像	絹本著色	一幅	室町時代カ	東京	廣徳寺
126	明叟宗普像	絹本著色	一幅	戦国時代カ	東京	廣徳寺
127	希叟宗罕像	紙本墨画淡彩	一幅	慶長一四年(一六〇九)	東京	廣徳寺
128	花鳥図	紙本著色	一幅	文政一一年(一八二八)	東京	廣徳寺
129	虎図	紙本墨画	一幅	江戸時代	東京	廣徳寺
130	這畜生図	紙本墨画	一幅	江戸時代	東京	廣徳寺
131	金湯山早雲寺古文章	紙本墨書	三冊	江戸時代	神奈川	早雲寺

本展開催にあたり、ご協力を賜りました
各位に感謝いたします。（五十音順・敬称略）

箱根町立郷土資料館
大阪府立狭山池博物館
大阪狭山市教育委員会
小田原城天守閣
神奈川県観光協会

伊豆の国市教育委員会
小田原市教育委員会
神奈川県立金沢文庫
河内長野市立図書館
甘棠院（久喜市）
願成就院（伊豆の国市）
廣徳寺（練馬区）
興福院（箱根町）
五島美術館
埼玉県立歴史と民俗の博物館
さくら市ミュージアム―荒井寛方記念館―
サントリー美術館
正眼寺（箱根町）
称名寺（横浜市）
世田谷区立郷土資料館
東京国立博物館
栃木県立博物館
八王子市教育委員会
八王子市郷土資料館
箱根神社（箱根町）
箱根町教育委員会
法雲寺（堺市）
宝泉寺（小田原市）
練馬区教育委員会

相澤　正彦
阿部　能久
新井　浩文
飯沼　昌彦
家永　遵嗣
池谷　初恵
上野　友愛
江田　郁夫
大貫　みあき
岡　潔
小崎　祥道
小澤　修二
小野　宗幸
小野　敬博
隆琦　義宣
角和　裕子
鎌田　和栄
河合　正朝
河津　美穂子
木村　真理子
小林　克
小宮　佐知子
齋藤　愼一
佐々木　健策
下山　來夏
鈴木　康弘
高橋　真作
髙橋　秀和
田中　正夫
田村　正

柘植　英満
渡川　直樹
鳥居　和郎
中村　周保
中村　明州
中山　潔
西川　真理子
仁科　実華
西山　剛
野尻　夏姫
原　宗寛
久野　華歩
平井　節男
平野　淳
深沢　麻亜沙
福島　修
古川　元也
北條　尚
水口　由紀子
三輪　眞嗣
村山　修
山田　昭信
山田　成宣
山本　享史
山脇　大輝
柳澤　誠
湯浅　浩
吉井　克信
渡邊　靖史
渡邉　嘉之

開基《かいき》500年記念《きねん》　早雲寺《そううんじ》 ―戦国大名北条氏《せんごくだいみょうほうじょうし》の遺産《いさん》と系譜《けいふ》―

発行年月日　令和3年（2021）10月15日

企画・編集　神奈川県立歴史博物館

発　　行　合同会社　小さ子社
〒606-8233 京都市左京区田中北春菜町26-21
tel075-708-6834　fax075-708-6839
E-mail info@chiisago.jp　https://www.chiisago.jp

印刷・製本　株式会社　サンエムカラー

©神奈川県立歴史博物館
ISBN978-4-909782-11-3